オリゲネスの祈禱論

『祈りについて』を中心に

関西学院大学研究叢書　第 187 編

梶原直美

教文館

はじめに

　祈りは宗教性や信仰を示す最古の表現であり、時代や国や文化を越えて古くからささげられてきた。その祈りの多くは、人々の安寧を求める願い、自らの望みの成就に関する請願、また、そのような幸福や喜びを与える神への感謝や、自らの言動を深く悔いる内省など、多岐にわたる。ここには生きている人間の切実な思いが表現され、それは種々様々な仕方でささげられる。ゆえに、祈りは現実を変える呪術的なものとして理解され、用いられることもあった。

　内容はそれぞれ異なっていても、どの祈りにも共通しているのは、それが人間を越える超越者とのひとつの出会いの場を生じさせるという点である。どのようにすれば超越者、神と出会うことができるのか。短い時間のなかで、あるいは長い時間をかけて、人々はこの出会いを求めてきた。ある者は静かな沈黙のうちに、ある者は踊りながら、そしてまたある者は激しい言葉の告白のうちにそれぞれの思いを表現する。これらの先に見ているのは、自分を超えた対話可能な神の存在である。

　「対話」であるなら、こちら側と向こう側との相互方向性を持つ関わりが生じるはずである。しかし人間は、神に思いを訴え、ときに説得さえしようとすることに心を砕くあまり、この存在からの語り掛けに気づかず、あるいはその声を遮ってしまうのかもしれない。それでもなお、祈りの道は閉ざされず、われわれに開かれている。

　本書の表紙にある画は、キリスト教がローマ帝国において断続的な迫害の時代を歩んでいた3世紀、ローマのプリシッラにカタコンベが作られ、そこで描かれたものとみられている。この画の中央で、ひとりの婦人が両手を挙げている。これは祈る姿である。この姿勢は、他の絵画や彫像にも見ることができるが、たとえばテモテへの手紙一2章8節にはこの姿勢を勧める叙述が確認される。手を挙げるこの祈りの姿勢は、自らの魂を高く神のもとへ近づけることとして理解された。

オリゲネスも『祈りについて』のなかで、この姿勢に言及している。オリゲネスは、2世紀から3世紀を生きた古代ギリシャ教父であり、アレクサンドリア学派を代表する人物である。このことは、彼が聖書の文字のみならず、その奥にある真理を求めて聖書を理解しようとしたことを意味する。オリゲネスは、見える文字に留まらないところに聖書の使信を求め、同様に、目の前の現実を生きながらもそれを超えた世界に目を向けていた。そのためには、魂を高く挙げることが必要なのである。

オリゲネスはキリスト教徒迫害によって自身の父を奪われ、親しい人々の死を経験した。多くのキリスト教徒たちはそのような悲惨さのなかで信仰を保ち、祈りをささげた。しかし現代のわたしたちが知っているのは、悲惨な迫害が彼らの時代には終わらなかったということである。では、愛する人を思い、信仰を持ってささげられたはずの平和を願う祈りは、やはりまったく聞き入れられなかったということなのか。

オリゲネスの時代にも、思想や洞察力に長け、合理的思考で豊かな説得力を持つ者らが存在した。彼らのある者は、祈ることが無意味であると論理的に主張した。それに対してオリゲネスは、まったく異なった角度から祈りを擁護した。祈りは決して無意味ではなく、やはり祈りこそが大きな力を持ちうるのだ──。

本書は、そのようなオリゲネスの祈りについて考察し、論じたものである。このなかで筆者が考えさせられたのは、目の前に確かに見える現実が果たしてすべてなのであろうか、ということである。しかしこれは、突拍子もない空想の世界に生きるという選択肢を提起するものではない。

オリゲネスの冷静さは熱狂主義的な理想に埋もれることをよしとせず、しかし彼の信仰の目は、見えない真実を見据えながら現実を歩むことを教える。その冷静さには温かさが、信仰には日々の素朴で地味な歩みが伴っている。これらのすべてを提示することはとても叶わないが、オリゲネスのささげた祈りの一部でも、本書をとおして伝えることができればと願う。

2017年3月

目　次

はじめに …………………………………………………………3

凡　例……………………………………………………………11

序　論 ……………………………………………………………17

第1節　『祈りについて』概要…………………………………19
　1. 執筆年代と場所、および執筆の背景 ……………………19
　2.『祈りについて』執筆の動機 ………………………………23
　3.『祈りについて』の性質 ……………………………………26
　4.『祈りについて』の内容構成 ………………………………32
　5.『祈りについて』の写本、校訂本 …………………………35
第2節　研究動機と目的 ………………………………………38
第3節　『祈りについて』研究史………………………………41
　1. 教理史における『祈りについて』の評価と課題……………42
　2. オリゲネス研究における『祈りについて』の評価と課題
　　　………………………………………………………………47
　3.『祈りについて』研究における同著の評価と課題 ………55
第4節　研究方法および構成 …………………………………63
　1. 研究方法 ……………………………………………………63
　2. 本稿の構成…………………………………………………65

本　論 ……………………………………………………………69

第1章　御父への禱り …………………………………………71
　はじめに…………………………………………………………71

第1節　「エウケー」と「プロセウケー」の使用 …………………73

　　1.『祈りについて』序および第1部（1章1節から17章2節まで）

　　　における「エウケー」と「プロセウケー」…………………74

　　2.『祈りについて』第2部（18章1節から30章3節まで）におけ

　　　る「エウケー」と「プロセウケー」…………………………84

　　3.『祈りについて』第3部（31章1節から34章まで）および結

　　　びにおける「エウケー」と「プロセウケー」………………85

第2節　プロセウケーとほかの三種類の祈り

　　──『祈りについて』14章2節から15章1節における叙述から……88

　　1. 四種類の祈りの概要 ……………………………………………88

　　2. 定義された要素に基づくプロセウケー ………………………101

第3節　プロセウケーをめぐって…………………………………112

　　1. 祈りの効用について──祈禱不要論への反論とその展開

　　　…………………………………………………………………112

　　2. 御父にささげられる禱り ……………………………………116

結 ……………………………………………………………………129

第2章　祈りにおける聖霊と御子の参与 ………………………132

はじめに …………………………………………………………132

第1節　聖霊の参与………………………………………………133

　　1. オリゲネスの聖霊理解 ………………………………………133

　　2. 祈りにおける聖霊の参与 ……………………………………139

第2節　御子の参与………………………………………………150

　　1. 罪人と祈り ……………………………………………………150

　　2. 悪魔の子から神の子へ──人間の責任と神の憐れみ ………159

　　3. 罪人に与えられる可能性──御子の到来と参与 ……………161

4. 神の子としての祈り——迫害する者のための祷り ………… 168

　結 ………………………………………………………………… 170

第3章　魂の糧を求める祈り ……………………………………… 173

　はじめに ………………………………………………………… 173

　第1節　主の祈りのパンを求める祈りに関するオリゲネスの
　　　　理解 ……………………………………………………… 175

　　1. 主の祈りのパンをめぐる理解 ……………………………… 175

　　2. 祈りの結果として——旧約聖書における例から ………… 176

　　3. パンを求める祈り——主の祈り解釈から ………………… 178

　　4. 主の祈りにおける「存在性」の強調および救済的視点に
　　　　おける霊的解釈 ………………………………………… 185

　第2節　この世において辿る魂のプロセス ……………………… 188

　　1.「魂」理解 …………………………………………………… 188

　　2. 魂の辿る全プロセス ……………………………………… 196

　結 ………………………………………………………………… 206

第4章　試みと愛——主の祈りの注解から ……………………… 209

　はじめに ………………………………………………………… 209

　第1節　「試み」と「悪」理解—— 主の祈り「わたしたちを試
　　　　みに遭わせないで悪しき者からお救いください」解釈を手がか
　　　　りに ……………………………………………………… 210

　　1.「わたしたちを試みに遭わせないで」解釈から——「試
　　　　み」理解 ………………………………………………… 210

　　2.「悪しき者からお救いください」解釈から——「悪」理解
　　　　………………………………………………………… 226

目　次　　9

第2節　殉教理解──『殉教の勧め』を手がかりに ……………233
　　1. 殉教への態度とその目的 ………………………………233
　　2. 先に見る希望としての報いと栄光 …………………236
　　3. 恐れに対する内的戦い …………………………………239
　　4. 証しによる奉仕として …………………………………242
　　5. 殉教理解における「フィレオー」と「アガパオー」………244
第3節　「負い目」としての愛理解── 主の祈り「わたしたち
　　に負い目のある者をゆるしましたようにわたしたちの諸々の負
　　い目をおゆるしください」解釈を手がかりに ……………251
　　1. 主の祈り解釈における「フィレオー」と「アガパオー」…251
　　2.「わたしたちの諸々の負い目をおゆるしください」解釈…254
結 ………………………………………………………………262

第5章　祈りへの応答──祈りにおける恩恵理解 ……………265
はじめに …………………………………………………………265
第1節　祈りにおける恩恵………………………………………265
　　1. オリゲネスの恩恵理解 …………………………………265
　　2.『祈りについて』における恩恵理解……………………268
　　3. 正しい認識をめぐる恩恵 ………………………………275
第2節　祈りへの応答……………………………………………281
　　1. 恵みをめぐる三位 ………………………………………281
　　2. 神の力 ……………………………………………………290
　　3. 神の行為選択 ……………………………………………296
　　4. 祈りと「カタランバノー」……………………………297
結 ………………………………………………………………299

結　論 ……………………………………………………………301

参考文献表 ……………………………………………………309
あとがき ………………………………………………………327

装丁　熊谷博人

凡　例

1. 原典集や研究雑誌等、以下の名称の刊行物に、以下の略記を用いた。

ACW = Ancient Christian Writers

BKV = Bibliothek der Kirchenväter

BETL = Bibliotheca Ephemeridum Theologicarum Lovaniensium

EEC = Encyclopedia of Early Christianity

GCS = Griechischen Christlichen Schriftsteller der ersten drei Jahrhunderte

HThR = Harvard Theological Review

HeyJ = The Heythrop Journal

JECS = Journal of Early Christian Studies

LCC = Library of Christian Classics

PL = Patrologia Latina

PG = Patrologia Graeca

RAC = Reallexikon für Antike und Christentum

SC = Sources Chrétiennes

SQS = Sammlung ausgewählter kirchen- und dogmengeschichtlicher Quellenschriften

ThQ = Theologische Quartalschrift

ThRv = Theologische Revue

TRE = Theologische Realenzyklopädie

VC = Vigiliae Christianae

2. オリゲネスその他の著作者による以下の作品に、以下の略記を用いた。

2.1. オリゲネスの作品

CCels =『ケルソス駁論』（*Contra Celsum*）

ComEz =『エゼキエル書注解』（*Commentarium in Ezechiel*）

ComJohn =『ヨハネによる福音注解』（*Commentarium in Evangelium Johannei*）

ComRom =『ローマの信徒への手紙注解』（*Commentarium in epistolam ad Roma-
　　　　num*）

ExhMart =『殉教の勧め』（*Exhortatio Martyri*）

ComCnt=『雅歌注解』（*Commentarium in Canticum*）

HomCnt =『雅歌講話』(*Homiliae in Canticum*)
HomEz =『エゼキエル書講話』(*Homiliae in Ezecielem*)
HomJer =『エレミヤ書講話』(*Homiliae in Jeremiah*)
HomGen =『創世記講話』(*Homiliae in Genesis*)
PA =『諸原理について』(*Peri Archon*)
PE =『祈りについて』(*Peri Euches*)

2.2. オリゲネス以外の著述家による作品

EisOrg = グレゴリオス・タウマトゥルゴス『オリゲネスにささげた辞』(*Eis Origenen Prosfonetikos*)
HE = エウセビオス『教会史』(*Hitroria Ecclesiastica*)

＊なお、本稿では、原典を引用するさい、以上の略記につづいて巻数をローマ
　数字、その後に章および節を表記した。また、該当するテキストの箇所を提
　示するさいには、テキストの書名の略記のあとにページ数と行数を記載した。

3. 国際オリゲネス学会における発表内容が収録された連続刊行物に関して、以下の略記を用いた。(出版年順)

Origeniana, Bari, 1975 = Henri Crouzel, Gennaro Lomiento and Josep Rius Camps
　(eds.), *Origeniana: Quaderni di "Vetera Christianorum" 12*, Bari: Instituto di
　letteratura cristiana antica, Universitá di Bari, 1975.

Origeniana Secunda, Roma, 1980 = Henri Crouzel and Antonio Quacquarelli (eds.),
　*Origeniana Secunda: Second Colloque international des études origéniennes
　(Bari, 20-23 Septembre 1977), Quaderni di "Vetera Christianorum" 15*, Roma:
　edizioni dell'Ateneo, 1980.

Origeniana Tertia, Roma, 1985 = Richard Hanson and Henri Crouzel (eds.), *Origeniana
　Tertia: the Third International Colloquium for Origen Studies (University of
　Manchester, September 7th-11th, 1981)*, Roma: Edizioni dell'Ateneo, 1985.

Origeniana Quarta, Innsbruck, 1987 = Lothar Lies (ed.), *Origeniana Quarta: Die Referate des 4. Internationalen Origeneskongresses (Innsbruck, 2-6 September 1985),
　Innsbrucker theologische Studien, Band 19*, Innsbruck: Tyrolia-Verlag, 1987.

Origeniana Quinta, Leuven, 1992 = Robert J. Daly (ed.), *Origeniana Quinta: Papers of
　the 5th International Origen Congress (Boston College, 14-18 August 1989)*,

Bibliotheca Ephemeridum Theologicarum Lovaniensum 105, Leuven: Leuven University Press and Peeters, 1992.

Origeniana Sexta, Leiven, 1995 = Gilles Dorival et Alain Le Boulluec (eds.), *Origeniana Sexta: Actes du Colloquium Origenianum Sextum (Chantilly, 30 août-3 septembre, 1993), Bibliotheca Ephemeridum Theologocarum Lovaniensium 18*, Leuven: Leuven University Press and Peeters, 1995.

Origeniana Septima, Leuven, 1999 = Wolfgang A. Bienert und Uwe Kühneweg (eds.), *Origeniana Septima: Origenes in den Auseinandersetzungen des 4. Jahrhunderts vom 25. -29. August 1997 in Hofgeismar und Marburg stattfand (Bibliotheca Ephemeridum Theologicarum Lovaniensium), Bibliotheca Ephemeridum Theologocarum Lovaniensium 137*, Leuven: Leuven University Press and Peeters, 1999.

Origeniana Octava, Leuven, 2003 = Lorenzo Perrone (ed.), *Origeniana Octava: Papers of the 8th International Origen Congress (Pisa, 27-31 August 2001), Bibliotheca Ephemeridum Theologicarum Lovaniensium, 164*, I and II (2 Volumes), Leuven: Leuven University Press and Peeters, 2003.

Origeniana Nona, Leuven, 2009 = Gyorgy Heidl and Róbert Somos (eds.), *Origeniana Nona: Origen and the Religious Practice of His Time; Papers of the 9th International Origen Congress (Pécs, Hungary, 29 August-2 September 2005), Bibliotheca Ephemeridum Theologicarum Lovaniensium 228*, Leuven/ Paris / Walpole, MA: Leuven University Press and Peeters, 2009.

Origeniana Decima, Leuven, 2011 = Sylwia Kaczmarek and Henryk Pietras (eds.), *Origeniana Decima: Papers of the 10th International Origen Congress (University School of Philosophy and Education "Ignatianum", Krakow, Poland, 31 August-4 September 2009), Bibliotheca Ephemeridum Theologicarum Lovaniensium 244*, Leuven/ Paris/ Walpole, MA: Leuven University Press and Peeters, 2011.

オリゲネスの祈禱論
『祈りについて』を中心に

序　論

序論では、本研究の主たる対象であるオリゲネスの『祈りについて』の概要に触れたあと、研究の動機と目的、オリゲネスの祈禱観に関する先行研究、そして本稿の研究方法と論述内容の構成について提示する。

第1節　『祈りについて』概要

1. 執筆年代と場所、および執筆の背景

1.1.『祈りについて』執筆の時期と場所

『祈りについて』には、すでに指摘されているように[1]、その執筆年代を知る手がかりとなる叙述が何箇所かに見られる。

まず一つには、オリゲネスが本著のなかで創世記3章8節に関して「これら［の点］については、『創世記』を研究したときに、十二分に論じました」[2]と述べていることから、この書が創世記に関する著作よりも後に著述されたことがわかる。オリゲネスは十二巻から成る『創世記注解』[3]を著しているが、エウセビオスの『教会史』VI巻24節によれば、それのVIII巻まではアレクサンドリアで書かれたことが明らかである。[4]また、『ケルソス駁論』VI巻49節によると、このXII巻において創世記4章までが言及されている。さらに、ソクラテスの『教会史』III巻8節によれば、創世記2章22節が『創世記注解』IX巻で扱われていると推測される。以上を併せ鑑みると、創世記3章8節は『創世記注解』IX巻かXI巻において論じられていると考えられ[5]、『祈りについて』の著述はそれ以後と推測される。

---

1)　小高毅訳『キリスト教古典叢書12　オリゲネス　祈りについて・殉教の勧め』、創文社、1985年、6-7頁、参照。

2)　PE 23, 4: περὶ τούτων δὲ ἐπὶ πλεῖον διειλήφαμεν, ἐξετάζοντες τὰ εἰς τὴν Γένεσιν· (*GCS 3*, 352, 7-8.)

3)　現在は断片が存在するのみ。

4)　アレクサンドリアは、日常的にギリシャ哲学や古代エジプトの思想、東方の祭儀、そしてユダヤ教およびキリスト教が出会う場所であったため、とくに知的学的側面における混淆がみられるのであり、オリゲネスへの影響が示唆される。(O.W. Heick, *A History of Christian Thought*, Philadelphia: Fortress Press, 1965, p. 111.)

5)　P.ノータンはX-XI巻、小高毅はノータンを参考にしつつもX巻のみに限定してい

二つめとして、『祈りについて』のなかで、「では、どうしてここで、第一の［災害の］ときのよう『祈った』とは言われず、『主に向かって手を伸べひろげた』と言われているのかということについては、他の機会に検討する方がよいでしょう。」[6] という出エジプト記9章33節に関する釈義の記述がこの時点で着手されていなかったことを示唆している。このことから、『祈りについて』は、234年から235年の作とされる『出エジプト記注解』以前に著述されたものと考えられる。[7]

　P.ノータンは、以上のことから、『祈りについて』の執筆時期を、『創世記注解』X巻またはXI巻と『出エジプト記注解』執筆とのあいだに推測し、234年から235年と結論している。[8]

　『祈りについて』のなかには、これらに加えて、「他の［著作のある］所で明らかにしましたように、御子が存在性と基体の点で御父とは別のかたであるとすれば、御父にではなく御子に禱らねばならないか、両者に［禱らねばならない］か、御父ひとりに［禱らねばならないかのいずれかです。］」[9] との叙述も見られる。この内容は『ヨハネによる福音注解』X巻37節で扱われているが、この注解書のV巻まではアレクサンドリア、VI巻以降はカイサリアで著述されたことが指摘される。[10] ただし、『祈りについて』のなかで言及されているのがこの注解書であるとの特定はできないため、執筆年代を決定する資料としてこれを用いることには注意を要する。また、小高毅は、『祈りについて』のなかに迫害への現実的な言

る。オリゲネス著、小高毅訳、前掲書、6頁。Cf. P. Nautin, *Origène. Sa vie et son œuvre*, Paris: Beauchesne, 1977, p. 385.

6)　PE 3, 3: διὰ τί δὲ οὐκ εἴρηται "καὶ ηὔξατο" ὡς ἐπὶ τῶν προτέρων ἀλλ' "ἐξεπέτασε τὰς χεῖρας πρὸς κύριον," εὐκαιρότερον ἐν ἄλλοις ἐξεταστέον. (*GCS 3*, 305, 20-22.)

7)　オリゲネス著、小高毅訳、前掲書、6頁：P. Nautin, *op. cit.*, p. 385.

8)　P. Nautin, *op. cit.*, pp. 76, 410-411; 小高毅『オリゲネス──「ヨハネによる福音注解」研究』、創文社、1984年、211-216頁。

9)　PE 15, 1: εἰ γὰρ ἕτερος, ὡς ἐν ἄλλοις δείκνυται, κατ' οὐσίαν καὶ ὑποκείμενόν ἐστιν ὁ υἱὸς τοῦ πατρός, ἤτοι προσευκτέον τῷ υἱῷ καὶ οὐ τῷ πατρὶ ἢ ἀμφοτέροις ἢ τῷ πατρὶ μόνῳ. (*GCS 3*, 334, 4-6.)

10)　オリゲネス著、小高毅訳、前掲書、6-7頁。

及がないため本著が皇帝マクシミヌスによる迫害以前、つまり235年よりも前に書かれたものと推測し、最終的には231年から235年と結論づけている。[11] P.ケッチャウも同様の議論を経て、233年から234年と推測している。[12] 有賀鐵太郎は、『殉教の勧め』との関連から『祈りについて』がカイサリアで書かれたものと考えているが、明確な時期を断定してはいない。[13]

　執筆年代については以上のほかにも諸説存在するが[14]、資料はここで言及したものに限定されるため、これ以上詳細な時期を決定することは困難である。可能性の幅を持たせるなら、執筆年代に関しては231-5年、オリゲネスが46-50歳のときであり、ここから考えて執筆された場所はオリゲネスがアレクサンドリアを去ったあと滞在していたカイサリアであると推測し得る。

1.2.『祈りについて』執筆の背景

　この執筆年代および場所から、オリゲネスが司祭叙階を受け、アレクサンドリアからの追放を経験し、カイサリアでカテケーシスの教師として門弟たちに教えていたという状況を、『祈りについて』執筆の背景のひとつとして確認することができる。彼は、自分に向けられた敵意のゆえに幼少時より育った生地を追われ、しかし司祭として、また教師として、彼を慕う者たちと新たな生活を歩み、職務に励んだ。彼が経験したアレクサンドリアからの追放の出来事は、『ヨハネによる福音注解』で述べられている次の言葉に如実に示されている。

　　アレクサンドリアに発生した暴風雨が妨害すると思われましたが、イエスが風と海の波を叱ってくださいましたので、[神から] 与えられた事柄を、第五巻まで口述することができました。……その後、敵

---

11)　同上、6-9頁。
12)　P. Koetschau, in: *GCS 3*, pp. XXV-LXXVII.
13)　有賀鐵太郎、前掲書、44-45頁。
14)　オリゲネス著、小高毅訳、前掲書、7頁。

は、非常に冷酷に、まさしく「福音」に反する、新しい[幾つもの]書き物を通して、わたしに戦いを挑んでき、エジプトの悪の風を悉く、わたしに反対して立ち上がらせましたので、[わたしの]悟性が[静穏な]凪を取り戻しておらず、この不穏な時には、[聖]書[の注解]の続きを手がけるよりも、戦いにしっかりと立ち向かい、[心の]主導能力を[しっかりと]保持するよう、言理は勧めてくださいました。それは、邪悪な理屈がわたしの魂に暴風雨を引き入れるための力をつけないためです。また他方で、いつもの速記者がいなかったことも、口述を続けることを妨げました。……神がわたしたちの祈りを聞いてくださり、もはや本書の続行を中断させてしまうような偶発的な[出来事]が生ずることなく、この作品全体を一つにまとまったものとすることができますように。[15]

　この文面からは、苦しみを味わう状況下で、乱れた気持ちによって注解書に取り掛かることさえも難しく、自己を保持しようと努めるオリゲネスの姿が看取される。そのなかで、彼は神の計らいに心を向け、祈りつつ注解書の執筆に取り組んでいる。[16] それから間もなく手がけることとなった

---

15)　ComJohn VI, 2: Καὶ μέχρι γε τοῦ πέμπτου τόμου, εἰ καὶ ὁ κατὰ τὴν Ἀλεξανδρείαν χειμὼν ἀντιπράττειν ἐδόκει, τὰ διδόμενα ὑπηγορεύσαμεν, ἐπιτιμῶντος τοῖς ἀνέμοις καὶ τοῖς κύμασι τῆς θαλάσσης τοῦ Ἰησοῦ· ... Ἔπειτα τοῦ ἐχθροῦ πικρότατα ἡμῶν καταστρατευσαμένου διὰ τῶν καινῶν αὐτοῦ γραμμάτων τῶν ἀληθῶς ἐχθρῶν τῷ εὐαγγελίῳ καὶ πάντας τοὺς ἐν Αἰγύπτῳ ἀνέμους τῆς πονηρίας καθ' ἡμῶν ἐγείραντος, στῆναι μᾶλλόν με πρὸς τὸν ἀγῶνα παρεκάλει ὁ λόγος καὶ τηρῆσαι τὸ ἡγεμονικόν, μήποτε μοχθηροὶ λογισμοὶ ἐξισχύσωσι τὸν χειμῶνα καὶ τῇ ψυχῇ μου ἐπεισαγαγεῖν, ἥπερ ἀκαίρως, πρὶν γαλήνην τὴν διάνοιαν λαβεῖν, συνάπτειν τὰ ἑξῆς τῆς γραφῆς· καὶ οἱ συνήθεις δὲ ταχυγράφοι μὴ παρόντες τοῦ ἔχεσθαι τῶν ὑπαγορεύσεων ἐκώλυον. ... Γένοιτο δ' ὁ θεὸς ἐπήκοος ἡμῶν τῇ εὐχῇ, εἰς τὸ συνάψαι δυνηθῆναι τὸ σῶμα τοῦ ὅλου λόγου, μηκέτι μεσολαβούσης περιστάσεως διακοπὴν τοῦ εἱρμοῦ τῆς γραφῆς ὁποίαν δήποτε ἐνεργάσασθαι δυναμένης. (SC 157/ TLG 2042. 005.) なお、この叙述に関して、小高は、自分のことをあまり語らないオリゲネスにしては珍しい、と述べている。(オリゲネス著、小高毅訳、前掲書、9頁。)

16)　オリゲネスにとって、聖書テキストの説明の目的が読者の変容にあったのであり、それゆえに、神の神秘について、また、ロゴスを通して全存在が創造された根底に

『祈りについて』に関しても、オリゲネスが祈りをもって神に求めつつ執筆に当たったことは想像に難くない。[17]

2.『祈りについて』執筆の動機

以下の叙述からは、この著作がアンブロシオスとタティアナの要請によるものであること、執筆内容は、祈りに意味を見出さない人々の合理的な主張を論破するというこのふたりの要請への応答を主眼とするものであったことが理解できる。

> いとも敬虔で、いとも勤勉なアンブロシオス並びにいとも慎み深く、いとも健気なタティアナよ、……[18]

> ところで、以上［で述べた］ことの後に、あなたがたの要請のままに、祈りによって何一つ得るものはないと考えている人々、またそのため祈るのは余計なことであると思っている人々のもっともらしい［主張］を、まず論破せねばならないのであれば、……[19]

なお、ここには、祈禱を不要とみなす理論内容を誤謬として論駁することのみならず、宗教的教えを捏造する祈禱不要論者たちの態度を批判する

ある神の愛について、読者の理解を得るようと尽力していたことが指摘される。（P.B. Decock, Origen of Alexandria: The study of the Scriptures as transformation of the readers into images of the God of love, in: *HThS* 67, 2011, pp.1-8.

17）有賀は、「自らに深き祈りの体験がなかったなら、かれの『祈禱論』も書かれ得なかったであろう」と述べている。（有賀鐵太郎、前掲書、101頁。）

18）PE 2, 1: Ἀμβρόσιε θεοσεβέστατε καὶ φιλοπονώτατε καὶ Τατιανὴ κοσμιωτάτη καὶ ἀνδρειοτάτη,...（*GCS 3*, 298, 18-19.）この二人に対しては、ほかにも、「敬神において真摯で、好学心に富んだ兄弟アンブロシオス並びに［姉妹］タティアナよ、……」との呼びかけも見られる。本章注49、参照。

19）PE 5, 1: Εἰ χρὴ τοίνυν μετὰ ταῦτα, ὥσπερ ἐκελεύσατε, ἐκθέσθαι τὰ πιθανὰ πρῶτον τῶν οἰομένων μηδὲν ἀπὸ τῶν εὐχῶν ἀνύεσθαι καὶ διὰ τοῦτο φασκόντων περισσὸν εἶναι τὸ εὔχεσθαι, οὐκ ὀκνήσομεν κατὰ δύναμιν καὶ τοῦτο ποιῆσαι, κοινότερον νῦν καὶ ἁπλούστερον τοῦ τῆς εὐχῆς ὀνόματος ἡμῖν λεγομένου …（*GCS 3*, 308, 3-7.）

動機も指摘される。[20] 同時にまた、探求に徹するオリゲネス自身の姿勢が際立って認識される。

　ここで、執筆の要請者、アンブロシオスとタティアナに関して言及しておきたい。

　アンブロシオスについて、エウセビオスは「この頃、ヴァレンティノスの異端の教えを奉じたアンブロシオスも、オリゲネスが提示した真理によって論駁された。そして彼は、その［誤った］精神が光によってはっきりと照らし出されたかのように、教会の正統的見解の言葉にしたがった。」[21] と述べている。そのアンブロシオスに対して、オリゲネスは次のように語りかけている。

　　　あなた自身、一際優れた教えを弁護する人々を欠いていましたため、イエスへの愛ゆえに、言理を欠き拙劣な信仰に耐えきれず、かつて様々な教えに自らを委ねてしまいましたが、その後、あなたに与えられた洞察を用いて、それらを誤った教えとして退けたのです。[22]

　これらのことから、アンブロシオスは、最初ヴァレンティノス派の教え[23] を信奉していたが、オリゲネスとの出会いによってそれまでの教えに離別すると同時に、キリスト教信仰への新たな転回を自らの意志で選んだ

---

　20)　水垣渉「聖霊と探求――オーリゲネース『諸原理について』第四巻における聖書解釈学の基礎づけ」秦剛平、H.W.アリッジ共編『エウセビオス研究3　キリスト教とローマ帝国』、リトン、1992年、113-114頁。Cf. PA IV, 2, 1.

　21)　HE VI, 18: Ἐν τούτῳ καὶ Ἀμβρόσιος τὰ τῆς Οὐαλεντίνου φρονῶν αἱρέσεως, πρὸς τῆς ὑπὸ Ὠριγένους πρεσβευομένης ἀληθείας ἐλεγχθεὶς καὶ ὡς ἂν ὑπὸ φωτὸς καταυγασθεὶς τὴν διάνοιαν, τῷ τῆς ἐκκλησιαστικῆς ὀρθοδοξίας προστίθεται λόγῳ. (GCS 9, 237, 20-23.)

　22)　ComJohn V, 8: Αὐτὸς γοῦν ἀπορίᾳ τῶν πρεσβευόντων τὰ κρείττονα, μὴ φέρων τὴν ἄλογον καὶ ἰδιωτικὴν πίστιν διὰ τὴν πρὸς Ἰησοῦν ἀγάπην ἐπεδεδώκεις ποτὲ σαυτὸν λόγοις, ὧν ὕστερον τῇ δεδομένῃ σοι συνέσει καταχρησάμενος εἰς δέον καταγνοὺς ἀπέστης. (SC 157/ TLG 2042. 005.)

　23)　ヴァレンティノス派をグノーシスとみなす考え方が一般的であったが、そうでないとする理解もある。グノーシスに関しては荒井献の研究が詳しく、とくに下記の文献は新しい見解によって示唆に富む。荒井献『荒井献著作集6　グノーシス主義』、岩波書店、2001年。ヴァレンティノスに関してはこの文献の171頁から182頁を参照。

人であったことがわかる。

　アンブロシオスはその後、「オリゲネスの生涯にわたる弟子であり、友人であり、後援者」[24] であり、オリゲネスに速記者および筆写者らを提供し、その費用を負担し、自らの熱意をオリゲネスに伝え続けた。[25] そして『祈りについて』のほかにも『ヨハネ福音注解』、『殉教の勧め』、『ケルソス駁論』、『詩編（1-25編）注解』など、オリゲネスの著作の多くがアンブロシオスの熱心な要請と援助によって著述された。[26] 小高は、「歴史と教会は、彼に対して、ちっぽけな燈明ではなく、大きな燈明をともして謝意を表さねばならない。」[27] というA.アマンのアンブロシオスへの評価に言及している。

　このふたりのうち、タティアナについては殆ど不明であるが、アンブロシオスには「マルケッラ」という妻がいることから[28]、タティアナがアンブロシオスの妻でないことは明白である。[29] また、彼女をアンブロシオスの姉妹と推測するノータンの仮説も確実なものではない。[30] しかし少くとも彼女は、「いとも慎み深く、いとも健気なタティアナ」[31] というオリゲネスの呼びかけの言葉から、小高も指摘するように、人間的に成熟し、迫害の世に毅然と信仰に生きた女性と考えられる。[32]

---

24)　小高毅、前掲書、9頁。

25)　Cf. HE VI, 23.

26)　E.J.グッドスピードは、オリゲネスがアンブロシオスを、「（作業場の）親方」あるいは「奴隷酷使者」と呼んでいたことを指摘している。E.J. Goodspeed (author), R.M. Grant (ed.), *A History of Early Christian Literatur*, Chicago: The University of Chicago Press, 1966, p. 222.

27)　オリゲネス著、小高毅訳、前掲書、10頁。Cf. A. Hamman, *Guide pratique de Péres de l'Eglise*, Paris: CERF, 1977, p.100.

28)　オリゲネス『アフリカヌスへの手紙』（*SC 302*, 574.）、参照。

29)　オリゲネス著、小高毅訳、前掲書、4頁：P. Koetschau, *op. cit.*, p. LXXVII, n. 6.

30)　ケッチャウは妹である蓋然性を否定するが、ノータンは妹であると推測している。P. Koetschau, *op. cit.*, p. LXXVII, n. 6; P. Nautin, *op. cit.*, pp.181-182. また、小高はいずれも推測の域に留まるものとしている。小高毅訳、前掲書、4-5頁。

31)　本章、注18、参照。

32)　小高毅訳、前掲書、5頁。

このようなアンブロシオスとタティアナを悩ませた祈禱不要論者たちは、無神論者ではなく、むしろ「万物の上に神を立て、摂理が存在すると主張する」[33] 有神論者であったとオリゲネスは述べている。オリゲネスによると、彼らは「第一に、もし神が未来の事件を承知し、又それが必然的に生ずるとすれば、禱りは無益であり、第二に、もし一切のことが神の意志に従って起こるものであり神の命令は確固として動かし得ないものとすれば、禱りは無益である」[34] と主張する者らであった。換言すると、神の決定論的な予定論のゆえに神の意志の絶対性を強調し、人間の願いによってこれを変更することができないとするため、彼らは祈りを無意味なものと認識していたのである。これに対するオリゲネスの理解は、『祈りについて』6章1節から7章1節において述べられている。[35]

3.『祈りについて』の性質

3.1.『祈りについて』の内容

これまでに述べてきたような執筆の意図を考慮すると、『祈りについて』は、論駁書の性質を内包していることが明らかである。しかしそれに限定されず、この書は祈禱の効用や具体的な方法を、聖書の例に基づいて神学的根拠を示しながら論じ、同時に主の祈りの注解も含んでいる。それは、後述のP.ケッチャウやE.G.ジェイら多くの研究者が、この作品を実践的著作と位置づける所以である。

オリゲネスの著した多数の作品は、その性質によっていくつかの種類に分類される。聖書釈義書、教義ないしは論争書、その他の著作、と広く分類されることもあるが[36]、ケッチャウは、聖書のテキストおよび釈義書、

---

33) PE 5, 2: τὰ λεγόμενα ὑπὸ τῶν πάντη ἀναιρούντων θεὸν ἢ πρόνοιαν... (GCS 3, 308, 25-26.)

34) PE 5, 6: πρῶτον· εἰ προγνώστης ἐστὶν ὁ θεὸς τῶν μελλόντων, καὶ δεῖ αὐτὰ γίνεσθαι, ματαία ἡ προσευχή. δεύτερον· εἰ πάντα κατὰ βούλησιν θεοῦ γίνεται, καὶ ἀραρότα αὐτοῦ ἐστι τὰ βουλεύματα, καὶ οὐδὲν τραπῆναι ὧν βούλεται δύναται, ματαία ἡ προσευχή. (GCS 3, 311, 9-13.)

35) 本稿ではそれに関する直接的な議論を目的とはしないが、第1章においてその内容に触れている。

36) R. Williams, Origenes/ Origenismus, in: TRE 25, pp. 403-406. なお、著作の総数は約700

講話ないしは説教、論争ないしは護教的著作、実践的教理的著作、書簡
という五種類に分類し、『祈りについて』を実践的教義的著作に分類して
いる。[37] F.L.クロスはより詳細に、聖書に関する著作、神学的著作、論争
書、実践書、書簡、フィロカリアと分類し[38]、ジェイはさらに細かく、批
判的著作、釈義的著作、講話、教理的著作、護教的著作、実践書、書簡、
その他、の八種類に分類するが[39]、この書が上記のように祈禱の無効を主
張する者らへの反論という性質を備え、主の祈りの釈義を含むことから、
両者とも『祈りについて』を実践的な文書に類別している。

　これらの位置づけに関して、W.ゲッセルは非常に詳細に論じている。[40]
『祈りについて』に関する研究書のなかで、ゲッセルはこの著作の名称や
文学的分類が、教父に関する専門書においても不統一であったことを指
摘し、その書に付されてきた形容語を示している。それは、「祈りに関す
る書」[41]、「書簡および臨時の著作」、「実践的かつ教義的文書および祈りに
ついてという著作」、「祈りに関する文書」[42]、「実践的、禁欲的な著作」、
「牧会的著作」、「ひとつの論述」、「禁欲的叙述」、「専門書」[43]、「実践的文
書」[44]、「小冊子」[45] などである。[46] 彼はまた、それに対してB.アルタナーと
A.シュトゥイバーが既存の分類を放棄し、この著作を「全般的に祈りにつ
いて教え、主の祈りや著作者の深い敬虔に関する素晴らしい証言を解き

部と推測されている。

37)　P. Koetschau, *op. cit.,* pp. LX-IX.

38)　F.L.クロス著、竹田真他訳『教父学概説』、聖公会出版事業部、1969年、119-129頁。

39)　E.G. Jay, *Origen's Treatise On Prayer, Translation and Notes with an account of the practice and doctrine of prayer from New testament times to Origen*, London: S.P.C.K., 1954.

40)　W. Gessel, *op.cit*, pp. 13-84.

41)　E.R. Redepenning, *Origenes. Eine Darstellung seines Lebens und seiner Lehre*, Vol. 2, repr. Aalen: Scientia Verlag, 1966, pp. 32f.

42)　それぞれ、P. Koetschau, *op. cit.*, pp. LXXXf.; LXXIII; 3.

43)　E.G. Jay, *op. cit.*, p. 61; J. Quasten, *Patrology 2 The Ante-Nicene Literature after Irenaeus,* Texas: Ave Maria Press, 1994, p. 1166.

44)　J. Quasten, *op. cit.*, p. 1166; E.J. Goodspeed, *op. cit.*, p.139.

45)　E.von Severus, Gebet I, in: *RAC 8*, col. 1236.

46)　*Ibid.*, cols. 49-50, nn. 151-164.

明かしている」ものと断定していることを示す一方、J.ダニエルーとA.ア
マンが「神秘的な教理の教え」という新たな方向に位置づけようとする意
図を持っていると述べている。[47] ゲッセル自身は、この著作を、オリゲネ
スの全作品のなかで祈りに関する言及があるものの、多方面において独立
した神学的作品であり、説教や神秘主義的教理問答、また神秘的な祈りの
指導といったものではなく、むしろ神学者、とりわけ牧会神学者としての
オリゲネスの学問的作品であること、そしてここから、この著作がなぜオ
リゲネス個人の熱烈な祈りを含まず、むしろ旧新約聖書を模範した原形に
関わっているのかが理解されると述べている。[48]

　『祈りについて』にはゲッセルの指摘するように名称や分類の不統一が
見られるものの、この書作の位置づけの多様性は、この書に関する研究が
進み、内容への理解が深まることによって生じてきたものであるとも言え
る。ゆえに、本稿では、この著作の性質に根ざす客観的位置づけに関して
明確に定義することはしない。むしろ、その変遷のプロセスのなかに、こ
の書を理解しようとする諸研究の主体的な視点を慎重に参照することとす
る。

3.2.『祈りについて』の読者

　ここで、この著作のもう一つの側面、すなわち、読者として想定された
人々についても論じておく。

　この書の2章と最終章には、アンブロシオスとタティアナへの呼びかけ
の言葉が、書簡の形式で記されている。[49] ゲッセルは、この書で用いられ
ている修辞的要素が対立的な論争によって相手の考えに勝利することでな
く、ここに提示される内容に相手が納得して賛同することを目指すもので
あること、そしてその賛同を得るのは容易ではないため、聞き手としての

---

47)　*Ibid.*, cols. 50-51, esp. nn, 160; 170.

48)　*Ibid.*, cols. 83-84.

49)　PE 34: 敬神において真摯で好学心に富んだ兄弟アンブロシオス並びにタティアナ
よ……（..., φιλομαθέστατοι καὶ γνησιώτατοι ἐν θεοσεβείᾳ ἀδελφοί, Ἀμβρόσιε καὶ Τατιανή...
[*GCS 3*, 403, 3-4].）本章、注18、参照。

読者の立場を尊重する姿勢が見られることを指摘している。ゆえに、この著作に激しい論争の文体は取られず、むしろ親密な雰囲気を伝える書簡の様式が取り入れられていると説明している。[50] 書簡という形式は、執筆者と読者とに親近感をもたらし、読者への直接的な働きかけのためには有効な方法であると言える。

　読者については、この書の著述がアンブロシオスとタティアナの要請であるかぎり、彼らの身辺周辺の人々であることが推測される。それは、一般的キリスト教信徒ではなく、このふたり同様、霊的宗教的水準で行動していた、比較的小さい読者のグループであると考えられている。それらの人々は一般的なキリスト教信徒ではなく、「学問的教育を受けた」信徒であり、平均的キリスト者に共通の宗教的観念から彼らを連れ出そうとしたことが、ゲッセルによって指摘されている。[51] また、読者がアンブロシオスの指導下にあり、祈禱否定論に動揺する信徒たちであったと、有賀鐵太郎はみなしている。[52]

　この認識は、ゲッセルも有賀もともにそれの根拠をテキストに据えていないため、推測の域を出ない。しかし、説得力を持つ合理的理論によって

50）　W. Gessel, *op. cit.*, p. 78. 修辞術は教育を重視する古代ギリシャでは教育に不可欠な要素として高く評価された。たとえば、自らの生きるギリシャ社会を冷静かつ適切に評価したイソクラテスは、「善き言論は善き魂の似像である」として「立派に語ること」を「立派に思慮すること」との関連で考えていたことが指摘される。（廣川洋一『ギリシャ人の教育』、岩波書店、1991年、140頁。）修辞術は、正しい認識を得るために、適切な言語を構成するための技術であり、人間を自由にし、人間にとっての最善を産みだす技術であって（田中美知太郎『ソフィスト』、講談社、1976年、110-132頁。）、それはオリゲネスの文体にも指摘されるが、H.チャドウィックは、オリゲネスの著作の文体にぎこちなさや硬さがあると述べている。（H. Chadwick, Christian Platonism in Origen and Augustine, in: *Origeniana Tertia*, Roma, 1985, p. 217.）『祈りについて』は書簡形式で書かれることによって、そのような文体の不器用さを緩和していると言える。

51）　ゲッセルは、『祈りについて』を「学問的教育を受けたキリスト教信徒のための作品」と表現している。また、その著述方法に関しては、説教者の方法ではなく、いかに崇高に述べるかに焦点を据えることを決意している、教会の人間であり神学者である彼の学問的な活動とみなしている。W. Gessel, *op. cit.*, pp. 78-79.

52）　有賀鐵太郎、前掲書、45頁。

30　　　　　　　　　　　　　　　　序　論

構成された思想を乗り越えるには、ある程度、それを駁するための合理的
理論を展開することが必要である。つまり、それを受ける側には、ある程
度の論理的思弁性が、理解を助けるものとして備わっている必要がある。
本来、多くの信徒は、祈禱否定論の内容を理解したがゆえにそれに同調し
ようとする方向に動揺したのである。ゆえに、ここで読者として想定され
ていたのは、やはり以上のような学問的教育を受けた人々であると考える
のが妥当であろう。

　エウセビオスはオリゲネスについて、「その頃 53) オリゲネスは、アレク
サンドレイアで、昼も夜も、彼の所にやって来るすべての人たちのため
に、[何の]分け隔てもせず、聖なる教えの仕事に専念し、自分の全時間
を聖なる学問と生徒たちのために倦むことなくささげていた。」54) と報告
し、教育を受けた多くの者らがオリゲネスのもとに教えを乞いにきたこと
を伝えている。55) この記述からは、オリゲネスには教える相手を自ら制限
する姿勢は見られないこと、オリゲネスから学んでいたのは熱心に教えを
求める人々であったこと、専念するほど大切にした聖書の理解のために学
問を奨励したことが明白である。オリゲネスは聖書理解という目的のため
に学問の教育を必要と考えたのであって、教育を受けた人にのみ聖書理解
の推奨を限定するという方向性に立つものではない。

　分け隔てなく教える態度は『祈りについて』においても見られ、議論や
思弁的な説明に留まらず、そこにはアンブロシオスとタティアナから要請
された形跡のない、主の祈りの注解や具体的で実践的な祈りの方法なども
内容として含まれていることから、『祈りについて』は、キリスト教信仰
者にとって重要な祈りの実践を可能にさせるという意図をも含み持つもの
であったと理解される。

---

　53)　210年以前のことと推測されている。エウセビオス著、秦剛平訳『エウセビオス
教会史2』、山本書店、1987年、279頁、訳注69。

　54)　HE VI, 8: τότε γε μὴν ὁ Ὠριγένης ἐπὶ τῆς Ἀλεξανδρείας τὸ τῆς θείας διδασκαλίας ἔργον
εἰς ἅπαντας ἀφυλάκτως τοὺς προσιόντας νύκτωρ καὶ μεθ' ἡμέραν ἐπετέλει, τοῖς θείοις ἀόκνως
μαθήμασιν καὶ τοῖς ὡς αὐτὸν φοιτῶσιν τὴν πᾶσαν ἀνατιθεὶς σχολήν.（GCS 9, 229, 9-12.）

　55)　Cf. HE VI, 18.

3.3. 同時期の他の教父による、祈りに関する著作

　ここで、この時代、オリゲネスに先駆けて、祈りに関する文書が著述されていたことについても述べておきたい。

　2世紀末には、まずテルトゥリアヌスが『祈りについて』[56] を著した。これは、主の祈りを注解した最初の文書であるという点で評価される。このテルトゥリアヌスの約35年あとにオリゲネスが『祈りについて』を、そしてその約50年以上あとにキュプリアヌスが『主の祈りについて』[57] を著述しており、後者二人には、テルトゥリアヌスの影響のもとに祈禱論を著したことが指摘される。[58] しかし著述の目的は三人とも異なっている。テルトゥリアヌスは洗礼志願者のための教育として、またキュプリアヌスは司牧的、実践的な配慮によるものとして理解される。オリゲネスによる祈りの書の第3部に記されている祈るさいの姿勢や方角等は、テルトゥリアヌスの内容に倣ったものであると見なされるが、他方、主の祈り注解にはテルトゥリアヌスの祈りの書よりもはるかに多くの分量が割かれ、内容的にもより聖書的、神学的考察がなされており、とくに言葉の詳細な分析、語法的側面からの解釈などの面で、最初の貴重な注解であると評される。[59]

---

56)　Cf. Ed.J.-P. Migne, Tertulianus, De Oratione, *PL 1*, cols. 1143-1196B, 1841.

57)　Cf. Ed.J.-P. Migne, Tertulianus, Cyprianus Carthaginensis, Liber de Oratione Dominica, *PL 4*, cols. 0519-0544A.

58)　吉田聖訳「キュプリアヌス　主の祈りについて」上智大学中世思想研究所編『中世思想原典集成4　初期ラテン教父』、平凡社、1999年、138-145頁。テルトゥリアヌスの『祈りについて』はオリゲネスに影響を及ぼしたとされるが、文体が他の作品のように整備されていないので、「説教の覚書を集めたもの」と呼ばれる。(Cf. E. Evans [trans.], *Tertullian's Tract on The Prayer: The Latin text with critical notes, an English translation, an introduction, and explanatory observations*, London, 1953, pp.XI.) これは聴衆に「祝福された者ら」(Benedicti) と呼び掛けていることから、洗礼志願者になされた説教がもとになっていることが確認される。ここでのテルトゥリアヌスの意図は、彼らに、キリスト者としていかに生きるべきか、いかに祈るべきかを教えることとされ、「極めて実際的な書」、「極めて実践的な性格を有する書」(有賀鐵太郎、前掲書、82, 85頁；小高毅訳、前掲書、33-43頁。) であり、記事の大部分が「実践上の注意事項」とみなされる。

59)　R.L. Simpson, *The Interpretation of Prayer in the Early Church,* The Library of History and

32 序　論

　以上のように、オリゲネスの著作のみが論駁書の性質を有し、含まれている主の祈り注解についても上述のようにテルトゥリアヌスの影響を考察する必要性はあまりないこと、そして何より本稿ではオリゲネス自身の祈禱理解の提示を目的とすることから、ここではテルトゥリアヌスとキュプリアヌス両者の著作に関して論じることはしない。

　なお、オリゲネスの『祈りについて』は、前述のとおり、キリスト教徒でない者に対しても知的理解によって対話し得る性質を持たせていることから、教義の成立していなかった時代にこのような内容の文書が著述されたことには大きな意義があると言えよう。

4.『祈りについて』の内容構成

　『祈りについて』は全部で三十四章を数え、序、三部から成る本論、そして結びという構造において理解される。以下に、『祈りについて』における内容の構成を記す。

序（1-2, 6）
第1部　祈りに関する基本的事項（3, 1-17, 2）
　1. エウケーとプロセウケーについて（3, 1-4, 2）
　2. 祈りを不要とみなす人々の論理（5, 1-5, 6）
　3. 祈りを不要とみなす人々の論理へのオリゲネスの反論（6, 1-7, 1）
　4. 祈りの効用（8, 1-10, 1）
　5. われわれとともに祈られるキリスト（10, 2）
　6. われわれとともに祈る天使と聖人ら（11, 1-11, 5）
　7.「絶えず禱る」こと（12, 1-12, 2）
　8. 聞き入れられたイエスの祈禱（13, 1）
　9. 聞き入れられた禱り（13, 2-13, 5）
　10. 何を禱るべきか（14, 1）
　11. 四種類の祈り（14, 2-14, 6）

Doctrine, Philadelphia: The Westminster Press, 1965, pp. 67-68.

12. 禱りについて（15, 1）

12. 1. それを向けるべき相手——御父（15, 1）

12. 2. その介在者——御子（15, 2-16, 1）

12. 3. それにより与えられるもの——霊的恵みと物質的恵み（16, 2-17, 2）

第2部　主の祈りについて（18, 1-30, 3）

1. 序（18, 1）

2. 主の祈りのテキスト（18, 2-18, 3）

3. 禱りの態度——善と多弁への批判（19, 1-21, 2）

4. 注解部（22, 1-30, 3）

4. 1. 天におられる私たちの父よ（22, 1-23, 5）

4. 2. あなたの御名が聖なるものとなりますように（24, 1-24, 5）

4. 3. あなたの御国が来ますように（25, 1-25, 3）

4. 4. あなたの御心が行われますように、天におけるように地においても（26, 1-26, 6）

4. 5. 私たちの存在のためのパンを今日、私たちにお与えください（27, 1-27, 17）

4. 6. 私たちの諸々の負い目をお赦しください（28, 1-28, 10）

4. 7. 私たちを試みに陥らせず、悪しき者からお救いください（29, 1-30, 3）

第3部　祈りに関する具体的事項（31, 1-34）

1. 序（31, 1）

2. 祈りの実際（31, 2a-32）

2. 1. 心構え（31, 2a）

2. 2. 姿勢（31, 2b-32, 3）

2. 3. 場所（31, 4-31, 7）

2. 4. 方角（32）

3. 祈りの主題——栄唱、感謝、告白、懇願（33, 1-33, 6）

結び（34）

まず、最初の二章にわたって序が述べられる。これは、アンブロシオスとタティアナへの呼びかけも含み、「これから祈りについての論述に取りかかることにしましょう」[60] との叙述を最後に、第1部に繋がる。ここにおける内容はこれまでそれほど注目されてこなかった。しかし、オリゲネスがここに、実際の現実のなかで彼自身の祈る姿を表現していること、また、それに対する彼の考えを提示していることは、彼の祈祷観を理解するうえで重要な資料となる。[61]

第1部では、二人の依頼どおり、祈祷無用論への反駁を含みつつ、祈りに関する基本的事項が理論的に論じられている。ここでは先ず第一に、「エウケー」（εὐχή）と「プロセウケー」（προσευχή）について言及され、言語上の規定が図られる（3-4章）。そして二人の依頼者の意志に基づいて、祈りの必要性を否定する人々の論証が述べられたあと（5章）、今度はその論証に対する反論が提示される（6-7章）。そしてさらに、祈りの効用への積極的な論述が展開され（8-13章）、なすべき祈りの内容と方法とが提示される（14-17章）。

それに続く第2部は、禱りである主の祈りの注解がなされている。ここではまず、マタイとルカによる主の祈りのテキストについて両者の比較検討がなされたあと、第1部において述べられた祈りに関するあるべき態度が要約して繰り返され、とくに祈る態度について注意が喚起される（18-21章）。そして22章から、具体的なテキストの解釈が始まる。テキストにはマタイ福音書が用いられ[62]、七つの願いが順に扱われている。このなかで、オリゲネスは、27章のパンの願いには十七節分を、また29章の試みに関する内容には十九節分を充てている。この二つの章のなかで強調されているのは、具体的に与えられるようにと求める「パン」が、霊的に解釈されなければならないという点であり、試みは神の摂理のなかでわれわれの

---

60) PE 2, 6: ἀρκτέον οὖν ἤδη τοῦ περὶ τῆς εὐχῆς λόγου. (*GCS 3*, 304, 1-2.)

61) 本稿ではこれについて本論5章で論じている。

62) オリゲネスはマタイ福音書における主の祈りを、イエスが特別に教えたもの、ルカ福音書における主の祈りを、弟子の懇願によって教えられたものと理解し、前者のほうを重視している。Cf. PE 18, 3.

祈禱と無関係にはなされないという点である。[63]

　第3部では、祈りにさいして取るべき心構えと姿勢、場所、方角、時、その他に関する外的事項および、祈りの主題といった内的事項が、三章にわたって具体的に述べられる。内容的には極めて実際的、実践的なものであり、第1部および第2部との連続性はそれほど強くない。そして、34章の結びは、再び二人の執筆依頼者への挨拶の辞によって終えられている。

　以上の三部のうち、最も長い第2部の主の祈り注解部や、補足的諸事項を簡潔に扱っている第3部以上に、祈りの必要性や効用を論じる第1部が、祈りの本質により深く関わる内容を展開している。[64]

5.『祈りについて』の写本、校訂本

　オリゲネスの著作は本来ギリシャ語で執筆されたが、その多くはルフィヌスのラテン語翻訳書に取って代った。[65] しかし、『祈りについて』は、ラテン語に翻訳されないまま、完全に近い状態で現存している著作である。このことについては、この書が後の正統主義の三一論からみれば明らかに異端的な従属主義の内容を含んでいるとの理由で断罪された歴史を持っていることから[66]、読まれる必要が少く、そのために翻訳がなされな

---

63)　この二点について、本稿の4章で論じている。

64)　本稿の第1章、2章、5章ではおもに第1部を、第3章および4章ではおもに第2部を中心に論じている。

65)　220年以降に書かれたオリゲネスの主要な著作が、これに相当する。Cf. P. Koetschau, in: *GCS 3*, p. LXXIII.

66)　オリゲネスの著作は4世紀から6世紀にかけて多くの論争を巻き起こし、異端として断罪された経緯を持つ。『祈りについて』の内容の一部もまた、不適切であるとみなされていた。また、この書の31章にあるような、天の住民が球形の身体をしていると説いているプラトン的概念も、異端的であると考えられた。この書は、バシレイオスとナジアンゾスのグレゴリオスが4世紀に編纂した選集『フィロカリア』の選にも入らなかった。そして、6世紀にはユスティニアヌス帝によって異端的著作のひとつに数えられた。ルネッサンス期の古典文化復古、たとえばエラスムスによって改めて評価され、その正統性はカトリックの公文書に引用されるほどに回復した。現在、オリゲネスの正統性を擁護しようとする立場（e.g. J.R. Lyman, Origen as Ascetic Theologian: Orthodoxy and Authority in the Fourth-Century Church, in: *Origeniana Septima*, Leuven, 1999, pp.187-194.）や

いでギリシャ語原文のまま保存されていたと見る立場、また、『殉教の勧め』とともに古代から重視され、愛好されてきたからこそ、ギリシャ語原文で保存されていたと見なす立場がある。[67] ここではその状況に関する議論に立ち入ることはしないが、いずれにせよ、一部の欠損があるものの、原語で保存されていた『祈りについて』は、オリゲネスの祈禱観のみならず、彼の思想を知るうえで非常に重要な文書であると言える。

　現在、『祈りについて』のテキストの写本は14-5世紀に筆写されたもの一つのみで、ケンブリッジのトリニティ・カレッジの図書館に保存されている。[68] これには、原本に由来するとみられている八か所の欠落箇所があるが、内容の理解を妨げる致命的な箇所や分量にはなっていない。むしろ、オリゲネス自身の手によって論述された内容を知ることができるという点で、貴重な著作である。

　『祈りについて』の校訂本としては、年代順に、以下のものが挙げられる。

Wettstein, Johann Rudolf（ed.）, Ὠριγένους διάλογος κατὰ Μαρκιωνιστῶν, ἢ περὶ τῆς εἰς θεόν ὀρθῆς πίστεως. Προτρεπτικός εἰς Μαρτύριον. *Origenis de*

聖書的ではなく新プラトン主義的傾向を指摘する立場（e.g. J.S. O'Leary, Knowledge of God: How prayer Overcomes Platonism（Contra Celsum VI-VII）, in: *Origeniana Nona*, Leuven 2009, pp. 447-468.）があるが、そのような評価の歴史を再考し、いずれの要素も含むという調停的な主張を提示する研究（e.g. E. Osborn, Origen: The Twentieth Century Quarrel and Its Recovery, in: *Origeniana Quinta*, Leuven, 1992, pp. 26-39.）も見られる。

　67）　オリゲネス著、小高毅訳、前掲書、4頁。

　68）　この写本は、元々ドイツのヴォルムスの司教座聖堂図書館が所有していたが、略奪されたあとボヘミヤのエリザベス女王侍医ルフィウスによって安価で買い取られ、オランダのハーグに運ばれ、当時著名な研究者であったI.ヴォスの手を介してスウェーデンに運ばれ、ストックホルムの図書館に辿り着いた。ここで1652年にD.フィエがこの本を筆写した。I.ヴォスは、当時オリゲネスの全著作の校訂本を企画していたH.ソーンダイクにこの写本を委ねた。（B.F.ウェストコットによれば、フィエが同じ企画を進めていると聞いて放棄した。）そして最後にH.ソーンダイクの手でイギリスに渡り、トリニティ・カレッジの図書館に保管されることとなった。オリゲネス著、小高毅訳、前掲書、訳者の緒言10頁。

Oratione libellus, Basileae, 1696.

Reading, W.（ed.）, *Ὠριγένους περὶ εὐχῆς βιβλίον*, Lomdini, 1728.

Delarue, Charles（ed.）, περὶ εὐχῆς（latin trans de Cl. Fleury）. *Ὠριγένους τὰ εὑρισκόμενα πάντα,* Vol. 1, s. l., 1733.

Lommatzsch, Karl Heinrich Eduard（ed.）, περὶ εὐχῆς. *Ὠριγένους τὰ εὑρισκόμενα πάντα,* repr. Delarue, Vol. 17, Berolini, 1844.

Migne, Jacques-Paul（ed.）, περὶ εὐχῆς. *Ὠριγένους τὰ εὑρισκόμενα πάντα,* repr. Delarue, Vol. 1, in: *PG 11*, 1857.

Koetschau, Paul（ed.）, περὶ εὐχῆς. Origenes Werke, Vol. 2, in: *GCS 3*, 1899, pp. 297-403.

また、翻訳に関しては、『殉教の勧め』と並んで、オリゲネスの著作の中では比較的多いことが指摘される。[69] 現在までに出版された翻訳を、以下に時系列に記した。

Labesse, M.Paul（trans.）, De Oratione Liber et Exhortatio ad Martyrium. Origène. *Traité de la Prière. Exhortation au Martyre*, Paris, 1873.（仏訳）

Marzuttini, Giuseppe Onorio（trans.）, *Orazione di Adamazio Origene esortatoria al martirio*, Este, 1840.（伊訳）

Kohlhofer, Josef（trans.）, Vom Gebet, *Aus gewählte Schriften des Origenes* I, Kempten, 1874.（独訳）

Koetschau, Paul（trans.）, Des Origenes ausgewählte Schriften. Aus dem griechischen übersetzt I. Des Origenes Schriften vom Gebet und Ermähnung zum Marthrium, in: *BKV²48*, München, 1926.（独訳）

Bardy, Gustave（trans.）, *Origène. De la Prière, Exhortation au Martyre*, Paris, 1932.（仏訳）

Jay, Eric George（trans.）, *Origen's treatise on Prayer*, London: S.P.C.K., 1954.

69）「オリゲネスの著作のなかで、この二編ほど現代語に翻訳されているものはない。」（小高毅訳、前掲書、4頁。）

（英訳）

O'Meara, John J.（trans.）, Origen: Prayer, Exhortation to Martyrdom, in: *ACW 19*, Westminster/ London, 1954.（英訳）

Oulton, John Ernst Leonard and Henry Chadwick（trans.）, On Prayer. Alexandrian Christianity, in: *LCC 2*, Westminster: The Newman Press; London: Longmans, 1954.（英訳）

Del Ton, Giuseppe（trans.）, *Origene. La preghiera*, Roma, 1974.（伊訳）

Hamman, Adalbert-Gautier（trans.）, *Origène. La Prière*, Paris, 1977.（仏訳）

Greer, Rowan Allen（trans.）, An Exhortation to Martyrdom, Prayer, First Principles, *The Classics of Western Spirituality. A Library of the Great Spiritualmasters IV*, New York/ Ramsey/ Toronto: Paulist Press, 1979.（英訳）

小高毅訳『オリゲネス　祈りについて・殉教の勧め』、創文社、1985年。（邦訳）

第2節　研究動機と目的

以上の性質を持つ『祈りについて』を本研究の中心軸に据えるが、ここで、その研究動機と目的について述べる。

「祈り」という言葉は多くの人がしばしば耳にする言葉であり、事柄としてもよく知られている。実際に、これまで世界中の多くの人々が、多様なかたちで祈ってきた。しかし、祈りの適切な方法、その方法が適切である理由、何よりも祈りが内包する可能性についての認識が、明確に共有されているわけではない。むしろ、現代のとくに日本では、困難な現実に対して確実に対処し得る合理的手法が見いだせない場合、たとえば「あとは祈るしかない」という表現に示されているように、祈りは決して信頼性の高くない、半ば不本意な諦めや妥協を含む選択肢として、消極的にとらえられることも多いのではないか。しかしそれでもなお、さまざまなかたちで「祈る」ということが続けられている。科学が発達する世界のなかでは極めて曖昧で不明瞭、不確かなものでありながら、祈るという行為がなお

も存続しているという事実は確かなことである。

　われわれとは時代や場所の異なる背景を生きたオリゲネスは、知的に優れ、なにより聖書の言葉を求め、それに依って生きた人であったと評される。彼の思想を理解する一助とするべく、ここで、彼の特筆すべき歩みについて述べておきたい。

　エウセビオスの記録によると、オリゲネスは幼少時より父親からギリシャ思想の手ほどきを受け、それ以上に聖書の学びの機会を与えられた。「（父親が）そのために注いだ努力は決して尋常なものではなかった」、と言われる。[70]　オリゲネスはキリスト教の信仰を持ち、キリスト教徒ゆえに投獄された父親とともに自らも殉教を覚悟をするが、母親に阻止されたため、父親に殉教を勧める手紙を書き送った。その父の死後、財産を没収され、文典を教えることで生計を立てるが、彼がキリスト教の教えを与えると、それを望む者たちが増えたため、文典の教授を放棄し、他人の援助を要しないよう古書を処分して生計の足しにした。このときのオリゲネスについて、エウセビオスは以下のように伝えている。

　　……彼は長年の間こうした仕方で哲学者のように暮し、若者の情熱を［誘い出す］原因になるものをすべて遠ざけた。日中は決して軽くない労働で自己を鍛錬し、夜の大半の時間を費やして聖なる文書の研究に没頭した。彼はときには断食修行で、またときには睡眠時間を切りつめて──彼は寝台の上ではなく、床の上に寝た──どこまでも哲学者然とした暮らしに徹した。なかでも彼は福音書の救い主の次の言葉を守るべきものと考えた。それは二枚の着物をもってはならず、サンダルもはいてはならない、そしてこれから来るときのことをあれこれ思いわずらってもならない、という戒めだった。[71]

---

70)　HE VI, 2, 7: οὐ μετρίως γοῦν καὶ περὶ ταύτας πεπόνητο,…（*GCS 9*, 222, 10-11.）

71)　HE VI, 3, 9-10: πλείστοις τε ἔτεσιν τοῦτον φιλοσοφῶν διετέλει τὸν τρόπον, πάσας ὕλας νεωτερικῶν ἐπιθυμιῶν ἑαυτοῦ περιαιρούμενος, καὶ διὰ πάσης μὲν ἡμέρας οὐ σμικροὺς ἀσκήσεως καμάτους ἀναπ⟨ιμπ⟩λῶν, αἱ τῆς νυκτὸς δὲ τὸν πλείονα χρόνον ταῖς τῶν θείων γραφῶν ἑαυτὸν ἀνατιθεὶς μελέταις, βίῳ τε ὡς ἔνι μάλιστα ἐγκαρτερῶν φιλοσοφωτάτῳ, τοτὲ μὲν τοῖς ἐν ἀσιτίαις

40 　　　　　　　　　　序　論

　オリゲネスの非常に強い意志が禁欲的生活となって人々に示されたとき、多くの生徒たちが彼の持つ熱心さに駆り立てられた。オリゲネスにとってこの禁欲的生活はそれ自体が目的ではなく、エウセビオスによる記録から、神への信仰、聖書の言葉への信頼に基づくものであったことが看取される。また、エウセビオスは、オリゲネスが迫害下でも危険を冒してキリスト教の教えを伝え続けるため、人々から「まことにその言葉は生き方そのものだった。その生き方は言葉そのものだった」[72]と評されていたことをも伝えている。オリゲネスはキリスト者であると同時に教育者でもあったが、彼から教えを受けたタウマトゥルゴスもまた、師オリゲネスについて、「しかるにこの人ばかりは、始めて私に、ただに言の上の哲学を勧めたのみならず、実にその行いがその奨励の言よりも勝っていた」[73]と述べている。ここには、彼の理念と彼の行動は違わず調和していたことが伺える。

　オリゲネスは、前述の父親の殉教のほかにも、キリスト教宣教に関しては共働者であり信頼していた上位の聖職者からの追放命令を受けるといった苦境に置かれていたこともあった。[74] 彼は困難な現実のなかで、生涯をとおしてキリスト教の教えを伝え、求める人に対しては知的な訓練を施し続けた。[75] そして、やがては彼自身もまた迫害下での拷問を受け、その影

γυμνασίοις, τοτὲ δὲ μεμετρημένοις τοῖς κατὰ τὸν ὕπνον καιροῖς, οὗ μεταλαμβάνειν οὐδ' ὅλως ἐπὶ στρωμνῆς, ἀλλ' ἐπὶ τοὔδαφος διὰ σπουδῆς ἐποιεῖτο· πάντων δὲ μάλιστα τὰς εὐαγγελικὰς τοῦ σωτῆρος φωνὰς φυλακτέας ᾤετο εἶναι δεῖν τάς τε περὶ τοῦ μὴ δύο χιτῶνας μηδ' ὑποδήμασιν χρῆσθαι παραινούσας μηδὲ μὴν ταῖς περὶ τοῦ μέλλοντος χρόνου φροντίσιν κατατρίβεσθαι· (*GCS 9*, 225, 1-11.) Cf. 2Tim. 2, 22.

　72)　HE VI, 3, 7: ... οἷον γοῦν τὸν λόγον, τοιόνδε, φασίν, τὸν τρόπον καὶ οἷον τὸν τρόπον, τοιόνδε τὸν λόγον ἐπεδείκνυτο,... (*GCS 9*, 224, 22-24.)

　73)　EisOrg XI, 135: οὗτος δέ με πρῶτος καὶ τοῖς λογίοις φιλοσοφεῖν προὐτρέψατο, τοῖς ἔργοις φθάσας τὴν διὰ λόγων προτροπήν· (*SQS 9*, 25, 30-26, 2.) 邦訳は以下の文献による。オリゲネス著、有賀鐵太郎訳「聖グレゴリオス・サウマツルゴスがオリゲネスに献げた辞――パレスチナのカイサリアにてオリゲネスの許における幾年かの修業ののち故国に立ち去るに当たって」『有賀鐵太郎著作集1　オリゲネス研究』、創文社、1981年、471頁。

　74)　Cf. HE VI, 8, 4. 本章第1節「1. 2.『祈りについて』執筆の背景」でも述べた。

　75)　Cf. HE VI, 2.

響によって死を迎えることとなる。[76]

　翻ってわれわれは、有益さを求めて様々な技術が発達した現代に生きており、しかし、出来事や他者との関わりのなかに生じる外的な困難や、自己の弱さや足りなさといった内的な苦悩を経験する。喜びだけでなく、悲しみや苦悩は、人間の歩みのなかから消滅することがない。そのようななか、祈りは力を発揮できているのであろうか。

　オリゲネスは様々な現実的な困難のなかで熱心に神への祈りをささげていた。その祈りは前述のような彼の歩みにどのように関わっていたのか。彼は祈りのなかで何を求めたのか。また、祈りを向ける神とはどのような存在であり、祈りへの応答はどのように得られていたのか。それへの答えは、今日のわれわれにとって、自らの人生を支え導くものとしての祈りをささげる一助になるのではないか。ゆえに、本稿は、おもに『祈りについて』をもとに、オリゲネスの世界観を背景に、彼の祈禱観について模索し、提示することを試みる。

第3節　『祈りについて』研究史

　『祈りについて』に基づいてオリゲネスの祈禱観を研究するにあたり、まず最初に、これまでにこの著作がどのように研究され、評価されてきたのか、あるいはどのような課題が残されているのかについて述べておきたい。

　オリゲネスの神学は、キリスト教教義が確立するにつれ問題が指摘され、論争にまで発展した経緯がある。[77]『祈りについて』にも、たとえば御子の従属説として理解され、批判された内容が含まれている。キリスト教の全体的な教義を背景にしたとき、この書物の実践的内容や霊性はどのように評価されてきたのか。オリゲネスの思想に精通した研究において、

---

76)　Cf. HE VI, 1, 39.

77)　小高毅『オリゲネス——「ヨハネによる福音注解」研究』、創文社、1984年、7-12; 45-76頁、参照。

この著作の価値はどこに認識されたのか。また、この著作自体に関心を持ち、研究するなかから生じたのは、どのような理解であったのか。

以下では、これら三つの視点から、既存の『祈りについて』に関する評価を、経時的に提示したい。

1. 教理史における『祈りについて』の評価と課題

自由主義神学者であり、古代キリスト教の教理に批判的な目を向けていたA.フォン・ハルナック[78]は、1885年から1889年にかけて出版された、三巻から成る『教理史教本』[79]の第I巻第2部6章「教会の伝統の改革ないしは学問的教会的起源と教理学——クレメンスとオリゲネス」の第2項に「オリゲネスの体系」[80]というテーマを設け、そのなかで2回だけ『祈りについて』の内容に言及している。ひとつめは「I.神に関する教えとその発展」のなかの「クレメンスのロゴスの教え」という項目で、「御子が存在性と基体の点で御父とは別のかたであるとすれば」[81]が引用され、考察されている。この内容に関して、ハルナックは、ペルソナとしての差異が強調されるべきであると説明している。なお、このののちも多くの研究者が『祈りについて』のなかではこの一箇所に、従属説の如何を問う議論として言及することとなる。もう一箇所は「III.救いと回復の教え」のなかで、キリストの働きに関して述べるさいに、御子の不可欠な働きが述べられている『祈りについて』10章および15章を脚注で参照させ、受肉した神、キリストが、大祭司かつ神と人との仲介者として考えられていることを説明している。以上のように、ハルナックがこの著作について言及する目的は教義的な関心にあり、オリゲネスの祈禱観についてはほとんど関心

---

78) ネメシェギは、ハルナックがオリゲネスを酷評しがちであったことを指摘している。P.ネメシェギ「オリゲネスの神学思想をめぐって」『ヨーロッパ・キリスト教史1 先史・古代』、中央出版社、1971年、451頁。

79) A. von Harnack, *Lehrbuch der Dogmengeschich. Die Entstehung des kirchlichen Dogmas*, vols. 1-3, Tübingen, pp. 1885-1889.

80) *Ibid.*, pp. 650-697.

81) Cf. PE 15,1: κατ' οὐσίαν καὶ ὑποκείμενόν ἐστιν ὁ υἱὸς τοῦ πατρὸς...（*GCS 3*, 334,4-5.）

を向けていない。

　次に、オーソドックスな立場に立つR.ゼーベルクは、『教理史教本』[82] 第
II巻の「アレクサンドリアの教父神学」という項目の大半を、オリゲネス
に関する論述に充てている。しかし、オリゲネスに関するおよそ五十五頁
にわたる叙述のなかで、『祈りについて』に言及しているのは十箇所にも
満たない。そのなかの一箇所では、御子の従属説として断罪された部分の
内容について触れている。引用されているのは、前述のハルナックと同じ
箇所[83] であるが、ゼーベルクはこれに関して詳述していない。この一箇所
以外に『祈りについて』に関して彼が論及するのはすべて、主の祈り注解
の内容である。オリゲネスの著作のなかでも最初に好んで研究対象とされ
てきたのが聖書注解であるため、ゼーベルクのこの関心も、オリゲネスの
主の祈り解釈に対するものであると考えられる。[84] ゼーベルクもまたハル
ナック同様、祈禱に関するオリゲネスの神学には殆ど注意を払っていない。

　約半世紀ののち、B.アルタナーとA.ステュイバーは『教父学』[85] を著
し、このなかで教父たちの著作と思想について論じている。その「第5章
3世紀のキリスト教文学」のなかの「東方ギリシャの著作家」という項目
でオリゲネスが取り上げられ[86]、『祈りについて』が著作の一つとして言及
されている。アルタナーはこれを、「祈りについて一般的に教示し、主の
祈りに関して説明するものであり、執筆者の深い敬虔さの美しい証しであ
る。」[87] と述べ、この書におけるオリゲネスの敬虔さを評価している。ま
た、オリゲネスの教えを提示するなかで、『祈りについて』28章10節を引
用し、その具体的内容について言及している。[88] しかし、オリゲネスの祈

---

82)　R. Seeberg, *Lehrbuch der Dogmengeschichte*. 2 Vols., Leipzig & Erlangen: A. Deichert, pp. 1895-1920.

83)　*Ibid.*, pp. 512-513. Cf. PE 15, 1（*GCS 3*, 334, 4-5）.

84)　オリゲネスの著作に関するこの扱い方は、他の作品に関してもほぼ同様である。

85)　B. Altaner and A. Stuiber, *Patrologie. Leben, Schriften und Lehre der Kirchenväter*, Freiburg/ Basel/ Wien: Herder, 1966.

86)　*Ibid.*, pp.175-185.

87)　*Ibid.*, p.180.

88)　それは、不治の大きな罪ないしは「死にいたる罪」（"Sünden zun Tode". Cf. I John

禱観に関してはやはりほとんど触れられていない。なお、先の二者が取り上げていた御子の従属説に関する内容についてもここでは言及されていない。

　その少しあとにJ.クウェイステインの『教父学』[89] が出版されたが、彼は第II巻のオリゲネスの項で『祈りについて』に言及し、簡潔にして適切な解説を提示している。彼がこの著作に指摘したのは、この著作が決して完全な哲学的思想を展開したものではなく、オリゲネスのどの作品よりも彼の信仰生活の深さと温かさを明らかにしているという点である。また、オリゲネスがこの著作のなかで強調している幾つかの基本的な視点について、クウェイステンは、その視点そのものについて具体的に述べてはいないものの、オリゲネスの神学体系の分析にとって非常に貴重なものであると評価している。また、歴史的にはこの著作がキリスト教徒の祈禱に関する最も古い「学問的な」議論であるが、より実践的なのは、一部の人だけでなく全ての人が読む対象とされていたテルトゥリアヌスの祈禱論のほうであるとみなしている。クウェイステンは、この著作に見られる思想が霊性の歴史に広範な影響を与え、エジプトの初期の修道士によっても読まれたことを指摘し、最も古い修道院の規則の、とくに祈りと悔悛に関して影響を与えたことを評価している。以上のように、クウェイステンもまた、オリゲネスの祈禱観そのものに関しては殆ど言及していないが、この著作に提示されているオリゲネスの人格や霊性といった側面に着目し、評価したことは注目に値する。

　さらにそののち、H.F.フォン・カンペンハウゼンが『古代キリスト教思想家　ギリシャ教父』[90] を著すが、彼はそのなかでオリゲネスの生涯を順にたどりながら、殉教をも厭わない彼の厳格な生き方と卓越した思考法を評価している。そして、オリゲネスが伝道者として、人々を祈りや殉教や聖人への歩みへと導く願いを持つ者であったとの理解を示す一方、彼が何

5, 16.）が必ずしも不治のものではないと、聖書に基づいて述べられている箇所である。

　89）　J. Quasten, *op. cit.*, pp. 37-100.

　90）　H.F. von Campenhausen, *Griechische Kirchenväter*, Urban-Bücher 14, Stuttgart: Verlag Kohlhammer, 1955.

よりも聖書神学者であるがゆえに、その聖書に関する著作の前では『祈りについて』などの神学的著作は「影がうすれてしまう」と、『祈りについて』自体はあまり高く評価していない。また、オリゲネスを天才理論家として理解すると同時に、エウセビオスの記録から、オリゲネスが心理的重圧を経験したこともなかったのではないかといったカンペンハウゼン自身の心象も示し、これをもってオリゲネスに宗教的不十分さのあったことを指摘している。祈禱には宗教的不十分さでなくむしろ宗教性が求められるであろう。ゆえに、カンペンハウゼンが『祈りについて』をあまり評価しなかった理由は、この点においても考えることができる。確かにこの著作は、祈禱不要論と論理的に対峙する必要があったため、宗教的な感性に直接的に訴える性質のものであるとは言えない。しかし、オリゲネスが聖書神学者であると同時に牧会的配慮を持つ信仰者であった点、また、彼が心理的重圧を経験するに十分な背景を有していたことについても検討される必要があったのではないか。

その3年後、J.N.ケリーによって『初期キリスト教教理』[91] が刊行されている。四部からなるその著作の第2部で「前ニカイア神学」が論じられ、そこで取り上げられている五つの神学的項目のなかの「3世紀　三位一体論」という項目で、クレメンスとともにオリゲネスについて言及されている。『祈りについて』に関しては、やはり15章1節の、御父にのみ祈禱がささげられるべきとするオリゲネスの主張が取り上げられ、2回にわたって説明されている。ケリーは、父にのみ祈禱をささげるとするオリゲネスの主張に関して、御子は存在においては御父とは別であり、父と子はペルソナの面で二つのものであるが、意志の調和と同一性という点においてひとつであるという理解であるとみなしている。また、御子は御父の代理人であって御父の命令を執行するのであり、人間はキリストも含めて被造物には祈ってはならず、キリストがしたように父なる神にのみ祈り得る。もしキリストに祈ったなら、キリストが御父にそれを伝える。[92] さらに、

91）　J.N.D. Kelly, *Early Christian Doctrines*, London: Adam & Charles Black, 1958.

92）　この後者の考え方について、『祈りについて』のなかでは確認されない。

「キリスト教の共同体」という項目において、地上での教会とイデアとしての教会に言及し、後者が「しみも、しわも、このようなものは何一つない」[93] というパウロの言葉を根拠に、霊的な教会とこの世の教会が同時に存在することを主張しているという点を明らかにしている。ほかにも、「悔い改めの訓練」という項目で、主の祈り注解の罪のゆるしに関する箇所を参照している。以上のように、教理を提示しようとしたケリーは『祈りについて』の内容を説明に用いているが、祈禱観などの本質的な事柄については言及していない。

　同じく教理を関心に据えて著述されたB.ローゼの『キリスト教教理史』[94] も、「三位一体の教説」という項目で『祈りについて』に言及している。ここにおいても、既存の研究同様、後者の15章1節から16章1節の内容をめぐり、御子の従属説として理解されてきた、祈禱を向ける相手について論じられている。そのさい、祈りは御父にのみ向けられねばならず、それは御子と聖霊をとおして祈りが形成されるからであると理解されている。ローゼはこれ以外には言及していない。

　それから30年以上を経て、比較的新しいものにK.バイシュラークの『キリスト教教義史概説』[95] を挙げることができる。彼はオリゲネスを高く評価し、釈義家として、体系家として、オリゲネスの神学について論じている。そのなかで、宇宙論、教会論、救済論などの重要な側面に関するオリゲネスの思想を問いながら、それへの応答の枠組みそのものを刷新する必要性を指摘している。ただし、彼は、オリゲネスの特定の著作ではなく包括的な観点においてその神学を論じているため、『祈りについて』は個別の著作としては触れられていない。

93）　Eph. 5, 27.

94）　B. Lohse, *Epocken der Dogmengeschichte*, Stuttgart: Kreuz Verklag, 1963.

95）　K.バイシュラーク著、掛川富康訳『キリスト教教義史概説（下）ヘレニズム的ユダヤ教からニカイア公会議まで』、教文館、1997年。（K. Beyschlag, *Grundriß der Dogmengeschichte*, vol.1. Gott und Welt, 2, Darmschtadt: Wissenschaftliche Buchgesellschaft, 1988.）

以上のように、教理史研究において、オリゲネス自身には多くの頁が割かれることがあっても、『祈りについて』に関しては御子の従属説に関する箇所など、教理的に問題を含み持つ可能性のあるものへの論究が多くを占め、それ以外にはあまり言及されてこなかった。そのような意味では、アルタナーやクウェイステンの評価は稀有であると言える。ただし、アルタナーに関しては、『祈りについて』への言及がほんの数行にしか過ぎず、十分な積極的評価がなされていると言うことはできない。

　つぎに、オリゲネス研究における『祈りについて』の評価等を概観する。

2. オリゲネス研究における『祈りについて』の評価と課題

　E.R.レーデペニンクは、1841年から46年にかけて、分冊二巻、計千頁弱からなるオリゲネス研究書『オリゲネス　その生涯と教え』[96]を著している。オリゲネスに留まらない原典資料と、それに関する彼自身の解説が非常に多数回にわたって注に付されていることは、この研究が厳密に、豊富な資料に基づいて提示されたものであることを意味している。この著作の内容は三部構成となっており、全体の約五分の四を占める「生涯と著作」、オリゲネスの世界観が中心に述べられる「教え」、そして最後に「付録」が付された構造となっている。「生涯と著作」においては、時代ごとに出来事と著作が言及されている。そのなかで、他の著作の引用とともに『祈りについて』の主要な点、すなわち、祈りの必要性、祈りの聞かれること、祈りの方法、キリスト崇拝、崇拝、キリストへの祈願、仲介者なるキリスト教、主の祈り、祈りの場所、について言及され、祈りを向ける相手としてあるいは仲介者としてのキリストに関する言及も多くみられる。[97]『祈りについて』には前述のように、しばしば御子の御父に対する従属説が指摘されるが、レーデペニンクはオリゲネスが御子に向けて祈っている他の著作に触れ、それを根拠に、オリゲネスに従属説を斥けている。オリゲネスの神学を理解するにあたって、レーデペニンクは聖書注解

96）　E.R. Redepenning, *op. cit.*
97）　*Ibid.*, pp. 31-54.

に留まらず、『祈りについて』に記されている実践的内容をも重視していた。

それから約90年近くを経たのち、E.ド・フェイは、『オリゲネスと作品』[98] を著し、オリゲネスの著作をもとに彼の神学について論じている。彼は「神の教義」という項目のなかで、神の性質としての「超越性」が、この著作の主の祈り注解部の「天におられる」という冒頭の呼びかけに表現されていることを指摘し、これを、神が不可視で体を持たない存在であることの強調と理解している。また、「最後の事柄」という項目で人間の神化について述べるさい、ド・フェイは主の祈りのパンを求める祈りに関する注解部分[99] を引用している。彼がこの著作から引用するのはすべて主の祈りの注解部であり、またその回数は以上のように限られていることから、ド・フェイはこの著作において、『祈りについて』で論じられている他の事柄にはあまり関心を持たなかったことが推測される。

その後間もなく、ドイツの教会史家W.フェルカーは、敬虔史的研究によってオリゲネスの人格や敬虔な意識を課題の対象とした『オリゲネスの完全性の理想』[100] を上梓している。この著作のなかでフェルカーは、『祈りについて』や『殉教の勧め』を積極的に扱い、四章からなるその最終章の前半で、「完全性への精励が集中する場としての祈り」というテーマのもと、オリゲネスの祈りについて論じている。叙述の順序は『祈りについて』に基づいてではなくフェルカー自身の関心に従うものであり、テキストとしてはこの著作以外のオリゲネスの作品も引用されている。フェルカーの関心は、祈りの神秘的側面に置かれている。日本におけるオリゲネス研究の第一人者である有賀鐵太郎は、フェルカーの研究結果について、思想や教理のみの論評であった従来の研究に対し、オリゲネスの思想の根底を貫く人格および敬虔心の理解を視野に置いて研究がなされていること

---

98) E. de Faye (author), F. Rothwell (trans.), *Origen and His Work,* New York: Columbia University Press, 1929.

99) Cf. PE 27, 3.

100) W. Völker, *Das Vollkommenheitideal des Origenes, Eine Untersuchung zur Geschichte der Frömmigkeit und zu den Anfängen christlicher Mystik,* Tubingen: Verlag von J.C.B. Mohr, 1931.

に関しては、オリゲネス研究史上「最も重要な貢献」として高く評価する一方で、オリゲネスを「純粋の神秘主義者」として描き過ぎたことについては批判している。[101] 本稿も有賀のこの評価に賛意を示すと同時に、オリゲネスにおいて、神秘主義的傾向はヘレニズム的な学知および聖書に関する知を排除するものではないとの見解を提示したい。

それから十年余り後の1943年、有賀鐵太郎が『オリゲネス研究』[102]を著した。これはオリゲネス研究の著名なひとつとして高く評価される。[103] また、『祈りについて』への言及も多い。この研究は、有賀が「神学的解釈学」と名づけた方法によってなされ、1943年に出版された。「神学的解釈学」とは、オリゲネスのおかれた社会環境や思想といった背景を加味し、実践的態度を考慮しつつオリゲネスの人格に焦点を当て、その人格の偉大性の所以を学的に理解しようとする方法である。その著作の史料として、『祈りについて』が『殉教の勧め』とともに積極的に選択されており、祈禱の問題は約八十頁にわたって論じられている。[104] 論述は、この書のテキストを順に辿り、書かれた内容の根拠となる文化的ないしは学問的背景の理解に努め、オリゲネスに関する研究と自らの熟考により対話的に論じるという方法によって展開されている。祈禱そのものに関する発展史的な分析も詳細になされ、これはオリゲネスの祈禱観の史的な意義の明確化に大きく貢献していると言える。また、有賀がこの著作でオリゲネスを「緊張に満ちたキリスト者人格」[105] として理解していることから、『オリゲネス研究』はキリスト教史研究の従来の枠組みに囚われず、キリスト者の人格の歴史的形成の場に肉薄しようとしたものであると評価されている。[106]

---

101)　有賀鐵太郎、前掲書、7-8頁および42頁。

102)　同上。

103)　「……日本における教父学の礎石を築いた名著である。その学問的水準において、諸外国のいかなるオリゲネス研究に比しても褪色なきものであり、オリゲネスと博士との人格的・思想的共鳴が、時代の隔たりを超えて感銘される。」(武藤一雄「有賀鐵太郎著作編刊行の辞」有賀鐵太郎、前掲書、3頁。)

104)　有賀鐵太郎、前掲書、40-119頁。

105)　同上、386頁。

106)　水垣渉『宗教的探究の問題——古代キリスト教思想序説』、創文社、1984年、

50 　　　　　　　　　　　　　　　序　論

　ただし、有賀の最終的な焦点は、彼自身も述べているように『祈りについて』の内容そのものではなく、それを著したオリゲネスの人格を理解することであったため、この祈りの書の内容そのものに関しては神学的な考察の余地が残存する。たとえば、御子の従属説に関しては、その論争の的となった箇所について、従属説か否かの判断を問う議論はなされないまま、「これは後の完成せる正統主義の三一神論から見れば明らかに異端である」[107]と結論されている。ただし、この根拠として、御子がそのように教えたという点、また、御子と御父の本質的な差異のゆえに同時に双方に祈禱をささげることはできない点、祈禱は御子なしにはささげられ得ない点が提示されており[108]、そこにおいて御子従属論の持つ否定的意味の弱化を試みていると理解することもできる。有賀の『祈りについて』研究は、時期的にはたとえば前述の教理史研究であればアルタナーとシュトゥイバー以前に位置し、この著作を積極的に評価する視点を持った研究がほぼ皆無のなか、際立った研究であったと言える。

　そののち、フランスでは1955年、J.ダニエルーが『オリゲネス』[109]を著した。これは、オリゲネスを背景事情、聖書、神学体系、霊的生活という四つの側面から理解しようとするもので、四部から成る。『祈りについて』は、背景事情との関連のなか、十一頁にわたる「キリスト教の礼拝」という項目で言及されている。この著作からよく引用されているのは、手を挙げることといった姿勢に関することや、祈りの場所、祈りの回数に関することである。ダニエルーは祈りに関して極めて実際的な側面について述べているのであり、そこに神学的考察を提示しようとする姿勢はあまり見られない。また同時に、御子の従属説に関しても論及されていない。彼の別の著作『神と神認識の方法』[110]においては『祈りについて』にまったく触

252-253頁。
　　107）　有賀鐵太郎、前掲書、43頁。
　　108）　有賀鐵太郎、前掲書、60-61頁。
　　109）　J. Daniélou, *Origène*, Paris: Table ronde, 1948.
　　110）　J. Daniélou, *Dieu et Nous*, Paris: Bernard Grasset, 1956.〔Translated by W. Roberts, *GOD and the Ways of Knowing*. Cleveland: The World Publishing Company, 1957.〕

れられていないことからも、ダニエルーは『祈りについて』をそれほど重視してはいなかったと考えられる。

　その後、H.チャドウィックは、『キリスト教思想とギリシャ思想　ユスティノス、クレメンス、オリゲネス研究』[111]において、初期キリスト教思想家のなかからこの三人を取り上げ、個々の思想をギリシャ思想との関連のなかで論じている。彼は、ほかの二人に対してもそうであるが、オリゲネスの置かれていた具体的状況を述べることによって、著作に表現されている神学が形成されるに至った事情を分析しながら、その論理展開の方法やテーマの設定などについて影響を受けた可能性のあるものを考察し、提示している。世界観についても詳細に言及しているが、オリゲネスにしばしば指摘されるギリシャ思想への傾倒については否定的であり、むしろ敵対的であると理解している。そして、聖書の言葉の解釈[112]には段階があり、人間の段階に合わせて理解を助けることをオリゲネスが意図していること、聖書から霊的意味の探究を目指していること、また、オリゲネスが人間の神認識への責任を意識していることなどを指摘している。そのなかで、『祈りについて』そのものには触れられていないが、八箇所がここから引用されている。引用された内容は、主の祈りの釈義部分に偏ることなく、オリゲネスの神学そのものが表現されている部分など、著作全体にわたっている。これは、聖書の解釈方法のみならずオリゲネスの世界観をも視野に含むチャドウィックの関心と、『祈りについて』に見られる神学に対する彼の信頼によるものと考えることができる。

　P.ノータンは1977年に『オリゲネス』[113]を著し、その十一章のうちの三章分をエウセビオスの証言や著作などの再検証に充て、資料に基づく歴史的な精緻さをあらためて追及した。また、オリゲネスの年表に関しても、自説を打ち出した。それによると、『祈りについて』の執筆時期は234年か

111）　H. Chadwick, *Early Christian Thought and the Classical Tradition. Studies in Justin, Clement, and Origen,* Oxford: Clarendon Press, 1966.

112）　出村みや子『聖書解釈者オリゲネスとアレクサンドリア文献学』、和泉書館、2011年、が詳しい。

113）　P. Nautin, *op. cit.*

ら235年あたりに位置づけられ、著作の執筆に関しても従来の時期とは異なるものも多い。『祈りについて』は、このなかの「年代記」と称され、通時的に構成されている第10章において、アレクサンドリア離去以後の作品のひとつとして取り上げられている。そのさい、『祈りについて』は『殉教の勧め』と並列して挙げられながらも、その内容のほとんどは前者に関するものとなっている。ただし、それらは、執筆依頼や執筆年代を導くことのできるオリゲネスの叙述等、時期の特定に関するものに留まっている。ノータンのこの著作には、思想的な探求よりも、出来事としての正確な位置づけへの関心が窺える。

　J.W.トリグは、『オリゲネス　3世紀の教会における聖書と哲学』[114] のなかで、オリゲネスの生涯を、おもな出来事と著作を通時的に取り上げることによって論じている。『祈りについて』は、その「釈義と祈り」という項目のなかで言及されている。そこでは、この時代の出来事には触れられず[115]、『祈りについて』を含め、ほかに『ヨハネによる福音注解』『殉教の勧め』の計三冊の著作のみが論じられている。トリグはそのなかで『祈りについて』への論及に八頁を割き[116]、その内容を順次説明しながら、時折彼自身による評価を加えている。彼は、『祈りについて』が非常に広範な主題を扱っていること、また、オリゲネスの作品をもっとも代表するものであるということなどを理由に、これを高く評価している。その評価の根拠は、文法学者として、聖書解釈者として、プラトンの伝統における哲学的神学者として、また、異端への反対者として、篤い敬虔さをもつキリスト者という側面に据えられている。すなわちトリグは、キリスト者としての意識に支えられたオリゲネスの知的側面と霊的側面とがこの著作に現れていると見なしているのである。『祈りについて』に含まれる様々な要素をこのように多側面から検討し、評価した研究は、トリグ以前には皆無で

---

114)　J.W. Trigg, *Origen. The Bible and Philosophy in the Third-century Church*, Atlanta: John Nox Press, 1983.

115)　時代としては、司祭叙階を受けたことに対して、司教デメトリオスから抗議が出され、書簡のやり取りをしていたあとの、カイサリアの時代に位置する。

116)　*Ibid.*, pp.156-163.

あった。また、そこにおいて示されている内容が『祈りについて』に内包される要素を的確にとらえている点でも、この研究は高く評価されるべきものであると言える。

やや遅れてオリゲネスの作品全体の文献目録[117] をも著したH.クルゼルは、『オリゲネス』[118] のなかで、現存するオリゲネスの作品を網羅している。[119] 内容に関する項目がそれに続くが、『祈りについて』は「人柄および性質」という最初の項目の「現存する作品」という小項目のなかでごく短く言及されるに留まっている。そこにおいて、クルゼルは、『祈りについて』が『殉教の勧め』とともにギリシャ語原文のまま残存していることに触れ、ここに霊的な生活とオリゲネスの教えが示されていることを指摘し、これがキリスト者の敬虔史にとってだけでなく、祈りの実践に関する助言として、テルトゥリアヌスの祈禱論よりも価値あるものであると評している。ただし、『祈りについて』の具体的な内容に関しては全く取り上げられてはいない。これは並列的に言及されている『殉教のすすめ』についても同様である。クルゼルは聖書解釈書、『諸原理について』および『ケルソス駁論』を重視し、そこにオリゲネスの神学を見出そうとする。クルゼルの著作ではほかに、「釈義」、「霊性」、「神学」というテーマが項目として設けられているが、『祈りについて』の内容は「神学」の小項目「人間のよみがえり」のなかで二箇所と、その次の小項目「アポカタスタシス」において一箇所が言及されているのみである。これらはいずれも主の祈りの注解部であり、その内容は、祈禱に関するオリゲネスの主要な神学に関するものではない。クルゼルは『祈りについて』のなかに、聖書解釈ほどには意味を見出していないものと考えられる。

2004年にはJ.A.マクガッキンの編集による『ウェストミンスターハン

---

117)　H. Crouzel, *Bibliographie Critique d'Origène.* (Instrumenta Patristica VIII, VIII A, VIII B), in Abbatia Sancti Petri: Steenbrugis, 1971; 1982; 1996.

118)　H. Crouzel, *Origène*, Paris: Pierre Zech Editeur, 1985.

119)　ただ、「オリゲネスの全作品」というリストのなかに、『祈りについて』は挙げられていない。(H. Crouzel [author], A.S. Worrall [trans.], *ORIGEN*, Edinburgh: T.&T. Clark, 1989, pp. 37-41.)

ドブック　オリゲネス』[120] が出版されたが、J.コンスタンティノフスキー
が、そのなかの「祈り」という項目で、『祈りについて』に言及してい
る。[121] そこでは、この書が思想的かつ聖書的前前提に基づいて祈りを説明
するもので、ここに含まれる主の祈り注解が最初の本格的な主の祈り注解
であると評され、順を追って著作全体の概要が紹介されている。そのなか
で、コンスタンティノフスキーは、オリゲネスの祈りの神学が非グノーシ
ス主義的な指針と牧会者としての立場から生じたものであり、これらはオ
リゲネスの働きやのちの修道院の神秘的・禁欲的傾向にとって重要である
と述べ、聖書に則った神学のもとにオリゲネスの霊性が育まれていたもの
と理解している。なお、『祈りについて』よりも後の著作[122] のなかでは、
御子に向けてささげられる祈願（invocvation）も見られることが指摘され
ているが、基本的には聖書を典拠に、御子キリストは御父への祈りを教え
て共に祈る者であるとのオリゲネスの理解が大前提にあることを指摘して
いる。

　以上、オリゲネス研究における『祈りについて』の評価について概観し
た。[123] ここでもまた、教理史研究におけると同様、オリゲネスの聖書釈義
や教理的側面に関心が持たれていることが確認された。それに加えて、オ
リゲネスの人格的側面や霊性にも注意が向けられるようになり、『祈りに
ついて』への評価の仕方もそのような観点を含むものに変化している。と

　120）　J.A. McGuckin（ed.）, *Westminster Handbook to Origen*, London: Westminster John Knox
Press, 2004.

　121）　J. Konstantinovsky, Prayer, in: J.A. McGuckin（ed.）, *op. cit.*, pp. 175-176.

　122）　E.g., CCels 8, 26; HomEx 13, 3.

　123）　教理史やオリゲネス研究で扱われる以外に、『祈りについて』はどのように評価
されているのか。たとえばH.キュンクはパウロ、アウグスティヌス、トマス・アクィナ
スからバルトに到るまでの七名について論じるなかにオリゲネスを含めている。ここで
オリゲネスは「古代とキリスト教精神の偉大な統合」と評され、学問的神学者の最初の
雛形であると理解されている。生涯の経過に沿ってオリゲネスの神学が説明されている
が、『祈りについて』の言及は見られない。（H. Küng［author］, J. Bowden［trans.］, *Great
Christian Thinkers*, New York: Continuum, 1995, pp. 42-67.）

くに、ここに挙げたなかでは、フェルカーによる神秘主義者としてのオリ
ゲネス理解を経て、有賀が人格との関連で『祈りについて』に注目したこ
とは特筆に値する。また、キリスト者オリゲネスの敬虔な歩みを考察する
うえでこの著作を重視したトリグ、牧会者としてのオリゲネスの祈りの神
学に焦点を当てたコンスタンティノフスキーの研究も示唆深い。これらの
研究は、『祈りについて』の神学的意義と人間学的意義とを評価するもの
であると言える。

　最後に、この『祈りについて』そのものの研究について概要を提示する。

3.『祈りについて』研究における同著の評価と課題

　これまでの研究の概観から明らかなように、オリゲネスに関する研究の
なかで、聖書解釈に関する様々な注解書、あるいは彼の神学体系の理解に
繋がる『諸原理について』や『ケルソス駁論』については比較的早期から
関心が向けられていたが、『祈りについて』は臨機の書であり、実践的な
内容を対象としているといった評価から、この著作が研究の主たる対象に
されたのはそれほど早くはない。

　1903年のD.ジュネー[124]の研究は、有賀によっても参照されているが、
後述のW.ゲッセルはそれの論述内容ないしは方法論が十分ではなく、単
に幾つかの関連した視点が論じられているに過ぎないと評価している。[125]

　さらに、同じくゲッセルによってN.アントニオーノの「オリゲネスの
『祈りについて』」[126]が挙げられているが、彼は、これが百頁余からなる未
出版の学位論文であるものの、内容的には研究として不十分なものと評価

　124）　有賀鐵太郎は『祈りについて』の唯一の単行論文として、ジュネーの『祈りに関
する教え』という研究書を挙げている。D. Genet, *L'Enseignement d'Origène sur la prière.*
Ph.D. diss., Faculté de Théologie Protestante de Paris, 1903.（有賀鐵太郎、前掲書、118頁注
142および146頁。）

　125）　W. Gessel, *op. cit.*, p. 9. なお、現在は入手困難であるため、本稿においても参照す
るに到らなかった。

　126）　N. Antoniono, *Il 'De oratione' di Origene.* Ph.D. Diss., della Universita degli Studi di
Torino, Facoltà di Lettere e Filosofia, 1955-1956.

し、自らの著作内での参照ないしは議論の対象にはしていない。[127]

そのゲッセルは、『祈りの神学——オリゲネスの『祈りについて』から』[128] という276頁にわたる研究書を著した。これは出版の前年に大学教員資格審査のための論文として提出されたものであり、十一章から構成されている。各々の章において展開されるのは、祈禱における重要な要素についての議論であり、そのテーマは「祈りの書の形態的文学的特徴」、「祈りの方法」、「父なる神」、「霊の執り成し」、「『しかるべき』祈り」、「祈りと摂理」、「嘆願の祈りの内容と目的」、「祈りの効用」、「祈りの願いの聞き届けられること」、「不断の祈り」、「要約」、という内容となっている。とくに第1章の文学上の詳細な分析が特長的であり、それは同著全体を研究するさいに有用である。

この文献では『祈りについて』の全ての内容について考察されているものではないが、この著作に含まれているオリゲネスの神学について提示することが試みられている。ゲッセル自身が、『祈りについて』の重要な部分を「綿密に解剖」すると述べている所以である。ゆえに、これは『祈りについて』全体を視野に入れ論じている文献として、稀有で重要な研究であると言える。ただし、ここでは何かに対する際立った問題意識が論旨の展開に寄与しているわけではなく、また、オリゲネスが『祈りについて』のなかに通底させている新たな神学の提示には至っていない。しかしそれでもなお、その論述の詳細さを鑑みれば、この研究は高く評価されるべきであろう。『祈りについて』のみに関する、著作としての研究書は、ゲッセルのこの書を除くとこれ以降は出版されていない。

ゲッセルはこの研究書に続いて、「オリゲネスの祈りの言葉と祈りの神秘神学」[129] という論文を発表している。ここにおいて、彼はフェルカーがオリゲネスを、神秘主義的かつ禁欲主義的に卓越した完全性を形成した最初の者と認識していたことにふれつつ、他方で、神秘主義者ではなく禁欲

---

127) 本稿においてはこれを入手するに至らなかった。

128) W. Gessel, *op. cit.*

129) W. Gessel, Der origenische Gebetslogos und die Theologie der Mystik des Gebetes, in: *Münchener theologische Studien 28*, 1977, pp. 397-407.

主義者としてオリゲネスを理解するH.ヨナスに誤りを指摘する。ゲッセル自身は『祈りについて』をもとに、オリゲネスの神秘主義的傾向を検討する。そのさい、ヘーゲモニコンをはじめ人間の精神活動を分析し、その個々と神との関わりをめぐって考察を展開している。そして祈りにおける魂の、神との関わりを議論した結果、『祈りについて』に祈りの神秘神学を指摘するに到っている。

　ゲッセルは先の研究書に続いて、『オリゲネス論集2』に「オリゲネスの祈りの書は祈りの神秘神学を知っているのか」[130]という論稿を発表している。ここで用いられているのは、『祈りについて』のなかの、ふさわしい祈りの態度に言及されている何箇所かのテキストである。ここでゲッセルは、オリゲネスがあるべき祈りとして示している具体的条件に着目し、それに基づいて生じるとされている人間の状態の分析を行っている。そのさい彼は、とくにフェルカーの『オリゲネスの完全性の理想』[131]を基軸に、そこに示される神との合一のさいの魂の状態について、ジュネーやダニエルー、クルゼルなどの研究を通して考察している。また、魂に関して、ストア派および新プラトン派の概念に基づく考察や、神秘主義からの分析も試みている。自身による解釈のあと、ゲッセルは、最終的に、『祈りについて』のなかでは神との神秘的繋がりが、人間に与えられた神の霊への接触という副次的な現象の彼岸に置かれていると結論し、最初から現世的意識を喪失するような脱自我に魅了されることは危険であるとのオリゲネスの認識を示している。十頁に満たない論文であるが、ゲッセルは以上のような祈りについての重要な点を論じるとともに、この祈りの書のなかでオリゲネスが展開している神秘的な現象について体系的に理論化するには到っていないところに、自らの研究の課題を指摘している。

　また、同じ論集に、E.オズボーンの「オリゲネスの『祈りについて』における中間の世界」[132]が収録されている。この研究において提示されてい

130）　W. Gessel, Kennt Der Origeneische Gebetslogos Eine Theologie Der Mystik Des Gebetes ? in: *Origeniana Secunda*, Paris, 1980, pp. 119-127.

131）　W. Völker, *op. cit.* Cf. 本章注100、参照。

132）　E. Osborn, The Intermediate World in Origen's *On Prayer*, in: *Origeniana Secunda*, Roma,

る問は、オリゲネスが可視の現世と不可視の神の世界との間の事柄を述べることによって何を伝えようとしているか、ということである。オズボーンは『祈りについて』に見られる神認識について議論を展開する。ここで引用されているテキストは広範にわたり、祈り、摂理、調停者、神秘に関する考察がなされている。それによって彼は、最終的に幾つかの見解に到っている。まず、仲介者たる御子は神とのギャップを取り除くのではなく埋めるのであり、人間が神に辿り着くのではなく、御子キリストにおいて神と調和するということである。そしてオリゲネスが求めたのは神に関する知識であり、祈りにおいて神と結びつくことによって神を知るということ、神への黙想と熟考もまた重視されている、というのがオズボーンの理解である。そして最後に、理性の拒絶という意味における神秘主義によって祈りが理解されることへのオズボーン自身の警鐘が、「不合理が適切な終点であるとはわたしは思わない」との言葉によって示されている。

　示唆深い結論に到ったこの研究は、しかし、考察にあたってゲッセルの研究が参照されているのみで、十分な先行研究に基づいているとは言い難い。また、H.コッホ[133] への言及や、とくにフェルカー[134] に対する批判は、議論されないまま「結論」という項目のなかで短く展開されるに留まっている。この部分がオズボーンによる研究の焦点であると思われるため、この研究はさらに詳細な議論への可能性を残していると言える。

　また、同年、同誌に、E.ジュノーが「不可能性と可能性——『祈りについて』の序文研究」[135] を発表している。ジュノーは『祈りについて』のなかの、不可能なことが神によって可能になる、という序文の内容に着目し、その冒頭の言葉を取り上げることによって、考察を始める。そして、オリゲネスがこの文書を執筆する経緯に触れ、そのなかで生じた事柄の原因を探求する。諸研究を参照しながら、テキストの用語に基づいて分析、

1980, pp. 95-103.

　133）　H. Koch, Kennt Origenes Gebetstufen? in: *ThQ 87*, 1905, pp. 592-596.

　134）　W. Völker, *op. cit.*

　135）　E. Junod, L'impossible et le possible: Étude de la déeclaration préliminaire du *De Oratione*, in: *Origeniana Secunda*, Roma, 1980, pp. 81-93.

考察を行った結果、ジュノーは、オリゲネスがこの叙述を為した動機について、神の恵みなしには到達できない知識があるゆえに、知る方法を探究するのではなく、無力を告白することが必要であるとの考えをオリゲネスに指摘し、それが序文の言葉に反映されていると説明している。ジュノーのこの研究に関しては、論理を展開するなかで、周辺的な材料を用いながらも焦点がつねにオリゲネスのこの叙述の動機の部分に注がれていることは評価される。ただ、ここから提示される、神の恵みによってのみ達成される働きこそがオリゲネスの使命であり、それは読者をより神秘的な事柄に促すためであるという彼の理解は、序文の言葉の熟考によらずともオリゲネスの著作からは自明ではないかとの問いを生じさせる。

この研究の5年後、1985年、すでにオリゲネスの著作の邦訳を出版していた小高毅が、『祈りについて』の邦訳を上梓した。[136] そのさい、緒言以外に、「オリゲネスにおける『祈り』と『殉教』」という十三頁にわたる論文を寄稿している。ここでは細かいテキストの分析等はなされていないが、『祈りについて』から得られるオリゲネスの全体像を簡潔に示す、概論的で興味深い内容が提示されている。なお、これ以降、日本においてオリゲネスの『祈りについて』研究は目立った進展を見ていない。

国外の研究ではその後、V.L.ノエルの「養育　オリゲネスの『祈りについて』において」[137] を挙げることができる。ノエルは食物と養育のイメージを主の祈りのなかに模索する。ここでは、身体的養育に関するオリゲネスの認識から霊的養育への認識、そして最終的に養育の目的が述べられている。そして、魂に健康、強靭さ、および永遠のいのちを与えることが養育であるとのオリゲネスの言葉から、そのために必要なことはロゴスを与えられることであり、最終的に、魂はロゴスを与えられることによってロゴスと一致するようになるというプロセスが、オリゲネスの理解として結論されている。論じられるなかで、『祈りについて』のテキストとして

---

136)　オリゲネス著、小高毅訳、前掲書、創文社、1985年。

137)　V.L. Noel, Nourishment in Origen's *On Prayer*, in: *Origeniana Quinta*, Leuven, 1992, pp. 481-487.

は、主の祈りのなかのパンを求める祈りの注解部分が多数回、中心的に引用されており、オリゲネスの祈禱理解に関して示唆深い研究となっている。

その後、「オリゲネスにみる祈り」[138] という十二頁から成る論文が、T.ハイターによって著された。この研究の目的は、オリゲネスの「主の祈りについて」[139] のテキストから、今日祈るわれわれへの示唆を得ることであるとされている。それゆえ、『祈りについて』全体が理解されるのではなく、一部分に焦点を定めて研究がなされている。しかし、とくに最初の項では、オリゲネスの論じた「ふさわしい祈り」への考察をするなかで、オリゲネスの言葉の分析によるというよりも、「奇跡としての祈り」とのテーマのもと、ふさわしく祈ることが奇跡に結びつくはずといった著者自身の思想による論理展開が目立つ。二つ目以降の項では、「生ける人格神との邂逅としての祈り」、「祈りと摂理」、「祈りが聖徒の交わりを引き起こす」、「祈りは神々しさと偉大なものを目指す」、「祈りは不断でなければならない」といった重要な内容のテーマが設定されているが、結果として、ハイター自身も述べているとおり、熟考や議論というよりは要約となっている。また、これだけのテーマを扱うにあたって、この論文の全体量は十分とは言い難い。概して言えるのは、この論文が学問的厳密さを追求したものというよりも、祈りを喚起する目的のもと、具体的な現実のなかに祈ることの意味を提示し、ハイターの黙想から生じた洞察豊かな奨励が付加される傾向が顕著である、ということである。これは、ハイター自身の目的に照らすなら、有意義な祈禱論と言えるかもしれない。

またハイターは同年、同誌に、「主の祈り　オリゲネスにみる祈り」[140] をも発表している。内容的には、イエスをとおして祈ることと主の祈りの文脈に触れられたあと、区切りごとに主の祈りの内容が考察されている。

138）　T. Heither, Das Gebet bei Origenes, in: *Erbe und Auftrag 73 (5)*, Beuron: Beuroner Kunstverlag, 1997, pp. 337-348.

139）　ハイターは"in seiner Schrift Über das Gebet des Herrn"と記載しているが、これは『祈りについて』の内容の一部のことと推測される。

140）　T. Heither, Das Vaterunser. Das Gebet bei Origenes, in: *Erbe und Auftrag 73 (6)*, Beuron: Beuroner Kunstverlag, 1997, pp. 439-450.

最終的な結論ないしはまとめは置かれないまま、主の祈りの最後の節の注解で終えられている。この時点で彼女はすでにオリゲネスの『ローマ書注解』の独訳をなしていたが、この祈りの研究に関しては、先の作品と同様、学問的な分析や考察ではなく、オリゲネスの祈禱観から実際的に祈りが促進されるような理解を得ることが彼女の目的であったようである。それによるものか、参照されている研究書は十分とは言えず、構成上もオリゲネスの叙述を追いながら熟考し、彼女自身の考えを展開している傾向が強い。

　これらのハイターの研究と同年に発表されたのが、P.S.レフィーバーの「オリゲネスの講話と『祈りについて』に共通する祈禱観」[141] である。実際の出版は1999年であるが、これは二年前の1997年、国際オリゲネス学会で発表された内容である。『祈りについて』は、危急の、しかも強い要請のもとに執筆されたものであった事情からも、その構造や緻密さに乏しいと指摘されることがあり、かつてフェルカーもまたこの書を不十分な作品と評し、祈りに関するオリゲネスの認識は聖書講話ないしは注解によらなければならないと述べていた。しかしレフィーバーはこれに反論し、『祈りについて』を「整然と落ち着いた作品」(une oeuvre méthodiquement composé) とするバルディの言葉に与し、この書と講話との共通点を見出そうと試みている。彼はまず『祈りについて』前半部分の、オリゲネスの祈禱観が論じられている部分から要点を明示し、多くの講話の箇所を引用して比較、検討する。その結果、現実的な事柄は講話に多く表現されているが、重要な点は双方において確認できるとの結論に到っている。この研究は全体として、フェルカーへの反論によって成り立っており、方向性が明確である。ただ、講話の内容に関する研究には言及されておらず、さらに詳細な分析の余地を残している。

　21世紀に入り、次に挙げられるのは、A.G.クーパーの「神学教師とし

141）　P.S.A. Lefeber, The Same View on Prayer in Origen's Sermons and his Treatise On Prayer, in: *Origeniana Septima*, Leuven, 1999, pp. 33-38.

てのイエス　オリゲネスとマクシモスとともに主の祈りを祈ること」[142]
である。この研究は、オリゲネスの祈禱観を、『主の祈り詳説』（Expositio
Orationis Dominicae）を著したマクシモス・コンフェッソルとの対比におい
て提示したものである。まず、『祈りについて』29章10節のなかでオリゲ
ネスがマルキオン主義を批判していることと、その一方で客観的にオリゲ
ネスに御子の従属説が指摘される論述が確認され、御子が祈りにおいてい
かなる立場をとり、どのような働きをなすと考えられているのかが、『祈
りについて』のテキストから説明される。その同じ視点に基づいて、マク
シモスからの見解が、比較対照のもとに論じられる。最終的に、オリゲネ
スの従属説そのものに対する明確な判断は下されず、未解決な問題として
言及されているが、オリゲネスには御子の唯一性への意識が強く、御子を
非常に重視していることが述べられている。マクシムスに関しても、主の
祈りで神を御父と呼べることが神化のプロセスであるとして、御子の受肉
にその神の意志を見る。この論文は明確な問題提起がなされておらず、結
論部も論旨展開の延長となっているが、内容としては、この二者の神学の
一部が短くも詳細に述べられており、オリゲネスの祈禱理解そのものに関
する論旨よりも、マクシモスの神観から遡ってオリゲネスを通観する視点
が興味深いものとなっている。

　　次のオリゲネス論集には、T.グラウマンの「『祈りについて』講読──
オリゲネスの有罪宣告における宗教的実践の側面」[143] が発表された。しか
し、ここでは『祈りについて』にみられる従属論的神観がのちの典礼にも
たらした影響について述べられているのみであり、オリゲネス自身の祈禱
理解に関する分析的論述がなされているわけではない。

　　以上『祈りについて』に関する研究を概観した。まず、ゲッセルは、祈
りに関するオリゲネスの神学の提示を試みていた。そして、オリゲネスに

　　142）　A.G. Cooper, Christ as Teacher of Theology: Praying the Our Father with Origen and
Maximus, in: *Origeniana Octava*, Leuven, 2004, pp. 1053-1060.

　　143）　T. Graumann, Reading De Oratione: Aspects of Religious Practice in the Condemnation of
Origen, in: *Origeniana Nona*, Leuven, 2009, pp. 159-177.

ついて、祈りをとおして現世を否定し神秘体験を憧憬する姿は否定されていた。また、オズボーンも非現実的な神秘主義は斥けながら、祈りのさいの神との結びつきによって神に関する知を得ることの重要性をオリゲネスに指摘している。また、ノエルやレフィーバー、そして前述のオスボーンは、祈りにおける御子キリストの重要性、不可欠性に注目していた。

なかでも最近の研究のなかで、『祈りについて』の全体に関心が向けられていたものとしては、有賀およびゲッセルの研究を除いては見当たらないが、部分的にでもオリゲネスの祈禱観が提示される研究は現れており、その関心は、教義的な妥当性を問うものから、現実のなかでの神との関わりとしての祈りの理解に遷移している。しかしながら、それらの個々の論稿によって言及されている内容は、必然的にオリゲネスの多くの著作ないし論述を対象としているわけでない。

本稿では、オリゲネスの論理の背景にある世界観を視野に入れたうえで、神への祈りをささげる意味やその方法、結果などについてオリゲネスの論述から明示し、それが人間のあり方、生き方にどのような意味と影響をもたらすのかという観点も含めて、彼の祈禱理解について論じる。

第4節　研究方法および構成

1. 研究方法

オリゲネスの祈禱観を『祈りについて』に基づいて考察するにあたり、本稿ではその内容を、祈る相手、祈りの意味、祈りへの応答など、祈りが神と人間とのあいだにどのような作用ないしは影響を及ぼすのか、祈りを介して神と人間はどのように関わり合い、人間はどのように生きていくことが可能なのか、という関心のもとに展開させる。

研究方法としては、『祈りについて』から主要な課題を設定し、そのテーマごとにテキストの理解に努め、考察する。たとえばゲッセルや有賀などのように、『祈りについて』自体を研究対象として取り上げた場合、全体の内容に精通しなければならない。そのためには、そのテキストを最初から順番に辿り、解釈する方法が取られる。この方法は全体を見通し、

オリゲネスの祈禱観を包括的に把握するには優れた面を持っている。しかし、それが全体的である以上、オリゲネスが『祈りについて』の内容に含んだ特定の強調点や重要な点について集中的に取り上げて考察することは難しい。ゆえに本稿では、上記の関心事を軸として、そのなかでオリゲネスが強調ないしは固執している内容を慎重に考察しながら、彼の世界観、祈禱観、およびその根拠となる神学的理解を明示することに努めたい。

　この研究にさいして使用する『祈りについて』のテキストおよびその邦訳表記は、下記のものに従った。

　　Koetschau, Paul（ed.）, περὶ εὐχῆς. Origenes Werke II, in: *GCS 3*, Leipzig:
　　　Hinrichs, 1899, pp. 297-403.
　　小高毅訳『キリスト教古典叢書12　オリゲネス　祈りについて・殉教の
　　　勧め』、創文社、1985年、45-157頁。

校訂本のうち、P.ケッチャウによる上記のテキストはもっとも信頼性の高いものである。また、英訳および独訳としては、以下を参照した。

　　O'Meara, John J.（trans.）, Origen: Prayer, Exhortation to Martyrdom, in: *ACW*
　　　19, Westminster/ London, 1954.（英訳）
　　Jay, Eric George（trans.）, *Origen's treatise on Prayer*, London: S.P.C.K., 1954.
　　　（英訳）
　　Koetschau, Paul（trans.）, Des Origenes ausgewählte Schriften. Aus dem
　　　griechischen übersetzt I. Des Origenes Schriften vom Gebet und
　　　Ermähnung zum Marthrium, in: *BKV²48*, München, 1926.（独訳）

論述にあたり、邦訳表記に関しては、"εὐχή"に「祈り」、"προσευχή"に「禱り」[144] の語を充て、文脈に応じて、「祈り」ではなく「エウケー」、禱りではなく「プロセウケー」と表記する。邦訳の叙述は小高に従っている

---

144)　小高は「禱り」と邦訳表記している。

が、必要に応じて訳し換えている。

2. 本稿の構成

　以下において、本稿に構成されている論述内容を提示する。

　まず第1章では、祈りの種類と、祈る相手としての神に関する事柄を論じる。祈りの種類については、オリゲネスは『祈りについて』のなかで、祈禱を表す語として、おもに「エウケー」と「プロセウケー」を使用している。エウケーは祈禱全般を含み、聖書に基づいて四種類に分類されているが、プロセウケーはそのひとつに挙げられている。本稿では、このプロセウケーの内容について、テキストから考察する。また、祈る対象である神との関係を考える場合、キリスト教における神とは三位一体の神である。三位の教義が未確立であった時代に、オリゲネスは三位それぞれを別々に捉えて関わらせており、それは『祈りについて』にも顕著に認められる。とくに、プロセウケーを父なる神にのみささげるよう勧奨する叙述が見られるが、その背景に鑑みつつ、祈るなかで父なる神とはオリゲネスにとっていかなる存在であるのかという点について提示する。

　第1章での祈禱理解を前提に、第2章では祈る側の人間の立場から、祈りのさいに関わる聖霊と御子を焦点に、論じる。生きる主体としての人間は自分の意志を持ち、それを具体的な行動へと繋げることができる。しかし、しばしば自分の意志に対しての無力さも経験する。この人間の内面には、聖霊が参与すると言われているが、聖霊の参与は人間に何を生起させるのか。オリゲネスの叙述には、この聖霊の参与を一部の人に限定してとらえていたとする理解が指摘される。[145] ここでは、これに関して検証し、人間の意志と意志をもつ人間の根底にある聖霊の参与の問題を考察する。

　他方、祈るオリゲネスにとって自明のことであり、すべての人間に共通していることは、自らに罪があるということである。このような弱さを持つ者にとってこそ、祈ることが必要なのかもしれない。しかし、罪性を持

---

145)　E.g. W. Gessel, *Die Theologie des Gebetes nach ›De Oratione‹ von Origenes*, München/ Paderborn/ Wien: Verlag Ferdinand Schöningh, 1975, pp. 122-125.

ちながら、人間は果たして実際に神に祈り得るのか。神と離反する性質を罪とするならば、いかにして神に向き直ることができるのか。また、罪人が祈ることは神からゆるされ、開かれているのか。本稿ではこれを御子キリストの存在と照らして考察する。

　第1章と第2章において、祈るさいの、三位それぞれの神との関わりについて述べたあと、第3章では、その関わりのなかで、どのように祈ればよいのか、について考察する。オリゲネスは『祈りについて』のなかで、しばしば「ふさわしく」（καθὸ δεῖ）という言葉を用いている。それは神に対する態度としてのふさわしさであり、祈りに関しても適用されている。神にふさわしい祈りとはどのような祈りをさすのか。オリゲネスが霊的事柄を重んじていたことは自明であるが、ひとつの例として、主の祈り注解部にはパンを求める祈りについての論述が見られる。パンは明らかに物質であるが、オリゲネスはその祈りをどのように捉えていたのか。物質を求める祈りもまたふさわしい祈りなのか。そこに焦点を当て、オリゲネスの理解を提示する。そして、そのように理解する根拠が聖書に置かれることはオリゲネスの傾向として自明のことであるが、彼が聖書の叙述の背景にどのような世界観をもって理解していたのかについても考察する。ここではオリゲネスが人間の本質に見ていた魂のあり方および魂の辿るプロセスについて提示する。

　第4章では、引き続き現実に焦点を当てる。つまり、人間が祈りながら生きることは、現実に何をもたらすのか。祈りに対して神はどのように応答するのか。オリゲネスは、自らが置かれた状況に直面して生きるなかで、神による試みを体験している。それは、父親の殉教、貧困、所属教区の主教による激しい非難ないしは誹謗、そしてローマ帝国によるキリスト教徒迫害としての拷問、といった現実である。彼はこれをどのように理解していたのか。そこから免れる道を祈り求めなかったのか。人間は現実の世界を生きるなかで、試みがもはや試みに留まらず、そこに陥ってしまい、単に無力な存在と化してしまうものだとオリゲネスも指摘する。「もし神がいるのなら……」という苦悩のなかでの人の叫びを、彼はどのようにとらえるのか。そして、そのどこに神の愛があるのか。『祈りについて』

のなかで、愛は、「負い目」として主の祈りの注解部分において述べられているのみである。このことも含め、試みと悪の意味、そして愛について、同著の主の祈りの注解部と、『殉教の勧め』を中心に、オリゲネスの理解を試みる。

　最終章の第5章では、第4章までの論述を踏まえて、「ふさわしい祈り」がもたらすもの、つまり、人間がふさわしく祈ることによって神が与えたもうとされる「恩恵」に集中し、彼の理解を提示する。このさい、『祈りについて』の序文のなかで繰り返されている、人間に不可能なことが神の恵みによって可能とされる、という論述を中心に考察する。この言葉はオリゲネスのほかの文書には見られない特徴であり、最初に、しかも繰り返し述べられていることから、ここに彼の強い主張が看取される。そして、この神の恵みという事柄は、神の側の主体的に与える態度が示されたものであると言えるため、人間側の祈りと、神の恵みとの相互関係について考察する。

　本研究では、以上の論述をとおして、オリゲネスが人間として神にささげた祈りの意味や理解を、それが彼の生き方をどのように支えていたのかも含め、彼の祈禱観として提示する。

本　論

第1章　御父への禱り

はじめに

『祈りについて』全体のなかで、オリゲネスは祈りを表す言葉として、「エウケー」（εὐχή: 祈り）と「プロセウケー」（προσευχή: 禱り）の二語を使用している。そして、本論冒頭に当たる2章では、祈りを表すさいにエウケーとプロセウケー双方を用い、ローマ8章26節の言葉に基づいて、「ふさわしく禱る」ということについて述べている。[1] また、続く3章および4章で、この二語それぞれの内容について言及している。さらにその先の箇所では、Iテモテ2章1節[2] で言及されている四種類の祈りについて論じ、エウケーを四種類の祈りすべてを含むものとして、また、プロセウケーを四種類のうちの一種類として説明している。[3] この、エウケーとプロセウケーとは何なのか。また、「ふさわしいプロセウケー」として提示されている祈りとはどのようなもので、それは神といかなる関係のうちにささげられるものなのか。

オリゲネスの叙述内容を検討する前に、ここでまず、エウケーとプロセウケーの使用の変遷を確認したい。それらは、H.グレーフェンによると以下のように理解し得る。

まず、オリゲネスの時代に到る以前、エウケーが、その動詞形エウコマイも含め、聖書以外の一般的な神への呼びかけの表現として用いられていた。古代ギリシャ時代、とくにホメロスやアイスキュロス、ソポクレー

---

1)　Cf. PE 2, 1-2, 6.

2)　「そこで、まず第一に勧めます。願いと祈りと執り成しと感謝とをすべての人々のためにささげなさい。」（Παρακαλῶ οὖν πρῶτον πάντων ποιεῖσθαι δεήσεις προσευχὰς ἐντεύξεις εὐχαριστίας ὑπὲρ πάντων ἀνθρώπων,...）

3)　Cf. PE 14, 2-14, 6.

ス、エウリーピデースに代表される紀元前5-6世紀のギリシャ悲劇におい
て、エウケーは嘆願、哀願など神への呼びかけや訴えなどといった一般的
な内容や、ほめ称えるという意味も表していた。一方でプロセウケーはエ
ウケー同様、祈りや誓願を表す語であったが、この時代、あまり使用され
てはいなかった。

　エウケーやエウコマイは、ほかにも誓う、ささげる、また、求めると
いった意味としても用いられていたが、アレクサンドリアのフィロンが、
この語から誓願という意味を遠ざけたことが指摘される。これは、祈りと
いう事柄自体に誓いという性質を弱化させたと理解することができるであ
ろう。そしてフィロン自身はプロセウケーを祈りとして理解したと考えら
れている。

　七十人訳聖書や新約聖書においても、エウケーないしはエウコマイはあ
まり用いられず、むしろプロセウケーとその動詞形プロセウコマイが、祈
りを表す一般的な言葉として用いられるようになった。このプロセウケー
ないしはプロセウコマイは、主に嘆願を表現し、その意味において、デ
エーシスやデオマイとの同義性が指摘される。とくに七十人訳聖書におい
ては、プロセウケーおよびプロセウコマイから、エウケーには含まれてい
た「誓願」という意味が後退した。なお、誓願は本来、旧約聖書、つまり
ユダヤ教の流れのなかで祈りの模範とされていたのであり、主にはユダヤ
教において、プロセウケーは祈りの場を表す語として用いられていた。そ
の後、教父の時代になると同時に、再びエウケーという語が祈禱を表す一
般的な語として用いられ始めた。[4]

　以上のように、古代ギリシャからオリゲネスの時代に至るまでのあい
だ、祈りの意味する内容が変化すると同時に、一般的に祈りを表す用語自
体もエウケーからプロセウケーを経て再びエウケーへと変化したことが理
解される。

---

　4)　H. Greeven, εὔχομαι, εὐχή, προσεύχομαι, προσευχή, in: G. Kittel (ed.), G.W. Bromiley
(trans.), *Theological Dictionary of the New Testament* II, Michigan/ Grand Rapids: Eerdmans,
1978, pp. 775-784; 807-808.

第1章　御父への祷り　　73

　これを背景として、以下では、『祈りについて』本文のなかに、エウケーとプロセウケーの使用に関する規則性の有無を検討する。そして、四種類の祈りに関するオリゲネスの定義から、エウケーとプロセウケーの示す内容について述べる。

第1節　「エウケー」と「プロセウケー」の使用

　オリゲネスが使用しているこのエウケーとプロセウケーに関して、これまでの研究では、双方の語句の指す内容の相違やその語句の持つ意味、また、そこにおけるオリゲネスの意図について、積極的に認める立場のものは少なかった。たとえば、E.フォン・セヴェルスは、両者にオリゲネスの区別する意図を認めるが、オリゲネスの目的は一般的な祈りをエウケーとして表現することにあり、両者の違いの検討はこの著作の内容理解にはあまり関係しないと考えている。[5] 有賀鐵太郎もまたこれと同様の考えを述べている。[6] W.ゲッセルは、『祈りについて』4章の叙述から、プロセウケーが誓願という意味には理解されておらず、エウケーのみが誓願の意味に用いられていること、また、Iテモテ2章1節の注解部からは、エウケーが祈りを表す一般的な表現であり、プロセウケーと区別する意図のあることを指摘している。[7] しかし、これらはいずれもオリゲネスの叙述どおりの説明に留まっており、プロセウケーの内容については殆ど何も提示されていない。小高毅は、邦語への翻訳上両者を区別してはいるが、具体的な違いについて触れてはいない。D.R.スタックウィシュは、オリゲネスが祈りをエウケーとプロセウケーの二種類、またIテモテ2章1節にしたがって四種類に分類していることに言及しているが、前者の二種類の区別について、それ以上の議論を展開してはいない。[8] さらに、B.F.ウェストコットは、こ

---

5)　E.von Severus, Gebet, in: *RAC 8*, 1972, col. 1236.

6)　有賀鐵太郎『有賀鐵太郎著作集1　オリゲネス研究』、創文社、1981年、47頁。

7)　W. Gessel, *Die Theologie des Gebetes nach ›De Oratione‹ von Origenes*, München/ Paderborn/ Wien: Verlag Ferdinand Schöningh, 1975, pp. 85-104.

8)　D.R. Stuckwisch, Principles of Christian Prayer from the Third Century: A Brief Look at

74 本　論

れを略述するなかでプロセウケーについてはまったく言及せず、エウケーが説明されていることについてのみ述べており、両者を区別する意図は考察の対象にもなっていない。[9]

しかし、オリゲネスが語義の説明を与えているこれら二つの用語の指す内容が、まったく同一のものとして理解されているとは考えにくい。では、区別されているとしたら、両者にどのような差異が認識されているのか。

本稿では、エウケーとプロセウケーという語が差し示す内容について考察すべく、まず以下で、エウケーとプロセウケーという語がこの書のなかで具体的にどのように用いられているのかについて、内容の性質の異なる三部に分けて述べる。

1.『祈りについて』序および第1部（1章1節から17章2節まで）における「エウケー」と「プロセウケー」

内容的に三部に分割し得るこの著作のなかでは、第1部の1章と2章において、新約聖書の引用箇所にはそのテキストに従ってプロセウケーが用いられているが、引用句以外ではエウケーが用いられる傾向が強い。[10]

1章では、祈りについて論じることの困難さが述べられ、2章ではその根拠が聖書から説明されている。まず、祈りについて論じるとは、「詳細に、そして神にふさわしくすべてを論じ」[11]ることであり、「どのように

Origen, Tertullian and Cyprian With Some Comments on Their Meaning for Today, in: *Worship 71 (1)*, 1997, pp. 4-5.

9) B.F. Westcott, Origen, in: W. Smith and H. Wace（eds.）, *A Dictionary of Christian Biography, Literature, Sects and Doctrines,* Vol.4, Part 1（A-P）, London: Adamant Media Corporation, 1880, repr. 2005, pp. 96r-142r.

10) 『祈りについて』のなかで用いられている回数は、エウケーおよびエウコマイが312回、プロセウケーおよびプロセウコマイが158回であった。ただし、これらの用語は、文脈的に必然性があれば多く使用されることになり、祈りを詳細に論じていたとしてもその語に言及する必要がなければ使用されないため、用語の使用頻度によって祈りに関する内容の集中度を測るものではない。

11) PE 2,1: ... τρανῶσαι τὸν περὶ τῆς εὐχῆς ἀκριβῶς καὶ θεοπρεπῶς πάντα λόγον... （*GCS 3,*

第1章　御父への祈り　　　75

祈るべきか、祈りに当たっては神に何を祈るべきか、どのような時が最も
ふさわしい時であるのか」[12] ということを明示することであるため、それ
が不可能であるかのように自覚されるということが、ここでは述べられて
いる。

　2章では、「何を願って、ふさわしく祈るべきかということをわたしたち
は知りませんが、聖霊が、言葉に表せないうめきをもって、神にありあま
るばかりの執り成しをしてくださいます」[13] と、「わたしは霊で祈り、精
神でも祈りましょう。霊で歌い、精神でも歌いましょう。」[14] というパウ
ロの言葉に基づいて、祈りの言葉、祈る人の状態、ふさわしく祈るとはど
ういうことか、また、霊の介在の不可欠性について、聖書の引用とともに
説明がなされている。

　その延長線上で、2章4節では主の祈りに言及される。ここでは、イエス
の弟子のうちのある人が、イエスの祈りのなかで「分別に富んだ大いなる
言葉」[15] が語られるのを聞き、祈りの方法について「大いなる認識」[16] を
自分が必要としていることに気づいたため、『『主よヨハネがその弟子たち
に教えたように、わたしたちにも祈ることを教えてください』」[17] と願い
出たことに触れられている。

　これに続いて、2章5節では、「聖なる人々の心の中で、[聖] 霊が祈っ
ているので、霊的なものである、このような祈りが、[聖書のうちに] 書
き記されており、それらは言葉に表せない、驚くべき教えに満ちていま
す。」[18] と続く。ここで、オリゲネスは、祈るべき内容とその状態につい

298, 4-299, 1.）

　12)　PE 2,1: τὸν περὶ τοῦ, τίνα τρόπον εὔχεσθαι δεῖ, καὶ τίνα ἐπὶ τῆς εὐχῆς λέγειν πρὸς θεὸν, καὶ
ποῖοι καιροὶ ποίων καιρῶν πρὸς τὴν εὐχήν... （GCS 3, 299, 1-3.）

　13)　Rom. 8, 26.

　14)　1Cor. 14, 15.

　15)　PE 2, 4: ... ἐπιστημόνων καὶ μεγάλων λόγων... （GCS 3, 299, 8-9.）

　16)　PE 2, 4: μείζονος ἐπιστήμης （GCS 3, 392, 23.）

　17)　Luke 11, 1.

　18)　PE 2, 5: αἱ τοιαῦται δὲ εὐχαὶ αἱ ὄντως πνευματικαὶ, προσευχομένου ἐν τῇ καρδίᾳ τῶν ἁγίων
τοῦ πνεύματος, ἀνεγράφησαν, πεπληρωμέναι ἀπορρήτων καὶ θαυμασίων δογμάτων· （GCS 3,

て述べたあと、まず霊に助けられた霊的な祈りについて述べる。その霊的な祈りの例は旧約聖書から引用されている。そのさい、ハンナの禱り、ダビデの禱り、モーセの禱り、貧しい人の禱り[19] が例示されている。

このうち、ハンナの禱りに関しては、「心のうちに語っていた」[20] ものと理解されているが、これは、先の「言葉に表せない」という状態の説明であると考えることができる。他の三つに関しては、「詩編16編には『ダビデの禱り』と書き添えられており、詩編第89編には『神の人モーセによる禱り』と、第101編には『悩み苦しみ、その願いを主のみ前に注ぎ出すときの、貧しき者による禱り』［と書き添えられています。］このような禱りは、真に［聖］霊によって生ぜしめられ、語られた禱りでありますので、神の知恵の教えに満たされています。」[21] と述べられている。これらは七十人訳聖書の詩編を典拠とする禱りに関する記事である。オリゲネスがここで引用しているのはすべて "Προσευχή" という語形であり、祈りを説明する冒頭において、その内容を指し示す表題的な位置づけでこれを用いている。詩編には「プロセウケー」およびその活用形が三十二箇所に見られるが、このうちの四箇所だけが "Προσευχή" という語形に該当し、オリゲネスがここで引用したのはそのうちの三箇所である。[22] つまり、引用されたこれらの語は、プロセウケーという語が示す内容を表すだけでなく、語形までもが意図的に選択されたものであると考えられる。

303, 3-5.)

19) Cf. Ps. 101, 1 (LXX). 七十人訳聖書では、オリゲネスの指摘するように "προσευχὴ τῷ πτωχῷ" となっている。この直後の101編2節（LXX）でもプロセウケーが使用されている。

20) 1Sam. 1, 13.

21) PE 2, 5: ὁ ἑκκαιδέκατος ψαλμὸς "προσευχὴ τοῦ Δαυὶδ" ἐπιγέγραπται, καὶ ὁ ἔνατος καὶ ὀγδοηκοστὸς "προσευχὴ τῷ Μωϋσεῖ, ἀνθρώπῳ τοῦ θεοῦ," καὶ ὁ πρῶτος καὶ ἑκατοστὸς "προσευχὴ τῷ πτωχῷ, ὅταν ἀκηδιάσῃ καὶ ἐναντίον κυρίου ἐκχέῃ τὴν δέησιν αὐτοῦ· αἵτινες προσευχαί, ἐπεὶ ἀληθῶς ἦσαν προσευχαὶ γινόμεναι πνεύματι λεγόμεναί τε, καὶ τῶν δογμάτων τῆς τοῦ θεοῦ σοφίας πεπλήρωνται, ... (GCS 3, 303, 8-14.)

22) 残りの一箇所は詩編86編1節（85編1節：LXX）の「祈り。ダビデの詩。」（Προσευχὴ τῷ Δαυιδ）という箇所である。

第1章　御父への祷り　　　77

　そしてオリゲネスは自らの祈りの書の著述のために霊を祈り求めて序の
論述を終え、3章から本題に取り掛かる。その冒頭で、祈りという語が聖
書で初めて使用される箇所[23]に言及している。それは創世記に記されてい
るヤコブの祈りであるが、その引用直後に欠落している箇所を経て、エウ
ケーの語について説明が続く。

　　　ここで「祈り」という言葉が、――この言葉はしばしば祷りとは別
　　の意味を有しています――、あることを神から得ることができるな
　　ら、あれこれのことをしましょうと祈り（＝誓い）をもって約束する
　　人の場合に用いられていることに気づくはずです。[24]

　少くともこの記述からは、エウケーが誓いを伴ってささげられる祈願の
意味を持つことを指していることがわかる。[25] それと同時に、「この言葉
は、通常わたしたちがこの言葉を口にする意味でも用いられます」[26] と、
エウケーは祈り一般をも指すことが示され、出エジプト記から、誓願と一
般的な祈りという双方の内容を示すエウケーの箇所が引用されている。[27]
　このあとに続く「ヤコブの例にみられるように、『祈り』という言葉は
しばしば通常の意味とは別の意味で用いられると言いましたが」[28] という
叙述は、内容的にみても前述の創世記のヤコブの祈りを指すものであり、

---

23)　Cf. Gen. 27, 41-45.

24)　PE 3, 2: ἔνθα καὶ σημειωτέον ἐστὶν ὅτι τὸ ὄνομα τῆς εὐχῆς παρελήφθη (πολλαχοῦ ἑτέρας
οὔσης παρὰ τὴν προσευχὴν) ἐπὶ τοῦ μετὰ εὐχῆς ἐπαγγελλομένου τάδε τινὰ ποιήσειν, εἰ τύχοι ἀπὸ
θεοῦ τῶνδε. (GCS 3, 304, 16-18.)

25)　プロセウケーに関する記述は、括弧内に含まれており、意味が弱い。ここでいう
祷りとは、一般的な意味の祈りか、あるいはオリゲネスの意図においての霊的祈りを指
すことが考えられる。

26)　PE 3, 2: τάσσεται μέντοι καὶ ἐπὶ τοῖς κατὰ συνήθειαν ἡμῶν λεγομένοις ἡ ὀνομασία· (GCS
3, 304, 19-20.)

27)　Cf. PE 3, 2-3, 3.

28)　PE 3, 4: πολλαχοῦ δὲ εἴπομεν τὸ ὄνομα τῆς εὐχῆς μὴ κατὰ τὸ σύνηθες τετάχθαι ὥσπερ ἐπὶ
τοῦ Ἰακώβ· (GCS 3, 305, 26-27.) これは、3章2節冒頭の言葉を指す。

それが一般的な祈りではないもの、すなわち誓願と理解されていることが
わかる。その後はレビ記および民数記が引用され、誓願について言及され
る。[29] そこでは、神への誓いを立てることと、その後に生じる責任、そし
て誓った後に心変わりすることへの危険性について言及されている。しか
しここでは、それらの内容の熟考というよりも、そのような別の意味があ
るという認識を読者たちと共有することが目的であると考えられる。とい
うのは、その先に続く4章2節では、聖書に基づいてエウケー（祈り）とプ
ロセウケー（禱り）の区別をすることの正当性に触れられるからである。
4章冒頭の箇所では以下のように述べられている。

　　まず初めに、[聖] 書に基づいて、「祈り」という言葉の [二つの]
　　意味を区別することは、決して道理に反することであったとは思われ
　　ません。そして、[このことは]「禱り」という言葉 [に関しても] 同
　　様です。といいますのも、この [「禱り」という] 言葉も、しばしば用
　　いられる通常のよく知られた [意味] とは別に、「列王記」の第一巻
　　で、ハンナについて述べられているように、わたしたちにとって「祈
　　り」という言葉の意味として知られている [意味] とは異なった意味
　　でも用いられているからです。[30]

　ここではエウケーだけでなくプロセウケーについても言及され、前者が
通常の一般的な祈りおよび、後者がそれとは別の事柄を表すものと述べら
れている。その二つ目の意味が何であるのかは明示されていないが、つぎ
に続く2節ではこの1節の叙述を受けて、以下のように述べられている。

---

　29)　Cf. Lev. 27, 1-3; Num. 6, 1-21; Num. 30, 1-4; Prov. 20, 25; Eccles. 5, 5; Acts 21, 23.
　30)　PE 4, 1: Οὐκ ἄλογον δή μοι ἐφάνη τὸ κατὰ τὰς γραφὰς σημαινόμενον πρῶτον
διαστείλασθαι τῆς εὐχῆς δύο σημαινούσης, ὁμοίως δὲ καὶ τῆς προσευχῆς· καὶ γὰρ τοῦτο τὸ
ὄνομα πρὸς τῷ κοινῷ καὶ συνήθει πολλαχοῦ κειμένῳ τέτακται καὶ ἐπὶ τῆς κατὰ τὸ σύνηθες ἡμῖν
σημαινόμενον [τῆς] εὐχῆς ἐν τοῖς περὶ τῆς Ἄννης λεγομένοις ἐν τῇ πρώτῃ τῶν Βασιλειῶν· (GCS
3, 307, 4-9.)

第 1 章　御父への禱り　79

　しかしながら、これに関して、「彼女は主に禱った。そして彼女は
誓って（＝祈りを）祈った」という表現に注目して、次のようにも言
われうるでしょう。彼女が二つのこと、即ち「主に禱った」、「そして
誓って（祈りを）祈った」［という二つのこと］をしたとすれば、「禱っ
た」という言葉は、「祈り」というわたしたちにとって通常の意味で
用いられており、「誓って（＝祈りを）祈った」という言葉は「レビ
記」や「民数記」で用いられている意味で用いられているのではある
まいか。なぜなら、「わたしは、その子の生涯の全日々の間、その子
を主にささげ、かみそりがその子の頭にあてられることはないでしょ
う」ということは、厳密に言えば、「禱り」ではなく、次の箇所でエ
フタが祈ったような「祈り」（誓い）だからである。[31]

　ここでは、ハンナの祈りの行為が二つの祈りとして仮定され、その場合
はプロセウケーが通常の祈り一般を、そしてエウケーが誓願を意味するも
のと説明されている。さらに、この文脈に鑑みると、前述の4章1節ではエ
ウケーとプロセウケーという二つの語に対して既存の使用法が説明され、
この4章2節では、1節とは異なるオリゲネス自身の意図的な見解が提示さ
れていると考えられる。つまり、それは、プロセウケーを通常の祈り、エ
ウケーを誓願という意味に理解しようとすることである。
　オリゲネスは5章1節で次の主題を始めるさいに、以下のように、一般的
な祈りを示すさい、以後はプロセウケーではなくエウケーを使用すると明
言する。

　31）　PE 4, 2: δύναται μέντοι γε τὶς οὐκ ἀπιθάνως ἐνταῦθα, ἐπιστήσας τῷ "προσηύξατο πρὸς
κύριον" "καὶ ηὔξατο εὐχὴν, " εἰπεῖν ὅτι, εἰ τὰ δύο πεποίηκε, τουτέστι "προσηύξατο πρὸς κύριον"
"καὶ ηὔξατο εὐχὴν," μή ποτε τὸ μὲν "προσηύξατο" ἐπὶ τῆς συνήθως ἡμῖν ὀνομαζομένης τέτακται
εὐχῆς τὸ δὲ "ηὔξατο εὐχὴν" ἐπὶ τοῦ ἐν Λευϊτικῷ καὶ Ἀριθμοῖς τεταγμένου σημαινομένου. τὸ γὰρ
"δώσω αὐτὸν κυρίῳ δοτὸν πάσας τὰς ἡμέρας τῆς ζωῆς αὐτοῦ, καὶ σίδηρος οὐκ ἀναβήσεται ἐπὶ
τὴν κεφαλὴν αὐτοῦ" κυρίως οὐκ ἔστι προσευχὴ ἀλλ᾽ ἐκείνη ἡ εὐχή, ἥντινα καὶ Ἰεφθάε ηὔξατο ἐν
τούτοις· (GCS 3, 307, 17-25.)

ところで、以上［で述べた］ことの後に、あなたがたの要請のままに、祈りによって何一つ得るものはないと考えている人々、またそのため祈るのは余計なことであると思っている人々のもっともらしい［主張］を、まず論破せねばならないのであれば、ごく普通の単純な意味で「祈り」という言葉を用いて、力の及ぶ限り、それをなすことをためらうわけにはいかないでしょう。[32]

　これについて、文脈に照らして見ると、オリゲネスの目的は、エウケーおよびプロセウケーの内容を提示することではなく、祈禱不要論を論破する目的のために、用いる用語を規定することである。つまり、反論には、当時一般的に用いられていたエウケーを用いるが、しかしその語によってオリゲネスが指し示そうとする内容は、「誓願」に狭められるのではなく、幅広く包括的な意味での「祈り」に定めることが意図されていたと考えられる。ゆえに、後者の祈りにはまた、おそらく祈禱不要論者たちの祈禱観とは異なるであろう、霊的な祈りも含まれることになる。

　以後、祈禱無用論者への反駁には、聖書からの引用を除けば[33]、多くの箇所でエウケーという語が用いられる。8章1節で「地上の事柄を願って禱ってもならず……」[34] というのは聖書からの引用ではないが、後に14章1節で述べられる内容との関連により、同じ語であるプロセウケーが用いられていると考えられる。それ以降の箇所でも、聖書からの引用以外にプロセウケーが用いられるのは、すでに引用した聖書のテキストに基づいて、その内容を述べるような場合である。プロセウケーを聖書との関連に

---

　32)　PE 5, 1: Εἰ χρὴ τοίνυν μετὰ ταῦτα, ὥσπερ ἐκελεύσατε, ἐκθέσθαι τὰ πιθανὰ πρῶτον τῶν οἰομένων μηδὲν ἀπὸ τῶν εὐχῶν ἀνύεσθαι καὶ διὰ τοῦτο φασκόντων περισσὸν εἶναι τὸ εὔχεσθαι, οὐκ ὀκνήσομεν κατὰ δύναμιν καὶ τοῦτο ποιῆσαι, κοινότερον νῦν καὶ ἁπλούστερον τοῦ τῆς εὐχῆς ὀνόματος ἡμῖν λεγομένου … (GCS 3, 308, 3-7.)

　33)　それに該当しないのは、キリストが共に祈られるということを論じる10章2節の「気を落とさずに絶えず禱らねばならない」(Luke 18, 1) という箇所をはじめ、すべて聖書のテキストに基づいてプロセウケーが引用される場合である。

　34)　PE 8, 1: οὐδὲ περὶ ἐπιγείων προσευκτέον. (GCS 3, 316, 27.)

第1章　御父への禱り　　　81

おいてのみ用いる傾向は、13章1節まで続く。

　なお、10章2節では、「気を落とさずに絶えず禱らねばならない」[35]ことを教えるために、「求めなさい」というイエスの言葉がルカ11章5節以下のたとえ話[36]に続いて提示され、「気を落とさずに絶えず禱る」という祈りの姿勢が、「乞い求める」（αἰτέω）ことをもって説明されている。この箇所は、祈りの効用としてふさわしく祈ることを説明する文脈のなかに置かれている。ゆえに、気を落とさずに絶えず乞い求める（αἰτέω）者をキリストが仲介してくださり、それに対して御父が「善い賜物」[37]を与えてくださるという理解を根拠に、状況によって断絶させられることなく乞い求めることが祈る姿勢として重要である、というオリゲネスの主張が提示されている。

　禱りによって「最も大いなること（μεγίστων）」を享受した人々が聖書から例証される13章2節では、聖書からの引用によらずにプロセウケーの語が用いられている。この箇所は、関連する14章1節までの内容も含めて、明らかに、「地上に属する事柄」ではなく「神秘的な事柄」がその対象であり、それとの関連で「天上のこと」、「大いなること」を求めることが勧められている。[38]

　続く14章2節では、嘆願（デエーシス）、禱り（プロセウケー）、執り成し（エンテウクシス）、感謝（エウカリスティア）という四種類の祈り（エウケー）について、Iテモテ2章1節をもとに説明される。ここでは、プロセウケーはエウケーのひとつとして「より大いなることをめぐってより気高

　35）　Cf. Luke 18, 1.
　36）　ここで「乞い求める」姿勢を教えるために引用されているのは、真夜中にパンを求められたためにそれを与える友人の例である。
　37）　Cf. Matt. 7, 11: δόματα ἀγαθά.
　38）　Cf. PE 13, 4: それは、霊的で、キリストの内なる生命を熱心に追求する人に、末梢的で地上に属する事柄について禱ることを忌避させ、本書の読者を、既にその原型として述べた、神秘的な事柄へと促すためです。（ἀποτρέποντι τὴν πνευματικὴν καὶ τὴν ἐν Χριστῷ ζωὴν ποθοῦντας ἀπὸ τοῦ περὶ τῶν μικρῶν καὶ ἐπιγείων εὔχεσθαι καὶ παρακαλοῦντι ἐπὶ τὰ μυστικά, ὧν τύποι ἦσαν τὰ προειρημένα μοι, τοὺς ἐντυγχάνοντας τῇδε τῇ γραφῇ. [GCS 3, 328, 4-7.]）

く求める者によって、栄唱とともにささげられる祈り」[39] と理解されている。

　15章から16章1節では禱る相手について述べられているが、ここにおいても聖書からの引用や、文脈的な関連性のある箇所以外で、プロセウケーの使用が目立つ。

　15章2節では再び10章2節同様、「乞い求める」（αἰτέω）の語が多用されている。この箇所は、前節で御父に向けて禱らねばならないことを主張したのち、御子を通して御父に禱るべきことを論じている箇所である。ここではたとえば次のようにヨハネ16章23節から25節におけるイエスの言葉を典拠に、イエスの名によって与えられることが主張される。

　　……誰一人として「御子の名によって」御父に乞い求めませんでした。まさにイエスによって「今まで、あなたたちはわたしの名によって何一つ乞い求めたことはない」と言われたのは真実であり、「……乞い求めなさい。そうすればあなたたちはそれをいただき、あなたたちの心は喜びで満たされるであろう」［と言われたの］も、真実であります。[40]

　ここには、イエスの名によって父に乞い求めることを教える、イエス自身の言葉が提示されている。そのさい、何を求めるかという祈りの内容にはふれられず、「イエスを通して父に」ということのみが強調されている。禱りの内容は、このあとの箇所に続く。

　16章2節から17章2節までは、物体とその陰影にたとえられた、霊的恵みと物質的恵みに関する叙述内容となっている。ここではエウケーとプロセ

---

39)　PE 14, 2 : τὴν δὲ προσευχὴν τὴν μετὰ δοξολογίας περὶ μειζόνων μεγαλοφυέστερον ἀναπεμπομένην ὑπό του,... （GCS 3, 331, 5-7.）

40)　PE 15, 2: καὶ ἀληθὲς ἦν ὑπὸ Ἰησοῦ λεγόμενον τὸ 'ἕως ἄρτι οὐκ ᾐτήσατε οὐδὲν ἐν τῷ ὀνόματί μου,' ἀληθὲς δὲ καὶ τὸ 'αἰτεῖτε, καὶ λήψεσθε, ἵνα ἡ χαρὰ ὑμῶν ᾖ πεπληρωμένη.' （GCS 3, 334, 29-335, 2.）

第1章　御父への祈り　　83

ウケーの双方が用いられているが、回数は非常に少い。[41] 16章2節で、乞い求める対象となっている「大いなるもの、天上のもの」は、14章1節での「大いなることを乞い求め（αἰτέω）なさい」[42] と提示されている求める対象と同一の内容である。

　また、17章最後の箇所は、「ですから……」という言葉によって論述が始まっていることから、それ以前の叙述をもってオリゲネスの帰結したかった主要な論点と考え得る。すなわち、オリゲネスには、前述の、大いなること[43]や天上のものを乞い求めることを勧める強い意図のあったことが看取される。

　以上、内容を辿ってきたが、14章1節と、16章から17章にかけての内容は、「大いなること」を「乞い求める」こと、それを「御父に向けて」、「キリストを通して」という共通した要素で結ばれていることが明らかとなった。それはまた、プロセウケーを意味するものである。

　さらに、遡って、『祈りについて』1章1節冒頭には「いとも偉大で……把握し得ないこと」[44] との叙述があるが、この内容は、意的に「大いなること」に相当し、祈り求めるべき事柄の提示はここから始まっていると言える。祈禱不要論を乗り越え、祈りの必要性を示すなかで、第1部の最

---

　41)　16章2節から17章2節までにおいて、エウケーはその派生語εὐκτέονが2回、プロセウケーは1回使用されているのみである。エウケーの派生語はεὐκτέονであり、「ですから、祈らねばなりません。第一義的な、真の『大いなるもの、天上のもの』を祈らねばなりません。」（PE 17, 2: τοίνυν, εὐκτέον περὶ τῶν προηγουμένως καὶ ἀληθῶς μεγάλων καὶ ἐπουρανίων, καὶ τὰ περὶ τῶν ἐπακολουθουσῶν σκιῶν τοῖς προηγουμένοις θεῷ ἐπιτρεπτέον,... [GCS 3, 339, 18-20.]）という箇所に2回使用されている。なお、この語は、TLGに収録されているオリゲネスの著作八十二文書のなかに七箇所認められるのみである。そのうちの二箇所が『祈りについて』17章で使用されている。

　42)　PE 14, 1: αἰτεῖτε τὰ μεγάλα, ... (GCS 3, 330, 7-8.)

　43)　「大いなること」という語は、比較級、最上級も含め、39回使用されている。

　44)　PE 1: いとも偉大で、いとも遥かに人間を凌駕しており、わたしたちのもろい本性を越えており、ロゴスに与かっているが死すべき［人］類には把握し得ないことがらがありますが、……（Τὰ διὰ τὸ εἶναι μέγιστα καὶ ὑπὲρ ἄνθρωπον τυγχάνειν εἰς ὑπερβολήν τε ὑπεράνω τῆς ἐπικήρου φύσεως ἡμῶν ἀδύνατα τῷ λογικῷ καὶ θνητῷ γένει καταλαβεῖν... [GCS 3, 297, 1-3.]）

後に述べられている「大いなるもの、天上のもの」を祈ることがその帰結と理解できよう。そして、そのような祈りを前提とし、具体的な例として、2章で「主の祈り」が扱われていることが明らかである。

2.『祈りについて』第2部（18章1節から30章3節まで）における「エウケー」と「プロセウケー」

オリゲネスは、祈禱無用論を論駁したのちに祈りの効用、キリストと天使が共に祈ること、絶えず祈ること、聞かれる祈りとその例、四種類の祈り、祈り方、そして霊的恵みと物質的恵みについて論じ、祈ることを奨励して『祈りについて』第1部を終えていた。

第2部冒頭の18章1節では、以下のように、主によって伝授された禱り[45]について考察しようとする意思が述べられる。

> ……祈りについての問題を充分に論じましたので、ここで次の課題に進み、主によって伝授された禱りを、それがいかなる力を包含しているかということと共に、考察したいと思います。[46]

つまり、17章までで祈りに関する一般事項を確認したのち、18章以降ではキリストが教えた禱り、すなわち主の祈りへと視点を移す。

第2部にあたる18章から30章までにおいて祈りを表す語として使用されるのは、エウケーおよびエウコマイが97回、プロセウケーおよびプロセウコマイが37回である。この用語の選択としては、一般的にエウケーが用いられる傾向が見られ、聖書からの引用記事や、その内容との関連性が強い場合にはプロセウケーが使用されることが多い。しかし、例外も見られ、

45）プロセウケーそのものが主の祈りであると理解されていたわけではない。なぜなら、主の祈りが与えられる以前の旧約聖書からの引用のさいにも、聖書に基づいて、プロセウケーという語が用いられているからである。

46）PE 18, 1: ἐξετάσαντες τὸ περὶ εὐχῆς πρόβλημα, ἤδη καὶ ἐπὶ τὸν ἑξῆς ἆθλον ἐλευσόμεθα, τὴν ὑπογραφεῖσαν ὑπὸ τοῦ κυρίου προσευχὴν, ὅσης δυνάμεως πεπλήρωται, θεωρῆσαι βουλόμενοι.（GCS 3, 340, 6-9.）

第1部における以上に、エウケーとプロセウケーの選択には法則性がない。

たとえば、オリゲネスが取り上げたマタイ福音書における主の祈りは、「……マタイとルカは、このように祷らねばならないという手本となる、同一の祷りを書き記した、……」[47] とあるように、プロセウケーとして述べられ、一方では、「さて、『マタイによる福音』に［記された］祈りに先立つ［言葉］について、以上のことを述べてまいりましたが、……」[48] と、本来プロセウケーであるはずの語が、エウケーで言及されている。このような傾向は第2部のほかの箇所においても指摘し得るが、エウケーが祈り一般を意味するものとして使用され[49]、また、Iテモテ2章1節に基づく四種類の祈りの定義にしたがってプロセウケーがエウケーに含まれるものとして使用されているのであれば[50]、不自然ではない。

また、一部の内容を前提にして述べられる第2部は、聖書記事の注解部であり、祈りという語の使用頻度も減っている。ここでは、注解内容に集中されるため、用語そのものへの注意が一部ほどは強くないことも考えられる。

3.『祈りについて』第3部（31章1節から34章まで）および結びにおける「エウケー」と「プロセウケー」

祈りに関する一般的諸事項を論じている第3部では、これまで同様、おもにエウケーが使用され、1回の例外を除くと、プロセウケーは聖書からの引用語としてのみ用いられる。[51] そして、エウケーは、心構えや姿勢

---

47) PE 18, 2: ...ὁ Ματθαῖος καὶ ὁ Λουκᾶς δόξαιεν ἂν τοῖς πολλοῖς τὴν αὐτὴν ἀναγεγραφέναι ὑποτετυπωμένην πρὸς τὸ δεῖν οὕτως προσεύχεσθαι προσευχή. (*GCS 3*, 340, 10-12.)

48) PE 21, 2: τούτων δὴ εἰς τὰ πρὸ τῆς ἐν τῷ κατὰ Ματθαῖον εὐχῆς εἰρημένων, ... (*GCS 3*, 346, 10-11.)

49) Cf. PE 5, 1.

50) PE 14, 2ff.

51) 例外とは、祈るさいに向かう方角について説明されるさいに、「……戸外で祷りたいと思っている人が、先に述べた理拠に即して、西に向かうよりも東に向かって祷るのはどうしてでしょう。」(PE 32: ... ὁ ἐν πεδίῳ εὔξασθαι βουλόμενος, τί μᾶλλον κατὰ τοῦτον τὸν λόγον ἐπ᾽ ἀνατολὰς ἢ ἐπὶ δύσιν προσεύξεται; [*GCS 3*, 401, 6-7.]) と述べられている箇所であ

や場所など、祈りに関する周辺的な一般事項を述べる31章に集中している。[52]

最終章では「……祈りについての問題及び諸『福音』に見出される祈り、特に『マタイ[による福音書]』に見い出される祈りについて、わたしの力の限り格闘した[成果です]。」[53] と述べられており、このことは、この著作の初めにエウケーをもって論述すると述べられていたことと一致している。

以上、エウケーとプロセウケーという用語をめぐって『祈りについて』全体を概観した。明らかになったことをここで確認する。

まず、オリゲネスは、祈りを表す一般的な語としてエウケーを使用していた。それは元来、誓願をも意味したが、オリゲネスは敢えてそのことに言及しつつも、『祈りについて』著述のさいにはより一般的な意味においてエウケーを用いる意思を表し、実際にそのように表記していた。

他方、プロセウケーは、エウケーとの対比においては、エウケーが誓願、プロセウケーが一般的な祈りの意味に理解されていることがあった。また、主の祈りをはじめ、祈りを意味する語として聖書で使用されており、オリゲネスも聖書からの引用のさいにはこれに従って使用している。プロセウケーのみならずエウケーもまた、聖書から引用されるさいには彼の使用した七十人訳聖書と同じ語句がほぼ正確に選択されている。これは、彼が典拠として聖書を重視していたためにその語句のとおりに叙述しているものと容易に理解し得る。[54]

る。関連する文脈のなかでプロセウケーは使用されておらず、また聖書からの引用によるものでもなく、ここでプロセウケーが使用される意図を量るのは困難である。

52) 第3部である31章から34章において、エウケーおよびエウコマイは31回、プロセウケーおよびプロセウコマイは9回使用されている。なお、前者の31回のうち、20回が31章に集中している。

53) PE 34: Ταῦτα κατὰ δύναμιν ἐμὴν εἰς τὸ τῆς εὐχῆς πρόβλημα καὶ εἰς τὴν ἐν τοῖς εὐαγγελίοις εὐχὴν τά τε πρὸ αὐτῆς παρὰ τῷ Ματθαίῳ εἰρημένα ἡμῖν διήθληται, ... (GCS 3, 403, 1-3.)

54) オリゲネス自身も、たとえば「述べたことは、神聖な書によって確証されねばなりません」(PE 9, 1) と述べている。ただし、オリゲネスの聖書解釈そのものに関して

第1章　御父への祈り　　　87

　しかし、13章以降では、聖書を典拠としない内容においても、プロセウケーが多用されている箇所があった。そしてそれは、地上の事柄はなく、天上の事柄に関するものであった。

　ただし、エウケーとプロセウケーの語の選択に指摘しうる傾向は、著作全体を通して、規則的あるいは厳密にみられるものではない。そもそも、当時使用されていたエウケーとプロセウケー自体が、それぞれの意味のもとに明確に区別されていたわけではなかった。しかし、上記に述べたオリゲネスからの示唆や、文脈における用語の使用状況から、オリゲネスがプロセウケーという語に、彼が提示しようとする祈りの内容を意図的に含ませようとしたことが推測された。[55]

　次の節では、『祈りについて』14章2節でのプロセウケーに関する叙述を中心に、さらに考察を深める。

は、主観に過ぎ、不適切とも曲解とも評される理解を提示することもあることが指摘されるが、個人的な主観ではなく、キリスト者としての主体性に基づくものであり、理解と祈りとの出発的であるとの指摘もある。（小高毅「オリゲネスのパウロ解釈——ローマ書における『予定』と『選び』を中心にして」『カトリック研究』59号、1991年、72-83頁。）ほか、オリゲネスの聖書解釈に関しては、釈義の方法やアレゴリカルな解釈の方法を、背景も含めて論じているR.ハンスンが詳しい。（R.P.C. Hanson, *Allegory & Event. A Study of the Sources and Significance of Origen's Interpretation of Scripture,* Westminster: John Nox Press, 2002.）また、最も新しく、詳細な分析によってオリゲネスの聖書解釈を論じているものに、出村みや子『聖書解釈者オリゲネスとアレクサンドリア文献学』、和泉書館、2011年、が挙げられる。

55)　なお、『祈りについて』のみならず、この二語に関する使用の傾向は、たとえばこの書の数年後に執筆されてギリシャ語原文で保存されている『殉教の勧め』においても認められる。ここでも、サムエル上2章25節からの引用句にのみテキストに従って「プロセウケー」が用いられている以外は、祈りを表す語としては「エウケー」が一般的に用いられている。

第2節　プロセウケーとほかの三種類の祈り
　　　──『祈りについて』14章2節から15章1節にお
　　　ける叙述から

　オリゲネスは、『祈りについて』14章2節以降で、祈りとして、願い、禱り、執り成し、感謝について説明しているが、この分類の典拠は、Iテモテ2章1節である。ただし、この聖書箇所はその理由の部分ともいえる直後の2節と深い関連性を持っているにもかかわらず、オリゲネスは後者について全く触れずに前者の1節のみを単独に引用するのみである。つまり、彼がここでIテモテ2章1節を引用したのは、その箇所の正確な釈義を目的としたのではなく、それとは別の意図を持っていたことが考えられる。少くとも、前節で述べたように、オリゲネスはここで引用しているプロセウケーについて、自らの意味づけを与えている可能性がある。ゆえにここでは、Iテモテ2章1節に関するオリゲネスの叙述から、彼のプロセウケー理解に接近したい。

　まず、四種類の祈りについて彼の叙述内容を概観し、その語、プロセウケーについてのみ、さらに考察する。

1. 四種類の祈りの概要

1.1. デエーシス（δέησις: 嘆願）

　デエーシスは、「あるものを欠いている者によって、それを得んことを懇願しつつささげられる祈り」[56]と説明されている。人が何かあるものを必要とし、この必要が満たされるようにと切に求めるとき、その人はデエーシスを頼りとする。オリゲネスはこれの説明として、ルカ福音書と、旧約聖書の四箇所の記事を引用している。

---

　56)　PE 14, 2: ... δέησιν μὲν εἶναι τὴν ἐλλείποντός τινι μεθ᾽ ἱκεσίας περὶ τοῦ ἐκείνου τυχεῖν ἀναπεμπομένην εὐχὴν, ... (GCS 3, 331, 4-5.) Cf. H. Greeven, δέομαι, δέησις, προσδέομαι, in: G. Kittel (ed.), G.W. Bromiley (trans.), op. cit., pp. 40-42.

第 1 章　御父への祈り　　89

　まず、ルカ福音書のなかの、ザカリアへのガブリエルの言葉が以下のように挙げられている。「ザカリア、恐れることはない。あなたの願いは聞き入れられた。あなたの妻エリザベツは、あなたのために、男の子を産むであろう。その名をヨハネとつけなさい。」[57] これは、祭司ザカリアがくじによって選ばれて香をたく役割を果たしていると、天使が現れ、それを見て不安と恐怖を感じるザカリアに天使が言った言葉である。オリゲネスによる前述の定義によれば、これは、ヨハネの誕生を巡って述べられたと考えられるザカリアの嘆願のはずであるが、ルカ福音書には、ザカリア自身が自らの子をめぐって嘆願をささげている場面はない。香をたく行為が祈りを示すとしても、それは個人的な祈りではなく祭司としての祈りのはずである。しかしオリゲネスは、「恐らくヨハネの誕生について祈っていたと思われるザカリアに向けられて、……」[58] と述べていることから、この箇所は、ザカリアが嘆願をささげていたであろうとの、オリゲネスの想像が背後にあると考えられる。

　続いて、出エジプト記から「モーセは神なる主に願って言った、『主よ、大いなる力をもって、エジプトの地から導き出されたあなたの民に向かって、なぜあなたは怒りを燃やされるのですか。』」[59] はイスラエルの民のためのモーセの嘆願である。これは、モーセが神に呼ばれてシナイ山で契約締結をする四十日のあいだ、アロンが金の雄牛の鋳像を造り、民がそれを拝んだため、神は民を滅ぼすとモーセに伝えたことに対するモーセの応答の言葉である。モーセは神が怒ることの正当性を神に問い、イスラエルがかつて神に祝福された民であることを思い起こすよう願い、それに

---

　57)　PE 14, 3:"…ἡ φοβοῦ, Ζαχαρία, διότι εἰσηκούσθη ἡ δέησίς σου, καὶ ἡ γυνή σου Ἐλισάβετ γεννήσει υἱόν σοι, καὶ καλέσεις τὸ ὄνομα αὐτοῦ Ἰωάννην," (*GCS 3*, 331, 14-16.) Cf. Luke 1, 13.

　58)　PE 4, 3: πρὸς τὸν Ζαχαρίαν, περὶ τῆς γενέσεως Ἰωάννου ὡς εἰκὸς εὐξάμενον, … (*GCS 3*, 331, 12-13.)

　59)　PE 14, 3: "καὶ ἐδεήθη Μωϋσῆς κατέναντι κυρίου τοῦ θεοῦ καὶ εἶπεν· ἵνα τί θυμοῖ ὀργῇ, κύριε, εἰς τὸν λαόν σου, οὓς ἐξήγαγες ἐκ γῆς Αἰγύπτου ἐν ἰσχύϊ μεγάλῃ;" (*GCS 3*, 331, 17-19.) Cf. Exod. 32, 11. 七十人訳聖書とほぼ同じ。なお、新共同訳聖書では「主なる神をなだめて言った」と訳されている。

90 本　論

よって神は民への災いを思い直された。神に対して諫めるようなモーセの
発言が嘆願の例として引用され、その嘆願が実現したというのは、オリゲ
ネスの論述のなかで奇異な印象さえ与える。

　しかし、つぎに引用されている、申命記からの「そしてわたしは再び
前のように四十日四十夜、主のみ前に願い、パンも食べず、水も飲まな
かった。それはあなたがたの犯した、あなたがたのすべての罪のためであ
る。」[60] は、先の箇所の示す内容をモーセが想起し、民に伝えている記事
である。ここには、誓願のさいにしばしば見られる断食という行為も付随
し、神の意思を変えるほどの嘆願者の強い思いを見て取ることができる。

　そして最後に、エステル記から、「モルデカイは、主のすべてのわざを
思い出して、主に願って言った、『主よ、万物を支配される王である王
よ。』」[61]、「イスラエルの神なる主に願って言った、『主よ、わたしどもの
王 [である王よ]』。」[62] が引用され、モルデカイとエステルの嘆願が提示さ
れている。これらは主なる神への呼びかけとともに、なされている。

1.2. プロセウケー（προσευχή: 禱り）

　プロセウケーは、「より大いなることをめぐってより気高く求める者に
よって、栄唱とともにささげられる祈り」[63] と説明され、聖書における例
として、ダニエル書、トビト書、サムエル（列王）記、ハバクク書、ヨナ
書が引用されている。

　最初に挙げられるダニエル書からは「そしてアザリヤは立って次のよう

60）　PE 14,3: "καὶ ἐδεήθην ἔναντι κυρίου δεύτερον καθάπερ καὶ τὸ πρότερον τεσσαράκοντα
ἡμέρας καὶ τεσσαράκοντα νύκτας (ἄρτον οὐκ ἔφαγον καὶ ὕδωρ οὐκ ἔπιον) περὶ πασῶν τῶν
ἁμαρτιῶν ὑμῶν ὧν ἡμάρτετε," （GCS 3, 331, 19-22.）Cf. Deut. 9, 18. 七十人訳聖書と同じ。

61）　PE 14, 3: "Μαρδοχαῖος ἐδεήθη τοῦ θεοῦ, μνημονεύων πάντα τὰ ἔργα τοῦ κυρίου, καὶ εἶπε·
κύριε κύριε βασιλεῦ παντοκράτωρ," （GCS 3, 331, 23-24.）Cf. Esth. 4, 17 a-b.

62）　PE 14, 3: "ἐδεῖτο κυρίου τοῦ θεοῦ Ἰσραὴλ καὶ εἶπε· κύριε, ὁ βασιλεὺς ἡμῶν." （GCS 3, 331,
25-26.）Cf. Esth. 4, 17 k-l.

63）　PE 14, 2: ...τὴν δὲ προσευχὴν τὴν μετὰ δοξολογίας περὶ μειζόνων μεγαλοφυέστερον
ἀναπεμπομένην ὑπό του, ... （GCS 3, 331, 6-7.）

第1章　御父への祈り　　　91

に祈り、火の中でその口を開いて言った。」[64] に言及される。これは、ア
ザリヤら三人が、怒ったネブカドネツァル王の命令によって激しく燃え盛
る炉のなかに投げ込まれる聖書記事である。試練のなかでもなお神を賛美
し、火によって死ぬことのなかったこの三人は、その後、神への長い賛
美[65] をささげる。

　つぎに、トビト書から、「それでわたしは、苦悩のうちに祈って言っ
た、『主よ、あなたは義しく、あなたのみわざはすべて［義しく］、あなた
の道もすべてあわれみであり、真理［であります］。あなたの裁きも真理
であり義しく、あなたは代々に裁くかた。』」[66] が引用される。ここでの内
容は、「生涯を通じて真理と正義の道を歩み続けた」[67] トビトが、妻を誤
解したために妻を怒らせて口論となったあと、妻から自分の憐れみと正
義とを問われ、「深い悲しみを覚え、涙を流し……うめきながら祈り始め
た」[68] 状況を伝えるものである。トビトはここで神とその業の正しさを告
白し、その業に現れている憐れみ、真実に言及し、自らの罪の告白と、そ
の罪ゆえに苦難を味わうことになったことを述べる。[69]

　以上の二か所を列挙したあと、前者のダニエル書はヘブライ語版には含
まれていないこと、また、後者のトビト書にはユダヤ人たちが抵抗を持っ
ていることを理由に、以下のサムエル記が引用される。「そして［ハンナ
は］主に祈り、泣きに泣いた。そして誓って（＝祈りを）祈って言った。
『万軍の主よ、まことにあなたはあなたのはしためのみじめさに目をとめ
てくださいますのであれば。』云々。」[70] このときハンナは、自分の夫のも
う一人の妻ペニナには子どもが居る一方で自分にはいなかったために苦し
んでいたが、ふさぎこみながらも何とか食事を終え、自分の惨めさを主に

---

64)　Dan. 3, 25（LXX）.
65)　Cf. Dan. 3, 26-3, 90（LXX）.
66)　Tob. 3, 1-2.
67)　Tob. 1, 3
68)　Tob. 3, 1.
69)　Cf. Tob. 3, 2-6.
70)　1Sam. 1, 10-11（LXX: 1King）.

訴え、男の子が授かるようにと祈っていた。

　この箇所のあとに挙げられるのは、ハバクク書3章1-2節の「歌による、預言者ハバククの禱り。主よ、わたしはあなたの声を聞き、恐れました。主よ、わたしはあなたのみわざを認め、困惑しました。二つの生けるものの真中に、あなたは知覚されるでしょう。年が近づくうちにあなたは認められるでしょう。」である。ハバクク書は三章から成るが、預言者ハバククの嘆きの言葉で始まり、正義が示されない現実が述べられる。3章は、神の御業を畏れながら、憐れみを乞う祈りがささげられている内容であるが、オリゲネスはここでの祈りすなわち禱りに栄唱が含まれているものと理解し、「栄唱とともに禱りがささげられているので、禱りの定義をよく明らかにしている」[71] と述べている。

　そして、最後の引用箇所として、ヨナ書のなかのヨナの例が、以下のように提示される。

　「ヨナは、巨大な怪魚の腹の中から、その神、主に禱って言った、『わたしが、わたしの悩みのうちから、わたしの神、主に助けを求めると、［主は］わたし［の祈り］を聞き入れられた。わたしが陰府の中から叫ぶと、あなたはわたしの声を聞かれた。あなたはわたしを生みの真中の深みに投げ捨てられ、流れがわたしをとり囲みました。』」[72] これは、ヨナが魚に飲み込まれ、その腹のなかで神に祈りをささげる箇所である。ここでヨナは自らの苦難に触れ、しかしそこで神がヨナの祈りを聞き入れたことを告白している。[73]

　オリゲネスは前述の嘆願と同じく、禱りについても聖書からの例を挙げるが、詳細に触れることなく論述を終えている。しかし、以上の引用箇所

71）　PE 14, 4: σφόδρα δὲ αὕτη ἐμφαίνει τὸ κατὰ τὸν ὅρονἔτη τῆς προσευχῆς, ὅτι μετὰ δοξολογίας τῷ προσευχομένῳ ἀναπέμπεται. (GCS 3, 332, 11-12.)

72）　PE 14, 4: "προσηύξατο Ἰωνᾶς πρὸς κύριον τὸν θεὸν αὐτοῦ ἐκ τῆς κοιλίας τοῦ κήτους καὶ εἶπεν· ἐβόησα ἐν θλίψει μου πρὸς κύριον τὸν θεόν μου, καὶ εἰσήκουσέ μου· ἐκ κοιλίας ᾅδου κραυγῆς μου ἤκουσας φωνῆς μου· ἀπέρριψάς με εἰς βάθη καρδίας θαλάσσης, καὶ ποταμοὶ ἐκύκλωσάν με." (GCS 3, 332, 13-17.) Cf. Jon. 2, 3.

73）　Cf. Jon. 2, 1-3.

第1章　御父への禱り　　93

には、共通する点をいくつか挙げることができる。一つには、オリゲネスが挙げた四種類の祈りのうち、他の三種類の祈りについては新約からも引用されている一方で、禱りに関する引用はすべて旧約聖書からなされているということである。二つめとして、禱る人の背景に、現実的で非常に大きな苦難があることが挙げられる。『祈りについて』2章5節では、詩編101編を例に挙げ、「悩み苦しみ、その願いを主のみ前に注ぎ出すときの、貧しき者による禱り［と書き添えられています］。このような禱りは、真に［聖］霊によって生ぜしめられ、語られた禱り」[74]と述べられている。つまり、このような苦難のなかにある場合、霊が禱ることによって霊的な祈りと言われている。ゆえに、彼らは苦難のなかにあるにも拘らず、その禱りには神あるいは神の業への栄唱が伴っていると考えられる。

　なお、ここでオリゲネスがプロセウケーの定義としている「より大いなることをめぐって」、「より気高く求める」、「栄唱とともにささげられる」という事柄については、のちに項目をあらためて考察する。[75]

1.3. エンテウクシス（ἔντευξις: 執り成し）

　次に、エンテウクシスは、「信頼に満ちた者があることについて神に乞い求めること」[76]であると理解されている。言及されるなかで殆ど具体的な説明がなされなかった先の嘆願、禱りに比して、執り成しについてはオリゲネス自身の見解も示されている。

　エンテウクシスという語自体には「執り成し」（代願）、「請願（書）」という意味が含まれている。[77]ゲッセルはこの語について、内容的に利他的

---

74)　PE 2, 5: "προσευχὴ τῷ πτωχῷ, ὅταν ἀκηδιάσῃ καὶ ἐναντίον κυρίου ἐκχέῃ τὴν δέησιν αὐτοῦ"· αἵτινες προσευχαὶ, ἐπεὶ ἀληθῶς ἦσαν προσευχαὶ γινόμεναι πνεύματι λεγόμεναί τε, καὶ τῶν δογμάτων τῆς τοῦ θεοῦ σοφίας πε πνεύματι λεγόμεναί τε, καὶ τῶν δογμάτων τῆς τοῦ θεοῦ σοφίας πεπλήρωνται,... (GCS 3, 303, 10-14.)

75)　本章第2節「2.定義された要素に基づくプロセウケー」において考察する。

76)　PE 14, 2: ... ἔντευξιν δὲ τὴν ὑπὸ παρρησίαν τινὰ πλείονα ἔχοντος περί τινων ἀξίωσιν πρὸς θεὸν, ... (GCS 3, 331, 7-8.)

77)　エンテウクシスの意味は、新約時代には「請願（書）」、「エウケー」、「執り成し」（W. Bauer [author], W.F. Arndt and F.W. Gingrich [trans.], A Greek-English Lexicon of the

なものであるところにそれの特徴を指摘するものの、オリゲネスの挙げている例からは詳細が把握できないと述べている。P.ケッチャウは、それが誰か人に関してではなく、誰かが願っているその事物に関するものとして理解されていたとみなしているが[78]、E.G.ジェイは誰か人に関するものとみなしている。[79] 本稿では、オリゲネス自身は、執り成しの内容自体よりも、霊の介在が執り成しの事実を実現させているということに焦点を当てていること、そしてそれは禱りとの関わりのなかで述べられているということを、下記の理由によって指摘したい。

オリゲネスはここでまず、パウロの言葉に執り成しの例を指摘し、「禱りをわたしたちに属するものとするのに対して、執り成しは、遙かに優れたかたであり、執り成すかたに対して『全幅の信頼』[80] を有している聖霊に［属するものとしています］。」[81] と述べている。また、この根拠となる聖書箇所としてローマ8章26、27節を引用している。後者は、『祈りについて』2章1、3、4節においても言及されていた箇所である。とくに2章3、4節においては、禱りをささげることのできない人のために、聖霊が執り成すことが述べられていた。14章5節でも、執り成しの説明がなされるなかで、聖書からの引用ではなくオリゲネス自身の言葉として禱りについて言及されており、「聖霊はあり余るばかりに執り成しをされ[82]、かつ執り成しをされますが、わたしたちは禱る。」[83] と述べられていることから、聖霊

New Testament and Other Early Christian Literature, Chicago: The University Of Chicago Press, 1957, p. 542)、また教父時代には「哀願」、「懇願」、「語り」（G.W.H. Lampe, ἔντευξις, in: *A Patristic Greek Lexicon,* Oxford: Oxford University Press, 1961, p. 482.）を意味していたことが指摘される。

78) P. Kotschau, *GCS 3*, p. 51, n. 4.

79) E.G. Jay, *Origen's treatise on Prayer: Translation and Notes with an Account of the Practice and Doctrine of Prayer from New Testament Times to Origen*, London: S.P.C.K., 1954, p. 122.

80) 1 John 3, 21.

81) PE 14, 5: εὐλόγως τὴν μὲν προσευχὴν ἐφ' ἡμῶν τάττοντι τὴν δὲ ἔντευξιν ἐπὶ τοῦ πνεύματος, ὡς κρείττονος ὄντος καὶ "παρρησίαν" ἔχοντος"πρὸς τὸν," ᾧ ἐντυγχάνει· （*GCS 3*, 332, 18-9.）

82) Cf. Rom. 8, 26-27.

83) PE 14, 5: ὑπερεντυγχάνει γὰρ καὶ "ἐντυγχάνει" τὸ πνεῦμα, ἡμεῖς δὲ προσευχόμεθα. （*GCS 3*, 332, 24-25.）

第1章　御父への禱り　　95

の執り成しの介在によって人間の禱りが可能になる、とのオリゲネスの理
解を確認することができる。

　執り成しが聖霊[84]に属するものと理解されている理由としては、聖霊が
「執り成すかたに対して『全幅の信頼』を有している」[85]ことが挙げられ
ている。これについて、有賀は、全幅の信頼によって躊躇なく神に嘆願す
ることのできる聖霊の執り成しを、オリゲネスが「強い要請」の意味に解
していると説明している。[86]オリゲネスは、執り成しを聖なる人々と他者
に向けることが正当であるとみなしているが[87]、それはその相手への信頼
ゆえに執り成しを向け得ると考えられているからであろう。しかし神に全
幅の信頼を有しているのは霊であるため、神に執り成しを向けるのは霊の
みが可能である。オリゲネスは前述のように、別の箇所で、「何を願って
ふさわしく禱るべきかをわたしたちは知らない」[88]とのパウロの言葉を二
度にわたって引用しているが[89]、この場合、それを補うのが聖霊による執
り成しであると理解されていたことからも、このことがわかる。

　この14章5節の叙述の最後に、オリゲネスは執り成しに関する聖書から
の引用として、まず旧約聖書から、「『日はガバオツ（ギベオン）の上に止
まりますように。月はエロム（アヤロン）の谷の上に』［止まりますよう
に］。」[90]というヨシュアの言葉、および「わたしの魂は異邦人ども［ペリ
シテ人］と共に死なんことを」[91]というサムソンの言葉を取り上げて、「イ
エスもサムソンも『執り成した』とは書かれておらず、『言った』と書か
れているとしても、彼らの発言は『執り成し』であるように思われます。

---

　84)　この霊は、讃美においても精神をリードする。祈るためにも、祈りについて論じ
るためにも、聖霊が不可欠であることをオリゲネスは強調している。

　85)　Cf. 1John 3, 21.

　86)　有賀鐵太郎、前掲書、59頁。

　87)　Cf. PE 14, 5.

　88)　Rom. 8, 26.

　89)　Cf. PE 2, 1; 2, 3.

　90)　PE14, 5: στήτω ὁ ἥλιος κατὰ Γαβαὼθ, καὶ ἡ σελήνη κατὰ φάραγγα Ἐλώμ·（GCS 3, 332, 30-
31.）

　91)　PE 14, 5: συναποθανέτω ἡ ψυχή μου μετὰ τῶν ἀλλοφύλων,...（GCS 3, 333, 1.）

それらの名称を正確に用いるなら、それ（執り成し）は禱りとは別のもの
です。」[92] と、それらが執り成しであることと、禱りと執り成しが別のも
のであることについて再び述べている。オリゲネスが執り成しの例として
挙げているこのヨシュア[93]とサムソン[94]の発言に共通しているのは明らか
に利他的な内容であり、自らの死をもって民族を救おうとするサムソンの
言葉はその顕著な例である。

　以上のように、執り成しとの違いが強調されている禱りとの関連で考え
ると、別の箇所で「聖霊のみが神の深みまでもきわめ、その望む人に神を
現す」[95] とも述べられているように、聖霊が聖なる人々の神への未完成の
禱りを神に執り成すものであるというオリゲネスの理解を確認することが
できる。聖霊は、神に対する信頼のもと、利他的な執り成しをもって禱り
を人間に可能にするということである。

1.4. エウカリスティア（εὐχαριστία: 感謝）

　エウカリスティアは、「［神から得た善の］偉大さを理解し、あるいはそ
れがもたらされた人に偉大と思われている慈しみの業を理解した上で、神
から諸々の善を得たことを祈りをもって告白すること」[96] である。オリゲ
ネスはこの感謝についてあまり多くを述べておらず、ただ、マタイ11章25
節、ルカ10章21節から「天地の主である父よ、わたしはあなたをほめたた

　92）　PE 14, 5: εἰ καὶ μὴ κεῖται δὲ ὅτι ἐντετυχήκασιν ἀλλ᾽ ὅτι εἰρήκασιν ὁ Ἰησοῦς καὶ ὁ Σαμψών,
ὁ λόγος αὐτῶν ἔοικεν εἶναι ἔντευξις· ἥτις ἑτέρα παρὰ τὴν προσευχήν, εἰ κυρίως ἀκούοιμεν τῶν
ὀνομάτων, εἶναι ἡμῖν νομίζεται.（GCS 3, 333, 3-6.）

　93）　Cf. Josh. 10, 12.

　94）　Cf. Judg. 16, 30. たとえば、以下の箇所も挙げられる：PE 14, 5: イエス（ヨシュア）
によって語られた言葉もとりなしであるとわたしには思われます。（ἔντευξις δέ μοι εἶναι
δοκεῖ καὶ τὸ ὑπὸ Ἰησοῦ εἰρημένον...［GCS 3, 332, 25-26.］）

　95）　PE 2, 4: "τὸ πνεῦμα" τὸ "πάντα" ἐρευνῶν, "καὶ τὰ βάθη τοῦ θεοῦ, "...（GCS 3, 302, 4.）Cf.
1Cor. 2, 10.

　96）　PE 14, 5: εὐχαριστίαν δὲ τὴν ἐπὶ τῷ τετευχέναι ἀγαθῶν ἀπὸ θεοῦ μετ᾽ εὐχῶν
ἀνθομολόγησιν, ἀντειλημμένου τοῦ ἀνθομολογουμένου τοῦ μεγέθους ἢ τῷ εὐεργέτῃ θέντι
μεγέθους φαινομένου τῆς εἰς αὐτὸν γεγενημένης εὐεργεσίας.（GCS 3, 331, 8-11.）

えます。あなたはこれらのことを知恵ある人や賢い人には隠し、小さい者に現わしてくださいました。」[97] というイエスの言葉を引用し、それについて「『わたしはほめたたえます』とは『わたしは感謝します』ということと同じです」[98] と述べている。この聖書箇所の示す内容は、マタイにおいては、神が知恵ある者や賢い者にでなく、幼子のような者に神の秘儀が示され、それが御心に適うことであったとイエスが告白する場面であり、ルカでは、同様のことを、「聖霊によって喜びにあふれ」たイエスが告白する場面である。ここで、感謝は、神をほめたたえてなされる、神から与えられた善に関する告白として理解されていたと考えられる。

　ゲッセルは、感謝と禱りの区別について述べ、それを、実際的ではなくオリゲネスの意図においてのみ存在すると考える。両者の差異は、禱りが「より大いなることをめぐってより気高く求める」[99] と言われているところにのみ見出し得るのであり、オリゲネスは禱りに「崇拝」という意味を含ませていると理解している。[100] 実際、オリゲネスがプロセウケーとして引用している例は、ここで例示されているエウカリスティアの例と区別することは困難である。前述の「『わたしはほめたたえます』とは『わたしは感謝します』ということと同じです。」という言葉からも、賛美の告白と感謝とはほぼ同一視されていることがわかる。[101] しかし、オリゲネスの叙述に従えば、両者はそれを向ける相手によって区別され得る。オリゲネ

---

97)　PE 14, 5: "ἐξομολογοῦμαί σοι, πάτερ, κύριε τοῦ οὐρανοῦ καὶ τῆς γῆς, ὅτι ἀπέκρυψας ταῦτα ἀπὸ σοφῶν καὶ συνετῶν καὶ ἀπεκάλυψας αὐτὰ νηπίοις·" (GCS 3, 333, 7-9.)

98)　PE 14, 5: τὸ γὰρ "ἐξομολογοῦμαι" ἴσον ἐστὶ τῷ "εὐχαριστῷ." (GCS 3, 333, 9-10.)

99)　PE 14, 2: ... περὶ μειζόνων μεγαλοφυέστερον ἀναπεμπομένην ὑπό του, ... (GCS 3, 331, 6-7.)

100)　W. Gessel, op. cit., pp. 88-91.

101)　"ἐξομολογέομαι"は『祈りについて』のなかではこの箇所以外に二箇所しか使用されておらず、詩119編61節（LXX）では神に対するダビデの感謝の言葉（PE 12, 2）と、詩74編19節（LXX）では「あなたを賛美する魂」（PE 13, 4）として引用されているのみである。なお、「栄唱をささげる」にあたる"δοξολογέω"の語は本著においてはまったく使用されず、"δοξολογία"は14章2節以外は33章の、栄唱について論じられる箇所のみである。

スが引用している聖書の例にはその違いが明示されていないが、禱りは御父のみ、感謝は御父も含め、キリスト、聖なる人々、そして他者に向け得るものと理解されている。[102] この点においては、エウカリスティアとプロセウケーとの違いを指摘し得る。

1.5. 四種類の祈りに言及する意図

　以上のことからわかるように、オリゲネスが四種類の祈りについて論じるさい、これらはこの祈りの類別の典拠となったIテモテ2章1節にのみ集中して詳細に述べられていたわけではない。ではなぜこの箇所が引用されたのか。

　まず聖書を典拠として使用するさいの傾向として、オリゲネスには信頼していたパウロを好んで引用する傾向が指摘される。[103] このIテモテの著者もパウロと見なされていたために[104]、より積極的に用いられたことは明らかであろう。

　W.フェルカーは、四種類の祈りは霊的段階という要素によって列挙されていたと述べている。[105] すなわち、デエーシスは不完全という段階に属しているため、祈る人はなお自分の要求を満たしたいと願う状態にある。

102）　Cf. PE 14, 4-15, 1.

103）　小高は、この時代のなかでオリゲネスのパウロ観、パウロ解釈が、テルトゥリアヌスやエイレナイオスらによって取り組まれていたパウロの復権に多大な貢献をなしたと評価するとともに、学問的な客観性と厳密性の欠如も指摘している。しかしこれを、クルゼル同様、オリゲネスの主体性によるものとみなす。それは、その言葉の深い意味に到達するためであり、理解と祈りの出発点とみなされている。（小高毅、前掲書、1991年、57-58、82頁。）

104）　二世紀後半、Iテモテの著者は一般にパウロと見なされ、エイレナイオス、テルトゥリアヌス、ムラトリ正典目録、アレクサンドリアのクレメンスらがそのように引用している。この著者説は19世紀初頭にシュライエルマッハーによって否定され、その後断片説等も提唱されるが、未だ確固たる見解は確立していない。（川島貞雄他編『新共同訳新約聖書注解II』、日本基督教団出版局、1991年、297-300頁。）

105）　W. Völker, *Das Vollkommenheitideal des Origenes, Eine Untersuchung zur Geschichte der Frömmigkeit und zu den Anfängen christlicher Mystik*, Tubingen: Verlag von J.C.B. Mohr, 1931, pp. 202-212.

プロセウケーにおいては、それはすでに神の尊厳を知っている者の祈りであり、またエウカリスティアの段階に達すると、彼は全く神に感謝をのみささげる。このフェルカーの見方に対して、H.コッホは否定的である。[106]セヴェルスは、オリゲネスがこのような段階的な考え方を持っていたとしても、それが体系的なものではなかったと理解している。[107]

　ゲッセルは、この階層の仮説に従うと、第二の段階であるプロセウケーの上にデエーシスの特別な場合としてのエンテウクシスが位置づけられ、そのすぐ上にエウカリスティアという最高の段階が想定されているために、エンテウクシスの位置づけが説明し難く、霊的な上昇に伴う祈りの段階という考え方は成立しないことを主張する。[108]そして、むしろ、そこにみられる祈りの類別の目的を、区別可能な四種類の用語をもって、逆に「定義づける動機」として用いることと見なしている。また、定義づけの動機について、Iテモテ2章1節に基づいた祈りの類別があまり厳密でなく、正確に伝えようとする態度がそれほど強くはないことも指摘している。さらには、その論述の最後で、前述の祈りを向ける相手について彼自身の意見が集約されていたことから[109]、祈りを向ける相手を限定すること

106）　H. Koch, Kennt Origenes Gebetstufen? In: *ThQ 87*, 1905, pp. 592-596, esp. 595.

107）　E.von Severus, *op. cit.*, col. 1236.

108）　W. Gessel, *op. cit.*, pp. 91-92. デエーシス、プロセウケー、エンテウクシス、エウカリスティアの順に上昇するとすれば、デエーシスの特別な場合であるエンテウクシスがプロセウケーの上に位置し、またエンテウクシスが突然エウカリスティアという至高の段階を導くということになり、ゲッセルはこの図式が論理的に矛盾を孕むものと結論する。

109）　祈りを向ける相手について、オリゲネスは、15章の直前で、以下のように規定している。すなわち、デエーシス、エンテウクシス、エウカリスティアは聖なる人々へ、しかしキリストに対してさらに多く向けられる。エンテウクシス、エウカリスティアは聖なる人々だけでなく他の人々にも向けられる。デエーシスは聖なる人に向けてのみ向けられるが、例外として、誰かに不正を加えたときはその相手が聖なる人か否かにかかわらず、その不正を許してくれるよう、その人自身に向けてもよい。プロセウケーは神のみに向けられるべきであり、神は御父として呼びかけられ、主として嘆願され、神、御父、主として感謝してほめたたえられるべきである。（Cf. 14, 6: δέησιν μὲν οὖν καὶ ἔντευξιν καὶ εὐχαριστίαν οὐκ ἄτοπον καὶ ἀνθρώποις ‹ἁγίοις› προσενεγκεῖν· ἀλλὰ τὰ μὲν δύο [λέγω δὴ ἔντευξιν καὶ εὐχαριστίαν] οὐ μόνον ἁγίοις ἀλλὰ δὴ καὶ ‹ἄλλοις› ἀνθρώποις, τὴν δὲ

にオリゲネスの意図があったとも理解されている。[110]

　これらについて、本稿では、『祈りについて』14章2節から16章1節の論旨の流れと、プロセウケー以外は人間に向けても不当ではないとされる一方、ただプロセウケーは御父のみにふさわしいものとして論じられていることにも注目して考察した。オリゲネスは、四種類の祈り、およびそれらを向ける相手について14章で説明したあと、プロセウケーを向ける相手について、その次の項目15章1節で述べ始めることになるが、その冒頭で「さて、禱りとは一体如何なるものであるか理解したのであれば、……ただひとり、万物の神、御父に［禱らねばなりません］。」[111] と、直前の項目、つまり四種類の祈りに関する叙述箇所を振り返っている。これは、それまでの論述が、四種類の祈りに言及していながらも、プロセウケーについて説明する意図のもとになされていたことを示唆するのである。そして15章1-3節では、聖書の引用や内容との関連がないにも拘らずプロセウケーが頻繁に使用されることも、この仮説を裏付ける。

　さらに、15章1節では、禱る相手が御父であること、2節では、そのさいに介在するのが御子であること、という禱る相手に関する説明がなされ、3節以降で、聖書の引用とともにそれらの説明がなされる。そして16章1節でこれらのまとめが述べられる。つまり、前述のプロセウケーについて説明する意図とは、それを向ける相手についての説明であると特定し得るのである。

δέησιν μόνον ἁγίοις, εἴ τις εὑρεθείη Παῦλος ἢ Πέτρος, ἵνα ὠφελήσωσιν ἡμᾶς, ἀξίους ποιοῦντες τοῦ τυχεῖν τῆς δεδομένης αὐτοῖς ἐξουσίας πρὸς τὸ ἁμαρτήματα ἀφιέναι· εἰ μὴ ἄρα, κἂν μὴ ἅγιός τις ᾖ, ἀδικήσωμεν δὲ αὐτόν, δέδοται συναισθηθέντας τῆς εἰς αὐτὸν ἁμαρτίας τὸ δεηθῆναι καὶ τοῦ τοιούτου, ἵν' ἡμῖν ἠδικηκόσι συγγνώμην ἀπονείμῃ. εἰ δὲ ἀνθρώποις ἁγίοις ταῦτα προσενεκτέον, πόσῳ πλέον τῷ Χριστῷ εὐχαριστητέον, τοσαῦτα ἡμᾶς βουλήσει τοῦ πατρὸς εὐεργετήσαντι; ἀλλὰ καὶ ἐντευκτέον αὐτῷ ὡς ὁ εἰπὼν Στέφανος· "κύριε, μὴ στήσῃς αὐτοῖς τὴν ἁμαρτίαν ταύτην"· μιμούμενοί τε τὸν πατέρα τοῦ σεληνιαζομένου ἐροῦμεν· "δέομαι," "κύριε, ἐλέησον" ἢ "τὸν υἱὸν ἢ ἐμὲ αὐτὸν ἢ ὃν δή ποτε. [GCS 3, 333, 11-25.])

110)　W. Gessel, op. cit., pp. 86-87.

111)　PE 15,1: Ἐὰν δὲ ἀκούωμεν ὅ τι ποτέ ἐστι προσευχή, … μόνῳ τῷ θεῷ τῶν ὅλων καὶ πατρί,... (GCS 3, 333, 26-28.)

これらのことから、ここでの論述において、Iテモテ2章1節が引用された意図は、プロセウケーを他の三種類の祈りと区別して提示することにあり、それはおそらくプロセウケーを向ける相手を提示することにあったと考えることができる。

　では、プロセウケーはどのように理解されていたのか。以下では、オリゲネスがプロセウケーとして説明していた「より大いなることをめぐってより気高く求める者によって、栄唱とともにささげられる祈り」という説明にしたがって考察する。

2. 定義された要素に基づくプロセウケー

2.1.「より大いなること」

　まず、「より大いなることをめぐって」（περὶ μειζόνων）[112] について考察する。

　「大いなること」に相当する "μέγας" は、比較級 "μείζων" および最上級 "μέγιστος" も含め、『祈りについて』のなかでは39回使用されているが、そのほとんどが天上のことを表す文脈で使用されている。[113]

　プロセウケーとの関連では、2章2節で何を願って祈るべきかについて述べるさい、そこで「大いなることを求めよ。そうすれば小さなことは加えてあなたたちに与えられるであろう。」[114] と聖書からの言葉が引用されている。この「大いなること」はその直後の「天上のこと」[115] と並列に記されているが、同時に、聖書からプロセウケーの語を伴う文も何箇所か引用されており[116]、それらは内容的に一致するものとして理解されていること

　112）　PE 14, 2（*GCS 3*, 331, 6）.

　113）　原級が22回、比較級が10回、最上級が7回用いられている。この三種類のかたちそれぞれが使用される内容は、明確に区別されておらず、とくに文脈に依拠しているわけでもない。

　114）　PE 2, 2: "αἰτεῖτε τὰ μεγάλα, καὶ τὰ μικρὰ ὑμῖν προστεθήσεται,"…（*GCS 3*, 299, 19-20.）これは新約聖書にはみられないイエスの言葉であることが指摘されている。（オリゲネス著、小高毅訳『祈りについて』、創文社、1985年、231頁、解説の註四。）

　115）　PE 2, 2: τὰ ἐπουράνια（*GCS 3*, 299, 20.）

　116）　Cf. Luke 6, 28; Matt. 9, 38; Luke 10, 2; Luke 22, 40; Matt. 24, 20; Matt. 6, 7. Cf. Matt.

が示唆される。

「大いなること」は、つぎに、9章2-3節で言及される。ここでは祈る準備と姿勢が「大いなる恩沢」をもたらすことが示され、ダビデの例から、以下のように述べられている。

　　実に、地上の事柄に執着することから、そしてまた、物質的なことから生ずる虚飾で満たされたことから上げられ、作られたものらを凌駕し、ただ神を注視し、敬意とそれにふさわしい態度で、耳を傾けてくださるこのかた（即ち神）と語り合うまでになるほどの高められた悟性の目が、「顔の覆いを取り除かれて、鏡のように主の栄光を映し出し、栄光から栄光へと同じ像へと変えられていく」とき、どうしてこの目そのものがいとも大いなる［恩沢］を得たのではないと言えましょう。[117)]

すなわち、ふさわしく祈るなら「他のことがわたしたちに随伴することはないとしても」いともすぐれた恩沢を得ると述べられ、ここから、前述の恩沢が、得るにふさわしいものとして理解されているとがわかる。

また、四種類の祈りの定義がなされる直前の14章1節で、何を禱るべきかが述べられるときにも、2章2節と同じ「大いなることを乞い求めなさい。」が引用されているが、その内容についても以下のように説明されている。

26, 41; Mark 14, 38; Mark 13; 18.

117）　PE 9, 2: ἐπαιρόμενοι γὰρ οἱ ὀφθαλμοὶ τοῦ διανοητικοῦ ἀπὸ τοῦ προσδιατρίβειν τοῖς γηΐνοις καὶ πληροῦσθαι φαντασίας τῆς ἀπὸ τῶν ὑλικωτέρων καὶ ἐπὶ τοσοῦτον ὑψούμενοι, ὥστε καὶ ὑπερκύπτειν τὰ γεννητὰ καὶ πρὸς μόνῳ τῷ ἐννοεῖν τὸν θεὸν κἀκείνῳ σεμνῶς καὶ πρεπόντως τῷ ἀκούοντι ὁμιλεῖν γίνεσθαι, πῶς οὐχὶ τὰ μέγιστα ἤδη ὤνησαν αὐτοὺς τοὺς ὀφθαλμούς, "ἀνακεκαλυμμένῳ προσώπῳ τὴν δόξαν κυρίου" κατοπτριζομένους καὶ "τὴν αὐτὴν εἰκόνα" μεταμορφουμένους "ἀπὸ δόξης εἰς δόξαν; " ἀπορρόῆς γὰρ νοητοῦ τινος θειοτέρου μεταλαμβάνουσι τότε, ὅπερ δηλοῦται ἐκ τοῦ· (GCS 3, 318, 26-319, 3.)

第 1 章　御父への禱り　　　103

　……神のロゴスは、「地上的なこと」、「小さなこと」と言う付言に
よって意味が明らかにされたところの「天上のこと」、「大いなるこ
と」について語っておられるのでしょう。いわばこう言っておられる
のです、「霊的な者とならんと欲するあなたたちは、禱りを通して、
天上のこと及び大いなることを乞い求めなさい。そうすれば、天上の
者らとして、あなたたちは偉大な善を享受するであろう。これに対し
て、肉体上の必要性からあなたたちが必要としている「地上的なこ
と」及び「小さなこと」を、御父は必要な量を計って、あなたたちに
供給してくださるであろう。」[118]

　ここでは、「地上的なこと」、「小さなこと」との対比のなかで、「天上の
こと」、「大いなること」を求めるよう勧められている。
　そして16章2節では、「地上のこと」、「小さなこと」を乞い求める人が神
の意図に反していること、および、祈りの結果、「小さなこと」に相当す
る身体的なものも与えられることが述べられている。しかし、オリゲネス
は、神が物体と陰影の双方を与えようとしたのではなく、前者を与えよう
としていると説明する。陰影に相当する「小さなこと」は、禱るべき対象
ではないのであり、神が与えようとするものでもないのである。
　オリゲネスによると、この陰影は、人間が実際に生きるリアルな現実
世界の物質であり、状態であり、現象である。[119] 人間はこれに関する様々

---

　118)　PE 14, 1: ὑμεῖς οἱ πνευματικοὶ εἶναι βουλόμενοι διὰ τῶν προσευχῶν αἰτήσατε
‹"τὰ ἐπουράνια" καὶ "μεγάλα"›, ἵν᾽ αὐτῶν τυχόντες ὡς ἐπουρανίων βασιλείαν οὐρανῶν
κληρονομήσητε καὶ ὡς μεγάλων τῶν μεγίστων ἀγαθῶν ἀπολαύσητε, τὰ δὲ "ἐπίγεια" καὶ "μικρά,"
ὧν διὰ τὰς σωματικὰς ἀνάγκας χρῄζετε, μέτρῳ τοῦ δέοντος ἐπιχορηγήσῃ ὑμῖν ὁ πατήρ. (GCS 3,
330, 15-20.)
　119)　ボストックによると、オリゲネスの思想には内的で不可視な心の世界と外的で可
視的な肉の世界との区別が構造的に見られるのであり、それは彼の人間論にも反映され
ている。すなわち、人間は二重の本性を有し、それは神の像に似せて創られた内なる存
在と、土の塵から形作られた外なる存在である。オリゲネスは不可視なものを真実の世
界と理解しているが、これは、心のみに可視的に存在するが触れることのできない実
体であるウーシアとして考えたプラトンと同じであることが指摘される。ボストック

104 本　論

な願望を持つ。しかしこれらは祈る対象ではない。祈りの副産物でしかな
く、神の計らいのもとにあるからである。

　また、陰影は必ずしも与えられるわけではなく、与えられない場合もあ
る。オリゲネスは、「……ある人々には［まったく］陰影が与えられない
ことに驚いてはなりません。」[120] と述べ、「陰影にかかわるような取りに足
らぬ事を穿鑿することもない」[121] と小さなことへの執着を解き放とうとす
る。そして17章の最後で、以下のように結んでいる。

　　　第一義的な、真の「大いなるもの、天上のもの」を祈らねばなりま
　　せん。そして、それらの第一義的なものに付随する陰影に関すること
　　は、神に委ねねばなりません。[122]

　このような見解は、霊的なものを祈り求めるオリゲネスの方向性を合理
的に説明するものであり、彼の叙述を理解するうえでの一助となるであろ
う。

2.2.「より気高く」

　プロセウケーの説明に含まれていた「より気高く」という語は、彼の
著作のなかでそれほど多用されてはいない。[123]『祈りについて』のなかで

は、オリゲネスが人間を宇宙が投影されたミクロコスモスとしてみなすがゆえに、彼自
身でもある世界の本性は人間の内的存在の鏡として神によって作られた永遠の世界に
よって開示されるのであり、可視的なものは不可視なものの投影であると認識している
ことを指摘している。(G. Bostock, Origen's Philosophy of Creation, in: *Origeniana Quinta*,
Innsbruck, 1989, pp. 254-265.)

　120)　PE 17, 1: Οὐ θαυμαστὸν δὲ εἰ … ἡ ὁμοία-οὐ δίδοται σκιὰ,… (*GCS 3*, 338, 6-8.)

　121)　PE 17, 1: … ,οὐ μικρολογήσομεν περὶ εὐτελοῦς πράγματος τοῦ κατὰ τὴν σκιάν…. (*GCS 3*,
338, 23-24.)

　122)　PE 17, 2: εὐκτέον περὶ τῶν προηγου μένως καὶ ἀληθῶς μεγάλων καὶ ἐπουρανίων, καὶ τὰ
περὶ τῶν ἐπακολουθουσῶν σκιῶν τοῖς προηγουμένοις θεῷ ἐπιτρεπτέον,… (*GCS 3*, 339, 28-30.)

　123)　TLGに含まれるオリゲネスの全著作において、"μεγαλοφυέστερον"は以下の十二
箇所で使用されている。ComJohn VI, 39, 199; VI, 54, 278; XIII, 3, 18; XIX, 18, 110; PE 14,
2; 16, 2; 34, 8; ComMatt XI, 12; XV, 37; CCels I, 24; Philocalia XVII, 1 （CC I, 24の引用），

第1章　御父への禱り　　105

も、プロセウケーの語義の説明を提示していた14章2節、16章2節、34章の三箇所でのみ用いられているのみである。

14章2節は、前述の、四種類の祈りの説明がなされる箇所であり、「禱りとはより大いなることをめぐってより気高く求める者により、栄唱とともにささげられる祈り」[124]とされていた。ここでは、大いなることという語のみならず、気高いという語もまた比較級で使われている。

その語の示す内容は、16章が示唆深い。16章2節では、禱りゆえに身体に関わることを得た人々の例に関して、物体にたとえられる霊的恵みと、陰影にたとえられる物質的恵みに焦点が当てられており、オリゲネスは以下のように述べている。

　　より気高いものとなったわたしたちの精神によって、第一義的に神によってわたしたちに与えられた賜物を熟慮するなら、身体的なものは、「信仰の程度に応じて」であれ、与えるかたの「お望みになるまま」であれ、聖なる人々の「それぞれに益になるよう」にと与えられたのですが、それは大いなる、天上の、「霊の賜物」に、ごく自然に付随するものなのです。[125]

ここでは、気高いものとなった精神をもって神から与えられた賜物について熟慮するなら、陰影が与えられた物体の副産物に過ぎないという認識

FragPsalm. 60, 2. これらすべてが霊的な性質を指し示すものであり、より霊的であることへの方向性がこの語に示唆されていると言える。なお、オリゲネスの著作において、この語の原級は9回、最上級は2回使われているが、『祈りについて』では比較級のみである。

　124）　PE 14, 2: ...τὴν δὲ προσευχὴν τὴν μετὰ δοξολογίας περὶ μειζόνων μεγαλοφυέστερον ἀναπεμπομένην ὑπό του, ...（GCS 3, 331, 6-7.）

　125）　PE 16, 2: οὕτως, εἰ μεγαλοφυεστέρῳ γενομένῳ ἡμῶν τῷ νῷ κατανοήσαιμεν τὰς προηγουμένως ὑπὸ τοῦ θεοῦ ἡμῖν διδομένας δωρεάς, οἰκειότατα ἐροῦμεν παρακολουθήματα τῶν μεγάλων καὶ ἐπουρανίων πνευματικῶν χαρισμάτων εἶναι τὰ σωματικά, "ἑκάστῳ" διδόμενα τῶν ἁγίων "πρὸς τὸ συμφέρον" ἢ "κατ' ἀναλογίαν τῆς πίστεως" ἢ "καθὼς βούλεται" ὁ διδούς·（GCS 3, 337, 5-11.）

106　　　　　　　　　　　　　本　論

にたどり着くというオリゲネスの理解が述べられている。ゆえに、身体に
関することを得たとしても、それは禱りの直接的な応答としての賜物では
ないことを、より気高いものとなった精神は把握し得るのである。

　16章3節でその例として言及される人々は、13章2節で引用されていた
「しかるべき方法で禱ることで、神から最も大いなることを享受した人々」
とほぼ一致する。[126] そして彼らは、14章4節の、プロセウケーを定義する
箇所で引用された五人のうちの三人に一致し[127]、そこでも同様の禱りの内
容が提示されている。つまり、彼らが大いなるものを享受したのは禱りに
よってであると考えられていることがわかる。ゆえに、大いなるものを
乞い求めるよう勧めている16章2節には、気高いものへの精神の変化こそ
が、禱りをささげることによって第一義的に与えられる賜物として理解さ
れていることを指摘し得る。

　三箇所目の34章は、祈りの考察への取り組み方について述べられている
以下の箇所である。

　　　与え主である神から、より神的な［理解］を受けることができ、そ
　　れを得た上で、再び、同じ［これらの問題］について、さらにより卓
　　越し、より気高く、より明確な形で取り組むことができることを失念
　　しているわけではありません。しかし……。[128]

　ここでは、『祈りについて』著述に当たり、祈りに関する十分な内容を
提示すべく努力しているオリゲネスのために、アンブロシウスとタティア

　126）　13章2節と16章3節では、ハンナ、ヒゼキヤ、モルデカイとエステル、ユディト、
ハナニア、ダニエル、ヨナが引用されていることについて一致する。なお、このほか
に、前者ではアザリヤとミシャエルについても引用されている。

　127）　14章4節ではアザリヤ、トビト、ハンナ、ハバクク、ヨナに言及され、そのう
ち、アザリヤ、ハンナ、ヨナが16章3節での引用例と共通する。

　128）　PE 34: πλείονα καὶ θειότερα εἰς πάντα ταῦτα δυνηθῆναι χωρῆσαι ἀπὸ τοῦ διδόντος θεοῦ
καὶ λαβὼν πάλιν περὶ τῶν αὐτῶν διαλαβεῖν μεγαλοφυέστερον καὶ ὑψηλότερον καὶ τρανότερον·
（GCS 3, 403, 6-9.）

第1章　御父への禱り　　107

ナが祈りをささげてくれるのであれば、より神的な理解を受け、それに
よってより気高い形でこの課題に取り組めるのだと述べられている。ここ
にも、叙述には目立って比較級が用いられている。

　以上の三箇所において、「より気高く」（μεγαλοφυεστέρον）という語は、
他の単語と組み合わせて、「より気高く求める者」、「より気高いものと
なった精神」、「より気高い形で取り組む」と表現されており、これらはす
べて、神的なものへの方向性を指していることが明らかである。つまり、
この言葉には、より一層神にふさわしい状態へと変化していくという志向
性が含意されていると言える。

2.3.「栄唱とともに」

　ここでは、オリゲネスが「栄唱とともに禱りがささげられているので、
プロセウケーの定義をよく明らかにしている」と述べていたハバククの禱
りについて、栄唱という視点から考察したい。

　オリゲネスは『祈りについて』31章から33章において、祈りに関する心
構えや姿勢、適した場所、方角、時などを補足的に論じ、33章1節から6節
では祈りを構成すべき必要な要素[129]について述べ、祈りの最初と最後に
はキリストを通し、聖霊のうちにあって栄唱がなされるものと理解してい
る。[130]すなわち、祈りを進める順番として、まず最初に栄唱をささげ、二
つ目には感謝、三つ目には罪の告白とその罪からの癒しおよびゆるしの懇
願、そして四つ目には自分自身や普遍的なこと、また家族と愛する人々に

　129）　PE 33, 1:……四つの主題を範例として提出すべきであるとわたしは思いますが、
それらは［聖書の］諸書のあちこちに見い出されるものであり、それは各自、それら
に即して祈りを構成すべきものです。（τέσσαρες δή μοι τόποι ὑπογραπτέοι φαίνονται, οὓς
εὗρον διεσκεδασμένους ἐν ταῖς γραφαῖς, καὶ σωματοποιητέον ἑκάστῳ κατὰ τούτους εὐχήν.［GCS
3, 401, 10-13.］）

　130）　Cf. PE 33, 1（GCS 3, 401, 14-16）; PE 33, 6（GCS 3, 402, 32-35）. 祈る人は、「元に、
そして祈りの冒頭で、力の限り、共に賛美されるキリストを通して、共に称賛される聖
霊のうちにあって、神への栄唱を唱えるべきである」。（PE 33, 1: κατὰ δύναμιν δοξολογίας
ἐν τῇ ἀρχῇ καὶ τῷ προοιμίῳ τῆς εὐχῆς λεκτέον τοῦ θεοῦ διὰ Χριστοῦ συνδοξολογουμένου ἐν τῷ
ἁγίῳ πνεύματι συνυμνουμένῳ·［GCS 3, 401, 14-16.］）

関する大いなることについての懇願を加え、最後に「キリストを通して、聖霊のうちにある神への栄唱」[131] によって祈りのプロセスが終了する。

　オリゲネスの叙述では、それぞれの祈りについて聖書が参照されているが、まず最初の栄唱に関しては、七十人訳聖書ではダビデの詩とされている箇所のひとつである、詩編103編1節から7節までが引用されている。オリゲネスはこの箇所で冒頭の「わたしの魂よ、主をたたえよ」[132] を脱落させ、その直後の言葉から、以下のように引用している。

　　主よ、わたしの神よ、あなたは何んと偉大なかたでしょう。告白（賛美）と威厳を着、衣のように光をはおり、幕のように天を張り、おのが高殿を水の上に据え、雲をおのが乗り物とし、風の翼に乗りありき、雲どもをおのが使いとし、火の炎をおのがしもべとされる。地をその基の上に据え、とこしえに動くことのないようにされた。淵は衣のようにそれを被うもの、水は山々の上を超えよう。あなたの咎めによって［水は］退き、あなたの雷の声によって恐れおののこう。[133]

　ここで、オリゲネスは、神の偉大さについてのダビデの告白から始めている。この「偉大な方」という神への形容語には "μεγαλύνω" が充てられているが、これは、禱り求めるべきものとされていた「大いなるもの」と同類の語である。この動詞は、より大きいものへと変化させるという意味を有するため、大いなるものを求める祈りの最初でこれを確認し、そして終わりでもこれを確認することは、より大いなること、すなわち霊的であ

131）　PE 33, 1: εἰς δοξολογίαν θεοῦ διὰ Χριστοῦ ἐν ἁγίῳ πνεύματι ...（GCS 3, 401, 25-26.）

132）　Cf. Ps. 103, 2a（LXX）: Εὐλόγει, ἡ ψυχή μου, τὸν κύριον.

133）　PE 33, 2: "κύριε, ὁ θεός μου, ὡς ἐμεγαλύνθης σφόδρα· ἐξομολόγησιν καὶ μεγαλοπρέπειαν ἐνεδύσω, ὁ ἀναβαλλόμενος φῶς ὡς ἱμάτιον, ὁ ἐκτείνων τὸν οὐρανὸν ὡσεὶ δέριν, ὁ στεγάζων ἐν ὕδασι τὰ ὑπερῷα αὐτοῦ, ὁ τιθεὶς νέφη τὴν ἐπίβασιν αὐτοῦ, ὁ περιπατῶν ἐπὶ πτερύγων ἀνέμων, ὁ ποιῶν τοὺς ἀγγέλους αὐτοῦ πνεύματα καὶ τοὺς λειτουργοὺς αὐτοῦ πυρὸς φλόγα, ὁ θεμελιῶν τὴν γῆν ἐπὶ τὴν ἀσφάλειαν αὐτῆς, οὐ κλιθήσεται εἰς τὸν αἰῶνα τοῦ αἰῶνος· ἄβυσσος ὡς ἱμάτιον τὸ περιβόλαιον αὐτοῦ, ἐπὶ τῶν ὀρέων στήσονται ὕδατα· ἀπὸ ἐπιτιμήσεώς σου φεύξονται, ἀπὸ φωνῆς βροντῆς σου δειλιάσουσι"·（GCS 3, 401, 29-402, 9.）

第1章　御父への禱り　　　　109

り、気高い状態への変化を希求する態度に、相乗的に影響することが考えられる。

　また、「何と偉大なかたでしょう」という呼びかけは、神の偉大さに対する驚きを含み、その内容が以下に続く。このダビデの言葉のなかには、人間の手の届かない豊かないのちに息づく広大な自然の描写と、しかし唯一それを主として統べ、働き掛けている神のみ業が、いきいきと告白されている。神の創られた自然の前に人間は小さく無力であるが、神は自然の主でもあり、自然さえもそれに畏怖を覚える存在なのである。栄唱には、人間にとって驚き畏れるような神の超越性への視線が意図されていると言えよう。そしてオリゲネスは、詩編の内容の大部分が御父への栄唱であると述べている。

　この章の叙述は、このあと感謝の説明に移るが、これは『祈りについて』14章2節および14章5節最後部の内容と符合し、神からの賜物である善への感謝の告白と理解されている。[134] 聖書からは、列王記下7章18-22節（LXX）のダビデの祈りが引用されている。

　告白に関しては、詩編38編9節（LXX）から「わたしのすべての不正行為からわたしを救ってください」、同37編6-7節（LXX）「わたしの愚かさによってわたしの傷は悪臭を放ち、……ひねもす悲しんで歩くのです。」、同37編6-7節（LXX）からダビデの罪の告白と救いに関する懇願が引用されている。ゲッセルはこの内容を、罪の告白とその状態からの癒しと許しを巡る嘆願（デエーシス）に関連付け、広義の嘆願（デエーシス）に属するものと理解している。[135] オリゲネス自身は『祈りについて』33章4節でこれを「告白」と位置付けているが、同1節によると、これに伴って罪の習慣からの解放に導く癒しおよび過去の功罪からの許しの懇願の必要性も述べられている[136]。

　134）　Cf. PE 14, 2（*GCS 3*, 331, 8-11）; PE 14, 5（*GCS 3*, 333, 6-10）; PE 33, 1（*GCS 3*, 401, 16-18）.

　135）　W. Gessel, *op. cit.*, p. 102.

　136）　『祈りについて』33章1節では、「自らの罪を鋭く告訴し」と強い言葉が使用されている。

110 本　論

　四つめの懇願には、詩編27編3節（LXX）[137] からダビデ自身に関する事柄が引用されている。これは、『祈りについて』33章1節では、自分自身や家族、愛する人々に関する「大いなること」の懇願と説明され、執り成しの意味とも理解し得るが、33章5節では、罪人ないし不義なる他者に対して、自己の救いの懇願が例示されている。

　そして最後に再び栄唱がささげられるが、ここでは新約聖書の引用のもと、「イエス・キリストを通して、聖霊のうちに、万物の父に『栄光が代々に［ありますように］』と賛美し、ほめたたえて終るのはふさわしいことです」[138] と述べられている。

　ここでの新約聖書からの引用は、以下の四箇所に関連付けられている。

　まずローマ書の末尾、16章27節であり、福音宣教に関する叙述のあと、「この知恵ある唯一の神に、イエス・キリストを通して栄光が世々限りなくありますように、アーメン。」という祈りがなされている箇所である。二つ目は、ヘブライ書の末尾近くに当たる13章21節で、苦難のなかでふさわしい働きが行えるよう、「（平和の神が）……御心に適うことをイエス・キリストによってわたしたちにしてくださり、御心を行うために、すべての良いものをあなたがたに備えてくださるように。栄光が世々限りなくキリストにありますように、アーメン。」[139] と平和の神の力を乞う直後の叙述である。三つ目はガラテヤ書の序文末尾の1章5節で、平和とキリストの業を想起したあとにささげられた祈り「わたしたちの神であり父である方に世々限りなく栄光がありますように、アーメン」である。四つ目は、IIテモテ4章18節の、結びの挨拶の直前で、受取人であるテモテに対して活動に伴う苦難への注意喚起を行いながら、そこに神の支えがあった自らの

　137）　Ps. 28, 3.

　138）　PE 33, 6: εὔλογον δὲ ἀρξάμενον ἀπὸ δοξολογίας εἰς δοξολογίαν καταλήγοντα καταπαύειν τὴν εὐχήν, ὑμνοῦντα καὶ δοξάζοντα τὸν τῶν ὅλων πατέρα "διὰ Ἰησοῦ Χριστοῦ" ἐν ἁγίῳ πνεύματι, "ᾧ ἡ δόξα εἰς τοὺς αἰῶνας". (GCS 3, 402, 32-35.)

　139）　オリゲネスが33章1節で述べていた栄唱の方法と明らかに異なるのは、ここにキリストへの栄唱が見られることであるが、これについては、本章第3節「2.御父にささげられる禱り」において考察する。

第1章　御父への祈り　　　　111

経験を想起しつつ告白した「主はわたしをすべての悪い業から助け出し、天にあるご自分の国へ救い入れてくださいます。主に栄光が世々限りなくありますように、アーメン。」という箇所である。選択されているこれらの箇所はすべて、パウロによって書かれたとオリゲネスが考えていた書簡の一部である。

　以上の引用箇所には、祈りの最後に位置づけられる新約聖書を典拠とする栄唱を除くと、すべて、ダビデがささげた祈りが引用されている。オリゲネスは詩編の大部分を栄唱とみなしていることから[140]、ここではその栄唱に引き付けてダビデが祈る場合が想定され、それとともに適切に構成し得るダビデの他の祈りの要素が収集され、ひとつの祈りのプロセスとして提示されているものと考えることができる。また、旧約では「キリストを通して」という条件を満たすことができないにも拘らず、最初の栄唱が旧約から引用されているのも、ダビデのささげた祈りを引用することによって説明するためと考えることができる。

　なお、オリゲネスは栄唱を御父に向けるものと述べているが[141]、以上のことをその根拠と考えるのは困難である。実際、彼自身に、キリストへの栄唱がみられるのである。この、キリストへの栄唱については、M.ワイルズが、当時の状況として、日常的な祈りのなかでそのようになされていたことを指摘している。[142]つまり、キリストに栄唱をささげることは、当時の状況としては不自然なことではなかったのである。

　ではなぜ、オリゲネスは栄唱を御父に向けるものと認識しているのか。このことについて、次の節で考察する。

---

140)　Cf. PE 33, 2: 詩編の大部分が、御父への栄唱をその内容としています。(τὰ πλεῖστα δὲ τούτου τοῦ ψαλμοῦ δοξολογίαν περιέχει τοῦ πατρός. [GCS 3, 402, 9-10.])

141)　Cf. PE 33, 1: κατὰ δύναμιν δοξολογίας ἐν τῇ ἀρχῇ καὶ τῷ προοιμίῳ τῆς εὐχῆς λεκτέον τοῦ θεοῦ διὰ Χριστοῦ συνδοξολογουμένου ἐν τῷ ἁγίῳ πνεύματι συνυμνουμένῳ· (GCS 3, 401, 14-16.)

142)　M.ワイルズ著、三小田敏雄訳『キリスト教教理の形成』、日本基督教団出版局、1983年 (M.F. Wiles, *The making of Christian doctrine: A study in the principles of early doctrinal development*, Cambridge U.P., 1967.)、70-81頁。

なお、それに先立って、祈禱不要論者たちに対するオリゲネスの論駁内容について確認しておきたい。『祈りについて』は、本来、祈禱不要論者たちへの反駁を要請されて執筆されたものである。ゆえにここにもオリゲネスの祈禱観の重要な点が含まれていると考えられるからである。

第3節　プロセウケーをめぐって

1. 祈りの効用について――祈禱不要論への反論とその展開

　オリゲネスは『祈りについて』の5章以降で、祈禱不要論への反論を展開している。彼らの主張は、以下のとおりである、

　　　まず第一に、未来のことを神は予め知っておられ、必然的にそうなるのであれば、禱りは無駄である。第二に、すべてのことは神の意志に即して生じ、[神の]意志されることは何一つとして変更され得ないのであれば。禱りは無駄である。[143]

　それに対してオリゲネスは、人間の持つ自由という観点から反論する。つまり、神の予知は人間の行為選択の原因とならず、むしろ個々の自由な動きにふさわしく、定められている。ゆえに神は、神に把握されている各人の性質に従ってその祈りを聞き入れるのである。[144]
　そして、祈ることの積極的な意味を提示するため、オリゲネスは祈りの効用について述べる。[145] ここでの目的は「祈るよう奨励し、祈りを顧みないことを忌避させるため」[146] であるから、これらの効用を知ることが、そ

---

　143)　PE 5, 6: πρῶτον· εἰ προγνώστης ἐστὶν ὁ θεὸς τῶν μελλόντων, καὶ δεῖ αὐτὰ γίνεσθαι, ματαία ἡ προσευχή. δεύτερον· εἰ πάντα κατὰ βούλησιν θεοῦ γίνεται, καὶ ἀραρότα αὐτοῦ ἐστι τὰ βουλεύματα, καὶ οὐδὲν τραπῆναι ὧν βούλεται δύναται, ματαία ἡ προσευχή. (GCS 3, 311, 9-13.)

　144)　Cf. PE 6, 3-5.

　145)　Cf. PE 8, 1.

　146)　PE 8, 1: ... ἐπὶ τὸ εὔξασθαι καὶ ἀποτρέψασθαι τοῦ ἀμελεῖν τῆς εὐχῆς. (GCS 3, 316, 21-22.)

れを知り得た人自身に祈りを促すべく作用するであろうと考えられている
ことがわかる。つまり、これらは、少くともオリゲネスにとって、彼が祈
りを選ばざるを得なくなるような、祈る行為を願うに値する事柄として理
解されているものと考えられる。

　その内容としては、まず、祈りの効用を得るために必要なこととして、
ふさわしい状態で、ふさわしく祈り、ふさわしく信じ、ふさわしい生活方
法で生きることが挙げられており、取るに足りないことを乞い求めたり、
地上の事柄を願って禱るべきではないということが示される。また、くど
い祈り方や、怒ったり動揺して祈りに入ることや、浄い状態でなかった
り、赦しを乞う兄弟を心から赦さない場合も、罪の赦しを祈り求めること
はできない。[147]

　しかし、「しかるべき方法で祈る人、あるいはできうる限りの力をもっ
て［祈り］に専念する人には、様々な方法で恩沢が注がれ、［彼は様々な
方法で］恩沢に浴」[148]する。オリゲネスはここで、精神を込めて祈りに専
念する人が確実に恩沢を得ると述べる。それは、祈っているという状態に
より、自らを神の御前に置き[149]、目の前の神に語ることにより、神を想起
することが恩沢をもたらすということであり、祈るために魂を整えるさい
にはこのことを確信しなければならない。[150]また、「先にあげた恩沢の他
は何一つ臨まなかったとしても、このように敬虔に祈りの時に自分を整え
た人はありふれたつまらぬ［恩沢］を得た、と考えてはならない」[151]、とい
うのは、このように自分を整えること自体が罪を遠ざけ、正しい行為へと
導くからである。彼がここで重視しているのは、神の現存と神の想起であ

---

　147)　Cf. PE 8, 1-3.

　148)　PE 8, 2: ὠφέλειαν δὲ ἐγγίνεσθαι τῷ ὃν δεῖ τρόπον εὐχομένῳ ἢ ἐπὶ τοῦτο κατὰ τὸ δυνατὸν ἐπειγομένῳ πολλαχῶς ἡγοῦμαι συμβαίνειν.（GCS 3, 317, 5-6.）

　149)　小高毅も、祈りのさいに神の現存を想起し、神の御前にあること自体が恩恵とし
て理解されていることを指摘している。（オリゲネス著、小高毅訳、前掲書、234頁、解
説の註二十三。）

　150)　Cf. PE 8, 2.

　151)　PE 8, 2: ... οὐ τὸ τυχὸν ἐννοητέον λαβεῖν τὸν οὕτως εὐλαβῶς ἑαυτὸν ῥυθμίσαντα ἐν τῷ τῆς εὐχῆς καιρῷ.（GCS 3, 317, 18-20.）

114　　　　　　　　　　　　　　　本　論

る。

　そしてオリゲネスはこれらのことを聖書によって裏づける。[152] 彼はパウ
ロの言葉から、祈り以外のことを忘れること、また、とくに女性に対し
て、神を畏れ、ヘーゲモニコンから放縦や柔弱さを退け、慎ましく、魂と
体を敬神の念で装うことが「至福の状態」であるとも述べている。旧約聖
書からもダビデの言葉をもとに、祈りの準備と姿勢が大きな恩沢をもたら
すことが示され、そこにおいて、地上の事柄への執着を離れ神への注視と
敬意と態度によって神と語り合うことで悟性の目が神の栄光を見、同じ姿
に造り変えられることが、大いなる恩沢として理解されている。[153] オリゲ
ネスはまた、エレミヤ[154] の言葉から、心に何を覚えているかの重要性も
述べている。つまり、この世のことや悪行から目を離し、神を注視するこ
とが重要なのであり、そこに恩沢が伴うのである。[155]

　オリゲネスは以上のことについて次のように述べている。

　　　他のことが祈るわたしたちに随伴することはないとしても、「ふさ
　　わしく」祈ることを理解し、正しく行うなら、いともすぐれた恩沢を
　　得るという仮定に基づいて述べられたことです。[156]

それと同時に、そのように祈る者は、摂理に対する不満を捨て去り、
「ここにいる」[157] という神からの応答を得る。生起することに満足するこ
とはあらゆる枷からの解放を意味し、ヨブのように、神に反抗し、神に不

---

　152)　Cf. PE 8, 3.

　153)　PE 9, 2. Cf. 2Cor. 3, 18.

　154)　聖書を引用するさい、オリゲネスは記憶を辿るため、言及されている聖書箇所と
実際に内容が異なる場合があり、この箇所も実際にはゼカリヤの言葉であることが指摘
されている。（オリゲネス著、小高毅訳、前掲書、234頁、解説の註二十五。）

　155)　Cf. PE 8, 1-9, 3.

　156)　PE 10, 1: Καὶ ταῦτα μὲν ὡς καθ᾽ ὑπόθεσιν εἴρηται, καὶ εἰ μηδὲν ἕτερον ἡμῖν
ἐπακολουθήσει εὐχομένοις, ὅτι τὰ κάλλιστα κερδαίνομεν, τὸ καθὸ δεῖ εὔχεσθαι νενοηκότες καὶ
κατορθοῦντες· (GCS 3, 319, 18-20.)

　157)　Cf. Isa. 58, 9.

第 1 章　御父への禱り　　　115

平を言うことから解放されているのである。[158] オリゲネスにとって、この
現実に目を留め、ましてそれをもとに神に不平を言うことは、それが密か
なもの[159] であっても、適切なことではない。そうではなく、祈りのさい
にはこの世のことから目を離し、神を注視することが、自らの内に祈りの
恩恵をもたらす。

　オリゲネスはここで、祈禱不要論者たちの言う神の「予知」の論理をそ
のまま用い、しかしそれゆえに祈禱が不要なのではなく、むしろだからこ
そ祈禱が必要なのだと結論する。また、ここに鑑みると、禱りの例として
聖書から引用されていた人物たちは、きわめて困難でほぼ絶望的な現実の
なかに置かれながらも、その状況だけに心を奪われることなく、神を仰い
で神の栄光をたたえ、神に禱りをささげていたことが理解される。

　オリゲネスは、祈禱不要論者たちへの反論のあと、祈りの効用とその
例[160]、共に祈るキリスト、天使、聖人[161]、絶えず禱ること[162] に続いて、13
章で、聞き入れられる祈りについて述べている。そこでは最初にイエスの
禱りについて言及し、福音書によってその内容を確認する。

　　　さて、イエスが禱られ、そして祈ることを通して乞い求めたことを
　　手に入れられ、恐らく祈りなしにそれを受けることはなかったので、
　　空しく禱られることはないとすれば、一体わたしたちのうちのだれが
　　祈るのを軽んずるでしょう。[163]

これまでの内容に照らして考えると、ここに挙げられているのはプロセ

　158）　PE 10, 1. Cf. Job 1, 22; 2, 10.

　159）　Cf. Deut. 15, 9.

　160）　Cf. PE 8, 1-11, 1.

　161）　Cf. PE 11, 2-5.

　162）　Cf. PE 12, 1-2.

　163）　PE 13, 1: Εἰ δὲ Ἰησοῦς προσεύχεται καὶ μὴ μάτην προσεύχεται, τυγχάνων ὧν αἰτεῖ διὰ τοῦ
εὔχεσθαι, τάχα οὐκ ἂν αὐτὰ εἰληφὼς χωρὶς εὐχῆς, τίς ἡμῶν ἀμελῇ τοῦ εὔχεσθαι;... (GCS 3, 325,
20-22.)

ウケーの要素が強いものである。叙述に使われているこの語は聖書からの引用であるとしても、「（しかるべき方法で禱ることで、）神から最も大いなることを享受した人々」[164] として、つまりプロセウケーの定義を反映するものとして、言及されているからである。これに該当するのは、ハンナ、ヒゼキヤ、モルデカイとエステル、ユディト、ハナニアとアザリヤとミシャエル、ダニエル、そしてヨナの例である。そして、彼らのように、自分たちの祈りもまた聞き入れられるのだと読者に語る。

彼らの例について提示したあと、オリゲネスはこれらの叙述について、「霊的で、キリストの内なる生命を熱心に追及する人に、末梢的で地上に属する事柄について祈ることを忌避させ、本書の読者を、既にその原型として述べた、神秘的な事柄へと促す」[165] ためであると述べている。ここに、オリゲネスの著述の目的が明示されている。

祈禱不要論者への論駁を契機に、オリゲネスは祈禱そのものについて、読者の意識を変革させようとする。それは、真に乞い求めるべきことを読者が認識するためであり、それこそを「最も大いなること」（μεγίστων）とオリゲネスが理解していたからである。

そのような、大いなることを求める禱りについて、それが御父にのみ向けられるべきであるということも、オリゲネスは述べていた。次の項ではこのことについて論じる。

2. 御父にささげられる禱り

オリゲネスは『祈りについて』14章6節から16章1節において、四種類の祈りを正しい「相手」に方向づけようとの意図のもと、禱りは父なる神に向けて、イエスを通してささげるのがもっともふさわしい方法であると説明している。33章で言及されている祈りの四つの主題に関しても、引用さ

---

164) PE 13, 2: τοὺς διὰ τοῦ ὃν δεῖ τρόπον προσεύξασθαι μεγίστων ἐπιτετευχότας ἀπὸ θεοῦ... (GCS 3, 326, 12-13.)

165) PE 13, 4: ἀποτρέποντι τὴν πνευματικὴν καὶ τὴν ἐν Χριστῷ ζωὴν ποθοῦντας ἀπὸ τοῦ περὶ τῶν μικρῶν καὶ ἐπιγείων εὔχεσθαι καὶ παρακαλοῦντι ἐπὶ τὰ μυστικά, ὧν τύποι ἦσαν τὰ προειρημένα μοι, τοὺς ἐντυχόντας τῇδε τῇ γραφῇ. (GCS 3, 328, 4-7.)

第1章　御父への祷り　　117

れている聖書箇所において、一箇所を除けばすべて父なる神に向けられて
おり、この方向性は、栄唱に関しても同様であった。

　16章は、「従いまして」という言葉で始まり、これに先立つ15章を受け
ることから、このように統一する様式の根拠、つまり、父なる神にのみ祷
りをささげるという理拠が、15章以前に置かれていると理解できる。そこ
に提示されているのは、14章での四種類の祈りの説明との関連で展開され
ている、キリストを通して御父に祷る、という論述である。そのなかの最
も中心的な内容の15章では聖書が引用され、万物の神、御父にのみ祷らね
ばならないこと、キリストが教えたとおり御父に祷らねばならないこと、
御父と御子のふたりに祷るのは不当であるから万物の父なる神に祷らねば
ならないこと、が述べられている。

　　　さて、祷りとは一体如何なるものであるか理解したのであれば、キ
　　リストその方と言えども、生まれた者らの如何なる者に対しても祷っ
　　てはならず、ただひとり、万物の神、御父に［祷らねばなりません］。
　　わたしたちの救い主も、既に述べたように、祷られましたし、わたし
　　たちに祷ることを教えてくださるのです。……他の［著作のある］所
　　で明らかにしましたように[166]、御子が存在性と基体の点で御父とは別
　　のかたであるとすれば、御父にではなく御子に祷らねばならないか、
　　両者に［祷らねばならない］か、御父ひとりに［祷らねばならないか
　　のいずれかです］。ところで、御父にではなく、御子に祷るというこ
　　とは、すべての人が例外なしに、全く不当なことであり、明らかな証
　　言に反することを主張するものであると認めているのです。……です
　　から、残されるのは、万物の父なる神ただおひとりに祷ることです。
　　しかし、「大祭司」を抜きにしてではありません。[167]

166）　小高毅によると、それはたとえば『ヨハネ福音注解』X巻37章246節であること
が指摘されている。（オリゲネス著、小高毅訳、前掲書、236頁、解説の註四十九。）

167）　PE 15, 1: Ἐὰν δὲ ἀκούωμεν ὅ τι ποτέ ἐστι προσευχή, μή ποτε οὐδενὶ τῶν γεννητῶν
προσευκτέον ἐστὶν οὐδὲ αὐτῷ τῷ Χριστῷ ἀλλὰ μόνῳ τῷ θεῷ τῶν ὅλων καὶ πατρί, ᾧ καὶ αὐτὸς ὁ
σωτὴρ ἡμῶν προσηύχετο, ὡς προπαρεθέμεθα, καὶ διδάσκει ἡμᾶς προσεύχεσθαι. ἀκούσας γάρ·

本　論

　ここにおけるオリゲネスの主張は、御父にのみ禱るということである。なお、この「存在性と基体の点で御父とは別のかた」という表現によって、御父に対する御子の従属が指摘されてきた。御父と御子は祈る行為において祈る人と関与するため、両者の位置づけに関するオリゲネスの認識は彼の祈禱観理解に大きな示唆を与えることが容易に推測される。ゆえに以下では、既存の議論を参照しながら、御父と御子に対するオリゲネスの認識とそこに示される意味について考察する。

　オリゲネスに下される従属説という批判について、J.メイエンドルフは、オリゲネスも含め、初期の教父のあいだには多少なりともこのような傾向が認められることを指摘している。[168]

　E.G.ジェイは異なる立場でこれに関する議論を展開している。彼は、前ニケア時代の用語が後代のそれとは異なることを指摘し、それにより、オリゲネスの意図していた内容を歪曲させる可能性のあることを指摘する。そして、オリゲネスが「ウーシア」を用いたさい、それは本質ではなく実体としての「全存在」（his whole being）、すなわち実際には「人格」（person）を表すものであったと説明している。ゆえに、ジェイは、オリゲネスが御父と御子を本質的側面において区別しようとする意図をほとんど持たなかったのであり、それによって正統性を問うことは適切ではないと結論している。[169]

　P.ネメシェギは、御子が御父とまったく同じ意志を持つこと、そこに同じ存在性と善性があることによって、従属関係には理解されていなかった

"δίδαξον ἡμᾶς προσεύχεσθαι" οὐ διδάσκει αὐτῷ "προσεύχεσθαι" ἀλλὰ τῷ πατρὶ, λέγοντας· "πάτερ ἡμῶν ὁ ἐν τοῖς οὐρανοῖς" καὶ τὰ ἑξῆς. εἰ γὰρ ἕτερος, ὡς ἐν ἄλλοις δείκνυται, κατ' οὐσίαν καὶ ὑποκείμενόν ἐστιν ὁ υἱὸς τοῦ πατρὸς, ἤτοι προσευκτέον τῷ υἱῷ καὶ οὐ τῷ πατρὶ ἢ ἀμφοτέροις ἢ τῷ πατρὶ μόνῳ. τὸ μὲν οὖν τῷ υἱῷ καὶ οὐ τῷ πατρὶ πᾶς ὁστισοῦν ὁμολογήσει εἶναι ἀτοπώτατον καὶ παρὰ τὴν ἐνάργειαν λεχθησόμενον ἄν· ... λείπεται τοίνυν ροσεύχεσθαι μόνῳ τῷ θεῷ τῷ τῶν ὅλων πατρὶ, ἀλλὰ μὴ χωρὶς τοῦ ἀρχιερέως, ... (*GCS 3*, 333, 26-334, 8; 334, 13-334, 14.)

　168）　J.メイエンドルフ著、小高毅訳『東方キリスト教思想におけるキリスト』、教文館、1995年（J. Meyendorff, *Le Christ dans la theologie byzantine,* Paris: Editions du Se., 1969.）、17-19頁。

　169）　E.G. Jay, *op. cit.*, pp. 127-128, n. 1.

第1章　御父への禱り　　119

ことを述べると同時に、そのようなとらえ方が、否定的な意味での精神論ではなく、当時の人々にとっては精神的な存在こそが最も現実的な存在であったことを指摘している。[170]

小高もオリゲネスの教説に従属説的な表現が散見するとしながら、これは質的な従属ではなく、源とそこから発するものという意味での従属と理解し、御子が御父の完全な像であるという点、また意思の一致には両者の同質性が認識されていた点を重視する。[171]

これらの議論を踏まえ、オリゲネスの御父理解について考察したい。まず、前述の叙述のなかで言及されていたとされるオリゲネスの『ヨハネ福音注解』X巻37章246節における彼の言葉を以下において確認する。

　　……数的に御子は御父から区別されず、その存在性（ウーシア）によってだけでなく、その基体によっても二者であるのではなく、一つの方であり、実在（ヒュポスタシス）に基づいて御父と御子と言われるのではなく、ある相（エピノイア）の点で異なっていることが証明されると考えているのです。このような人々に対して、まず第一に、これらの発言が、第一義的に、御子が御父とは別のかたであることを確認するものであることを、また必然的に子は父の子であり、父は子の父であることを述べたらよいでしょう。[172]

この文章の前半で提示されている人々の意見に対して、後半ではそれを

---

170)　P.ネメシェギ「オリゲネスの神学における御父と御子の関係」『カトリック研究』36号、1979年、84-100頁。

171)　小高毅『オリゲネス――「ヨハネによる福音書」研究』、創文社、1984年、133-140頁。

172)　ComJohn X, 37: ... ᾤοντο ἐκ τούτων παρίστασθαι μὴ διαφέρειν τῷ ἀριθμῷ τὸν υἱὸν τοῦ πατρός, ἀλλ' ἓν οὐ μόνον οὐσίᾳ ἀλλὰ καὶ ὑποκειμένῳ τυγχάνοντας ἀμφοτέρους, κατά τινας ἐπινοίας διαφόρους, οὐ κατὰ ὑπόστασιν λέγεσθαι πατέρα καὶ υἱόν· λεκτέον πρὸς αὐτοὺς πρῶτον μὲν τὰ προηγουμένως κατα λεκτέον πρὸς αὐτοὺς πρῶτον μὲν τὰ προηγουμένως κατασκευαστικὰ ῥητὰ τοῦ ἕτερον εἶναι τὸν υἱὸν παρὰ τὸν πατέρα, καὶ ὅτι ἀνάγκη τὸν υἱὸν πατρὸς εἶναι υἱόν, καὶ τὸν πατέρα υἱοῦ πατέρα. (SC/ TLG 2042. 005.)

誤謬とするオリゲネスの認識が示されている。彼はここで、三位それぞれの人格を認めず、違いをエピノイアによるものと主張する人々に対して、反論している。このとき、オリゲネスが「ウーシア」の意味を「本質」として述べていたのであれば従属論と認識される一方、「第一物質」を意味していたのだとすると、そこに理解されていたであろう事柄は異なる。これに関して、ジェイの指摘するとおり、オリゲネスの使用した語の意味が同定されないのであれば、従属説との断定は困難ではないか。

オリゲネスにはほかに、下記の叙述も見られる。[173]

　　「神ひとりのほかによい者はいない」という言葉が、キリストや聖霊が善であることを否定するものと考えて、それを冒瀆とみなしてはならない。むしろ、すでに述べたように、父なる神のうちに根源的善があると理解すべきであって、そこから生まれた子と、そこから発出した聖霊とは、疑いもなく、父なる神の善性を自らのうちに表現するのであり、この父なる神の善性こそ、泉として父のうちにあり、そこから子が生まれ、聖霊が発出するのである。[174]

　これは、ネメシェギや小高の立場に立てば、オリゲネスの従属説を否定できる論述内容であり、たしかにこの場合、たとえば善性に関して質的

---

　173)　この父と子について、宇宙論の構造的側面からは以下のように理解される。すなわち、中期プラトン主義の宇宙論においては、唯一の絶対的超越者である父としての神と、この世とのあいだに、第二の神とも呼ばれる仲介領域である世界霊魂を位置づけたが、2、3世紀の教父は、御子をその仲介領域に位置づけ、父なる神の絶対性を弁護した、というものである。（H.J.マルクス「教理史におけるキリスト論の意味」『日本の神学』123号、1984年、224頁、参照。）

　174)　PA I, 2, 13: Propter quod non debet velut blasphemiae aliquod genus putari in eo quod dictum est quia "Nemo bonus nisi unus deus" pater, ut propterea putetur vel Christus vel spiritus sanctus negari quod bonus sit; sed, ut superius diximus, principalis bonitas in deo patre sentienda est, ex quo vel filius natus vel spiritus sanctus procedens sine dubio bonitatis eius naturam in se refert, quae est in eo fonte, de quo vel natus est filius vel procedit spititus sanctus. (*Görgemanns/ Karpp*, 47, 16-48, 5.)

第1章　御父への祈り　　　121

に同等であると言えるであろう。しかし他方で、御父を泉とみなすことには、正統主義的従属主義との懸念も否定できない。[175]

　それでも、『祈りについて』に限定するならば、人間が祈る行為のなかで、キリストは、とくにその働きにおいて[176]、父なる神の意志を唯一体現するものとして、地位が確保されている。それは、以下のように大祭司や弁護者[177]といったキリストのエピノイアにおいてである。

　　……ですから、残されるのは父なる神ただおひとりに神に祈ることです。しかし、「大祭司」を抜きにしてではありません。[178]

　　まさに、祈ることに対して厳密な人は、［自ら］祈られるかたに祈るべきではなく、むしろ、わたしたちの主イエスが、祈りにあたって呼び掛けるよう教えてくださった御父に［祈るべきである］のと同じく、［主イエス］を度外視して、いかなる祈りをも、御父に祈ってはなりません。[179]

---

　175)　たとえば、F.ヤングによる。(F.ヤング「従属主義」、A.リチャードソン、J.ボウデン共編、古屋安雄監修、佐柳文男訳『キリスト教神学事典』、教文館、1995年、305r-306l 頁。[F. Young, Subordinationism, in: A. Richardson and J. Bowden (eds.), *A New Dictionary of Christian Theology*, SCM Press, 1983, pp. 553-554.])

　176)　ウーシアをめぐる御子と御父の違いに関して、『祈りについて』においてはほかに提示すべきものはなかった。

　177)　イエスは、「祈る人のために祈り、懇願する者と共に懇願される」(PE 10, 2: ..., εὐχόμενος ὑπὲρ τῶν εὐχομένων καὶ συμπαρακαλῶν τοῖς παρακαλοῦσιν, ...[GCS 3, 320, 21-22.])方、「大祭司」(ἀρχιερεύς) また「弁護者」(παράκλητος) として理解されている。この「懇願する」(παρακαλέω) は「弁護者」としてのイエスと重なる。つまり、イエスはともに懇願する者と理解できるであろう。

　178)　PE 15, 1: λείπεται τοίνυν προσεύχεσθαι μόνῳ τῷ θεῷ τῷ τῶν ὅλων πατρί, ἀλλὰ μὴ χωρὶς τοῦ ἀρχιερέως,...(GCS 3, 334, 13-14.)

　179)　PE 15, 2: ὥσπερ δὲ τὸν ἀκριβοῦντα τὸ προσεύχεσθαι οὐ χρὴ τῷ εὐχομένῳ προσεύχεσθαι ἀλλὰ τῷ ὃν ἐδίδαξεν ἐπὶ τῶν εὐχῶν καλεῖν πατρὶ ὁ κύριος ἡμῶν Ἰησοῦς, οὕτως οὐ χωρὶς αὐτοῦ προσευχήν τινα προσενεκτέον τῷ πατρί,...(GCS 3, 334, 18-22.)

これらのオリゲネスの論述内容からは、『祈りについて』のなかでオリゲネスが禱りの相手を御父にのみ限定した理由として、少くとも以下の四つのことが確認される。一つ目に、キリストが「生まれた者ら」であるから、禱りをささげられるべきではないという理解、二つ目には、キリスト自身がわれわれに、「天におられるわれらの父よ」という父に向けた禱りを教えられたという点、三つ目としては、御子キリストが存在性と基体の点で御父と別の存在であるなら二人を相手に祈ることになるが、そのような呼びかけの言葉は不適切であり聖書にもみられないという点、そして、四つ目には、キリストは御父によって大祭司として立てられた、禱りに不可欠な仲介者であるという点である。

　ただ、そのような理解と実践が確認される一方で、禱りをキリストに向ける叙述も見られた。『ケルソス駁論』V巻4章では、以下のように述べられている。

　　わたしたちはすべての「願いと、禱りと、祈願 [=執り成し] と、感謝」(Iテモテ2,1) [180] を、すべての天使の大祭司、生ける神的ロゴスを通じて、万物の上に在す神に送らねばならないのだ。わたしたちはまた、もし祈りの絶対的意味と相対的意味についての明瞭な理解力をもつことができれば、ロゴスそれ自身に願い、彼に祈願 [=執り成] し、感謝し、彼に祈りすらする。[181]

栄唱もそうであったが、プロセウケーについてもまた、御父ではなく御子キリストに向ける叙述が見られるのである。それは、『ルカ福音講話』をはじめ、多くの講話の結びにおいて確認することが出来る。たとえば、

---

　180)　出村訳では、この「プロセウケー」は「祈り」、また「執り成し」は「祈願」と訳されている。(オリゲネス著、出村みや子訳『キリスト教教父著作集9　オリゲネス4　ケルソス駁論II』、教文館、1997年、187頁。)

　181)　CCels V, 4: Πᾶσαν μὲν γὰρ δέησιν καὶ προσευχὴν καὶ ἔντευξιν καὶ εὐχαριστίαν ἀναπεμπτέον τῷ ἐπὶ πᾶσι θεῷ διὰ τοῦ ἐπὶ πάντων ἀγγέλων ἀρχιερέως, ἐμψύχου λόγου καὶ θεοῦ. (GCS 2, 4, 23-26.)

第1章　御父への祈り　　　123

『雅歌講話』の第二講話の最後は次のように結ばれている。

　　……わたしたちは共に立って、神に祈りましょう。わたしたちが花
　婿、ロゴス、知恵、キリスト・イエススにふさわしい者となれますよ
　うに。栄光と力とが代々に彼にありますように。アーメン[182]

　これは、前述のオリゲネスの叙述と異なっている。このように、祈りを
御父のみに向けるよう勧告されていること、しかし御子への祈りもなされ
ているというこの状況については、E.ファーガソンが指摘するように、時
代の背景の影響が大きいことが考えられる。
　ファーガソンによると、原始教会の時代、旧約聖書の詩編において御父
へのキリストの祈りを見、それをキリスト自身に向けたと言われる。彼ら
は、詩編に基づいてキリストを賛美し、称えた。2世紀に、教会は、主の
祈りにならって言葉を用いた賛歌形式の祈りの形態を生み出した。[183]古代
教会の祈りもまた、旧約聖書に示されるユダヤ教の祈りを継承しているこ
とが指摘される。[184]古代教会では、典礼上の習慣として、祈禱は大祭司な
るキリストを通して御父にささげられていた。[185]しかし、キリストへの直

182）　HomCnt 13: Quapropter consurgentes deprecemur Deum, ut digni efficiamur sponso,
sermone, sapientia, Christo Iesu, eui est gloria et imperium in saecula saeculorum. Amen! (*GCS*
33, 60, 19-21.) 小高は、オリゲネスが『講話』の終りを栄唱で結び、その典型的なもの
がこのIペトロ4章11節を用いた形であることを指摘している。(小高毅訳『オリゲネス
雅歌注解・講話』、創文社、1982年、321頁、解説の注20。)たとえば、『雅歌講話』の
「第一の講話」の最後では、花婿としてのキリストに言及しながら「[彼に対して]栄光
が代々にありますように。アーメン」(... cui gloria in saecula saeclorum. Amen. [HomCnt
1,10 =*GCS* *33*, 42, 9-10.])と結んでいる。文脈上、ここでの「彼」が花婿であるキリスト
を指すことは明白である。

183）　E. Ferguson, Prayer, in: E. Ferguson (ed.), *Encyclopedia of Early Christianity*, New York:
Garland Publishing, 1990, 1997², pp. 937l-940r.

184）　B. Fischer, Zum Problem einer christlichen Interpretation der Psalmen, in: *ThRv 67*, 1971,
pp. 5-12.

185）　オリゲネス著、小高毅訳、前掲書、236頁、解説の注47、参照。『ディダケー』
9、ユスティノス『弁明』1, 65、参照。

接的呼び掛けもまた、短い絶叫的な祈りと讃美の歌において見られること
が指摘されている。[186] ワイルズによれば、当時、栄唱が日常的にはキリ
ストに対してもささげられていたことから、あまり形式的ではない聖書講
話[187] のなかでは、オリゲネスが心の高揚に伴って身近なキリストに栄唱
をささげていたことが十分に考えられ得るのであり、禱りもまた同様に、
形式にとらわれない場合にはキリストにも向けられることがあったと考え
られている。ゆえに、オリゲネスはそのような混乱する祈りの様式を、神
学的根拠に基づいて御父への方向性で統一することを試みたのだと、ワイ
ルズは説明する。[188] なお、この3世紀初頭、言葉を用いる祈りに対して、
教会内では理論的な反省がなされた。[189] オリゲネスは、祈るさいの言葉の
使用を重視する立場に立つ。この3世紀は、キリスト教会が祈りへの反省
および祈りに関する正しい教えを作り出し、定着化させた時期で、キリス
ト教の祈りの歴史において、新しい転換点と言われる。

　再びオリゲネス自身の論述を辿ると、「そこで彼らは、天と他のあらゆ
るものをお造りになった、万物の上に在す神以外の何ものをも崇めないの
だ」[190] と、出エジプト20章3節から5節、および申命4章19節を根拠に、ユ
ダヤ教が万物の創造者である唯一の神以外を礼拝しないとする理解がみら
れるのであり、ここにも、「神にのみ」禱りをささげるひとつの根拠を見
出すことができる。同時に、彼は「使徒たちから受け継がれ、守り継が
れ、今に至るまで教会のうちに保たれている教会の教えこそ保存されてい
るのである。したがって、教会的・使徒的伝承と食い違っていないことだ

---

　186)　M.ワイルズ著、三小田敏雄訳、前掲書、70-71頁。
　187)　『祈りについて』の執筆年代は231年から235年の間と推定されるのに対し、現存
する聖書講話の大部分は、『ルカ福音註解』を除けば、245年以降のものであると推測さ
れる。（小高毅『人と思想113　オリゲネス』、清水書院、1992年、94頁。）つまり、オリ
ゲネスが『祈りについて』を執筆したのちに聖書講話は書かれたものと考えられる。
　188)　M.ワイルズ著、三小田敏雄訳、前掲書、70-81頁。
　189)　この時期に、オリゲネス以外にもテルトゥリアヌスとキュプリアヌスが祈りに関
する文書を著していることは序論でも述べた。
　190)　CCels V, 6: … οὐδὲν ἄλλο σέβουσιν ἢ τὸν ἐπὶ πᾶσι θεόν, ὃς ἐποίησε τὸν οὐρανὸν καὶ τὰ
λοιπὰ πάντα.（GCS 2, 5, 15-16.）

第1章　御父への禱り　　125

けが真理として信ずべきものである」[191) と述べており、そこには教会の伝統を積極的に変えていく意図は伺えない。[192)

　さらに、『祈りについて』のなかで禱りを向ける相手について述べている15章には、以下のような叙述が見られる。

　　　従いまして、以上のことを語られるイエスに聞き従い、[イエス]を通して神に祈りましょう。わたしたちは皆、同じことを語り、祈りの方法について別れ争うことにないようにしましょう。わたしたちのうちのある人々は御父に、ある人は御子に祈るとすれば、わたしたちは別れ争うことにならないことがどうしてありましょう。[193)

　ここからは、祈りの異なる様式によって教会内に不一致が生じることへの懸念が見られると同時に、それを防ぐために祈りの様式を統一しようとし、その統一の根拠がイエスの言葉に置かれていることが窺える。禱りに関して言えば、ワイルズの指摘するように、オリゲネスは、キリスト者たちのささげる禱りを「御父にささげる」という形式に統一しようとする意図を持ち、そのように試みていた側面があったものと考えられる。

　このように礼拝における祈りの定式化を意図しながら御父への禱りを促すオリゲネスにとって、その禱りの対象である父なる神は最高神であ

191）　PA I, preaf. 2: … servetur vero ecclesiastica praedicatio per successionis ordinem ab apostolic tradita et usque ad praesens in ecclesiis permanens, illa sola credenda est veritas, quae in nullo ab ecclesiastica et apostolica traditione discordat.（*Görgemanns/Karpp*, 8, 25-28.）

192）　ただし、オリゲネスを「徹底した聖書主義者」とみるバイシュラークは、エイレナイオスやテルトゥリアヌスとのオリゲネスの違いを認識するなかで、オリゲネスがその聖書の本質を、教会に従属したものではなく神の本質に従属するものと認識していたことを指摘している。（K.バイシュラーク著、掛川富康訳『キリスト教教義史概説（下）ヘレニズム的ユダヤ教からニカイア公会議まで』、教文館、1997年 [K. Beyschlag, *Grundriß der Dogmengeschichte, Bd. I. Gott und Welt*, Darmschtadt: Wissenschaftliche Buchgesellschaft, 1988]、200-215頁、参照。）

193）　PE 16, 1: Ταῦτ' οὖν λέγοντος ἀκούοντες Ἰησοῦ τῷ θεῷ δι' αὐτοῦ εὐχώμεθα, τὸ αὐτὸ λέγοντες πάντες μηδὲ περὶ τοῦ τρόπου τῆς εὐχῆς σχιζόμενοι.（*GCS 3*, 336, 5-7.）

り、不変の存在者、完全者、全存在の源である純粋精神、また、不可視の知性として理解されていた。[194] 同時に、神は父としても強く意識されていた。彼は他の著作においても神を「全宇宙の父」[195]、「イエス・キリストの父」[196] と呼んでおり、神は「父」として認識されている。[197] しかし、オリゲネスが神を「父」として言い表す目立った傾向は彼の全著作に共通のものではなく、ゲッセルも指摘しているように、それは『祈りについて』において際立って見られる表現である。[198]

　神に対する「父」という呼び名は、遡るとすでに旧約聖書以前のシリア－カナン世界においてみられたが、「父」に関するキリスト教的な意味は新約聖書でイエスの父として告示されることに根拠づけられる。[199] オリゲネスの時代、「父よ」という呼び掛けはすでに定着していたため、彼がそれを受け入れていたと考えるのは自然である。ただ、ニカイア以前の教父神学に対して影響が指摘される中期プラトン主義の宇宙論もまた、唯一神

---

194)　Cf. E. de Faye, trans. F. Rothwell, *Origen and His Work*, New York: Columbia University Press, 1929, p. 55.

195)　PA I, 1, 6: parentem universitatis（*Görgemanns/Karpp*, 21, 9.）

196)　PA I, Prae, 4: pater domini nostri Iesu Christi（*Görgemanns/Karpp*, 10, 2-3.）

197)　オリゲネスは神の呼称として、第1部においては、(1)「御父」(PE 2, 6; 2, 4; 11, 4; 14, 1; 14, 1; 10,2; 15, 1; 15, 1; 15, 1; 15, 2; 15, 2; 16, 1; 16, 1; 16, 1)、(2)「父」(PE 5, 2; 11, 4)、(3)「万物の父」(8, 2)、(4)「万物の神」(15, 1; 15, 1)、(5)「万物の父であり形成者である方」(5, 2)、(6)「存在する全ての者を愛しておられ造ったものを何一つ忌み嫌われない方」(5, 2)、(7)「わたしたちを創られた方」(11, 5)、(8)「主」(16, 1)、という言葉を用いている。第3部においては、「万物の主」(31, 2)、「御父」(33, 2) という言葉　が用いられている。注解部は、神に関する名称の、聖書からの引用が多いため、ここでは触れない。

198)　W. Gessel, *op. cit.*, p. 106, n. 9. これに対して、聖書講話ではキリストへの「わたしのイエス」という呼びかけが多くの箇所でなされていることが指摘される。小高はこの呼びかけを、キリストへの愛、キリストへの親しさを示すものとみなしている。（小高毅『オリゲネス――「ヨハネによる福音注解」研究』、創文社、1984年、145-151頁。）

199)　T.ハイターは、御子イエスを、単に神の言葉を語るに留まらず、彼自身が神の言葉であるために、神の理解者であり、みなが共にする生ける祈りであることを指摘している。（T. Heither, Das Vaterunser. Das Gebet bei Origenes, in: *Erbe und Auftrag 73*, Beuron: Beuroner Kunstverlag, 1997, p. 439.）

を父と呼んでいたことが指摘され[200]、それだけではとくに聖書的とは言い切れない。むしろ、『祈りについて』15章2節の「わたしたちの主イエスが、祈りにあたって呼び掛けるよう教えてくださった御父に［禱りをささげるべきである］のと同じく……」[201]という叙述からは、イエスが教えたとおりの方法を踏襲して「父よ」との呼びかけをしていたことが示唆される。

　このような、祈りのさいの呼びかけが表現する「父と子」という関係について、有賀は次のように述べている。「……現実の宗教としてのキリスト教は、極めて無邪気に神と人とを父子的関係において見るのであり、両者の間の語らいを当然のこととして前提するのである。すなわち、祈願の意味をも含む祈禱を抜きにしては、生ける宗教としてのキリスト教は成立しない。」[202]つまり、有賀は、神と人間が「父子的関係」にあるということを、父なる神に無邪気に祈願し、求める子、というところに見ている。ここには、それがすでに儀礼的な習慣となっていたとしても、オリゲネスは神を父と呼ぶことのなかに人格的父子関係を認識し、祈りをささげていたことが理解される。ほかに言及されている15章4節を含めても、多くの箇所で、神は「御父」あるいは「万物の神」と呼ばれている。

　このように、オリゲネスは父としての神への呼び掛けによって、神と被造物との徹底的な距離を保持しながら、神と人との関係の可能性を開く神の恩寵を表現している。そして、それは御子の存在のもとに成立するものとして理解されていた。この神は抽象的、概念的な神ではなく、聖書に現れている人格神、つまり人間に語りかける主体であり、とりわけ御父と

　200）　H.J.マルクス、前掲書、224頁。

　201）　PE 15, 2: ...ἀλλὰ τῷ ὃν ἐδίδαξεν ἐπὶ τῶν εὐχῶν καλεῖν πατρὶ ὁ κύριος ἡμῶν Ἰησοῦς,... (*GCS 3*, 334, 19-20.) なお、「主の祈り」は、オリゲネスに限らず古代教会以降、祈りの基準として尊重されていたことも指摘される。(U.ルツ著、小河陽訳『EKK新約聖書註解 マタイによる福音書I/1』、教文館、1990年［U. Luz, *Evangelisch-Katholischer Kommentar zum Neuen Testament I/1: Das Evangelium nach Matthäus*, Benziger/ Neukirchener Verlag, 1984]、483頁。) ゆえに、祈りの冒頭で「父よ」と呼び掛けることには、オリゲネスばかりでなく、当時の教会の習慣という背景もまた考えられる。

　202）　有賀鐵太郎、前掲書、41頁。

しての善性[203] と聖性とが際立っている存在である。

この関係における「父」について、オリゲネスは次のように述べている。

わたしたちがこのように禱るなら、わたしたちは義しい神に出会う
だけでなく、子らを見捨てず、わたしたちの密やかな所に居られ、わ
たしたちが戸をしめさえすれば、奥の部屋のうちにあるものを監視
し、豊かなものとされる御父に出会うことになるでしょう。[204]

聖なる者らの神は「父」であるので、その子らが必要としているも
のが何んであるかを知っておられます。[205]

祈りの中で、だれかが神を父と呼んでいるような箇所を、どこかに
見い出すことができるか、「旧約」と呼ばれている［書］を細心の注意
を払って調べてみるのはふさわしいことです。ところが、今まで力の
及ぶ限り吟味してきましたが、［そのような箇所を一つも］見出して
いません。しかし、神が父と呼ばれていないとか、神を信じていると
みなされた者らが神の子らと呼ばれていないとか言うのではありませ
ん。［単に］救い主によって開示された、神を父と呼ぶほどの何んの憚
りのない確信を、禱りのなかに見出してないということです。[206]

203）　ネメシェギは、オリゲネスが神の属性のうちで善性を最も強調していると述べて
いる。（P.ネメシェギ『父と子と聖霊——三位一体論』（増訂版）、南窓社、1993年、204
頁。）

204）　PE 20, 2: "…αὐτῷ ποιησόμεθα." δῆλον δὲ ὅτι τῷ δικαίῳ, ἐὰν δὴ οὕτως εὐχώμεθα, οὐ
μόνον θεῷ ἀλλὰ καὶ πατρὶ ἐντευξόμεθα, ὡς υἱῶν μὴ ἀπολειπομένῳ ἀλλὰ παρόντι ἡμῶν "τῷ
κρυπτῷ" καὶ ἐφορῶντι αὐτὸ καὶ πλείονα τὰ ἐν τῷ ταμείῳ ποιοῦντι, ἐὰν αὐτοῦ "τὴν θύραν"
ἀποκλείσωμεν.（GCS 3, 344, 28-345, 2.）

205）　PE 21, 2: "οἶδε γὰρ" ὁ τῶν ἁγίων θεός, "πατὴρ" ὢν, "ὧν χρείαν" ἔχουσιν οἱ υἱοὶ αὐτοῦ,…
（GCS 3, 346, 3-4.）

206）　PE 22, 1: ἄξιον ἐπιμελέστερον ἐπιτηρῆσαι τὴν λεγομένην παλαιὰν διαθήκην, εἰ ἔστι
που εὑρεῖν ἐν αὐτῇ εὐχήν τινος λέγοντος τὸν θεὸν πατέρα· ἐπὶ γὰρ τοῦ παρόντος κατὰ δύναμιν
ἐξετάσαντες οὐχ εὕρομεν. οὐ τοῦτο δέ φαμεν, ὅτι ὁ θεὸς πατὴρ οὐκ εἴρηται, ἢ οἱ πεπιστευκέναι
νομιζόμενοι θεῷ υἱοὶ οὐκ ὠνομάσθησαν θεοῦ, ἀλλ' ὅτι ἐν προσευχῇ τὴν ἀπὸ τοῦ σωτῆρος

第1章　御父への祷り 129

　これらは、オリゲネスの御父理解に関する示唆を与えてくれる。つまり、オリゲネスにとって御父とは、見捨てないで豊かさを与え、必要や欠乏を知り、その信頼関係に確信を持ち得るような存在なのである。

　さらに、この御父理解は、教育熱心で愛情深く、殉教を遂げた信仰者、父レオニデスと重複して考えられていたことは容易に推測し得る。オリゲネスに対して学問的にも信仰的にも優れた教育を授けたこの父親は、愛情深く誠実な信仰者、教育者として常にオリゲネスの模範であり、理論のみならず、実践によってもオリゲネスに自己を示した。オリゲネスが、父親をとおして、ギリシャの哲学者には乏しい一方でキリストにおいて明確に認めることのできた「実践」というひとつの告白の力に触れ、それから強力な感化を受けたとしても不思議ではないであろう。

　その父自身が御父と仰いでいた神は、キリスト・イエスにとっても父レオニデスにとっても、また、オリゲネスにとっても御父であった。父である以上、神は義なる存在に留まらず、子らを見捨てず、人間のうちにあるものを見つめて豊かなものとされる方なのである。

結

　以上の考察によって明らかになったことを提示することで、この章の結びとしたい。

　まず、オリゲネスの時代、「エウケー」や「プロセウケー」が「祈り」の意味で使用されていたが、オリゲネスは『祈りについて』著述に当たり、「エウケー」を一般的な祈りを表す語として用い、祈祷不要論者たちを論駁する。彼らは、神の予知と神の予定を根拠に、祈りを不要と見なしていたが、オリゲネスは彼らの論理を用い、祈祷の有用性を主張するが、そのさい、祈りは、物質的な世界観に立ってそこに成就を見てとるのではなく、霊的な世界を視野に据えて考えられていた。すなわち、神の前で、

κατηγγελμένην παρρησίαν περὶ τοῦ ὀνομάσαι τὸν θεὸν πατέρα οὐχ εὕρομέν πω.（*GCS* 3, 346, 12-19.）

神の存在に触れ、自らがより気高くなることを祈りの成果と見ていた。このような祈りは、とくに「プロセウケー」の語によって示されていた。

　プロセウケーは、Iテモテ2章1節を根拠に、願い、執り成し、感謝とともに祈りの一つとして説明され、「より大いなることをより気高く求める者によって、栄唱とともにささげられる祈り」と説明されていた。そしてこれは、父なる神にのみささげられるものとして理解されていた。大いなることとは地上のことではなく天上のこと、霊的な事柄を指すのであり、オリゲネスはそれを求めることに祈りの本質を認識している。神をたたえる栄唱とともにささげられるこのような祈りは、人間に気高さ、崇高さを与え、霊的なものへの憧憬を一層強くする。それは、禱りの準備のときから始まっているのである。

　オリゲネスは、ハンナ、ヒゼキヤ、エステルやモルデカイら、旧約聖書に記されている人物を、禱りをささげる者として引用していた。オリゲネスにとって、彼らは、いかなる現実のなかでも、現実そのものではなく神に目を向け、陰影ではなく、物体に相当する第一義的なものを神から与えられた人々として理解されたものと考えられる。

　オリゲネスはこの祈りを、聖霊のとりなしと、御子キリストの仲介のもと、御父にささげることを奨励する。禱りをささげる相手である神は、善に留まらず愛をも注ぐ父としての神であり、その御父との関係をもたらすのが御子キリストであり、未完成の禱りを神に執り成すのが聖霊であった。ただし、オリゲネスが禱りを向ける相手を御父にのみ限定するのは、当時の典礼上、祈る様式に関して混乱を避けること、御子キリストがそのように教えたことが挙げられるが、そこに父としての神との人格関係が認識されていたことが十分に考えられる。しかしそれは、御子キリストと聖霊の存在抜きにではない。

　他方で、オリゲネスは、禱りに必要な聖霊の参与を一部の人々に限定してとらえていたと理解できる論述もなしている。事実、聖霊を与えられる人とそうでない人とが存在すると考えられていたのか。そうであれば、それは何をもって選別されるのか。もし聖霊の参与が望めないのであれば、その人は御父に禱りをささげられないのか。

次の章ではまずこの問いに対して考察することから始めたい。

第2章　祈りにおける聖霊と御子の参与

はじめに

オリゲネスは、たとえば霊的恵みを乞い求めるよう勧めるなかで[1]、巨大な怪魚[2] から逃れたヨナについて、「ヨナのように、聖なる者として、聖霊［を受ける］にふさわしいものとな」って怪魚の腹から逃れるのは誰なのか、と読者に問い掛けている。[3] つまり、ヨナのような「聖なる者」が、聖霊を受けるにふさわしい者とされているのである。聖なる者は、聖霊を受け、それによって禱りをささげ、その禱りによって一義的な霊的なもののみならず、二義的な物質的なものをも与えられる。[4] このように、聖霊が参与[5] する対象を、改心した者、キリストへの道を歩み神のうちに留まる者のみに限定するオリゲネスの傾向は、『祈りについて』のみに留まらず、他の著作においても散見される。[6] そうであるなら、聖ではない者、たとえば回心しない者やキリストへの道に未だ到っていない者は、聖

---

1) オリゲネスは、物質的恵みは霊的恵みに付随するものであると説明する。PE 16, 2 (*GCS 3*, 336, 21-337, 17).

2) ここで怪魚は悪魔と理解されている。

3) PE 16, 3.

4) PE 16, 2.

5) A.ヘロンはオリゲネスの神学において、プラトンに由来する「参与」が中心的位置を占めると指摘し、人間と世界が参与によって受け取ったものは、神のなかに内在するものであると説明している。A.ヘロン著、関川泰寛訳『聖霊——旧約聖書から現代神学まで』、ヨルダン社、1991年（A. Heron, *The Holy Spirit*, Philadelphia: Marshall Morgan & Scott, 1983.）、113-118頁、参照。

6) たとえば、「それ［聖霊］は人間全般にではなく、聖人にだけ与えられたものと理解せねばならない。」（PA I, 3, 6 : ...ergo iam non generaliter sed sanctis quibusque datum accipi potest.（[*Görgemanns/Karpp*, 58, 5-6.]）;「聖霊は聖なる人々にのみ与えられる」（PA I, 3, 7: spiritum sanctum solis sanctis praestari, ... [*Görgemanns/Karpp*, 59, 16-17.]）など。

第2章　祈りにおける聖霊と御子の参与　　　133

霊の働きを受け得ないことになる。聖霊を受けないなら、祈ることもできないのか。このことに関して、オリゲネスの明確な叙述は見られない。

　この章では状況を祈りに限定し、祈るさいの聖霊の参与とその働きに関するオリゲネスの理解を明らかにする。

第1節　聖霊の参与

1. オリゲネスの聖霊理解

　オリゲネスの一般的な聖霊理解について、W.ゲッセルは、オリゲネスの聖霊論の一般概念を辿ることによって、上に提示した問題を考察している。[7] ゲッセルはまず、『祈りについて』14章5節における、聖霊の執り成しが聖なる人にのみ有効であるとするオリゲネスの主張をとりあげ、この主張が、聖化を霊独自の働きであると理解し、父があらゆる存在に、子が理性的存在に、そして聖霊が聖なる人々にのみ参与するというオリゲネスの理解に基づくものであることを指摘する。[8] さらにゲッセルは、ローマ8章26節と27節の内容から、「執り成し」という働きを聖霊の最も重要な働きとしてそれに着目し、この点を中心に、祈りに関するオリゲネスの聖霊理解を論じている。彼はそのなかで、聖霊の働きが執り成しという働きにのみ限定され、その参与する対象が聖なる人々にのみ限定されていることを指摘している。ただ、これに関する詳細な議論は展開されていない。また、執り成し以外の働きに関して、あるいは聖霊の参与が保証されていない人々に関しては、殆ど考察されていない。オリゲネス自身もまた、執り成しを聖霊に属するものとみなしていることには違いないが、聖霊の働きを執り成しのみに限定する叙述は彼には見られず、むしろ、聖化をも執り成しの働きとして重視する論述が見られる。[9]

　W.D.ハウシルトは、聖霊が与える聖性はキリスト教徒の進化の過程に

---

7)　W. Gessel, *Die Theologie des Gebetes nach ›De Oratione‹ von Origenes*, München/ Paderborn/ Wien: Verlag Ferdinand Schöningh, 1975, pp. 122-125.

8)　PA I, 3, 8.

9)　PA I, 3, 1-8.

見出されるものであるという考えをオリゲネスに指摘している。ハウシル
トによると、人は聖霊「を通して」進化を得、聖霊「において」神の視点
に到る。この神の国への方向性は、宗教的な知と霊の働きとの関わりのな
かで、単に道徳的に禁欲的な事柄として現れるものとしてではなく、むし
ろ知的にグノーシスのなかに現れる。霊的な人になることは、本質的には
道徳的、実践態度的な出来事であり、そのような霊的な人は、宗教的な知
の獲得を通して特徴づけられる。そして、オリゲネスは聖霊の聖性を、人
間の霊的進化の過程に働き、霊的な知識を与え、行動としての実を結ばせ
るものと理解している。[10] 以上のハウシルトの見解は、とくに祈禱観に焦
点をあてて展開されているわけではないが、霊的な人に「なること」が実
践的事柄であると同時に、宗教的な知識獲得を伴うものとしても認識され
ていることは、祈禱との関わりにおいても示唆となり得る。ただ、その聖
霊が参与する対象については言及されていない。

　水垣渉は、聖書に働く主体としての聖霊理解がオリゲネスに看取され、
それが知と関わるものであることを指摘している。彼はオリゲネスの聖霊
理解について以下のように説明する。すなわち、人間には能力の差に応
じた聖書理解が与えられるが、理解するに達しない人々も存在する。『諸
原理について』IV巻2章8節に基づくと、聖書テキストへの「つまづき」、
「さまたげ」、「不可能事」は、それによって理解への道を閉ざすものでは
なく、別の方法でたどり着くための教育的配慮を与えているのであり、オ
リゲネスはこの配慮という事柄を強調している。[11] ここには、聖霊の参与
が一部の人に限られていたのではなく、配慮により、知へと導く別のかた
ちで万人に与えられているという理解を見ることができる。

　G.K.ヒリスは、『祈りについて』の内容に関して、オリゲネスの聖霊理
解を考察し、同じく、神に関する知が、人間に与えられるべきものとし

---

　10)　W.-D. Hauschild, *Gottes Geist und der Mensch. Studien zur frühchristlichen Pneumatologie,* München: Chr. Kaiser Verlag, 1972, pp. 86-150.

　11)　水垣渉「聖霊と探求──オーリゲネース『諸原理について』第四巻における聖書解釈学の基礎づけ」秦剛平、H.W.アリッジ共編『エウセビオス研究3　キリスト教とローマ帝国』、リトン、1992年、102-110頁。

て重視されていたことを指摘する。ただし、ここにおける聖霊に関する叙述は体系的に明確な位置づけを有しているわけではなく、むしろ拡散的に述べられていると理解されている。そして、聖霊が参与する対象に関しては、「身体的なものを放棄することをとおして浄化された人々」に限定されていることが指摘されている。[12]

以上のように、オリゲネスは聖霊の働きを知の獲得と関連させていると考えられており[13]、聖霊の参与に関しては検討の余地が残されている。ゆえに、ここでは聖霊の参与する対象について明確化するため、まず、オリゲネスが聖霊について論じている『諸原理について』I巻3章ならびにII巻7章の論述を確認したい。

オリゲネスは以下のように述べている。

　　父に関するすべての知識は、子によって啓示され、聖霊のうちに知られる。[14]

　　それらのもの［＝すべてのもの］はまず第一に、父なる神から存在を受け、第二に、ロゴスから理性的であることを受け、第三に、聖霊から聖であることを受けるのである。また逆に、既に聖霊によってひとたび、聖なるものとされた者は、神の義としてのキリストを受けるにふさわしくなるのであり、聖霊の聖化によって、この段階まで進むに値するものとされた者は、神の霊の働きの力に応じて、知恵の賜物をうるに至るのである。[15]

---

12)　G.K. Hillis, The Holy Spirit and Prayer in Origen's On Prayer, in: *Cistercian Studies Quarterly 49 (1)*, 2014, pp. 3-26.

13)　S.コークリーも同様の理解を提示している。S. Coakley, Prayer, Politics and the Trinity: Vying Models of Authority in Third-Fourth-Century Debates on Prayer and 'Orthodoxy', in: *Scottish Journal of Theology 66 (4)*, 2013, pp. 379-399.

14)　PA I, 3, 4: Omnis enim scientia de patre revelante filio in spiritu sancto cognoscitur,... (*Görgemanns/Karpp*, 53, 11-12.)

15)　PA I, 3, 8: ...primo ut sint habeant ex deo patre, secundo ut rationabilia sint habeant ex verbo, tertio ut sancta sint habeant ex spiritu sancto: rursum Christi secundum hoc, quod 'iustitia' dei

……聖霊の参与によって聖化されることによって、より浄く、純粋
　なものとされた時に、人は知恵と知識の恵みを一層ふさわしく受ける
　のである。その時には、すべての汚れと無知のしみが拭い去られて、
　浄さと純粋さの点で著しい進歩が成しとげられ、神によって存在を与
　えられたものが、神にふさわしい存在となるのである。[16]

　　……知恵が被造物を教育し、教化し、聖霊による強化と絶えざる聖
　化によって完全へと導くという役割を果たさなければならないのであ
　る。その［聖霊による］聖化によってのみ、被造物は神を受けいれる
　ことができるのである。[17]

　これらからは、聖化による純化を与え、完成へ導くという聖霊の働きが
提示されている。聖化はまた、神を受け入れるための唯一のプロセスとも
理解されている。純化された魂は知識の恵みを受け、キリストによって啓
示された知を理解する。
　しかし、いっそう興味深いのは、聖霊が参与する対象に関してである。
以下のような叙述が見られる。

　　……神性の唯一の源泉が、ご自分のロゴスによって万物を保持し、
　その口の息（霊）によって聖化されるにふさわしい者を聖化されるか

---

est, capacia efficiuntur ea, quae iam sanctificata ante fuerint per spiritum sanctum; et qui in hunc
gradum proficere meruerint per sanctificationem spirtus sancti, consequuntur nihilominus donum
sapientiae secundum virtutem inoperationis spiritus dei.（*Görgemanns/Karpp*, 61, 5-11.）

16)　PA I, 3, 8: ...per hoc quod participatione spiritus sancti sanctificatus est quis, purior
ac sincerior effectus, dignius recipit sapientiae ac scientiae gratiam, ut depulsis omnibus
expurgatisque pollutionis atque ignorantiae maculis tantum profectum sinceritatis ac puritatis
accipiat, ut hoc quod accepit a deo ut esset tale sit, quale deo dignum est eo,...（*Görgemanns/
Karpp*, 61, 20-62, 5.）

17)　PA I, 3, 8: ...sapientiae id opus est instruere atque erudire ea et ad perfectionem perducere
［et］spiritus sancti confirmatione atque indesinenti sanctificatione, per quam solum deum capere
possunt.（*Görgemanns/Karpp*, 62, 10-12.）

第 2 章　祈りにおける聖霊と御子の参与　　　137

らである。[18]

　聖霊に参与するに足るものとされた人は、名状し難い神秘を知ることによって、疑いもなく、心の慰めと喜びを受ける。[19]

　疑いもなく、地、即ち地的、物体的なものを踏むすべての者[20]が、神から受けた聖霊に参与する。[21]

　これらの叙述からは、聖霊の参与が一定の条件のもとに制限されているというオリゲネスの理解が浮上する。
　他方で、以下のような叙述もなされている。

　すべての理性的被造物は、神の知恵と神のロゴスに与りうるのと同様、聖霊にも無差別に与りうると私は考えている。[22]

　オリゲネスがこのように述べる根拠に、割礼に関する理解をめぐる下記の箇所が挙げられる。

　……今や非常に多数の信徒が、秩序立てて、明白に霊的意味を述べ

---

　18)　PA I, 3, 7: ... unus deitatis fons verbo ac ratione sua teneat universa, 'spiritu vero oris sui' quae digna sunt sanctificatione sanctificet, ...（*Görgemanns/Karpp*, 60, 2-4.）
　19)　PA II, 7, 4: si quis namque de spiritu sancto participare meruerit, cognitis ineffabilibus sacramentis consolationem sine dubio et laetitiam cordis assumit.（*Görgemanns/Karpp*, 151, 14-16.）
　20)　物体的なものへの欲をことごとく捨てた者を意味する。（オリゲネス著、小高毅訳『諸原理について』、創文社、1985年、373頁、訳注e。）
　21)　PA I, 3, 4: Sine dubio enim omnis qui calcat terram, id est terrena et corporalia, particeps est spiritus sancti, a deo eum accipiens.（*Görgemanns/Karpp*, 52, 15-16.）
　22)　PA II, 7, 2: Nos vero aestimamus quod participationem eius similiter ut sapientiae dei et verbi dei absque ulla differentia creatura rationalis omnis assumat.（*Görgemanns/Karpp*, 149, 1-3.）

たてることはできないまでも、彼らのほとんどすべての者が、割礼は
身体的な意味に取られるべきではなく、安息日の休息も、家畜の血を
注ぐことも、またこれらのことに関してモーセに与えられた神の命令
も、物質的な意味に取られるべきではないという確信を有しているの
である。[23]

　つまり、殆どの人々がこのような霊的解釈の適用に関する認識を持って
おり、それは聖霊によって与えられるものであるため、そこに聖霊の参与
があったと考えられていることがわかる。[24]
　ここで、「与りうる」というのが条件付きの可能性を意味しているので
あれば、聖霊の参与がそれにふさわしい一部の人に限定されるという考え
も示唆されるが、オリゲネスは文の前半で、神とキリストにはすべての人
が参与していると述べていることから、これは単に潜在的な可能性のこと
ではなく、参与する資格について述べていることが考えられる。すべての
理性的被造物には、無差別に、その参与に与る資格があるということであ
る。
　このように、聖霊の参与は、ふさわしいものにのみと述べられる一方
で、無差別に与るとの叙述も散見される。これを踏まえて、以下では、ま
ずオリゲネスが考える「ふさわしい」祈りについて述べ、そこにどのよう
に聖霊が関わるか、そしてそのような参与が可能なのかについて、『祈り
について』の内容をもとに論じる。

---

　23)　PA II, 7, 2: nunc autem innumerae sunt multitudines credentium, qui licet non omnes possint
per ordinem atque ad liquidum spiritalis intellegentiae explanare consequentiam, tamen omnes
paene persuasum habent quod neque circumcisio corporaliter intellegi debeat neque otium sabbati
vel sanguinis effusio pecoris, neque quod de his Moysi responsa darentur a deo: (*Görgemanns/
Karpp,* 149, 16-21.)
　24)　Cf. PA II, 2: この理解は、疑いもなく、聖霊の力によってすべての人に与えら
れているのである。(...qui utique sensus dubium non est quod spiritus sancti virtute omnibus
suggeratur. [*Görgemanns/Karpp*, 149, 21-22.])

2. 祈りにおける聖霊の参与

2.1.「ふさわしい」祈り

オリゲネスは、「重要なのは単に禱ることではなく、ふさわしく禱ることであり、ふさわしいことを願って禱ること」[25] であると述べているが、この内容は、ふさわしい祈りについて論じようと意図している箇所に続いて言及されている。オリゲネスは、それが祈りの言葉と祈りの状態に関することだと説明している。

言葉に該当するものとしては、「大いなること」、「天上のこと」を求める禱り、さらには、自分をはずかしめるもののために禱りをささげること、働き人を送ってくれるよう刈り入れの主に願うこと、誘惑に陥らないように禱りをささげること、逃げることが安息日や冬に当たらないよう禱りをささげること、くどくど禱りをささげないことなど、イエスによって命じられた禱りが聖書から例示され、それらは一般的祈りの内容そのものに言及するさいに述べられている。

状態については、男なら「清い手を挙げて怒ったり争ったりせず」禱りをささげ、女なら「慎みと貞淑とで身を飾」[26] って禱りをささげること、ほかに恨んでいる人をゆるしてから禱りをささげること[27] など、やはり幾つかの例が聖書から引用されている。[28]

この状態を表すカタスタシス（κατάστασις）[29] は、『祈りについて』31章1節で、祈りのための内的な状態を示すものとして述べられている。それは小高が「心構え」と邦訳している箇所であるが、そこでは、「心構えに

---

25) PE 2, 1: ἀναγκαῖον δὲ οὐ τὸ προσεύχεσθαι μόνον ἀλλὰ καὶ τὸ προσεύχεσθαι "καθὸ δεῖ" καὶ προσεύχεσθαι ὃ δεῖ. (GCS 3, 299, 12-13.) 神にふさわしい祈りという考え方がオリゲネスにとって祈りの重要な要素であることは、本稿第1章において確認したとおりである。

26) 1Tim. 2, 8-10.

27) Cf. Mark 11, 25.

28) PE 2, 2 (GCS 3, 299, 17-18).

29) ランペによれば、落ち着いた規律正しい平和的な状態、あるいは、個人の精神的道徳的状態を示すものとされている。(G.W.H. Lampe, κατάστασις, in: A Patristic Greek Lexicon, Oxford: Oxford University Press, 1961, p. 720l-r.)

関することは魂に関連すべき問題であ」る[30] として、同2章2節で触れた事柄が、再度言及されている。また同時に、沈黙し自らを整えるという心構えが注意深く熱心な祈りを可能にし、「手の代わりに魂（ψυχή）をあげ、目の代わりに精神（νοῦς）を神にあげ、立つ代わりに心の主導能力（ἡγεμονικός）を地上のことどもから離し、万物の主のみ前にそれを立たせた者のごとくに、祈りに取りかか」[31] ることを可能にすると述べられている。オリゲネスは、このカタスタシスの他にディアテシス（διάθεσις）[32] という同義語によって、祈りへの正しい態度を描いている。そこでも内容的な考察がなされ、それに伴ってふさわしい祈りへの必要条件として、キリストが示した神にふさわしい生活を通してキリストへと方向を定めることが要求されている。[33]

これらの言葉と状態について、ゲッセルは、それらが魂のあり方を示すものであり、この言葉と状態のなかで準備をしながら魂自体が変えられるものと理解している。そして、これは魂のあり方だけではなく神への関係にも適用され、人間の道徳的状態を表していると指摘している。[34]

---

30) PE 31, 1: ... καὶ εἴ τι τούτοις ἐστὶν ὅμοιον. καὶ τὸ μὲν τῆς καταστάσεως εἰς τὴν ψυχὴν ἐγκατα-θετέον, ... (GCS 3, 395, 18-19.)

31) PE 31, 2: οὕτως ἥκειν ἐπὶ τὸ εὔξασθαι, πρὸ τῶν χειρῶν ὡσπερεὶ τὴν ψυχὴν ἐκτείναντα καὶ πρὸ τῶν ὀφθαλμῶν τὸν νοῦν πρὸς τὸν θεὸν ἐντείναντα καὶ πρὸ τοῦ στῆναι διεγείραντα χαμόθεν τὸ ἡγεμονικὸν καὶ στήσαντα αὐτὸ πρὸς τὸν τῶν ὅλων κύριον, ... (GCS 3, 396, 2-6.)

32) この用語は、意志や目的という側面に関する傾向や態度という意味に解される。(G.W.H. Lampe, διάθεσις, in : op. cit., p. 347r.) Cf. PE 8, 1: ……それにふさわしい状態で、それにふさわしく祈り、それにふさわしく信じていないなら、また祈りに先だってそれにふさわしいような生活方法で生きていないなら、……」(... μὴ οὕτως εὐξάμενος μετὰ διαθέσεως τοιᾶσδε, πιστεύων οὕτως, οὐ πρὸ τῆς εὐχῆς τόνδε βιώσας τὸν τρόπον. [GCS 3, 316, 24-26.])

33) ゲッセルは、「ディアテシス」という言葉に関して、オリゲネスがそこに「終末論」的意義を見出しているものと述べている。つまり、神にふさわしい祈りに必要なわれわれの心の持ち方は、永遠の完全性のなかにおかれる最後になって初めて獲得するであろうところの状態を示すものであるという意味である。ゆえに、祈りへの内的準備は、この世に存在する過程における終末的な目的である状態を可能にし、先取りするものと理解される。(W. Gessel, op. cit., pp. 142-143.)

34) W. Gessel, op. cit., p. 137. なお、K.リーゼンフーバーは、古代キリスト教そのもの

第 2 章　祈りにおける聖霊と御子の参与　　　141

　教師オリゲネスは、とくに徳を重んじ、自らの実践によって模範を示そうとした。[35]　彼はギリシャ四元徳を重視するが、それ以上に敬神の徳を最も重視したと見られる。この「徳」とは、物質的な身体の形態とは関係なく、非物質的な精神の賢明さ、正義、節制、勇気、知恵、学知といったものとして認識されている。そして、これらは「神の像」と考えられ、人間が努めて神を模倣するとき、自己のうちに存在するものである。[36]　そのような可能性を持つ人間は、祈りにさいして自分を整えることでその恩恵に与る。[37]

―――――――――――

が、「徳を優先させる人間像の実践的深化」を目指したと評価している。それは、ギリシャ的な理想や知を重んじる傾向から生じてきた方向性であり、ここにおいて徳はイエスを模範として志向された。（K.リーゼンフーバー著、酒井一郎訳「古代キリスト教の教育思想 概説」上智大学中世思想研究所編『古代キリスト教の教育思想』、東洋館出版社、1984年、17-18頁。）また、ネメシェギは、オリゲネスについて、彼が、崇高な教えを説く一方で実際はそれと程遠い生活をしていたギリシャ哲学者たちでなく、彼らより無学であっても宗教的にも道徳的にも優れた生き方をしたイエスに倣う多くのキリスト者のうちに、「神の力」の働きを読み取っていたと述べている。（P.ネメシェギ「オリゲネスにおけるプラトン主義」上智大学中世思想研究所編『キリスト教的プラトン主義』、創文社、1985年、4-5頁。）

　35)　同様の理解が多く見られる。たとえば、有賀は「単に信者となって教会員となることが即救いなのではない。完成を目指して絶間ない努力をすることが肝心である」と述べている。（有賀鐵太郎『有賀鐵太郎著作集1　オリゲネス研究』、創文社、1981年、302頁。）

　36)　Cf. PE 9, 2: ……善業をもって（身を飾りなさい）（δι' ἔργων ἀγαθῶν［GCS 3, 318, 19-20.]）; PA IV, 4, 4, 10: 人間のうちに神の像の刻印が明らかに認知される。それも朽ち果てる身体の形態に見られるものではなく、精神の賢明さ、正義、節制、勇気、知恵、学知、その他もろもろの徳の総体に見られるのである。これらのすべては、実体として神のうちに存在するが、人間が努力し、神を模倣するなら、それらの徳は人間のうちに存しうるのである。（in quo〈=homini〉et manifeste divinae imaginis cognoscuntur indicia, non per effigiem corporis, quae corrumpitur, sed per animi prudentiam, per iustitiam, per modetrationem, per virtutem, per sapientiam, per disciplinam, per omnem denique virtutum chorum, quae cum in deo insint per substantiam, in homine possunt esse per industriam et per imitationem dei, …［Görgemanns/Karpp, 363, 19-24.]）Cf. 1Tim. 2, 9-10.

　37)　Cf. PE 8, 2: ……あれやこれやの追憶、そして追憶が生ずるある事柄に関するあれやこれやの追憶が、そのような印象によって生じた思案を汚すように、目の前におられ、目を注いでおられ、［人の］心を調べ、肺腑を探るかたとして、すべての精神に先

以上のような、『祈りについて』2章1節に始まるふさわしい祈りの言葉
と状態に関する叙述には多くの頁が割かれ、2章4節まで続く。ここから、
オリゲネスが、神へのふさわしい祈りとしての内容と方法に強い関心を
持っていたことが理解される。

2.2. 祈りにおける聖霊の働き

オリゲネスに従うと、ハウシルトの指摘にもあったように、ふさわしい
祈りを正しく祈ることは、それに関する知識から可能となる。思慮深い祈
りとその実践に必要な正しい知識の獲得は、人間的な合理的熟考にのみ基
づくわけではない。むしろこの知識はそれを越えて、神に聞くことによる
賜物、神の照明による賜物、ならびに神のひとり子や聖霊からの忠告であ
る。

たとえば、オリゲネスは神のことを「神の霊のほかだれも知っていな
い」が、「このことすらも可能になる」と述べ、その理由として「わたし
たちは、この世の霊ではなく、神からの霊を受け」た[38]からであるとパウ
ロの言葉の引用によって説明している。さらに、その目的について、「神
から恵みとしていただいたものをわたしたちが知る（εἶδον）ため」[39]、「［こ
の恵みについて］語るのに、わたしたちは人間の知恵が教える言葉によら
ず、神の霊が教える言葉によって語る」[40]ためと理解している。そして、

んじておられるかたによみされるように［魂］を整えるとき、信じている神、魂の奥底
の動きを看取しておられる神への想起が恩沢をもたらすものである、と確信せねばな
りません。（ὥσπερ γὰρ αἱ τοιαίδε φαντασίαι καὶ ὑπομνήσεις τῶνδέ τινων περὶ τὰ, ὧν γεγόνασιν
αἱ ὑπομνήσεις, μολύνουσι τοὺς λογισμοὺς τοὺς ἐν ταῖσδε ταῖς φαντασίαις γεγενημένους, τὸν
αὐτὸν τρόπον πειστέον ὀνησιφόρον εἶναι μνήμην πεπιστευμένου τοῦ θεοῦ καὶ κατανοοῦντος τὰ
ἐν τῷ ἀδύτῳ τῆς ψυχῆς κινήματα, ῥυθμιζούσης ἑαυτὴν ἀρέσκειν ὡς παρόντι καὶ ἐποπτεύοντι καὶ
φθάνοντι ἐπὶ πάντα νοῦν τῷ ἐτάζοντι "καρδίας..." [GCS 3, 317, 10-16.]）

38) PE 1: "ἡμεῖς δὲ," φησὶν, "οὐ τὸ πνεῦμα τοῦ κόσμου ἐλάβομεν ἀλλὰ τὸ πνεῦμα τὸ ἐκ τοῦ
θεοῦ, ἵνα εἰδῶμεν τὰ ὑπὸ τοῦ θεοῦ..." (GCS 3, 298, 13-14.)

39) PE 1: ἵνα εἰδῶμεν τὰ ὑπὸ τοῦ θεοῦ χαρισθέντα ἡμῖν,... (GCS 3, 298, 15.) ここでの「知
る」ということをめぐっては、本稿5章で論じる。

40) PE 1: ἃ καὶ λαλοῦμεν οὐκ ἐν διδακτοῖς ἀνθρωπίνης σοφίας λόγοις ἀλλ' ἐν διδακτοῖς τοῦ
πνεύματος. (GCS 3, 298, 15-17.)

第 2 章　祈りにおける聖霊と御子の参与　　143

教えるという聖霊の性質が、ふたつの働きによってなされるものであると
述べている。

　そのひとつとして、聖霊は、神に人間を執り成すものとして理解されて
いる。しかもその執り成しは、「通常のうめきをもって」ではなく、「人間
に語ることは許されない」、「言葉に表せないうめきを通して」[41] なされる
のであり、それは聖霊が「人間に対する大きな愛と同情のゆえに」人間の
うめきを自らに引き受けたものである。[42]

　さらにオリゲネスは、聖霊が「単に執り成すことで満足せず」、「ありあ
まるばかりの執り成し」[43] をすると語っている。それは、「勝ち得て余り
がある」[44] 者らのためであり、その代表的例としてパウロが挙げられてい
る。このオリゲネスの言葉には、聖霊の執り成しの対象を、「勝ち得て余
りあるほど大いなる者ではないが反対に敗北を喫するほどでもない［普通
の意味で］勝つ者ら」と、「勝ち得て余りある者」とに分けて段階的に認識
する傾向が見られる。[45] そしてさらに、各々に対する聖霊の働きは、「［単

---

41)　PE 2, 3: αὐτὸ τὸ πνεῦμα στεναγμοῖς ἀλαλήτοις ὑπερεντυγχάνει τῷ θεῷ· (GCS 3, 301, 8.)
Cf. 2Cor. 12, 4.

42)　「うめき」(στεναγμός) は、「ため息」、「うめき」を意味し、その動詞形では、苦
境に陥ったがためのものであることが記されている。(W. Bauer [author], W.F. Arndt and
F.W. Gingrich [trans.], *A Greek-English Lexicon of the New Testament and Other Early Christian
Literature,* Chicago: The University Of Chicago Press, 1957 [Griechisch-Deutsches Wörterbuch
zu den Schriften der Neuen Testaments und der übrigen uechristlichen Literatur, Berlin, ⁴1952],
p. 766 l.) ランペはこの語や動詞形を載せていない。(G.W.H. Lampe, στεναγμός, *op. cit.,*
p.1256 l.) なお、「うめき」に関しては本稿第5章で考察している。

43)　"ὑπερεντυγχάνει". ローマ書8章37節の「勝ち得て余りがある」に倣い、「越えて、
以上に」の意味を強調する。(オリゲネス著、小高毅訳『祈りについて』、創文社、1985
年、訳注5。)

44)　Rom. 8, 37.

45)　このような段階的な理解は、『祈りについて』に関してのみならず、しばしばオリ
ゲネスに指摘される。新プラトン主義は、被造物は最高の一者なる神から流出して下降
し、物質に到ると考えるが、このように永遠の創造主と、制限のある被造物のあいだに
決定的な区別を付けられないことは、キリスト教にとって危険である。(P.ネメシェギ
「キリスト教とギリシア文化の出会い」『カトリック研究』15号、1969年、104-106頁。)
ただ、オリゲネスは、神と被造物との絶対的、質的な隔絶を認識している。

なる]執り成し」と、「ありあまるばかりの執り成し」として認識されている。

　そのほかに、「聖なる人々の心の中で［聖］霊が禱っているので霊的なものである、このような祈りが、［聖書のうちに］書き記されており、それらは言葉に表せない、驚くべき教えに満ちています」[46]との叙述も見られる。これは、『祈りについて』2章3節において、「何を願ってふさわしく禱るべきかわたしたちは知らない」[47]というパウロの言葉を、その言葉に不十分さを感じる人が何によって補われるかを示すためのものであると理解し、その不十分さを補うのが聖霊であると述べているものである。[48]聖霊は聖なる人々のために執り成すというパウロの言葉どおり、オリゲネスもこれを受け入れている。これは、ふさわしく禱りをささげることによって得られる聖霊の働きとして理解されている。

　以上の、執り成しに次ぐ、聖霊のふたつめの働きに関することとして、オリゲネスはIコリント14章15節を挙げ、霊が人間の精神に先立って禱らない限り、人間の精神は禱ることはできないと主張する。オリゲネスは『祈りについて』のなかの二箇所において、霊と精神で禱るということを勧めており[49]、これが本来的な祈りであることを示している。そのさい、

46）　PE 2, 5: αἱ τοιαῦται δὲ εὐχαὶ αἱ ὄντως πνευματικαὶ, προσευχομένου ἐν τῇ καρδίᾳ τῶν ἁγίων τοῦ πνεύματος, ἀνεγράφησαν, πεπληρωμέναι ἀπορρήτων καὶ θαυμασίων δογμάτων· (GCS 3, 303, 3-5.)

47）　Rom. 8, 26.

48）　Cf. Rom. 8, 26-27.

49）　Cf. PE 2, 4: 実際、［精神が霊に］聞き従うかのように、［精神］に先立って霊が禱らない限り、わたしたちの精神が禱ることは決してできません。同じ様に、「すべてを、神の深みまでも究める［聖］霊」が賛美し、深みを究め、出来うる限り、把握したことを歌いことほがない限り、［精神は］調子を合わせ、調和をとり、声をそろえて、キリストにおいて御父を賛美し、歌いことほぐことは決してできません。(οὐδὲ γὰρ δύναται ἡμῶν ὁ νοῦς προσεύξασθαι, ἐὰν μὴ πρὸ αὐτοῦ τὸ πνεῦμα προσεύξηται οἱονεὶ ἐν ὑπηκόῳ αὐτοῦ, ὥσπερ οὐδὲ ψάλαι καὶ εὐρύθμως καὶ ἐμμελῶς καὶ ἐμμέτρως. καὶ συμφώνως ὑμνῆσαι τὸν πατέρα ἐν Χριστῷ, ἐὰν μὴ "τὸ πνεῦμα" τὸ "πάντα" ἐρευνῶν, "καὶ τὰ βάθη τοῦ θεοῦ", πρότερον αἰνέσῃ καὶ ὑμνήσῃ τοῦτον, οὗ "τὰ βάθη" ἠρεύνηκε καὶ, ὡς ἐξίσχυσε, κατείληφεν. [GCS 3, 301, 28-302, 6.]); PE 12, 1: 聖なる者らの祈りの言葉は、特に、禱る者らが「霊と精神で」禱るとき、力に

第 2 章　祈りにおける聖霊と御子の参与　　　145

聖なる人々の心の中で霊が祷っている聖書の記事が引用されている。霊が
精神に先立って祷ることが勧められる理由は、聖霊の性質にある。つま
り「すべてを、神の深みまでも究める霊」[50] という聖霊の性質である。聖
霊が知っているからこそ、この聖霊は、人間が祈るべきことを知るために
先導する必要がある。そして、聖霊が「精神に先立って……祷らないかぎ
り、私たちの精神は祷ることは決してでき」ないという記述には、その強
い否定「決してできない」があることから、オリゲネスが聖霊を精神に先
立つもの、精神を導くものとして祷りに不可欠なものであると認識してい
ることが理解される。[51]

　以上、祈りのさいの聖霊の働きに関して、それが、人間に祈るべき内容
と状態を知らせ、人間に先立ち、そして人間を執りなすものと理解されて
いることが明らかとなった。このとき、聖霊は、第一に人間を知り尽くし

───────────

満ちたものになると、わたしには思われます。[そのような祈りは] 祈っている者の悟
性から出る光のように、またその口から発する [光のように]、祈ることを軽んじ、イ
エスの勧告に従って、パウロによって語られた「絶えず祷りなさい」[という勧告]を守
らない者らの主導能力に、逆らう霊どもによって注ぎ込まれた精神を浸す毒を、神の力
によって解毒します。(... δυνάμεως πεπληρωμένους νομίζω τοὺς λόγους τῆς τῶν ἁγίων εὐχῆς,
μάλιστα ὅτε προσευχόμενοι "πνεύματι" προσεύχονται "καὶ τῷ νοΐ", φωτὶ ἐοικότι ἀνατέλλοντι
ἀπὸ τῆς τοῦ εὐχομένου διανοίας καὶ προϊόντι ἐκ στόματος αὐτοῦ ὑπεκλύειν δυνάμει θεοῦ τὸν
ἐνιέμενον νοητὸν ἰὸν ἀπὸ τῶν ἀντικειμένων δυνάμεων τῷ ἡγεμονικῷ τῶν ἀμελούντων τοῦ
εὔχεσθαι καὶ τὸ "ἀδιαλείπτως προσεύχεσθε" ἀκολούθως ταῖς τοῦ Ἰησοῦ προτροπαῖς εἰρημένον
παρὰ τῷ Παύλῳ μὴ φυλαττόντων. [GCS 3, 324, 13-20.]) なお『諸原理について』のなかで
も、キリスト、天使そして聖人がわれわれとともに祷るという内容のあと、パウロが魂
よりも精神を聖霊に結びつけているということが述べられ、同様のことが提示されてい
る。(PA II, 8, 2 [Görgemanns/Karpp, 154, 27-155, 6].)

　50)　PE 2, 4: "τὸ πνεῦμα" τὸ "πάντα" ἐρευνῶν, "καὶ τὰ βάθη τοῦ θεοῦ". (GCS 3, 302, 4.) Cf.
1Cor. 2, 10. 知ることへの聖霊の関与については、本稿5章で考察する。

　51)　オリゲネスは、イエスに祷りを教わる前に独自に祈っていた弟子の祈りを「祈り」
としては認めるが、弟子自身に「祈りの方法についてのより大いなる認識」が必要で
あったと考える。この記事は、文脈からその前の箇所、つまり、聖霊が精神に先立つと
いうことを説明するためのものであることが明らかである。ここでは、「祈るべき方法
を知らないという人間の弱さを自覚」していた弟子が、イエスの祈りの言葉によって、
「特にそのことを知覚したので」、イエスに祷ることを教えてくれるよう願って言ったも
のである。Cf. PE 2, 4 (GCS 3, 302, 6-11).

ているので、人間には言葉になし得なくても聖霊はうめきによってさえ
執り成すことができ、また第二には、聖霊は神をその深みまで窮めている
ため、先立って人間を導くこと、案内することができるのである。また、
人間は祈るべき内容と状態を知らなければ正しく祈り得ないが、不足を自
覚し、祈りのために自己を整えようとする人には、その知らない部分を
聖霊が補う。オリゲネスは、「霊が禱っているので霊的なものである禱り」
を、「霊によって生ぜしめられ、語られた祈りでもありますので、神の知
恵の教えに満たされてい」るものとして理解している。

　主の祈り注解部においても、罪の赦しを説明するさい、オリゲネスは、
「使徒たちのように、イエスによって息を吹きかけられた者、また『実か
ら』識別する能力のある者は、聖霊を受け入れ、霊的な者となっているの
で、聖霊によって導かれていることで、全ての点で神の子にふさわしい生
活をロゴスに即して実践している者として」[52] 赦すか否かを決定する、と
述べている。「イエスによって息を吹きかけられた者」とは、すでに聖霊
を注がれた者のことである。[53] ゆえに、聖霊を注がれた者が「神の子にふ
さわしい生活をしている」ものとして理解されていることになる。これは
前項で『諸原理について』により確認した、オリゲネスの理解の一側面と
一致する。また、オリゲネスは、弟子に赦しを教えるなかで聖霊を受ける
ようにと語るイエスの言葉をも引用している。[54] つまり、これらの叙述に
は、聖霊を与えられることによって神の子にふさわしい生活の実践が可能
になるという点において、聖霊の働きが示されている。[55] そしてこの「神

　52）　PE 28, 8: ὁ δὲ ἐμπνευσθεὶς ὑπὸ τοῦ Ἰησοῦ ὡς οἱ ἀπόστολοι καὶ "ἀπὸ τῶν καρπῶν" γινώσκε-
σθαι δυνάμενος, ὡς χωρήσας τὸ πνεῦμα τὸ ἅγιον καὶ γενόμενος πνευματικὸς τῷ ὑπὸ τοῦ πνεύμα-
τος ἄγεσθαι τρόπον υἱοῦ θεοῦ ἐφ' ἕκαστον τῶν κατὰ λόγον πρακτέων, ... (GCS 3, 380, 8-11.)

　53）　Cf. PA I, 3, 7 (Görgemanns/Karpp, 58, 7-21). Cf. Ps. 104, 29-30.

　54）　Cf. PE 28, 9 (GCS 3, 380, 16-19); John 20, 22.

　55）　Cf. PE 28, 8: ……使徒たちのように、イエスによって息を吹きかけられた者、また
「実から」識別する力のある者は、聖霊を受け容れ、霊的な者となっているので、[聖]
霊によって導かれていることで、すべての点で神の子にふさわしい生活を言理〈=ロゴ
ス〉に即して実践している者として、そのような人は、神がゆるされるものであればそ
れをゆるし、諸々の罪のうちでもいやしえないものは[ゆるさずに]留めます。」(ὁ δὲ

第 2 章　祈りにおける聖霊と御子の参与　　　　　147

の子にふさわしい生活」の実践ということのなかに、祈りも含まれる。ま
ずあるべき祈りへの第一歩として、聖霊の受領が重視されているのである。

2.3. 祈りにおける聖霊の参与——御父への呼びかけをとおして

　このような働きが聖霊に帰されているが、ここでは、祈るさい、あらゆ
る人がその聖霊の参与を得ることは実際に可能なのか否かについて考察す
る。

　オリゲネスは、主の祈り注解部において「天にましますわれらの父よ」
を論じるさい、神の存在が具体的な場所に限局されるのではないと説明
している。そして「神は天にいまし、あなたは地上にいる」[56] という聖書
箇所を、場所的に限定される人間から、天使、聖霊、キリストまでの隔た
りを示すものとして説明し、「天にまします……」という言葉が、「神の存
在性をあらゆる被造物から分かつことを意図している」[57] ものと考えてい
る。つまり人間が物質的存在であるのに対して、神が霊的存在であること
を強調し、自らの思いをそのような神のもとに向けることが意図されてい
るという理解である。オリゲネスが、「父よ」と親しく神に呼びかけると
きにさえ神と人間との隔たりが意識されていることについては本稿第1章
ですでに述べたが、聖霊もまた、このように、祈りのさいに人間に関わる
働きをなしながらも、その存在性は人間と絶対的な隔たりを持つ。[58]

ἐμπνευσθεὶς ὑπὸ τοῦ Ἰησοῦ ὡς οἱ ἀπόστολοι καὶ "ἀπὸ τῶν καρπῶν" γινώσκεσθαι δυνάμενος, ὡς
χωρήσας τὸ πνεῦμα τὸ ἅγιον καὶ γενόμενος πνευματικὸς τῷ ὑπὸ τοῦ πνεύματος ἄγεσθαι τρόπον
υἱοῦ θεοῦ ἐφ' ἕκαστον τῶν κατὰ λόγον πρακτέων, ἀφίησιν ἃ ἐὰν ἀφῇ ὁ θεὸς καὶ κρατεῖ τὰ ἀνίατα
τῶν ἁμαρτημάτων,... [GCS 3, 380, 8-11].)

56) Eccles. 5, 1.

57) PE 23, 5: οἱονεὶ ἀφιστάντι τὴν οὐσίαν τοῦ θεοῦ ἀπὸ πάντων τῶν γεννητῶν... (GCS 3, 353,
10-11.)

58) Cf. PE 23, 4: 『伝道の書』の「……神は上なる天におられ、あなたは下なる地に
いるからである」という言葉は、「みじめな体」のうちにある者らから、言理の恩沢に
よって高められた天使ら、聖なる霊たち、あるいはキリストそのかたのもとにあるかた
までの隔たりを明らかにしようとしているのです。("... ὅτι ὁ θεὸς ἐν τῷ οὐρανῷ ἄνω, καὶ
σὺ ἐπὶ γῆς κάτω" διάστημα βούλεται δηλῶσαι ἀπὸ τῶν ὄντων ἐν τῷ σώματι "τῆς ταπεινώσεως"
ἕως τοῦ παρὰ τοῖς ὑψουμένοις ὑπὸ τῆς ὠφελείας καὶ τοῦ λόγου ἀγγέλοις καὶ δυνάμεσιν ἁγίαις ἢ

ただ、オリゲネスは、神と全く接点を持たないはずの人間に対しても、主の祈りの「父よ」との呼びかけにおいては「神性の流出」が生じると述べている。[59]　聖霊をめぐっても同様であり、祈りにおいてのみ魂は「霊のうちにあるものとな」[60]る。ここに聖霊は関与し、またロゴスについても、それ「の祈りに与る」ことで関わると理解されている。[61]

　水垣は『ケルソス駁論』を取りあげてオリゲネスのキリスト教理解の探究態度について論じるなかで、オリゲネスが、人間的智恵の神的智恵に対する連続性と非連続性を、二者択一のものではなく、相並ぶものとして考えていること、また、それはケルソス駁論のみならず、彼の思想全体に共通するという理解を提示している。[62]　この考察は示唆深い。つまり、知恵なるキリスト、知に先立つ聖霊によって神の知に参与し得る人間に、その知が相並ぶものとして与えられるのであれば、その知に先立つ聖霊の、人への参与もまた、単に「有無」ではなく、連続となり非連続ともなることが前提とされることになる。ゆえに、これは、神でなく人に由来する、人にとって適切な段階として理解することができる。とすると、オリゲネスが、祈りの実践に関わる人間を聖なる人々とそうでない人との二種類に分け、それぞれに聖霊の参与を制限して考えたのではなく、むしろ、聖なら

αὐτῷ τῷ Χριστῷ. [*GCS 3*, 352, 20-353, 1.]）

　59)　Cf. PE 23, 5: 実に、[神の存在性]を共にしていない者らに、何がしかの、神の栄光と力、そして言うなれば、「神性の流出」が生ずるのです。（γὰρ οὐ κοινωνεῖ, αὐτοῖς δόξα τις θεοῦ καὶ δύναμις αὐτοῦ, καὶ, ἵν᾽ οὕτως εἴπω, ἀπορροὴ τῆς θεότητος ἐγγίνεται αὐτοῖς. [*GCS 3*, 353, 11-13.]）; Wisd. 7, 25.

　60)　Cf. PE 9, 2: 単に霊に従うだけでなく[霊]のうちにあるものとなった魂（ἡ ψυχὴ … οὐ μόνον ἑπομένη τῷ πνεύματι ἀλλὰ καὶ ἐν αὐτῷ γινομένη,… [*GCS 3*, 319, 4-6.]）

　61)　祈りにおいて関わるのは、「全地に満ちている主の霊」（… τῷ πεπληρωκότι τὴν πᾶσαν οἰκουμένην τοῦ κυρίου πνεύματι …: PE 10, 2 [*GCS 3*, 320, 13-14.]; Cf. Jer. 23, 24.）であり、「『わたしは天と地に満ちているではないか』と言われる[主]」（PE 10, 2 [*GCS 3*, 320, 15-16.]）であると理解されている。なお、ここで「満ちる」と訳される"πληρόω"は、引用されているエレミヤ23章24節（LXX）のものと一致し、エレミヤ書で表現されている「共にいる」神という考えが示されているものと考えられる。

　62)　水垣渉『宗教的探究の問題――古代キリスト教思想序説』、創文社、1984年、281-282頁。

第 2 章　祈りにおける聖霊と御子の参与　　　149

ざる方向から聖なる方向への段階的な進歩を強く促すことを意図していた
と考えることができる。祈りにおいて、すべての人間にその状態に応じて
聖霊が参与し、それによって神との接点が得られるとともに、ふさわしい
祈りをささげる可能性が与えられる。それは、祈るにふさわしい言葉と状
態を求め、得ることである。

　なお、知をめぐって、オリゲネスは、「ある人が神を知らないとすれ
ば、その人は神に属するものをも知らず、自分が何を必要としているのか
も知らないのです。彼が必要としていると考えているものは誤ったものだ
からです。」[63] と述べている。ある必要性を自分自身に認識することによ
り、人には欲求が生じる。しかし、必要性に関する誤った理解は、誤った
対象への欲求を生じさせる。オリゲネスによれば、たとえばそれは「名誉
への愛着」である。彼はそれを「破壊をもたらす情念」[64] にほかならない
と警告している。聖霊は、そのような欲求を満たすことによらず、人間に
慰めと喜びを与える。人間が聖霊に与るとき、「名状し難い神秘を知るこ
とによって、疑いもなく、心の慰めと喜びを受け」、「霊に教えられて知る
ので、いかなることによってもその魂が動揺することはあり得ず、悲しみ
を感ずることもあり得ない。」[65] 本来の自らを知ることによって、欲求は
神の与えるものとの調和へと向かう。自らの真の必要を知るからである。

　以上のように、主の祈りという禱りの冒頭の御父への呼びかけにおいて
は、どのような者にでも聖霊の参与が与えられ、それによって祈りをささ
げ得るというオリゲネスの考えを指摘することができる。

　では、そのさいに御子の参与はどのように考えられているのか。

---

　63)　PE 21, 2: εἰ δέ τις ἀγνοεῖ τὸν θεὸν, καὶ τὰ τοῦ θεοῦ ἀγνοεῖ, ἀγνοεῖ δὲ τὰ "ὧν χρείαν" ἔχει·
διημαρτημένα γάρ ἐστι τὰ "ὧν χρείαν" ἔχειν νομίζει· (GCS 3, 346, 5-7.)

　64)　PE 19, 2: ὀλέθριον πάθος. (GCS 3, 341, 28.)

　65)　PA II, 7, 4: cognitis ineffabilibus sacramentis consolationem sine dubio et laetitiam cordis
assumit....spiritu indicante cognoverit, in nullo utique conturbari eius anima poterit aut ullum
sensum maeroris accipere; (Görgemanns/Karpp, 151, 14-18.)

150　　　　　　　　　　　　　本　論

第2節　御子の参与

1. 罪人と祈り

1. 1. 罪人のささげる祈り

　ここで、祈りをささげる人間の状態にさらに目を向けたい。キリスト教
の理解において、すべての人間は例外なく罪を負う者である。この人間存
在を、オリゲネスはとくに罪との関連においてどのように理解していたの
か。

　ゲッセルは、オリゲネスに、正しい人の祈りのみが神にとって好ましい
香りであり、受け入れられるものなのであって、正しくない、つまり、正
しさに関して不完全な人の祈りは無益なものとであるとの理解を指摘して
いる。悪い考えで祈るなら祈りが罪へと変化すること[66]、そして『祈りに
ついて』5章5節を根拠に、ユダの祈りはそのようにして罪となり、祈って
いる間、彼は罪を犯していたというオリゲネスの叙述が見られるからであ
る。[67] しかし、とくに文脈に照らして考察すると、ゲッセルがこのように
述べる根拠となる箇所はオリゲネスが祈禱無用論に反証するために言及し
ている彼ら論者たちの論理なのであり、オリゲネス自身の理解ではないこ
とがわかる。[68] ゆえに、オリゲネスが正しくない人の祈りを無益なものと

---

　66)　SelJer 44（*PG 13*, 588 BC.）に基づいて考察されている。W. Gessel, *op. cit.*, p.136, n.
58.

　67)　W. Gessel, *op. cit.*, p.136.

　68)　オリゲネスは、『祈りについて』を、祈禱無用論者たちを論駁し、祈禱の有用性を
提示するために著したが、彼は祈禱の意味や有用性を提示するためにしばしば反論者の
見解を引用し、そのひとつひとつに反証を挙げながら論じる方法を取っている。ゲッセ
ルは『祈りについて』5章5節以降（*GCS 3*, 310, 27f.）に関して論じているが、この箇所
には祈禱無用論者たちの見解が明らかに含まれている。つまり、オリゲネスはここで、
正しくない人の禱りを否定することを意図していたのではなく、神が不変であり、計画
のうちに人を予定されるのであれば、旧約聖書に予告されていたユダが禱ることには意
味がないと考える祈禱無用論者たちに対して反証することを目的に、これを述べている
のである。

第2章　祈りにおける聖霊と御子の参与　　　151

理解しているというゲッセルの指摘は適切とは言えない。

　P.S.A. レフィーバーは、オリゲネスの説教における祈り、および『祈りについて』に関して、両者の共通点に関する研究を提示している。[69] 彼はその結論部において、人間に対する悪魔の計画が人間に及んでいるという考えと、そこから逃れる道の存在が「ひとつ」であるという理解とを、双方の類似点として示している。それは、祈りにおいて、神が満ち溢れた恵みのなかで彼に神を知らせるときのみ、そのゆえに神を求める人間の思いが生じるのであり、神に集中して神との交わりを選ぶとき、上向きの道を発見するからである。つまり、ここに神への方向性の可能性が見出されている。彼はさらに、説教にみられるオリゲネスの祈りを論じるさい、罪を犯すキリスト者は、祈るなかで神に転向すると述べている。その理由は、祈るとき、神の栄光に圧倒されるからである。神のリアリティや自らの罪の重さに捕えられ、祈るなかで浄化の力へと心を開き、罪の罰としての痛みを負う。そのとき、その人は罪の力からの解放を見出す。しかし痛みを感じないなら、それは神が背を向けたことを意味する。[70] このとき罪への自覚は消え、再び悪に抵抗し得ない犠牲者となる。しかし、神の絶え間ない助けによって人間は罪から遠ざかり、その助けは、彼の努力への神からの報酬として与えられる。これによると、罪ある人の祈りもまた拒絶されるのではなく、神に受けいれられることになる。レフィーバーは、神に転向するに至る祈りの性質に関しては説明していない。しかし、神と罪の重さを理性によって知り、祈りのなかで心を開くことによって痛みに直面することは、痛みの回避ないしは拒絶からようやく自らを解放することであるとも言えよう。

　ただそれでも、人間は、祈るという行為に踏み出すことさえできないときがあるのではないか。オリゲネスは以下のように述べている。

　69）　P.S.A. Lefeber, The Same View on Prayer in Origen's Sermons and his Treatise *On Prayer*, in: *Origeniana Septima,* Leuven, 1999, pp. 33-38.

　70）　P.S.A. Lefeber, *op. cit.*, pp. 35-36.

使徒［パウロ］は悪を望むことが神によるとか、善を望むことが神によるとか言っているのではないし、善あるいは悪を行うのは神によると言っているのでもなく、ただ一般的に「志を立てさせ、事を行わせるのは神である」と言っているだけである。……もちろん、例えば、人を不正になぐったり、物を盗んだりするように手が動くことが神によるというのではない。意味は、手が動くこと自体が神によるということである。そこで、神によって与えられた動きを善に向けるか、悪に向けるかは我々によることである。[71]

……理性的［被造物］の各々は、自分の意図と振舞に応じて、ある時には悪から善へと方向転換し、ある時には善から悪へと転落するものであると考えるのは、ずっと敬神の基準に似つかわしいことである。……ある者は、まず小さな過失から始めるが、ついに逆らう霊どもと同程度に悪質なものとなる程、悪意を膨張させ、悪のきわみに至るということが起こりうると思わねばならない。[72]

---

71) PA III, 1, 20: ...ὅτι ἡ τοῦ ἀποστόλου λέξις οὔ φησι τὸ θέλειν τὰ κακὰ ἐκ θεοῦ εἶναι ἢ τὸ θέλειν τὰ ἀγαθὰ ἐκ θεοῦ εἶναι, ὁμοίως τε τὸ ἐνεργεῖν τὰ κρείττονα καὶ τὰ χείρονα, ἀλλὰ τὸ καθόλου θέλειν καὶ τὸ καθόλου ἐνεργεῖν. ... οὐκ ἂν εὐλόγως λέγοιμεν ἔχειν ἀπὸ θεοῦ τὸ εἰδικὸν τόδε, ἤτοιτὸ κινεῖσθαι πρὸς τὸ τύπτειν ἢ ἀναιρεῖν ἢ ἀφαιρεῖσθαι τὰ ἀλλότρια, ἀλλὰ τὸ μὲν γενικόν, τὸ κινεῖσθαι, ἐλάβομεν ἀπὸ τοῦ θεοῦ, ἡμεῖς δὲ χρώμεθα τῷ κινεῖσθαι ἐπὶ τὰ χείρονα ἢ ἐπὶ τὰ βελτίονα· (*Görgemanns/Karpp*, 234, 12-235, 5): ...sermo apostoli non dixit quia velle mala ex deo est aut velle bona ex deo est neque perficere bona aut mala ex deo est, sed generaliter ait quia 'velle et perficere a deo est'. ... Ex quo non utique illud intellegitur, quia quod movetur manus, verbi causa, ad verberandum iniuste vel ad furandum ex deo est, sed hoc ipsum, quod movetur, ex deo est; nostrum vero est motus istos, quibus moveri ex deo habemus, vel ad bona vel ad mala convertere. (*Görgemanns/Karpp*, 234, 26-235, 20.)

72) PA III, 1, 23: ὥστε κατὰ τοῦτο διὰ τὰς προαιρέσεις τινὰς μὲν ἐκ χειρόνων εἰς κρείττονα προκόπτειν, ἑτέρους δὲ ἀπὸ κρειττόνων εἰς χείρονα καταπίπτειν,... (*Görgemanns/Karpp*, 241, 11-13): ...magis convenit regulae pietatis, ut credamus unumquemque rationabilium secundum propositum vel conversationem suam aliquando ex malis ad bona converti, aliquando a bonis ad mala decidere: ... Unde et arbitrandum est possible esse aliquos, qui primo quidem a parvis peccatis coeperint, in tantam malitiam diffundi et in tantum malorum venire profectum, ut nequitiae modo etiam adversariis potestatibus exaequentur; (*Görgemanns/Karpp*, 242, 3-15.) な

第 2 章　祈りにおける聖霊と御子の参与　　　153

　また、罪人の行いに関して、以下の叙述が見られる。

　　……罪人は皆、悪のこの代に縛られているからです。……「わたし
　たちの死ぬべき体を罪に支配させ、その欲望に屈服してはなりませ
　ん。」[73)]

　この前提には、人間が罪に支配されることによって欲望に囚われること
や、強迫的また衝動的な指令が存在することが認識されている。だからこ
そ、それらに対しては、指令に屈服したり従ったりすることは適切ではな
いものとして、警告が与えられている。それには、人間自らが選択するこ
とが必要であり、その選択は自由意志に依る。オリゲネスは次のようにも
述べている。

　　……「肉の業」や神とは相容れないことにわたしたちの魂を煽り立
　てる、その指令に従ってはなりません。[74)]

　　ご自分の父の意思を行い、それを完全に成し遂げるために来られ
　た、キリストが行われたように、御父の意思を行うことができるよう
　に、教会に属する人々は各々祈らねばなりません。[75)]

───────────

お、前者のギリシャ語本文は途中までしかないため、省略のあとの部分は引用文として
記載していない。

　73)　PE 25,1: παντὸς ⟨δὲ⟩ ἁμαρτωλοῦ κατατυραννουμένου ὑπὸ τοῦ ἄρχοντος "τοῦ αἰῶνος τού-
του,"…"μὴ οὖν βασιλευέτω ἡ ἁμαρτία ἐν τῷ θνητῷ ἡμῶν σώματι εἰς τὸ ὑπα κούειν ταῖς ἐπιθυμίαις
αὐτῆς." (GCS 3, 357, 13-24.) ここで「代」と訳されている「アイオーン」は、魂がひと
りの存在として生きる単位であり、この現実的な地上の「世」（ゲー）とは区別される。

　74)　PE 25, 3: μηδὲ ὑπακούωμεν τοῖς προστάγμασιν αὐτῆς, ἐπὶ "τὰ ἔργα τῆς σαρκὸς" καὶ τὰ
ἀλλότρια τοῦ θεοῦ προκαλουμένης ἡμῶν τὴν ψυχήν· (GCS 3, 358, 30-359, 1.)

　75)　PE 26, 3: εὐχερῶς λύσει τὰ ζητούμενα, λέγων εὔχεσθαι δεῖν ἕκαστον τῶν ἀπὸ τῆς ἐκκλησίας
οὕτω χωρῆσαι "τὸ" πατρικὸν "θέλημα", ὃν τρόπον Χριστὸς κεχώρηκεν, ὁ ἐλθὼν ποιῆσαι "τὸ
θέλημα" αὐτοῦ τοῦ πατρὸς καὶ πᾶν αὐτὸ τελειώσας· (GCS 3, 360, 26-361, 1.)

つまり、ここに御父の意思を行うことができるようにとの祈りをささげることが求められている。そのためには、自由意志が自由であること、換言すると、意志が、人間の罪から生じる欲望や衝動の囚われから解放される必要があるのである。

たとえば悪意を捨て去ることについて、オリゲネスはそれが人間の能力によらず神によるとの見解に反論する。[76] また、「神の言葉も自らに近づく人々から『石の心』を取り去ると約束している」[77] と述べ、「神によって『石の心』を取り去られるのは、神に聞き従わない人々ではなく、神の教えている掟を受け入れる人々である」[78] としている。ここには、掟を守るという態度を主体的意志によって選択する必要性が説かれている。

このように、オリゲネスは、罪からの欲望や衝動に自らを委ねず、神の意志を自らの行為として選ぶように祈ることに対して、まったく妥協しない。

1.2. 罪人における自由意志

ここで、自由意志に関するオリゲネスの理解について確認しておきたい。そのためには、『諸原理について』III巻1章が多くの示唆を与える。そこでは、「異端者」[79] たちの見解のひとつとして、人間の救いは自分自身ないしは自分自身の行為ではなく、各魂の、たとえば善や悪といった性質としての本性によって決まるのであり、それらは変化しないものであ

---

76) Cf. PA III, 1, 15.

77) PA III, 1, 15: οὕτως ὁ θεῖος λόγος ἐπαγγέλλεται τῶν προσιόντων τὴν κακίαν ἐξαιρεῖν, ἣν ὠνόμασε 'λιθίνην καρδίαν', … (*Görgemanns/Karpp*, 222, 16-17); ita et divinus sermo promittit his, qui accedunt ad se, ablaturum se esse 'cor lapideum',… (*Görgemanns/Karpp*, 222, 34-223, 18.)

78) PA III, 1, 15: ἣν ὠνόμασε 'λιθίνην καρδίαν', οὐχὶ ἐκείνων οὐ βουλομένων, ἀλλ' ἑαυτοὺς τῷ ἰατρῷ τῶν καμνόντων παρεσχηκότων· (*Görgemanns/Karpp*, 222, 17-223, 1); … non utique ab his, qui se non audiunt, sed ab his, qui doctrinae suae praecepta suscipiunt; (*Görgemanns/Karpp*, 223, 18-19.)

79) 具体的にはマルキオン、ヴァレンティノス、バシレイデスらを指す。

る[80]）、という理解が提示されている。オリゲネスはこのような宿命論的な考え方に反駁する。

また、ここで彼は、意志（arbitrium voluntasque）の本性を明示しようとしている。その説明は、外的力への依存のあり方によって展開されている。[81] 動きの原因が外的要因に依存するもの、内的要因に依存するもの、そしてその中間に位置するものが挙げられ、ここから、外的力のみに依存するもの、内的力に依存するが魂を持たず自動的に（ex se）動くもの、内的力に依存し、魂を有して自律的に（a se）動くもの、と三つに分類されている。そして、三つ目の自律的に動くものとは、何かの動きへと刺激する想念（fantasia）即ち意志や刺激（incitamentum）が生じるときであると説明されている。本能（naturalis instinctus）は、意志や感情（sensus）を秩序正しい適切な動きへと駆りたてる。[82] このような自然の動きを人間も自らのうちに有するが、他の生物には付与されていない理性の力（rationis vis）をも有するがゆえに、自然の動きについて判断し、判別し、ある動きを制止し、また別の動きを受け入れることができるのである。[83] 人間の理性は、「本性上善悪を識別する能力を有しており、それを判別したとき、承認したことを選ぶ能力[84] をも持っている。」[85]

---

80) Cf. PA III, 1, 8.

81) オリゲネスはここで、外的力から受ける影響を「運動」として捕えている。この例証は、『祈りについて』6章1節においても同様に用いられている。この論証方法は、ゲッセルをはじめ一般に指摘されるように、理性の根拠に関しては先験的なプラトン的立場において、また自由の内的構造に関してはストア的立場による分析によって見出されたものと理解される。W. Gessel, *op. cit.*, p. 157; B.D. Jackson, Sources of Origen's Doctorine of Freedom, in: *CH 35*, 1966, pp. 13-23.

82) ここでは、クモが巣を張る動作が例示されている。

83) 同様の説明が、『祈りについて』6章1節においてなされている。これは、祈禱無用論への反論として「自由」を論じるに先立ってなされている叙述である。

84) 「選ぶ能力」について、トリグは、自由意志が「魂の選択能力」に根ざしていることを指摘している。J.W. Trigg, *Origen. The Bible and Philosophy in the Third-century Church*, Atlanta: John Nox Press 1983, pp. 116-117.

85) PA III, 1, 3: ...consequens est ut, quoniam natura rationis huius, quae est in homine, habet in se vim dinoscendi voni vel mali, idque cum discreverit, inest ei facultas etiam eligendi quod

156 本　論

　このような性質をとおして、オリゲネスは、自己をとりまく外的環境と
の関わりのなかで人間の行動を以下のように分析する。すなわち、外的環
境の存在は、自分自身にその根拠があるのではないゆえ、人間がいかにそ
れと関わる状況に置かれようが、外的環境そのものからの影響力を遮断す
ることは不可能である。しかし実際に影響されるか否か、またいかに反応
するかは、自らに掛かっている。このさいの判断や選択は理性によるもの
であり、人間は理性の判断（rationis iudicium）によって外部からの刺激を
用い、理性の意（nutus）によって行動化するのである。オリゲネスは次の
ように述べている。

　　それで、以上のことは、いはば自然的経験によって確認され得るの
　　であるから、外部からはいったものを我々の行為の原因とみなし、
　　我々自身のうちに原因があるはずのとがを我々に責任のないことであ
　　るとするのは、当を逸していると当然言えるのではなかろうか。[86]

　　外部から［人間に］はいる刺激は我々自身にかかっていないが、［外
　　部から］はいった刺激をどのように利用すべきかを、我々のうちにあ
　　る理性が識別し、判断するのに応じて、それを良く用いるかそれとも
　　悪く用いるかということは、我々自身にかかっているのである。[87]

———————————
probaverit,...（*Görgemanns/Karpp,* 197, 29-31.）なお、このあと、オリゲネスは「賢い」動
物に関しても言及し、たとえその動物が秩序正しく行動しているように見えたとして
も、それは「理性」によるものではないと述べている。
　86)　PA III, 1, 5: Τὸ δὲ τούτων οὕτως ἡμῖν γινομένων τὰ ἔξωθεν αἰτιᾶσθαι καὶ ἑαυτοὺς ἀπολῦσαι
ἐγκλήματος, ὁμοίους ἑαυτοὺς ἀποφηναμένους ξύλοις καὶ λίθοις ἑλκυσθεῖσιν ὑπὸ τῶν ἔξωθεν
αὐτὰ κινησάντων, οὐκ ἀληθὲς οὐδὲ εὔγνωμον, βουλομένου τε λόγος ἐστὶν ὁ τοιοῦτος τὴν ἔννοιαν
τοῦ αὐτεξουσίου παραχαράττειν.（*Görgemanns/Karpp,* 199, 12-200, 12.）; Cum ergo haec ita
esse naturalibus quodammodo testimoniis conprobetur, quomodo non superfluum est gestorum
nostrorum causas ad ea, quae extrinsecus incidunt, retorqueri et a nobis culpam, in quibus omnis
causa est, removeri,...（*Görgemanns/Karpp*, 199, 32-200, 17.）
　87)　PA III, 1, 5: ...τὰ μὲν ἔξωθεν οὐκ ἐφ' ἡμῖν ἐστι, τὸ δὲ οὕτως ἢ ἐναντίως χρήσασθαι αὐτοῖς
τὸν λόγον κριτὴν παραλαβόντα καὶ ἐξεταστὴν τοῦ πῶς δεῖ πρὸς τάδε τινὰ τῶν ἔξωθεν ἀπαντῆσαι,
ἔργον ἐστὶν ἡμέτερον.（*Görgemanns/Karpp*, 201, 3-6.）; rationis ostendit quod ea quidem, quae

第 2 章　祈りにおける聖霊と御子の参与　　　157

　　我々は意志の能力を神から受けているが、あるいは良い願望に、
　　あるいは悪い願望に向かうように、この意志を用いるのは我々であ
　　る。[88]

　オリゲネスは、それをさらに聖書箇所の引用によって説明している。彼
は聖書に基づき、「命じられたことを守り得る能力が我々のうちにあり、
そのために守りうることをなおざりにするなら、当然『裁きを受けなけれ
ばならない』」[89] と述べている。ここには、理由の如何にかかわらず、自
らの行動の責任の所在は自らの内部にのみ存するという考えが確認され、
彼が、意志し、行動する主体としての人間を強く意識しているということ
が明確に示されている。
　また、オリゲネスは、罪の原因についても全く魂の自由意志に拠るもの
と考える。[90] 彼によると、人間の罪の起源は悪魔にあるのではなく、罪は
アダムから単に遺伝するものでもない。それは個々の魂の自由意志に依存
するものである。[91]
　オリゲネスは、これまでにも指摘されてきたように、ストア派や中期

---

ex trinsecus incidunt, in nostra potestate non sunt: bene vero vel male uti his, quae incidunt,
ea ratione, quae intra nos est, discernente ac diiudicante quomodo his uti oporteat, nostrae est
potestatis.（*Görgemanns/Karpp*, 201, 20-23.）

　88)　PA III, 1, 20: οὕτως τὸ μὲν ἐνεργεῖν, ᾗ ζῷά ἐσμεν, εἰλήφαμεν ἀπὸ τοῦ θεοῦ καὶ τὸ θέλειν
ἐλάβομεν ἀπὸ τοῦ δημιουργοῦ, ἡμεῖς δὲ τῷ θέλειν ἢ ἐπὶ τοῖς καλλίστοις ἢ ἐπὶ τοῖς ἐναντίοις
χρώμεθα, ...（*Görgemanns/Karpp*, 235, 5-8）; virtutem quidem voluntatis a deo accipimus, nos
autem abutimur voluntate vel in bonis vel in malis desideliis.（*Görgemanns/Karpp*, 235, 20-22.）

　89)　PA III, 1, 6: ...καὶ εἴ τινα ἄλλην δίδωσιν ἐντολήν, φησὶν ὡς ἐφ' ἡμῖν ὄντος τοῦ φυλάξαι
τὰ προστεταγμένα, καὶ εὐλόγως 'ἐνόχων' ἡμῶν 'τῇ κρίσει' ἐσομένων, εἰ παραβαίνοιμεν αὐτά.
（*Görgemanns/Karpp*, 202, 8-10）; nisi quod in nostra potestate est observare posse quae
mandantur, et propter hoc recte 'rei' efficimur 'iudicio', si praevaricemur ea, quae utique servare
poteramus?（*Görgemanns/Karpp*, 202, 21-23.）Cf. Matt. 5, 39; 5, 22; 5, 28.

　90)　有賀鐵太郎、前掲書、282頁、参照。

　91)　以上の内容を含めて、オリゲネスの自由意志論はストア派のそれ「ト・エフ・ヘー
ミン」に殆ど一致しているということが指摘されるが、その一方で単にストアの学説で
はないという反論も存在する。Cf. PA I, 2, 5. 有賀鐵太郎、前掲書、267頁、参照。

プラトン主義的な考え方を用いて以上のことを説明している。H.チャド
ウィックは、オリゲネスがストア派の思想を援用し、外的な力に束縛され
ないものに自己の願望を限定すべきであると考えていたという見解を受け
入れつつも、魂がそれ自体で道徳的不変性という本性を持つとは考えず、
むしろ、その脆弱さをはるかに深く自覚していたことをオリゲネスに指摘
している。そしてさらに、この魂の可変性が恩寵によって神と合一に到る
ときにはじめて克服されるとのオリゲネスの理解を提示している。[92] これ
は、魂の運動として、たとえばオリゲネスの次のような論述のなかに表現
されている。

　　　……この身体の内にあろうと、身体なしの状態にあろうと、魂は常
　　に自由意志を有しており、自由意志は常に、あるいは善、あるいは悪
　　の方へ動くものであって、理性的な者即ち・精神・魂は、あるいは善
　　なる動き、あるいは悪なる動きなしには存在し得ない……。[93]

　B.D.ジャクソンは、オリゲネスの自由意志に関する考え方が、聖書以上
にストア主義とさらにプラトン主義にも依拠していることを指摘してい
る。彼によると、オリゲネスの自由意志論はプラトンの超越的な視点にス
トア派の自由の内的構造分析を組み合わせたものであって、オリゲネスに
始まったものではない。[94]
　ただ、これらの論理を援用するなかで、オリゲネスが独自に加えざるを
得なかった考え方がある。そのひとつは、人格的存在者としての神認識で

　92）　H. Chadwick, *Early Christian Thought and the Classical Tradition. Studies in Justin,
Clement, and Origen,* Oxford: Clarendon Press, 1966, p. 108. Cf. PA I, 7, 5; III, 5, 4; ComRom
VII, 4（*PG 14,* 1107B-1113A）; HomNum 28, 2.

　93）　PA III, 3, 5: Liberi namque arbitrii semper est anima, etiam cum in corpore hoc, etiam
cum extra corpus est; et libertas arbitrii vel ad bona semper vel ad mala movetur, nec umquam
rationalibis sensus, id est mens vel anima, sine motu aliquo esse vel bono vel malo potest.
（*Görgemanns/Karpp,* 262, 9-12.）

　94）　B.D. Jackson, *op. cit.,* pp. 13-23.

あり、これはまさに彼がキリスト教思想家であるところの重要な一面である。人間の魂の可変性には倫理的責任があり、人間は魂の選択した結果に責任を持たねばならない。しかし不完全な人間の自由意志は、完全な善を常時選ぶことができないばかりか、悪を好んで選ぶことさえある。[95] 人間が完全でないかぎり、すべてが論理的な範疇のなかに把握され得るわけではなく、そこには様々な非論理性や矛盾が混在する。[96] だからこそ神は、この人間の救いに関わることをやめず、魂が正しい選択をすることができるよう、その改善を助けるのである。[97]

2. 悪魔の子から神の子へ——人間の責任と神の憐れみ

オリゲネスはすべての人間について、「実際、断じて、元から神の子である人は一人としていない」[98] と述べ、「罪を犯すことと罪を犯さないこととの中間はありませんので、[すべての人は]罪を犯すか犯さないかのいずれかです。」[99] と、二極的な論述を展開している。

その二極的側面の一面として「善を欲したり善をめざして走ったりすることは、明らかに中間的なことではなく、善である」[100] と断定し、善へ到らずともそれを目指しているだけで、オリゲネスは中間的とは見なさず、善と認識する。

他方、「救われない人が悪い本性を有しているのであれば、その人が、善に至らないとはいえ、善を欲し、善に向かって走るということがどうし

---

95) Cf. PA II, 1, 1.

96) Cf. PA II, 8, 4.

97) Cf. PA II, 1, 2. Cf. A. Tripolitis, *The Doctrine of the Soul in the Thought of Plotinus and Origen,* New York: Libra Publishers, 1978, pp. 109-110.

98) ComJohn XX, 33: καθόλου οὐδεὶς ἀνθρώπων ἀρχῆθεν υἱός ἐστιν θεοῦ. (*SC 290*/ TLG 2042. 005.)

99) ComJohn XX, 13: ἤτοι γὰρ ποιεῖ ἁμαρτίαν ἢ ἁμαρτίαν οὐ ποιεῖ, οὐδενὸς ὄντος μεταξὺ τοῦ ποιεῖν ἁμαρτίαν καὶ τοῦ ἁμαρτίαν μὴ ποιεῖν·. (*SC 290*/ TLG 2042.005.)

100) PA III, 1, 8,: οὐκ ἄρα μέσον τὸ θέλειν τὰ καλὰ καὶ τρέχειν ἐπὶ τὰ καλά. (*Görgemanns/ Karpp*, 230, 12-13); ... non est medium velle bona et currere ad bonam, sed bonum. (*Görgemanns/Karpp*, 230, 29.)

てありうるのだろうか」[101] と、悪い本性を有している人は、善への方向性さえも持たないことを強調している。

しかし、そのどちらにも矛盾して、「悪い木は良い実を結ばない」[102] という反対者たちの言葉への反意として、「どうして悪い木が良い実を結び得たのであろう。」[103] との叙述も見られる。ここにおける「良い実」とは「善を欲する」ことを意味し、この問の根底には、罪への方向性を有する人間が善への方向性を持ち得たということが理解し難いことであるとの認識がある。オリゲネスのこの論理のなかで、悪が善を行為するという矛盾は、一体どのように理解されているのか。

オリゲネスは、ローマ9章16節の「神の憐れみ」という言葉を「[それは]望む者、走る者によらず、神のあわれみによる。」[104] と用いて述べることによって説明する。人間がそれを望まずとも、神の憐れみによって善が与えられるため、人間が悪い木であったとしても、善い実を結ばせることが可能ということである。これは、神の憐れみによる働きかけが、善への方向性を持たない人間に、自由意志によってロゴスを受け入れるという謂わば正しい行為選択への可能性を与えるという考えとして理解され得る。

その例として、『ヨハネによる福音注解』の「神があなたたちの父であるなら、あなたたちはわたしを愛したはずである」[105] の注解部において、神が父であるということをめぐって展開される議論を挙げることができる。オリゲネスは、パウロがイエスを迫害し、イエスを愛していなかった

---

101)　PA III, 1, 18: εἴτε ἐροῦσιν ὅτι καλὸν τὸ θέλειν τὰ καλὰ καὶ τὸ τρέχειν ἐπὶ τὰ καλά, πευσόμεθα πῶς ἡ ἀπολλυμένη φύσις θέλει τὰ κρείττονα·（*Görgemanns/Karpp*, 230, 4-5.）; Quomodo ergo si is, qui non salvatur, malae naturae est, vult bona et currit ad bona, sed non invenit bona?（*Görgemanns/Karpp*, 230, 20-21.）

102)　Matt. 7, 18.

103)　PA III, 1, 18: οἱονεὶ γὰρ δένδρον πονηρὸν καρποὺς ἀγαθοὺς φέρει,...（*Görgemanns/ Karpp*, 230, 6）... quomodo malae arboris fructus est bonus?（*Görgemanns/Karpp*, 230, 23.）

104)　Cf. PA III, 1, 18: "ἄρ' οὖν οὐ τοῦ θέλοντος οὐδὲ τοῦ τρέχοντος, ἀλλὰ τοῦ ἐλεοῦντος θεοῦ".（*Görgemanns/Karpp*, 229, 8-9.）"Non volentis neque currentis, sed miserentis est dei. "（*Görgemanns/Karpp*, 229, 25-26.）

105)　John 8, 42.

ときは「神がパウロの父でなかった時」であり、しかしのちにパウロがイエスを愛するようになったことを、「パウロは本性によって神の子ではありませんでした。後に神の子となったのです。」[106] と表現している。そしてその転向の契機はパウロ自身ではなく、なぜ迫害するかとの神の呼びかけである。つまり、このような神の働きかけがあって、パウロはイエスを愛する者へと変化したのである。

3. 罪人に与えられる可能性——御子の到来と参与

オリゲネスはパウロの言葉とヨハネによる福音書から、以下のように述べている。

　　……ヨハネが公同書簡で述べているように、「罪を犯す人は」明らかに「悪魔からの者です。悪魔は元から罪を犯しているからです。」[107]

そして、神から生まれた人のうちに留まっている神の種子が、ひとり子であるロゴスにかたどって造られた人にとって罪を犯すことのできない原因となるように、同じく罪を犯すすべての人のうちに悪魔の種子が内在しており、それが魂に附着している限り、それを有しているその人が正しい行為をなすことができないようにする。これについてオリゲネスは以下のように述べている。

---

106)　ComJohn XX, 17: Οὐ φύσει ἄρα Παῦλος θεοῦ υἱὸς ἦν, ἀλλ᾽ ὕστερον γέγονεν θεοῦ υἱός, … (*SC 290/ TLG* 2042.005.)

107)　PE 22, 4: δηλονότι "ὁ ποιῶν τὴν ἁμαρτίαν", ὥς φησιν ἐν τῇ καθολικῇ ὁ Ἰωάννης, "ἐκ τοῦ διαβόλου ἐστὶν, ὅτι ἀπ᾽ ἀρχῆς ὁ διάβολος ἁμαρτάνει". (*GCS 3,* 349, 4-6.) Cf. I John 3, 8. これに関しては、ほかの箇所においても引用がみられる。Cf. ComJohn XX, 10: 罪人の一人ひとりは、概して、悪魔の子です。すべて「罪を犯す者は悪魔から生まれた」からです。(Καὶ ἐκ τῶν ἐναντίων δὲ ἕκαστος τῶν ἁμαρτανόντων γενικῶς μὲν τέκνον ἐστὶν τοῦ διαβόλου, … [*SC 290/ TLG* 2042.005.])

……「このため、即ち悪魔の業を滅ぼすために、神の子は現れた」のですから、わたしたちの魂のうちに神のロゴスが来られることで、悪魔の業が滅ぼされた時に、わたしたちのうちに植え付けられた悪い種子は根絶され、わたしたちは神の子どもらとなることができるのです。[108]

　　　わたしたちの主イエス・キリストの到来によって「時は満ちる」ことになります。その時、望む者らは「子としての身分をいただきます。」[109]

　オリゲネスの叙述に従うと、ここで人間の側には何の行為も提示されていない。「魂のうちに神のロゴスが来られる」ということのみが、悪い種子の根絶の時とされている。オリゲネスは「このかたは、ご自分を受け入れた人々、その名を信じる人々には、神の子どもたちになる資格を与えた。」[110] と述べている。つまり、魂のうちにロゴスを迎え、そう望むならば、このようにして人間は神の子となることができるという可能性が示されている。
　オリゲネスによると、人間には、とりわけ罪を犯す者には、悪魔の種子が内在し、それは人間から正しい行為の可能性を剝奪する。これが悪魔の業のひとつであった。ここに人間は無力である。しかし、人間の魂のうちに神のロゴスが来られることによって悪魔の業は克服され、悪い種子は根絶される。

　108）　PE 22, 4: ... ἐπεὶ "εἰς τοῦτο ἐφανερώθη ὁ υἱὸς τοῦ θεοῦ, ἵνα λύσῃ τὰ ἔργα τοῦ διαβόλου", δυνατὸν τῇ εἰς τὴν ψυχὴν ἡμῶν ἐπιδημίᾳ τοῦ λόγου τοῦ θεοῦ, λυθέντων τῶν ἔργων "τοῦ διαβόλου", ἐξαφανισθῆναι τὸ ἐντεθὲν ἡμῖν "σπέρμα" πονηρὸν, καὶ γενέσθαι ἡμᾶς "τέκνα τοῦ θεοῦ". (*GCS 3*, 349, 11-15.)

　109）　PE 22, 2: "τὸ" δὲ "πλήρωμα τοῦ χρόνου" ἐν τῇ τοῦ κυρίου ἡμῶν Ἰησοῦ Χριστοῦ ἐπιδημίᾳ ἔνεστιν, ὅτε τὴν υἱοθεσίαν ἀπολαμβάνουσιν οἱ βουλόμενοι,... (*GCS 3*, 347, 5-7.) Cf. Rom. 8, 15.

　110）　PE 22, 2: "ὅσοι δὲ ἔλαβον αὐτὸν, ἔδωκεν αὐτοῖς ἐξουσίαν τέκνα θεοῦ γενέσθαι, τοῖς πιστεύουσιν εἰς τὸ ὄνομα αὐτοῦ". (*GCS 3*, 347, 10-12.) Cf. 1John 1, 12.

第2章　祈りにおける聖霊と御子の参与　　163

　神が、人間の魂が持ち得ないロゴスを人間に与えることによって、悪
魔の業を滅ぼすということは、それが外側から魂に関わるということであ
る。そして、そのロゴスをどのように受け取るかは人間の選択によるので
あり[111]、ロゴスはそれ自身の力によって人間の魂に、自動的にあるいは強
制的に侵入するのではない。ゆえに、魂には、それを自らの内部に受け入
れ、自らの一部とすることが必要である。魂がそれを許可することによっ
て、ロゴスは魂のうちに到来する。このときの、ロゴスを内部へと受け入
れる魂の選択は、自由意志によってなされる。

　P.ネメシェギは、贖いという救いのわざにおいてイエスの人間性および
ロゴスが本質的な役割を果たし、人の魂における神のロゴスの現存が人間
の行動にも関わることを指摘している。[112] 人間でありロゴスであるイエス
は、観念的にではなく、実際的な事柄として人間に影響を及ぼすのであ
る。[113]

　オリゲネスはキリストを、本性上、神の「子であ」り、また、知恵なる
ロゴス[114] であって、全ての理性的存在の根源であると理解している。御

---

　111)　ここに見られる、神によって与えられ、人間が自由にそれを用いる、という構造
は、人間が神から言理を与えられ、それを良くも悪くも方向付けをして用いることがで
きる、というところへも合致する。
　112)　ネメシェギは、オリゲネスにとって認識することが「似ること」であり「合体す
ること」であると指摘し、救いにおけるイエスの人間性とロゴスの必要性を論じてい
る。(P.ネメシェギ「オリゲネスの神学思想をめぐって」『ヨーロッパ・キリスト教史1
先史・古代』、中央出版社、1971年、427-428頁。)
　113)　このような行動の模倣について、土井は、たとえば隣人愛のすすめに関するオ
リゲネスの聖書注解から、行為自体でなく、イエスとの人格的連続性の重要性を指摘
している。ここに神は関わる。(土井健司『愛と意志と生成の神——オリゲネスにおけ
る「生成の論理」と「存在の論理」』、教文館、2005年、46-50頁。) 一方で小高は、この
ロゴスの内在が、人間の進歩によって、完全の域に達した人の内に起こることであり、
その階段を上るプロセスのなかで、ロゴスと同じものにされていくと理解している。
(小高毅「『あなたがたの真中にあなたがたの知らない方がおられる』[ヨハ1・26]——
オリゲネスにおける『人間の神との不可分な関係』」『カトリック研究』58号、1990年、
136頁。)
　114)　PA I, 2, 3. オリゲネスは、人間が神のロゴスないしは聖霊をとおして教え続け
られるのであり、そのロゴスはとくに聖書をとおして聞き取られ、キリストをとおし

子は御父と全く同じ善や愛を持ち、精神である神が受肉したことによっ
て、具体的な行為を通して、御父を表現[115]するのである。御子は、人間
が理解できるようにという神の配慮によって人間の形をとられた「神の実
体を表す姿」[116]である。御子、すなわちロゴスは神の像であり、存在する
全てのものの真理であり命である。神は愛であるからロゴスも愛であり、
愛のゆえにあらゆる方法をとって人間に自己を啓示する。[117]人間と同じ身
体をとった御子の生涯こそ、神の善や愛を完全に表現するのであり、御子
は生命、真理、道、復活としても理解されている。[118]

　神は、全ての人間をこの永遠のロゴスに導こうとされ、啓示と贖罪とい
うみわざを人間に与えた。それは、いわば、人間に与えられた可能性であ
る。万物の神は、全ての人に神に関する知を与えるために、キリストを遣
わされた。キリストを通して、神の善や愛は、万人に知らされる。[119]オリ
ゲネスは、人間の理性や知性をもって、このキリストを認識することを強

て語られるものと理解していることが指摘される。（W.A. Bienert, Zum Logosbegrif des
Origenes, in: *Origeniana Quinta*, Leuven, 1989, pp. 420.）また、ロゴスをいのちの糧とする
理解もみられ、それはフィロンにも指摘される。パドルは、両者には多くの類似点があ
るが、フィロンがロゴスを神、神の言、神の最初の被造物、また、神の力、神性の拡充
と言及する天に違いを指摘する。また、ロゴスを実体化しているが、そこに一貫性はな
い。それに対し、オリゲネスは、ロゴスを実体化するだけでなく、歴史的に擬人化す
る。ロゴスは神性の一つであり、人生に介入し、信じる者らに聖餐のなかでからだの肉
を与え、聖書のなかで言葉を与えることにより、この世と直接関わるものと理解されて
いる。パドルは、オリゲネスとその後のアレクサンドリアの教父たちにとってのロゴス
は、ユダヤ人にとっての霊的なマナの実現であり、両者にとってこの糧が受ける人の霊
的な能力を要する点を同様であるとし、さらにオリゲネスには、神化が究極の恩恵であ
るロゴスという糧を与えるという考えを指摘している。また、オリゲネスは何よりもま
ず霊的恩恵であるロゴスに関心を持つが、キュリル同様、身体と心への物理的な癒しに
も受肉したロゴスの力を認めることも指摘されている。（A.G. Paddle, The Logos as Food
of Life in the Alexandrian Tradition, in: *Origeniana Octava*, Leuven, 2003, pp. 195-199.）

115)　Cf. PA I, 2, 13.
116)　PA I, 2, 8: figura expressa substantiae dei.（*Görgemanns/Karpp*, 38, 12.）
117)　Cf. PA I, 2, 6.
118)　ただし、御子は善ではあるが、父なる神のような自ら善なる者ではない。Cf. PE
15, 4.
119)　知るという可能性については、本稿5章において論じている。

調する。オリゲネスは神認識を重視し、そこに知識（グノーシス）の必要性を説く。それは神のロゴスであり、御子キリストを源泉とする知識である。[120]

　オリゲネスは、創造しまた創造し直す行為に、キリストの心の重要性と役割を強調する。[121] 受肉した言葉は、心のなかで御父の真の黙想的なビジョン産むのであり、堕ちた理性的存在者が、いくらか変容しながらもこれをおぼろげに感知するために、み言葉は真に肉となった。[122] キリストは、身体と魂を与えられた人間の人格をもって、神と人間との間に介在する者としても理解されている。人間と同じ身体をとられたことによって、キリストの神性は物理的に限定されるものとなった。[123] オリゲネスは以下のように述べている。

　　……神の子は、ある人々が考えているようにただ単に人間の身体を取っただけでなく、魂をも取ったのである。その魂は、本性上我々の魂に似ている魂であったが、意志と徳の点では神の子に似ているものであった。[124]

　120）　これに関しては、すでにブイエが言及している。（L.ブイエ他著、大森正樹他訳『キリスト教神秘思想史1──教父と東方の霊性』、平凡社、1996年［L. Bouyer, *Histoire de la spiritualité chrétienne*, 1vol., Paris.］、215頁。）

　121）　Cf. ComJohn 1, 92.

　122）　M. McIntosh, The Maler's Meaning: Divine Ideas and Salvation, *Modern Theology 28 (3)*, 2012, pp. 365-384.

　123）　身体について、オリゲネスはいかに理解していたのか。有賀は、身体が質料（ヒュレー）から作られたという理解がプラトン的であることを指摘する一方、この質料が神によって作られたという点（PA II, 1, 4）は、ユスティノス同様にキリスト教的であると評価している。（有賀鐵太郎、前掲書、263-265頁。）オリゲネスにとって、物質そのものも悪ではない。ゆえに人間に付与される身体もまた善なるものであると言える。この考え方は、ギリシャ哲学を援用したオリゲネスに対して自明のものではない。ただ、D.G.ボストックは、オリゲネスがヨハネ福音書17章21節の解釈を、神が完全であり身体を持たないことから、人間も神に似て神と合一するには、身体を持たずに神に似たものになると理解していることを指摘している。（D.G. Bostock, Quality and Corporeity in Origen, in: *Origeniana Secunda*, Roma, 1980, p. 337.）

　124）　PA IV, 4, 4: ...filius dei ... suscepit non solum corpus humanum, ut quidam putant, sed et

（その魂は）あらゆる魂の中でただひとり罪を犯し得ないもので
あった。[125]

キリストはその魂のうちで喜び、悲しみ、苦悩し、そしてすべてを受け
入れる。これがキリストの魂の状態であり、その魂において生じた意志の
結果としての行為である。このキリストとの関わりについて、オリゲネス
は以下のように説明している。

　　神の子への参与によって人は［神の］子ら［のひとり］とされ、知恵
　への参与によって神のうちにあって知恵ある者とされるのと同時に、
　聖霊への参与によって人は聖なる者、霊的なものとされる。というの
　は、聖霊に参与することは、父と子に［参与することと］全く同一の
　ことだからである。[126]

また、人間については、以下のように、人間自らに備わっている「神の
像」という性質からも考察されている。

　　事実、人間のうちに神の像の刻印が明らかに認知される。……人間
　の場合には漸次、ひとつひとつ修得される……。[127]

これに関して、たとえば有賀は、人間にまず神の像が与えられ、これに

---

animam, nostrarum quidem animarum similem per naturam, proposito vero et virtute similem sibi
et talem,...（*Görgemanns/Karpp,* 353, 9-12.）

　125）　PA IV, 4, 4: ...sola omnium animarum peccati incapax fuit,...（*Görgemanns/Karpp*, 354,
14-15.）

　126）　PA IV, 4, 5: ...participio filii dei quis in filios adoptatur et participio sapientiae in deo
sapiens efficitur, ita et participio spiritus sancti sanctus et spiritalis efficitur. Unum enim atque
idem est spiritus sancti participium sumere, quod est patris et filii, ...（*Görgemanns/Karpp*, 356,
6-9.）

　127）　PA IV, 4, 10: ...in quo（=hominem）et manifeste divinae imaginis cognoscuntur indicia,...
ab hominibus vero paulatim et singulae quaeque conquiruntur.（*Görgemanns/Karpp*, 363, 19-29.）

第 2 章　祈りにおける聖霊と御子の参与　　　167

よって神の相似性の可能性が約束されたのであり、終わりの日には「自ら
の努力によって」それを完成すべきものであるとの考えをオリゲネスに
指摘している。[128] 人間には漠然とした自己の在り方ではなく、原形が与え
られており、その具体性を、キリストはわれわれに提供する。ネメシェ
ギは、ロゴスとして実在するイエスの神性について、理性的被造物の真
中[129] にロゴスが存在するために、理性的被造物は、理性的であるという
ことと被造物であるという二重の意味において、ロゴスの力に参与してい
ると理解している。ただし、理性がその機能を発揮し得るようになるまで
は潜在的なものとしてロゴスを有し、理性を発揮し得るようになった段階
で現実の力としてロゴスを有することになる。

　かつてギリシャ哲学で、隔絶した神と人間との関係に接点をもたらすも
のとしてロゴス概念が用いられたが[130]、オリゲネスにおいては完全な「神
の像」を内包するキリストが唯一のロゴスである。この、キリストをロゴ
スとする考えには、不完全な人間が完全な神とは決して合一し得ないとい
う断絶された関係が越えられ、新たな道が示唆される。[131]

　ギリシャ人たちは、古代より教育を重んじ、人間は教育を得ることに
よってのみ人間らしく存在し得ると考えた。彼らが言う人間らしさとは人
間固有の性質としての善[132] のことである。善は、全ての魂がそれを追い
求め、それのためにあらゆることをなすところのものであり、徳はこの魂
の究極的なあり方、すなわち善のためのもの、そして教育はこれを認識し
獲得するためのものと考えられていた。オリゲネスはそのような精神を包
含するギリシャの教育を受けたのであって、彼自身にも同様に、ロゴスに

---

　128)　有賀鐵太郎、前掲書、279頁、参照。Cf. CCels IV, 30; PE 27, 2; ComJohn XX, 17.
　129)　これについて、ネメシェギは「ヘーゲモニコン」に存在すると説明している。
ヘーゲモニコンに関しては、次の章で考察する。
　130)　柴田有『グノーシスと古代宇宙論』、勁草書房、1982年、が詳しい。
　131)　これに関連する事柄として、オズボーンが、仲介者イエスに関するオリゲネス
の理解について、仲介者は人間に対して神とのあいだのギャップを「取り除く」の
ではなく「埋める」ものと述べていることは、適切な表現であろう。（E. Osborn, The
Intermediate World in Origen's On Prayer, in: Origeniana Secunda, Roma, 1980, pp. 95-103.）
　132)　オリゲネスの善理解に関しては、本稿4章で論じる。

よる教育を重んじる態度が見られる。また、彼が、実際的なギリシャ哲学とロゴスに教育という共通点を見出していたことも指摘される。[133]

ただ、人間は優れた能力をもってしても独力では神を知り得ない。しかし、聖霊の参与とキリストのもたらすロゴスにより神に関する知を得ることで、それが可能とされることをオリゲネスは示す。神への知、グノーシスは、この世の知識と矛盾し対立するがゆえに、キリストにおいて提示される。このロゴスは、人間を教育する存在として認識される。

4. 神の子としての祈り──迫害する者のための禱り

では、そのようななかで、人間が自らの意志によって具体的に取るべき態度は何なのか。

オリゲネスは、「わたしたちは実から、どちらの子であるか認められるのです」[134] と述べている。ゆえに、「かつて悪魔の子 [であった者] も神の子となることができる」[135] というのは、良い実を結ぶ、つまり、善を欲する者となることを指すと言える。オリゲネスはその変化の過程を、福音書に見出している。

---

133) イェーガーは、アレクサンドリアのクレメンスがパイデイアをギリシャ哲学のなかに見出したことに対し、オリゲネスはキリスト教とギリシャ哲学の共通点としてパイデイアの理念をとらえていたことを指摘している。(W.W. Jaeger, *Early Christianity and Greek Paideia*, Massachusetts: Harvard University Press, 1961, pp. 69-78.) また、同じクレメンスとの比較において、K.J.トーリェセンは、神の教育をロゴスに帰せ、そのロゴスについてクレメンスはロゴスを徳の訓練者でありグノーシス派の倫理的完全性を得させる導者、また模範であると理解するのに対し、オリゲネスは、聖書とこの世において、自己開示をとおして神を知らせる仲介者であり啓示者であると認識していると述べている。(K.J. Torjesen, Pedagogical Soteriology from Clement to Origen, in: *Origeniana Quarta*, Innsbruck, 1987, pp. 370-378.)

134) ComJohn XX, 13: ... ἀπὸ τῶν καρπῶν ἐπιγινωσκόμενοι τίνος ἐσμὲν υἱοί. (*SC 290/ TLG* 2042. 005.) Cf. Matt. 7, 16. オリゲネスは、この同じ譬え話に属するマタイ7章18節を、論敵の論拠として例示している。後者においては、悪い本性を有する者たち（つまり論敵たち）の主張する救われないと決定されている人も、善を欲することがあり得るのであり、その悪から善への変化に神の憐れみの存在と働きを顧慮してのものと思われる。Cf. PA III, 1, 19.

135) 次の注の引用文中に含まれる。

第 2 章　祈りにおける聖霊と御子の参与　　169

　　かつて悪魔の子[であった者]も神の子となることができます。救い
主が語られた次の言葉を書き記して、マタイもこのことを明らかにし
ています。「『隣人を愛し、敵を憎め』と命じられたのを、あなたたち
は聞いている。しかしわたしはあなたたちに言う。あなたたちの敵を
愛し、あなたたちを迫害する者のために祷りなさい。こうして、あな
たたちが天におられるあなたたちの父の子らとなるためである。」[136]

　　祷ってください。「敵を愛しなさい。そして迫害する者らのために
祷りをささげなさい」という言葉から、かつて天におられる御父の
[子では]なかった者も、後に[御父]の子となるからです。[137]

　　人が天におられる神の子となるのは、自分の敵を愛し、自分を迫害
する者のために祷ることによるほかにないとすれば、次のことは明ら
かです。即ち、だれ一人として、本性によって神からのものであるこ
とゆえに、神の言葉を聞くのではなく、神の子となる資格を受けたこ
と、及びふさわしくその資格を用いること、更に敵を愛し、迫害する
もののために祷ることで天におられる御父の子となった人が[神の言
葉を聞くのです。][138]

　136）　ComJohn XX, 13: …δύναται ὁ ποτὲ υἱὸς τοῦ διαβόλου γενέσθαι υἱὸς τοῦ θεοῦ, ὅπερ σαφὲς
καὶ ὁ Ματθαῖος ποιεῖ ἀναγράφων τὸν σωτῆρα οὕτως εἰρηκέναι· "Ἠκούσατε ὅτι ἐρρέθη· Ἀγαπή-
σεις τὸν πλησίον σου καὶ μισήσεις τὸν ἐχθρόν σου· ἐγὼ δὲ λέγω ὑμῖν· ἀγαπήσατε τοὺς ἐχθροὺς
ὑμῶν καὶ προσεύχεσθε ὑπὲρ τῶν διωκόντων ὑμᾶς, ὅπως γένησθε υἱοὶ τοῦ πατρὸς ὑμῶν τοῦ ἐν τοῖς
οὐρανοῖς." (SC 290/ TLG 2042. 005.) なお、マタイ5章43節から45節にかけて、オリゲネ
スの『マタイによる福音注解』のテキストは残存しておらず、参照することはできない。

　137）　ComJohn XX, 13: προσέχετε γὰρ ὅτι ἐκ τοῦ "ἀγαπᾶτε τοὺς ἐχθροὺς" καὶ "προσεύχεσθε
«ὑπὲρ τῶν διωκόντων" ὁ μὴ πρότερον τοῦ ἐν οὐρανοῖς πατρός, ὕστερον αὐτοῦ γίνεται υἱός· (SC
290/ TLG 2042. 005.)

　138）　ComJohn XX, 33: καὶ εἰ οὐκ ἄλλως γίνεταί τις υἱὸς τοῦ ἐν οὐρανοῖς πατρὸς ἢ ἐκ τοῦ
ἀγαπᾶν τοὺς ἐχθροὺς ἑαυτοῦ καὶ προσεύχεσθαι ὑπὲρ τῶν διωκόντων αὐτόν, δῆλον ὅτι οὐδεὶς
τῷ φύσει εἶναι ἐκ τοῦ θεοῦ τὰ ῥήματα τοῦ θεοῦ ἀκούει, ἀλλὰ τῷ λαβεῖν ἐξουσίαν τέκνον θεοῦ
γενέσθαι καὶ κεχρῆσθαι εἰς δέον τῇ ἐξουσίᾳ, καὶ τῷ ἠγαπηκέναι τοὺς ἐχθροὺς καὶ προσεύχεσθαι
ὑπὲρ τῶν ἐπηρεαζόντων γενόμενος υἱὸς τοῦ ἐν οὐρανοῖς πατρός. (SC 290/ TLG 2042. 005.)

170 本 論

　以上のように、オリゲネスは、神の子となるためにイエスによって求められていることを根拠に、敵を愛し、迫害する者のために「祈る」ことを、三度にわたって勧奨している。ここに、悪魔の子が神の子となる可能性が開かれている。その祈りによって「天の父の子となる」と言われているからである。この理由については、初代教会の著述家たちが神の模倣を強調していたことが指摘され、ネメシェギは、神を模倣することと、神の子になることとが密接に結ばれていたため、神の慈悲と愛に倣うことが肝要と理解されていたと述べている。[139]

　人間はまた、たとえば自分を迫害するものに対して彼を自らの敵と認識するとき、そこに敵という存在を自ら内的に生じさせることになる。その場合、それが内的に敵であるかぎり、愛する対象とはなっていない。ゆえに、「敵を愛する」とは、その言葉に矛盾を内包することになる。しかし、敵を愛するとは、敵である相手の存在に、愛するか否かの自らの選択の如何を依拠するのでなく、その対象に対して自らの愛を主体的に機能させることでもあろう。このとき、外的な状況がいかなるものであろうとも、内的には敵は消失し、愛する自己が存在する。そして、その主体的な愛はまさに父なる神の性質であるがゆえに、愛を選ぶ人間もまた、神の子に倣うものとなるのではないか。

結

　以上、自由意志を持つ罪人なる人間をめぐって、祈りに対する神の側と人間の側からの可能性について述べてきた。そのなかで、人間には存在する主体としての在り方が問われ、罪を負い、弱い存在でありながらも、与えられている自由意志の能力のゆえに決して責任から逃れられないというオリゲネスの考えと同時に、だからこそ、人間を知るがゆえに人間に先立って神に執り成す聖霊と、神を示し神の方へと人間に働きかけるロゴスとしてのキリストの存在が、神の子としてふさわしい祈りを可能にすると

　139）　P.ネメシェギ、前掲書、444頁。

の理解を確認した。

　まず、聖霊の参与については、それが御父と同様、人間とは完全に隔絶された存在であり、人間は本来、聖霊との接点を全く持つことができないにもかかわらず、オリゲネスは「父よ」と呼びかけて禱ることにおいて聖霊はその存在を与え、その存在はすべての人間に対して開かれていると考えていた。

　魂にこの聖霊が働き、聖霊がその魂を聖化することによって、人間は神を知る。そして聖化された魂が、神を受け入れることができる。このように、聖霊はわれわれの魂に関わる働きに携わっているものと理解されており、キリストが名づけたところの「パラクレトス」[140]として述べられている。『祈りについて』のなかでは、パラクレトスである聖霊は、人間の言語では表現し得ないことを教え、霊的知識を開明し、顕示することで、魂に慰めを与える存在として言及されている。オリゲネスが理性や知性を重視したことはすでに述べたが、聖霊は明らかに人間の知的理解の及ばない事柄を示唆する。

　このような霊の働きは、執り成しについて述べるさいにも認識されている。『祈りについて』14章5節において、禱る主体が人間であり、それに対して執り成しの主体は聖霊であると理解されていた。他者のための執り成しを、人間でなく聖霊の作用範囲に含むオリゲネスの認識から、霊に属する執り成しが、知的理解を超えたところにある善であり愛のわざとして理解されていたと考えることができる。

　ただし、祈るさいにも「神にふさわしい」状態にある者のみにその言葉と状態が知らされるというように、聖霊の参与は段階的に捉えられている。本来、人間の性質の根本には罪性が存在し、この罪によって、人間は善を欲することも志向することもできないはずである。にもかかわらず、オリゲネスは祈る行為のなかに、その閉じられた罪の循環からの解放の可能性を認識していた。そこには聖霊とロゴスなるキリストの働きがある。オリゲネスによれば、ロゴスの到来を魂が自らのうちに招き入れる根底に

140）　弁護者、慰め主、賜物の分配者を意味する。

は、神の憐れみによる働きかけがある。ロゴスの知らせる知は、しばしばこの世の知と矛盾する。たとえば、敵となる自らの在り方を放棄し、主体的に迫害者のために祈ることの必要性が説かれる。それは、「神の子」となる結果を導く。このような事柄に関する知が、人間の意志を導く。そしてその意志は神からの離反へと誘う自らの欲求の犠牲になることから、その欲求を解き放つ方法を得る。そのとき、人間は主体的に痛みを負う方法を学ぶ。

　以上のように、オリゲネスは、罪性を有する人間が、途絶えることのない神からの離反に直面しながらも神の子となり、そこに留まることを可能にするのは、聖霊とロゴスであるキリスト・イエスにより、神と自己への無知から自由になることを通してであると理解していた。[141] そのとき、人間をある限定に閉じ込めてきた価値観や知識が幻影であることを理解する。この知は、外在する客観的な知的事柄としてではなく、自らの体験により、自らのものとして獲得される。

　これらのすべての過程において、オリゲネスは人間が自らに背負っている責任の自覚を促す。その自覚には、神の憐れみが不可欠である。そのためにも祈ることが必要である。なぜなら、祈るなかにおいて、これらの過程は進行するからである。その過程を選び、意志をもってそこに入るのは人間であるが、そこにおいて人間に自らを知らせ、変化を与えるのは神である。

　本稿では、第1章において、御父にのみ祷ること、第2章において、祈りのさいの聖霊と御子との参与について論じ、これまでに、祈るさいの三位それぞれがどのように働くのかということに関するオリゲネスの理解を、以上のように探求してきた。次の章では、祈り求める内容について、オリゲネスの言葉に従って考察を深めていくことにする。

---

141)　祈りにおいて神に直接向き合うことは、神を認識し、自分を認識する過程でもある。その過程を経るなかで、不必要な対象への希求は、その不必要性の自覚とともに消滅へと導かれる。オリゲネスはこの事柄を、異教徒および偽る者の祈りが、なぜ同じような方法によっても祈りの肯定的な効果が期待できないのか、ということへの最後の説明として取り上げていた。両者の違いは、自らへの知の有無に起因する。

第3章　魂の糧を求める祈り

はじめに

　オリゲネスは、著述にさいして聖書を引用するさい、身体（σῶμα）、魂（ψυχή）、霊（πνεῦμα）という側面に相当する三重の意味を抽出することに努め、なかでも霊的意味を重視する。[1] 聖書のなかに隠された霊的意味を引き出すことを最も重要であると見なしていたからである。[2] 本稿1章でも確認したように、『祈りについて』のなかでも霊的なものを祈ることが強調されている。[3] 天上のものを霊的なものとし、この世のものを肉的なものとする考え方がオリゲネスの聖書理解にも表れていることは、よく知られている。

　『祈りについて』では、祈りに関する一般的内容を述べた直後に位置する主の祈り注解部に、パンを求める祈りが含まれている。[4] 新約聖書にお

---

1)　E.g. PA IV, 2, 4.

2)　Cf. PA IV, 2, 4. これに関しては、H. Crouzel（author）, A.S. Worrall（trans.）, *ORIGEN*, Edinburgh: T. & T. Clark Ltd., 1989, pp. 1-84. が詳しい。

3)　Cf. PE 16, 2.

4)　オリゲネスは、ルカ福音書ではなくマタイ福音書における主の祈りについて注解する。それは、オリゲネスが両者の差異を重視し、乞い求められることなくイエスが特別に教えたものであったという根拠により、後者の主の祈りについて詳述している。なお、マタイ福音書、ルカ福音書における主の祈りはそれぞれ下記のとおりである：
"πάτερ ἡμῶν ὁ ἐν τοῖς οὐρανοῖς, ἁγιασθήτω τὸ ὄνομά σου· ἐλθέτω ἡ βασιλεία σου· γενηθήτω τὸ θέλημά σου ὡς ἐν οὐρανῷ καὶ ἐπὶ τῆς γῆς· τὸν ἄρτον ἡμῶν τὸν ἐπιούσιον δὸς ἡμῖν σήμερον· καὶ ἄφες ἡμῖν τὰ ὀφειλήματα ἡμῶν, ὡς καὶ ἡμεῖς ἀφήκαμεν τοῖς ὀφειλέταις ἡμῶν· καὶ μὴ εἰσενέγκῃς ἡμᾶς εἰς πειρασμόν, ἀλλὰ ῥῦσαι ἡμᾶς ἀπὸ τοῦ πονηροῦ" (PE18, 2 [*GCS 3*, 340, 13-19.]);
"πάτερ, ἁγιασθήτω τὸ ὄνομά σου· ἐλθέτω ἡ βασιλεία σου· τὸν ἄρτον ἡμῶν τὸν ἐπιούσιον δίδου ἡμῖν τὸ καθ'ἡμέραν· καὶ ἄφες ἡμῖν τὰς ἁμαρτίας ἡμῶν, καὶ γὰρ αὐτοὶ ἀφίεμεν παντὶ τῷ ὀφείλοντι ἡμῖν· καὶ μὴ εἰσενέγκῃς ἡμᾶς εἰς πειρασμόν." (PE18, 2 [*GCS 3*, 20-24.])

けるこの祈りの意味について、たとえばO.クルマンは、物質的なものを乞い求める祈りもまた尊重されており、それがイエスの信仰でもあったと述べ、この箇所が物質として身体を養う日常的なパンを求める祈りであると説明している。[5] しかし、オリゲネスがこの箇所を解釈するとき、パンに関してもやはり彼自身の方法で、物質的な食物としてではなく、魂を養う霊的な糧として理解している。それは、その注解の起始部で、「ある人々は、わたしたちは物体的なパンについて祈るよう命じられていると想定していますので、ここで彼らの偽りの教説を取り除いて、『存在のためのパン』についての真の［教え］を論証するのはふさわしいことでしょう。」[6] と述べられているとおりである。

　それならば、現実に身体を纏い、パンを食べて生きている人間にとって、魂を養う霊的なパンとは何を差すのか。また、実際のパンを乞い求めることは無意味なのか。本章の前半では以上の問いをめぐって、『祈りについて』の内容に基づいて考察する。

　他方、霊的なものがなぜそれほどまでに重視されるのか。物質のパンの必要性はわかりやすくても、霊的なパンの必要性をすべての人間が知っているわけではなく、それを乞い求めているわけでもないが、それでも現実的には生きているのである。ゆえに後半では、パンによって養うものとされる魂に関するオリゲネスの理解について、彼の神学思想が体系的によく表れている『諸原理について』を主たるテキストとして用いながら、考察し、論じる。

---

　5)　O. Cullmann, *Das Gebet im Neuen Testament: zugleich Versuch einer vom Neuen Testament aus zu erteilenden Antwort auf heutige Fragen,* Tübingen: Mohr Siebeck, 1997 [2], pp. 69-71. ただし、物質的解釈に抵抗を示す研究者ら（E.ローマイア、R.E.ブラインら）には来るべき代における将来のパンとして理解する傾向のあることも指摘されている。(*Ibid.*, n.122.)

　6)　PE 27, 1: ἐπεί τινες ὑπολαμβάνουσι περὶ τοῦ σωματικοῦ ἄρτου λέγεσθαι εὔχεσθαι ἡμᾶς, ἄξιον αὐτῶν τὴν ψευδοδοξίαν διὰ τούτων περιελόντας παραστῆσαι τὸ ἀληθὲς περὶ τοῦ ἐπιουσίου ἄρτου. (*GCS 3*, 363, 25-28.)

第1節 主の祈りのパンを求める祈りに関するオリゲネスの理解

1. 主の祈りのパンをめぐる理解

　まず、冒頭で述べたオリゲネスのパン理解について、殆どの研究でそれが霊的に理解されていることとその根拠を確認しておきたい。

　有賀鐵太郎はこのパン理解について、『オリゲネス研究』[7]のなかで短く触れ、すべてを霊的に解釈するオリゲネスにとってパンのみに物質的な解釈を充当するのは不可能であるという理由によって、パンを霊的な意味において理解しているものと見なす。W.ゲッセルは、嘆願の祈りの一つとしてパンを求める祈りについて論じ、パンがロゴスを意味するものであり、それを乞い求めるのは神化への祈りを意味するものと理解している。[8] V.L.ノエルも同様に、物質的なパンが魂を養うロゴスのメタファーであると述べ、魂はロゴスによって養われ、一層ロゴスに似たものとなり、その最終的な目標はロゴスとの合一と神化であるとの理解を、オリゲネスに帰している。ゆえに、人間にはこの霊的なパンによって養育されることが必要なのである。[9] A.G.パドルもまたノエルと同じく、オリゲネスにとってこのパンが霊的食物であるロゴスを象徴し、ロゴスによって神化を辿るものと理解している。[10]

　このように、オリゲネスの理解するパンをロゴスとみなし、それが魂を神化に導くと考える研究が一般的にみられる。ただ、そのさいにパンを求める祈りの注解部に関する詳細な考察はなされていない。この注解部に

---

7)　有賀鐵太郎『オリゲネス研究』、長崎書店、1981年、72-74頁。

8)　W. Gessel, *Die Theologie des Gebetes nach ›De Oratione‹ von Origenes,* München/ Paderborn/ Wien: Schöningh, 1975, pp. 180-186.

9)　V.L. Noel, Nourishment in Origen's On Prayer, in: *Origeniana Quinta*, Leuven, 1992, pp. 481-487. 本稿序論の研究史においても触れた。

10)　A.G. Paddle, The Logos as the Food of Life in the Alexandrian Tradition, in: *Origeniana Octava*, Leuven, 2003, pp. 195-200.

は、検討されるべき点がある。それは、オリゲネスが『祈りについて』に
おいて、とりわけ旧約聖書から目の前の現実に関する懇願の記事を積極的
に引用しているという側面が、求めるべきパンを霊的に理解するという方
向性とは附合しないのである。すなわち、ここにおいて言及されているの
は、その多くが、祈りによって、天上の事柄ではなく地上の物質あるいは
事柄を得たことに関する内容だからである。

　本稿ではこの点に関しても考察し、パンを求める祈りがどのように理解
されているのかを、オリゲネスの他の著作におけるパンへの言及も参照し
ながら、詳細に考察する。

2. 祈りの結果として──旧約聖書における例から

　オリゲネスが大いなるものを求める禱りを重視していたことは本稿1章
で確認した。大いなるものとは、乞い求めるに値する天上のもの、霊的な
ものであり、陰影に相当するものではない。つまり、物質的なものではな
かったはずである。では、『祈りについて』のなかの、祈りによって物質
的なものを得られた記事についてはどのように理解すべきなのか。

　有賀はこれに関して、オリゲネスが聖書の記事を理解するさい、字義通
りではなく比喩のなかに隠された霊的意味を求めるという傾向に、懸る問
題解決の糸口を見出している。すなわち、有賀は、旧約聖書から引用され
ている祈りの実例[11] について、それが天上のものを求める祈りの例として
示されているのではなく、オリゲネスが同著のなかで述べている聖書箇所
に関して、読者自身が霊的に解釈する必要性があるものと考えているので
ある。[12] ここに指摘されているように、オリゲネスが霊的解釈を重んじた
ことは事実であるが、オリゲネスは聖書が語る内容のなかに解釈によって
霊的意味を探求し、彼自らがそれを開示し論じるのであって、このこと
は、その読者がオリゲネスの叙述のなかに霊的解釈を読み取らねばならな
いということを意味するわけではない。オリゲネスは、聖書のなかの隠さ

11） Cf. PE 13, 2-3.
12） 有賀鐵太郎、前掲書、56頁。

第 3 章　魂の糧を求める祈り　　　　　177

れた意味を読み解き、伝えることを、むしろ自らの務めとしていたはずで
ある。

　ゲッセルは、聖書から引用され実現された懇願がより高次の真実のた
めの象徴であり、『祈りについて』13章2-3節が、与えられたこの世的な恵
みがいかに霊的な恵みの陰影であったのかを示すものであると述べてい
る。[13] 本書冒頭でもふれたように、オリゲネスはこの世のものでなく天上
のものを乞い求めるよう勧奨し、この世の事柄についてはそれの陰影とし
て理解していた。また、実現された現実は物体に付随する陰影であるが、
ただそれを現実の象徴とする理解は提示されず、むしろ「与えてくださっ
たかたにふさわしい理由とか根拠を述べることができない」[14] ようなもの
であった。ゆえに、オリゲネスは陰影に関心を向けずに霊的な禱りをさ
さげることを勧め、「霊的で、キリストの内なる生命を熱心に追及する人
に、末梢的で地上に属する事柄について祈ることを忌避させ、本書の読者
を、既にその原型として述べた、神秘的な事柄へと促す」[15] ことを目指し
ていたのである。ゆえに、陰影をもって実体を示すという提示の方向性は
考えにくい。

　他方、オリゲネスはローマ書注解のなかで、ローマ書13章14節を説明す
るさいに次のようにも述べている。

　　　使徒［パウロ］は、いつもながらの慎重な表現を用いて、全面的に
　　肉に心を用いることを否定しているのではありません。必要不可欠な
　　ものに関しては［肉に心を用い］なければならないことは確かです。[16]

　13）　W. Gessel, *op. cit.*, pp. 178-180.

　14）　PE 16, 2: βούλεται δὲ σοφῶς, εἰ καὶ ἡμεῖς μὴ δυνάμεθα ἑκάστῳ τῶν διδομένων αἰτίαν καὶ
λόγον ἄξιον τοῦ διδόντος εἰπεῖν.（*GCS 3*, 337, 16-17.）Cf. PE 17, 1.

　15）　PE 13, 4: ... ἀποτρέποντι τὴν πνευματικὴν καὶ τὴν ἐν Χριστῷ ζωὴν ποθοῦντας ἀπὸ τοῦ
περὶ τῶν μικρῶν καὶ ἐπιγείων εὔχεσθαι καὶ παρακαλοῦντι ἐπὶ τὰ μυστικὰ, ὧν τύποι ἦσαν τὰ
προειρημένα μοι, τοὺς ἐντυχόντας τῇδε τῇ γραφῇ.（*GCS 3*, 328, 4-7.）

　16）　ComRom IX, 34: Moderatione solita Apostolus utitur, cum non per omnia carnis curam
negat habendam. Certum est enim quod in necessariis habenda est;（*PG 14*, 1234, 23-35.）

これは、快楽や放逸など、欲求への態度に関して警告を与えている箇所である。ここは、過剰な欲求であるそれらを徹底的に排除しようとする文脈であるため、逆に「必要不可欠な」ものへの擁護が生じている。現実的には、生きるうえで、必要不可欠な場合には肉に心を用いる必要があるのである。

　もっとも、この箇所は放縦に生きることへの戒めであって、祈る内容を意味しているのではない。祈るにあたっては、肉的なこと、物質的なことは、陰影として与えられるものであり、神の采配のうちに置かれているのである。それは祈りの対象とはなっていない。

3. パンを求める祈り——主の祈り解釈から

3.1. ルカ福音書11章5-8節におけるパン

　オリゲネスは、主の祈り注解部以外において、ルカ11章5節から8節までの、友人にしつこくパンを求める人のたとえ話を引用し、求める者が受けることを提示している。ただ彼はその根拠を、同じ文脈からではなく、あえてヨハネ6章51節から「このパンを食べるならば、その人は永遠に生きる」という言葉を引用し、受けるパンが「生けるパン」であることに結び付けている。この箇所で言及されている「パン」は、聖書の内容に従えば明らかにイエス自身のことである。[17] しかしながら、このパンの内容のあとでオリゲネスは「御父は……『善い賜物（δόματα ἀγαθὰ）』を与えてくださる」[18] と記している。善い賜物とは、天的なものを指すと考え得る。したがって、ここで与えられるとされているこのパンは、主の祈りのなかで指すパンと一致しないにせよ、天上のものを指すものであることは確かであり、それが神の与えるものであると考えられていることが明らかである。そして、「求める」ように勧められていたということと、これが与えられるべき天上のものであるということとは、この友人の態度に現わされ

　17）　オリゲネスは『ヨハネ福音書注解』を著しているが、そのなかにヨハネ6章に関する記事は残存しないため、この箇所に関するオリゲネスの理解を確認することはできない。

　18）　PE 10, 2: ...δίδωσιν"ὁ πατὴρ" "τὸ ἀγαθὸν δόμα."（GCS 3, 321, 13.）

第 3 章　魂の糧を求める祈り　　　179

ているように「求めることによって得る」という原理とも附合する。つまり、先の地上のものに関しては神が計らい、天上のものに関しては求めることによって得る、という違いのあることを指摘し得る。

3.2. 主の祈りにおけるパン

　それは主の祈りにおけるパンを求める祈りに関してもそのまま適用されている。パンの祈りに関する注解の冒頭における叙述から、オリゲネスがこのパンを物質的なものとして理解してはいないこと、むしろパンを物質的に理解して乞い求めることに否定的であることが確認される。[19] 27章2節では、イエスによって祝福されたパンを食べた人々とイエスとのやりとりをヨハネ6章26-29節より引用し、この箇所を受けて、「ロゴスを信じる者ら」が「『いつまでも保ち、永遠の生命に至る』糧である神の業を行」[20] うと述べている。その文脈のなかで、彼は詩編107編20節から、「主に贖われた人」としてのイスラエルについて言及し、このイスラエルを、「病んでいる人」として扱っている。そして、彼らが適切な食べ物がないために死に近づき、しかし主がロゴスを遣わして彼らを癒されたという論述に繋げている。この詩編の引用は、前後のヨハネ福音書からの内容に関連し、ロゴスの持つ力を示すためのものである。そしてオリゲネスは、このロゴスを信じる者らが永遠の生命に至る糧である神の業を行うのだという主張に再び戻る。

　以上のように、永遠の生命に至る食べ物とはキリストが与える食べ物のことであり、ロゴスと言われるが、神はいかなる食物によっても助けられなかった彼らにロゴスを遣わして彼らを癒したということ、そして、そのロゴスを信じることは神による業であって、そのロゴスが永遠のいのちに至る糧そのものである、というオリゲネスの理解をここに確認することができる。ゆえに、オリゲネスは神の業に励むことを読者に勧める。そし

---

19)　Cf. PE 27, 1（*GCS 3*, 363, 25-364, 2）; PE 27, 9（*GCS 3*, 369, 1-2）.

20)　PE 27, 2: ᾧ λόγῳ οἱ πιστεύοντες ἐργάζονται "τὰ ἔργα τοῦ θεοῦ," "ὄντα" βρῶσιν μένουσαν εἰς ζωὴν αἰώνιον.（*GCS 3*, 364, 17-18.）

てこの糧は、先の聖書箇所に続くヨハネ6章32-33節を引用することによって、パンとして言及される。その神からのパン、真のパンに養われることによって、人間は創られた本来の姿、すなわち神の似像性を回復し、真の人へと向かっていく。[21]

　以上の説明のあと、オリゲネスはパンについて、それがイエス自身を指す場合と、別のものを指す場合とに区別されると述べている。[22] パンがイエスとは別のものを指すと言われている箇所もまたヨハネ6章32節から33節であるが、ここでは出エジプトのさいにイスラエル人が荒野でマナを与えられたことに言及されている。『祈りについて』27章10節にも出エジプトのさいのマナに関する叙述が見られ、ここではマナが物質的なパンと理解されている。この荒野のマナは、イスラエルの民にはロゴスがまだ完全には現存していないため、ロゴスによって与えられた真の食物の陰影と考えられている。このように、マナは完全な霊的食物ではあり得ず、ロゴスこそがキリストにおいて肉を備えた現存を負いながら、天国からの真の食物を与える。[23] ここで、イエスがパンであるか否かはイエスの受肉を境として考えられ、ロゴスが受肉する前に人々に与えられたマナはイエスではないパンとして、そして福音書において人々の目の前で語るイエスはパンとして理解されている。

　オリゲネスは『祈りについて』27章4節で、聖書のなかですべての食べ物がパンと呼ばれていることに触れる。その食べ物のなかには、人によって、食べ得るものと食べ得ないものとがあり、優れた人は何でも食べ得るが、無力で完成に遠い人は野菜だけを食べる。[24] 野菜とは、「いとも単純で、活力を付与することの全くできない教え」[25] を指す。神は、野菜では

---

21)　PE 27, 2 (*GCS 3*, 364, 21-23).

22)　PE 27, 3 (*GCS 3*, 364, 26-29).

23)　A.G. Paddle, *op. cit.*, pp. 195-200.

24)　Cf. PE 27, 5.

25)　PE 27, 5: ἁπλουστέροις καὶ μὴ πάνυ εὐτονίαν ἐμποιοῦσι μαθήμασιν ἀρκουμένου,... (*GCS 3*, 366, 13-14.)

第3章　魂の糧を求める祈り　　　　181

なく、「より完成の域に近づいた人々に適する、競技者用の食べ物」[26] を
提供することを望んでいるのである。

　キリストが与えるパンは「真の食物」（ἡ "ἀληθὴς" "βρῶσις"）、「キリス
トの肉」（"σὰρξ" Χριστοῦ）、「肉体となったロゴス」（"λόγος" οὖσα γέγονε
"σὰρξ"）であり、それを食べる者は「永遠に生きる」（"ζήσει εἰς τὸν
αἰῶνα"）。[27] オリゲネスは『ヨハネによる福音注解』のなかでも、イエスの
食べ物について示唆している。それは神の意思であり、その食べ物を食べ
るという行為は神の意思を行うことを意味する。[28] なぜなら、イエスがロ
ゴスに信頼しているからである。しかし、ロゴスに信頼できない人間はロ
ゴスを食べること、つまり神の意思を行うことができない。ゆえに、懲ら
しめによって学ぶことが必要である。けれどもロゴスに信頼し、神の意思
を行うことができるなら、ロゴスによってのみ完成へと導かれる。イエス
はこの人間に対して、自身と同じくロゴスに信頼させ、完成へと導くこと
ができるのである。[29]

3.3. 存在のためのパン（ὁ ἄρτος ἐπιούσιος）

3.3.1. ウーシア（οὐσία）の関連性

　以上のようにパンについて説明するさい、オリゲネスはパンに懸る形容
詞、"ἐπιούσιος"（存在のための）について考察している。[30] 彼は最初に、こ
の用語が学問的にも一般的にもあまり使用されていないものであることを
指摘し、福音書記者の造語であろうと推察する。[31] そして、二通りの理解
を試みている。

---

26)　PE 27, 4: ἀθλητικὴν τελειοτέροις ἁρμόζουσαν τροφήν.（*GCS 3*, 365, 13.）

27)　PE 27, 4（*GCS 3*, 365, 23-28）. Cf. John 6, 53-57.

28)　Cf. ComJohn XIII, 35, 226-228. Cf. John 4, 34.

29)　Cf. ComJohn XIII, 37, 245-6.

30)　Cf. PE 27, 7-17. なお、マタイもルカもともに「必要な」と訳され、主の祈りのな
かでは「日用の」と訳されている。

31)　実際には、エジプトのパピルスにこの語が使用されながらもすでに破損している
ことが指摘される。（有賀鐵太郎、前掲書、113-114頁、参照。）Cf. O. Cullman, *op. cit.*, p.
106.

182　　本　論

　まず一つめに、オリゲネスは "ἐπιούσιος" が "οὐσία"（存在性）という語
から造られたものであると類推し[32]、「ウーシアに寄与するパン」をさす表
現であると考える。[33] このウーシアは同類の性質を与えるものであり[34]、摂
取する人の身体にパンが入るとパンが身体を形成するように、霊的なパン
はそれを食する人の霊性を養うものと意味づけられている。そして彼は、
以下のように述べている。

　　「存在のためのパン」とは、ロゴスに与かっている本性［を有する
　　者］に最も適するもの、その存在性と同類のもので、魂に健康と活気
　　と力とをもたらし、それを食する人に自らの不死性を――神のロゴス
　　は不死なかたですから――分け与えるものです。[35]

　彼はまた、この「存在のためのパン」を、ソロモンによって神の「知

　32）　有賀は、聖書には「エピウーシオス」と、よく似た「ペリウーシオス」（出エジプ
ト 19, 5: LXX）が使われ、オリゲネスはそれぞれをエピとウーシア、ペリとウーシアに
分解して理解し、前者は「ウーシアに同化される」、後者は「ウーシアに関わる」とい
う意味として論じていると説明している。（有賀鐵太郎、前掲書、73-74頁、参照。）
　33）　Cf. PE 27, 7. 有賀はこの語をウーシアから抽出するのは無理だと判断している。有
賀は、語源から考えるとエピウーシスが「来る日のための」（ἡ ἐπιοῦσα [ἡμέρα]）、「現
在の日のための」（ἐπὶ τὴν οὖσαν [ἡμέραν]）、「未来のための」（ἐπιέναι）から派生したと
考えている。（有賀鐵太郎、前掲書、113頁、注82-83。）また、クルマンは聖書学の立場
から、パンをめぐるこの祈りが、一方ではパンそのものの語、他方では「日毎の」と訳
されている、パンにかかる形容詞の意味に関して、古来より多様な解説を要するほどに
理解困難であったことを指摘している。（Op. cit., p. 69.）また、このエピウーシアはウー
シア（生活費）というギリシャ語と混同して用いられる傾向があったが、馴染のある言
葉ではなかったことも指摘されている。（Op. cit., p. 71.）
　34）　Cf. PE 27, 9.
　35）　PE 27, 9: ἐπιούσιος τοίνυν ἄρτος ὁ τῇ φύσει τῇ λογικῇ καταλληλότατος καὶ τῇ οὐσίᾳ αὐτῇ
συγγενής, ὑγείαν ἅμα καὶ εὐεξίαν καὶ ἰσχὺν περιποιῶν τῇ ψυχῇ καὶ τῆς ἰδίας ἀθανασίας (ἀθάνατος
γὰρ ὁ λόγος τοῦ θεοῦ) μεταδιδοὺς τῷ ἐσθίοντι αὐτοῦ. (GCS 3, 369, 18-22.)

恵」³⁶⁾と言われている³⁷⁾「生命の木」³⁸⁾と同一視し、それにすがるすべての
人にとって安全なものである、と述べている。³⁹⁾人間も天使も、この食べ
物を食する。ただし、実際には、神の子と同じく敵⁴⁰⁾もまた存在性をもっ
て実在するので、両者は色んな食べ物になり得、人間はこのいずれをも食
する可能性がある。⁴¹⁾オリゲネスは、ペトロが清くないものや汚れたもの
を食べることを拒絶した出来事の根拠をここに示唆する。⁴²⁾同時に、その
直後に神がそのように言うペトロをたしなめたことをめぐり、「浄い食べ
物」と「浄くない食べ物」という対比を、受ける者にとって糧となる食物
とならない食物を示しているものと理解している。さらに、彼は、終末の
状況を示すマタイ13章47節の天の国のたとえ話から、神はよいもの悪いも
のも含めて、やがて全部を滋養物とするという終末論的理解を示すに到っ
ている。

　これらに包含されているのは、パンの本質を神の知恵とする考えであ
る。パン以外のものも糧として存在し、それを摂取したとしても、最終的
にはパン、すなわち神の知恵が人を養う。

3.3.2. エピエナイ (ἐπιέναι) との関連性

　「存在のための』という語に関する二つめの理解として、"ἐπιέναι" (次
に来る)から造られたものであるとの推測が挙げられる。オリゲネスは、
それが「来るべき代にふさわしいパン」⁴³⁾を乞い求める祈りであり、与え
てくれるよう先取りして祈ることを勧める呼びかけであると説明してい

---

　36)　Prov. 3, 18.
　37)　オリゲネスは、真の人を養うパンとして、魂にはロゴス、精神には神の知恵 (精
神を捉えるもの)、本性 (を有する者) には真理と理解している。Cf. PE 27, 2 (*GCS 3*,
364, 23-25).
　38)　Gen. 3, 22.
　39)　Cf. PE 27, 10.
　40)　Cf. Zech. 3, 1.
　41)　Cf. PE 27, 12.
　42)　Cf. Acts 10, 15.
　43)　PE 27, 13: τὸν ἄρτον τὸν οἰκεῖον τοῦ μέλλοντος αἰῶνος. (*GCS 3*, 372, 4.)

る。[44] ただし、この叙述の後で、それよりも前述の「存在性」に基づいて理解する方がよいと述べているように読み取り得る文章が続くが、その意味は明確ではない。[45]

オリゲネスは、聖書におけるその語の慣例を指摘し、代全体が今日と呼ばれ、過ぎ去った代が昨日であろうことを述べている。そして、この代を、「来るべきものの影」[46] として考察している。その代々において、神は恵みを示す。

なお、次のようにも述べられている。

　　諸々の食物にはそれほどの相違があるのですが、「存在のためのパン」は、［先に］述べたあらゆる［食物］の中でも唯一のものであり、わたしたちは、それにふさわしいものとされ、「元のうちに、神とともにあった」、「かみ」なるロゴスを糧として与えられ、神化されるようにこのパンを祈り求めねばなりません。[47]

ここには、パンを祈り求めることがロゴスを糧として与えられることを求めることであり、その目的が神化であるという認識が提示されている。

3.4.「今日」
オリゲネスはまた、『祈りについて』27章13節で、パンの祈りの最後の

---

44)　PE 27, 13.

45)　クルマンは、聖書学の立場においては、"ἐπιούσιος"を動詞"ἔπειμι"（＝「従う」）に基づき、「明日のための」と訳されることが適切であると考えており、この論述に至る"ἐπιούσιος"という形容詞を巡るオリゲネスの考察の意味が、結局のところ不確かであることを指摘している。（O. Cullman, *op. cit.*, pp. 72-71.）有賀は、オリゲネスが"ἐπιούσιος"が"ἐπιέναι"から派生したという解釈を、結局は採択していないと判断している。（有賀鐵太郎、前掲書、113頁、注82-83。）

46)　Heb. 10, 1.

47)　PE 27, 13: ἐχόντων καὶ τοσαύτης διαφορᾶς βρωμάτων οὔσης, εἷς παρὰ πάντας τοὺς εἰρημένους ἐστὶν ὁ ἐπιούσιος ἄρτος, περὶ οὗ εὔχεσθαι δεῖ, ἵνα ἐκείνου ἀξιωθῶμεν καὶ τρεφόμενοι τῷ "ἐν ἀρχῇ" "πρὸς θεὸν" θεῷ λόγῳ θεοποιηθῶμεν.（*GCS 3*, 371, 27-372, 2.）

言葉をマタイ福音書とルカ福音書の双方から取り上げて考察している。[48]
ここで、マタイ福音書における「今日」[49] が代を表すものであり、「今の
代」を意味するものと説明されている。ゆえに、ルカ福音書における「毎
日」は「いつの代も」[50] と理解されなければならない。そして、「この代
全体が『今日』であるなら、恐らく、過ぎ去った代は昨日でしょう」[51] と
述べられており、今日が、すでに過ぎ去った日との区別のもとに言及され
ている。つまり、今日は過ぎ去っていないのであり、ここに存在するので
ある。また、その代のなかの一日一時間という微細な部分は、代々の時間
を認識するなかでこそ重要視できるのであるから[52]、終末に目を向けなが
ら、現在を集中して生きることが勧奨されていると理解することもできる。
　以上がパンをめぐる祈りに関するオリゲネスの論述内容である。

4. 主の祈りにおける「存在性」の強調および救済的視点にお
    ける霊的解釈

　ここで、このパンをめぐる祈りが主の祈りのなかに位置づけられている
点について考察したい。

48）　本章、注4における、オリゲネスによるマタイおよびルカ福音書における主の祈り
のテキスト、参照。

49）　"σήμερον." ディックホフは、オリゲネスの理解について、「今日」という言葉が
今のみを表現しているのではなく、同時により長い期間を示しており、そこにすべて
の時間の長さつまり救いの時代の長さを含んでいることを指摘する。（P. Dyckhoff, *Das
Kosmische Gebet Einübung nach Origenes*, München: Kösel-Verlag, 1994, esp. p. 123.）

50）　アルビアールは、オリゲネスが死後の魂の継続的な教育という理論を好むことを
指摘するとともに、オリゲネスが魂のダイナミックな歴史における別のステージとして
死後をとらえ、その歴史のなかで回心の可能性があり得ると考えていると述べている。
魂の成長は急激にではなく徐々に起こるため、長い時間を要するこの成長のプロセス
のために、神は壮大な可能性をもって人を創ったというオリゲネスの考えも指摘して
いる。（J.J. Alviar, *KLESIS. The Theology of the Christian Vocation according to Origen*, Great
Britain: Four Courts Press, 1993, esp. pp. 101-103.）

51）　PE 27, 13: εἰ δὲ "σήμερον" ὁ πᾶς οὗτος αἰών, μή ποτε "ἐχθὲς" θὸ παρεληλυθώς ἐστιν αἰών.
（*GCS 3*, 372, 17-19.）

52）　Cf. PE 27, 16（*GCS 3*, 375, 3-9）.

彼は主の祈りの冒頭の「天にましますわれらの父よ」を説明するさい、この父への呼びかけの言葉が、「神の存在性を、あらゆる被造物から分かつことを意図している」[53] ものと理解している。そしてこの呼びかけで、神の存在性を共有していない者らにも、神の栄光、力、そして神性の流出が生ずると考えている。[54] つまり、この呼びかけの言葉は、主の祈りが向けられる相手に対して、存在性が異なるという性質が意識されたものであることがわかる。オリゲネスは、旧約聖書のなかに、キリストが教示した何の躊躇もなく神を父と呼ぶ禱りが見出されないことについて言及することで、キリストの到来によって、人間がはじめて神を父と呼ぶ身分とされたことを指摘している。ここからは、この存在性の異なる神に対して父と呼び得るのがキリストの存在ゆえであるとの認識を読み取ることができる。

またオリゲネスは、同じく主の祈りの「あなたの御国が来ますように」について、神の国が目に見えるものとして到来するものとは考えておらず[55]、この世の存在様式に基づいた実際的、可視的な意味における実現の希求はやはり斥けられている。それに代わり、霊的な神の国の到来について、現在ではなく来世あるいは来るべき代がその時として意識されている。[56]

救済の約束について、オリゲネスは『諸原理について』のなかで論じているが、救済を視点に据えるならば、聖書の字義的解釈は、霊的理解に対する怠惰的態度であると述べている。[57] そこにおいてもパンは「知恵の食物」（sapientiae esca）[58] と呼ばれており、それによって養われた精神は神の似姿性を回復すると述べられている。このことは、先の "οὐσία" によって "ἐπιούσιος" が説明されるなかで論じられていた内容と一致する。

53）　PE 23, 5: οἱονεὶ ἀφιστάντι τὴν οὐσίαν τοῦ θεοῦ ἀπὸ πάντων τῶν γεννητῶν.（GCS 3, 353, 10-11.）本稿1章3節においても言及した。

54）　Cf. PE 23, 5.

55）　Cf. PE 25, 1.

56）　Cf. PE 25, 2.

57）　Cf. PA II, 11, 2.

58）　PA II, 11, 3（Görgemanns/Karpp, 186, 11）.

第3章　魂の糧を求める祈り　　187

そして人間は、この世の生を終えて聖者たちの都に到るとき、「人はパン
だけで生きるものではなく、神の口から出る一つ一つの言葉で生きる」[59]
という言葉の真意を知ることができるのである。[60] ここでも、物質的世界
でパンと言われるものは霊的存在者を生かすロゴスとして理解されてい
る。そして、パンを食べるのが肉体的人間の本質的、生来的な欲求であ
るように、魂は魂のパンに対して欲求を感じる。[61] そのような人間にとっ
て、現世では完全に得ることはできなくても、霊的な事柄について熱心
に学ぶこと、そして、学び、進歩することへの熱望が重要である。[62] つま
り、オリゲネスにとって、将来のための準備を現世で行うことは、決して
将来への助走ではなく本走であって、それこそが今日の目標なのである。

　オリゲネスは「現世にあって真理と知識の下絵を有している人々には、
将来完全な像の美しさが加えられるに違いないことが確認される」[63] と述
べているが、これはまさに、「明日のためのパンを今日与えたまえ」[64] と
いう祈りと重なる。すなわち、努めて必要なパンを得ることが今生の課題
であり、それは完成から見ると不十分なものかもしれないが、しかしこの
世を去った以降の準備でもあり、それによって来るべきときに真の益を手
に入れることに繋がるということである。

　パンは以上のように魂を養うものと考えられていた。このように考える
オリゲネスの背景には、彼の魂理解があり、それを包含する世界観があ
る。彼があらゆるものの根拠に聖書を据えていたことは自明のことである
が、キリスト教の教理が充分に定まらない時代のなかで、彼はどのような
世界観のもとに思想を展開していたのか。

---

59)　Matt. 4, 4.

60)　Cf. PA II, 11, 3.

61)　Cf. PA II, 11, 4 (*Görgemanns/Karpp*, 186, 23-24); PA II, 11, 4 (*Görgemanns/Karpp*, 187, 13-15).

62)　Cf. PA II, 11, 4 (*Görgemanns/Karpp*, 187, 18-24).

63)　PA II, 11, 4: constat, 'habentibus' iam deformationem quandam in haec vita veritatis et scientiae addendam esse etiam pulchritudinem perfectae imaginis in futuro. (*Görgemanns/Karpp*, 187, 31-33).

64)　「明日」とは、前述の"ἐπιέναι"（次に来る）の理解による。

本節ではこの世界を陰影ととらえるオリゲネスの理解について触れたが、そのことも含め、次節では、魂の歩むプロセスとその背景にある世界に関するオリゲネスの理解について考察する。

第2節　この世において辿る魂のプロセス

1.「魂」理解

本章の冒頭で述べたような聖書の三分法と同様に、オリゲネスは、人間をもまた、身体、魂、霊から成るものと理解している。[65] このうち、身体を纏いながら実際に生きるのは魂であり、この魂はたとえば『祈りにおいて』のなかで、神と関わる場としてしばしば精神、霊、心、その他の内的要素とともに言及されている。[66] なお、ここでの論述においては、多様な訳語による齟齬を避けるため、小高によって使用されている邦語表記を、必要に応じて踏襲する。

オリゲネスによると、魂は最初から魂であったわけではなく、また無数に存在するのでもなく、限定された数だけ創造された理性的被造物（rationabilis creatura）であった。[67] これは「ヌース」（νοῦς, mens）[68] と呼ばれているものでもあり、物質の身体を持たず、「善悪を識別する能力を有しており、それを判別したとき、承認したことを選ぶ能力を持っている」[69] 理性（logos）を付与され、神を観想する性質を与えられた、純一知

65）　Cf. PA IV, 2, 4（*Görgemanns/Karpp*, 312, 3-6）. Cf. 1Thess. 5, 23. ルフィヌスは、それぞれ"corpus", "anima", "spiritus"と羅訳している。また、その三種類の状態を、魂の救いないしは成長の諸段階としても理解している。（PA II, 11, 7［*Görgemanns/Karpp*, 191, 20-192, 1.］）

66）　さらには魂をめぐる彼の論述によって彼自身が断罪されたことからも、その叙述には誤って理解される恐れも含まれている。

67）　Cf. PA II, 9, 1. なお、理性的被造物が定数であったという叙述の一方で、魂が無数に存在する（PA III, 1, 14）といった叙述も見られるが、これは定数の霊が何度も魂として生き直すためであることが考えられる。

68）　「精神」と訳される。

69）　PA III, 1, 3: ὅθεν ἐπεὶ ἐν τῇ φύσει τοῦ λόγου εἰσὶν ἀφορμαὶ τοῦ θεωρῆσαι τὸ καλὸν

第 3 章　魂の糧を求める祈り　　189

的存在（intellectualis natura simplex）とも呼ばれる。[70] これは被造物である
ため神と永遠に共存するものではなかったが[71]、魂に先立って存在するも
のであった。

　魂に関するオリゲネスの考え方には、しばしば初期ストア派からの影響
が指摘される。[72] つまり、魂が、五感、言語能力、生殖能力、そして人間

καὶ τὸ αἰσχρόν, αἷς ἑπόμενοι θεωρήσαντες τὸ καλὸν καὶ τὸ αἰσχρὸν αἱρούμεθα μὲν τὸ καλόν,
（*Görgemanns/Karpp*, 197, 11-14）; Unde consequens est ut, quoniam natura rationis huius, quae
est in homine, habet in se vim dinoscendi boni vel mali, idque cum discreverit, inest ei facultas
etiam eligendi quod probaverit, ...（*Görgemanns/Karpp*, 197, 29-31.）

　70)　Cf. PA I, 1, 6（*Görgemanns/Karpp*, 21, 11）; ComJohn I, 20 ff.; CCels IV, 14. 小高は、「知
的精神が神の像である」がゆえに、オリゲネスにとって「精神がある意味で神に類似す
るものである」と述べており（小高毅『オリゲネス──「ヨハネによる福音注解」研
究』、創文社、1984年、109頁。）、トリポリティスもまた、オリゲネスが神を不可視な知
的本性と表現し、全ての知的本性ないしは知的精神の起源なる源と考えていると述べて
いる。（A. Tripolitis, *op. cit.*, p. 91.）ラウスは、精神に関するオリゲネスの理解について、
精神を「魂の先端」と表現し、神を直視することで精神は変容し、精神が神と合一する
のであり、この合一の中で精神は自己を見出すと説明し、神との合一が脱自状態として
理解されているのではないことを指摘している。そしてその理由を、脱自による忘我
状態（エクスタシス）の概念がモンタノス派によって誤用されていたことに見ている。
（A.ラウス著、水落健治訳『キリスト教神秘思想の源流──プラトンからディオニシオ
スまで』、教文館、1988年、124-131頁。）

　71)　A.トリポリティスは、ロギカが永遠から存在しているとの主張をオリゲネスの考
えとして述べているが、その根拠としては、神の善行と統治を続け、神の力が活動しな
かった時があるとは考えられない（PA I, 4, 3）という内容が挙げられる。また、ロギカが
神と同様に永遠で言わば初めなしに存在したと考えうるのかという問題について、ロ
ギカが神の思考として、また、神の精神とロゴスである神の知恵における永遠の形な
いしはイデアとして存在したと説明されている。（PA I, 4, 5; PA I, 2, 2; CCels V, 22, 29.）
しかしオリゲネスは「始原にあたって造られたこれらの理性的諸存在者は、前に存在
しなかったが創造された。それらは、前に存在しておらず、存在し始めたという理由
で、必然的に可変的なものである」（Verum quoniam rationabiles istae naturae, quas in initio
factas supra diximus, factae sunt cum ante non essent, hoc ipso, quia non errant et esse coeoerunt,
necessario convertibiles et mutabiles substiterunt,... : PA II, 9, 2 ［*Görgemanns/Karpp*, 165, 17-
19］.）と述べている。ゆえに本稿は、ここでは明らかに、それらには存在しなかったと
きがあったことが示されていることを指摘したい。

　72)　Cf. W. Gessel, *op. cit.*, p. 138. A.H.アームストロングは、神の火の表れとして最高次
のものは人間の統制原理である理性すなわちヘーゲモニコンと考えられていたとし、そ

を主導する部分としてのヘーゲモニコン（ἡγεμονικόν）、という八つの部分
から構成されている[73]、とする理解である。ここでは、このうち、魂の状
態に大きく影響するヘーゲモニコンに焦点を当て、オリゲネスの理解への
接近を試みる。

　ヘーゲモニコンは、ルフィヌスとヒエロニムスによって "principale
cordis" と羅訳されている。A.リースキーはそれを "Seelengrund"（魂の基
盤）と独訳し、ロゴスとの出会いの場として理解している。そして、ヘー
ゲモニコンの最も興味深い働きとして、魂をロゴスと連携させ、ヘーゲモ
ニコンのものとされているその宗教的意義を魂に想起させる、という側面
を挙げ、さらには、ヘーゲモニコンが精神的あるいは宗教的な意味原理で
あり、ヌースとは異なって悪魔の試みと攻撃にさらされるものとして理解
されていると指摘している。[74]

　H.クルゼルは、オリゲネスが魂を上下二層の構造によるものとして考え
ていること[75]、その高次の要素をプラトンの言うヌース[76]と理解し、知性

れは、彼が実際にかつ自然の法則として持っている神の本質の共有分を所有することに
よる、と述べている。（A.H. Armstrong, *An Introduction to Ancient Philosophy* 1947, p. 124.
Cf. M. Pohlenz, *Die Stoa: Geschichle einer geistigen Bewegung I*, Göttingen: Vandenhoeck und
Ruprecht, 1948, p. 88, 225, 344; C.J. De Vogel, *Greek Philosophy. A collection of texts with notes
and explanation*s, vol. 3, Leiden: Brill, 1959.）

　73）　ゼノンが魂をヘーゲモニコンと五感、言語および生殖という八つの部分に分けた
とされている。宇宙における太陽のようなヘーゲモニコンからは、タコの腕のように魂
の七つの部分が生えて身体へ通じており、その場所は頭のなかにとも心臓部にとも言わ
れる。なお、ヘーゲモニコンについてランペは、「魂の主要部分、知性（intellect）」と説
明している。（G.W.H. Lampe, ἡγεμονικός, in: *A Patristic Greek Lexicon*, Oxford, 1987[8], 1961,
pp. 599r-600l.）

　74）　P.A. Lieske, *Die Theologie der Logosmystik bei Origenes*, Münster, 1938, pp.104-106. オ
リゲネスはヌースが錯乱する可能性を有することを示唆している。Cf. PE 9, 1:... ὑπὲρ
τοῦ μὴ ἐπιθολοῦσθαι τὸν νοῦν ὑπὸ ἑτέρων λογισμῶν πάντων ἐπιλελῆσθαι (*GCS 3*, 318, 2-3);
ComJohn XX, 36: 悪魔は我々を支配し、われわれのヘーゲモニコンを混乱させた。

　75）　クルゼルは、それらが魂の異なる「構成要素」として理解されているのではな
く、魂は異なる脈絡では異なって表現される唯一知的で霊的なリアリティであることを
指摘している。（H. Crouzel, *op. cit.*, pp. 87-89.）Cf. PA II, 10, 7.

　76）　クルゼルは、ヌースをMindと訳すこともできると述べており、ヌースが「精神」

第 3 章　魂の糧を求める祈り　191

（intellectus）とも呼んでいることに触れている。そして、この高次の要素ヌースは、理性的被造物として先在する魂を構成していた、魂の源の部分を指す。[77] つまり、魂に堕ちる以前の理性的被造物は、ヌースが自らの全体を構成していたものということになる。なお、このヌースがストア派の考えるヘーゲモニコンに相当し[78]、さらに聖書における用語としては「カルディア」（καρδία）あるいは「コア」（cor）と表現され、心を意味することが指摘される。ここから、クルゼルが、オリゲネスの思想のなかでヌース、知性、ヘーゲモニコン、そしてカルディアを等しいものと理解し、魂となる前の理性的被造物全体を構成すると考えていることがわかる。それらは、言葉である神の像において創造され、人間が神の像に与る根源である。クルゼルによると、神の似像性の再獲得もまた、魂が堕ちる前の本来的存在、ヌースとも呼ばれるヘーゲモニコンによって導かれる。ヘーゲモニコンは霊の最良の生徒であり、霊の導きのもと、道徳的かつ高徳な器官であり、黙想と祈りの器官である。[79] 他方、低次の要素は、最初の堕罪以降に付加されたものである。[80] それは、本能あるいは感情の源であり、プラトンによる魂の三分説[81]のうちの低い二つであるスュモス（θυμός）とエ

（Mind）として捉えられていることが分かる。Cf. *Ibid.*, 88, n.a.

77）　リュケマもまた同様に、ヌースが魂の本来の状態を指すことを述べている。（R. Reukema, Souls, in: J.A. McGuckin [ed.], *The Westminster Handbook to Origen*, Louisville/London: Westminster John Knox Press, 2004, p. 202r.）

78）　クルゼルは、ストアにおいてこの用語が"principale cordis, principale mentis, principale animae"とされており、支配或いは主要な能力を意味すると述べている。（H. Crouzel, *op. cit.*, p. 88.）

79）　Cf. H. Crouzel, *op. cit.*, p. 89.

80）　堕落後にこの低次の要素が付加された理由を、クルゼルは、人間の魂がこの身体のうちにある限り、善悪種々の霊の種々の働きかけを受けうるため（PA III, 3, 4）と述べている。つまり試練を受けるため、と換言できよう。

81）　プラトンは魂を、魂の動的かつ非知的根源であり、覇気や気概、また怒りを示す"θυμός"（G.W.H. Lampe, θυμός, in: *op. cit.*, p. 657l-r.）、渇望、欲望、強欲を意味する"ἐπιθμία"（G.W.H. Lampe, *op. cit.*, pp. 524l-525l.）、そして、理性の三つに分類した。また用語としてもプラトン派のヌース（知性）、スュモス（怒り）、エピスュミア（渇望）という三分説に対し、後者はプネウマ（霊）、プシュケー（魂）、ソーマ（身体）を意味し、直接的には対応しない。（Cf. H. Crouzel, *op. cit.*, p. 87.）

ピスーミア（ἐπιθυμία）[82]として理解されていることが指摘される。[83]つまり、オリゲネスが上下二部分から成ると理解している魂は、クルゼルによると、プラトンの三分説に対応することになる。

　W.ゲッセルは、オリゲネスがヘーゲモニコンを魂の上部に設定し、そこを神の像の所在として、観想と徳の器官、祈りの器官とする点ではクルゼルの見解に賛意を示している。ただし、ヘーゲニコンを "Vernunft"（理性）、また先のリースキーがヘーゲモニコンとは異なるものとして扱ったヌースを "Verstand"（悟性）と独訳し、この点でゲッセルは先のクルゼルと異なっている。

　J.デュピュイはさらに細かく、オリゲネスがヘーゲモニコンを、ロゴスとも呼ばれるヌース（νοῦς）[84]、ディアノイア（διάνοια）[85]、ディアノエーティコン（διανοητικόν）[86]、カルディア（καρδία）の四つを含むものとして理解していたと考える。[87]クルゼルに従えば、ディアノイアもディアノ

82）　それぞれ、「怒り」と「渇望」を意味する。

83）　G.W.H. Lampe, *op. cit.*, pp. 87-89. Cf. Rom. 8, 6. なお、リュケマの指摘にもあるように、オリゲネスはプラトンの三分説に時折ふれながらも、それが聖書を典拠としていないことにより、彼自身はそれに対して批判的である。（R. Reukema, *op. cit.*, pp. 2011-202r.）Cf. PA III, 4, 1:……我々の魂は実体としては一つであるが、いくつかの部分、即ち理性的と言われる部分と非理性的と言われる部分から成り立っており、またこの非理性的と言われる部分は、更に愛欲と憤怒の二つの感情に分かれる。（…, quia anima nostra, cum una sit per substantiam, ex pluribus tamen constet, id est quod pars eius rationabilis dicatur, pars vero inrationabilis, et ea quidem pars, quam inrationabilem dicunt, in duos rursum dividatur affectus supiditatis et iracundiae. [*Görgemanns/Karpp*, 264, 7-11.]）

84）　Cf. FrgmLk 120; ComJohn II, 35.

85）　「祈っている者の悟性から出る光のように」（PE 12, 1: ἀνατέλλοντι ἀπὸ τῆς τοῦ εὐχομένου διανοίας… [*GCS 3*, 324, 15-16].）という表現が見られる。

86）　たとえば、神に魂を向けて祈るダビデについて、それは悟性の目（PE 9, 2: οἱ ὀφθαλμοὶ τοῦ διανοητικοῦ [*GCS 3*, 318, 7.]）が主の栄光を映し出すように変えられ、大きな恩沢を得たのだと説明されている。つまり、悟性は神と関わることに関する器官であるため、明らかに魂の上部にあるものと理解されていることが推測される。

87）　J. Dupuis, 'L'esprit de l'homm'. *Étude sur l'anthropologie religieuse d'Origène*, Bruges/Paris, 1967, p. 70, nn. 50-54. ゲッセルはこの考えを古ストア派に指摘する。（W. Gessel, *op. cit.*, p. 138.）

エーティコンも知的な活動に携わるものであり、ヌースもカルディアも
ヘーゲモニコンに等しいものであるから、これらが魂の上位のものに相当
すると考えるデュピュイの説と齟齬はない。また、小高毅がディアノイア
とディアノエーティコンの双方を「悟性」と訳している点も、クルゼルの
「知的な活動に携わるもの」というカテゴリーに等しい。

　三小田敏雄は、ゲッセル同様、魂の構成とその要素について、クルゼル
の見解に従い、オリゲネスが自由意志の力が働く場をヘーゲモニコンと考
えていることを指摘する。ただしそれが魂の上部ではなく、上部と中部の
中間に位置するものであると理解している。このことについて、三小田は
下記のように考えている。

　ヘーゲモニコンはしばしば、魂の最も高次な機能を持つものとして、つ
まり神を見るものとして理解され、ヌースに等しいもので、ロゴスの不可
欠な伝達者と考えられている。[88] 神を模倣することは、実際にはロゴスす
なわちキリストを模倣することを意味するため、ロゴスは神を模倣するた
めに不可欠である。[89] 魂は、あらゆる段階において、進歩に応じて魂を照
らすこのロゴスの助けを必要とする。[90] ヘーゲモニコンは自由意思を与え
られ、二者択一の選択能力を有していたために、常に動揺する。魂は、そ
のようなヘーゲモニコンの性質にしたがって、上昇と下降双方の方向性を
有する。ヘーゲモニコンはその道程の終焉に向けて、霊的感覚によってロ
ゴスの助けを受けながら、コースを決め、魂を導く。[91]

　以上のように、三小田はほぼクルゼルに等しく、オリゲネスがヘーゲモ
ニコンを、神を見得る、魂において最高機能を持つものとして理解し、魂
に歩みを教えるロゴスを伝達する働きを持つものとして考えていたことを
提示する。そしてそれがヌースに等しいものであることを指摘していた。

88）　Cf. FrgmJn 18, 2; HomJr 5, 9.

89）　Cf. PA III, 6, 1; PA IV, 4, 9; CCels III, 28, 41; HomGen 1, 15.

90）　『雅歌講話』では、魂は、絶えずロゴスである花婿を見出し、失い、また回復する
花嫁として理解され、『民数記講話』のなかでは、魂の道程を四十二段階をもって述べ
ていることも指摘される。

91）　T. Mikoda, Hegemonikon in the Soul, in: *Origeniana Sexta*, Leuven, 1995, pp. 459-463.

以上に鑑みると、このヘーゲモニコンは、ゲッセル、クルゼルおよび三小田によれば、魂の上部に位置すると考えられていた。オリゲネスの叙述には「魂のすぐれた部分は神の像、似姿に従って造られたものと考えられねばならないが、他の部分は初めの清い状態の本性に背く自由意志の堕落によって、後に得たものと考えるべきである。」[92] との理解が見られ、この上部を、ゲッセルとクルゼルも述べているように、神の像の所在とみなすことができる。これが、始原に神に似せて創造された、魂が魂となる前のヌースの状態を指していることは間違いないが、ヘーゲモニコンをさすものであるというオリゲネスの具体的な叙述は見当たらない。

　ヌースについては、リースキーをのぞけば、理性とともにロゴスとの出会いの場であるヘーゲモニコンを指すものであると理解されていた。またデュピュイは、ヌース以外の三つの要素をヘーゲモニコンに見ていることも明らかになった。

　ここで、オリゲネス自身の言説から確認すると、魂が上下部からなり、その最も上部にはヘーゲモニコンが位置し、それはすなわち理性であり、知性であり、魂に堕落する前のヌースであると考えられていたことが明らかである。それは良心とも換言できるものであり[93]、自由意志の場であり、ロゴスと出会い、また祈る器官でもある。

　しかし、たとえばオリゲネスは、「長い間不毛であった魂らも、自らのヘーゲモニコンの不妊症と自らのヌースの不毛を自覚することで、……」[94]、「手の代りに魂をあげ、目の代りに精神を神にあげ、立つ代りに心の主導能力を地上のことどもから離し、万物の主のみ前にそれを立たせた者のごとくに、……」[95] と、ヘーゲモニコンとヌースについて、互いに

92）　PA II, 10, 7: ...pars eius melior illa dicetur, quae 'ad imaginem dei et similitudinem' facta est, alia autem pars ea, quae postmodum per liberi arbitrii lapsum contra naturam primae conditionis et puritatis adsumpta est,...（*Görgemanns/Karpp*, 181, 14-17.）

93）　Cf. PA II, 10, 4.

94）　PE 13, 3: ἄγονοί τε γὰρ ἐπὶ πολὺ γεγενημέναι ψυχαί, ᾐσθημέναι τῆς στειρώσεως τῶν ἰδίων ἡγεμονικῶν καὶ τῆς ἀγονίας τοῦ νοῦ ἑαυτῶν,...（*GCS 3*, 327, 6-8.）

95）　PE 31, 2: πρὸ τῶν χειρῶν ὡσπερεὶ τὴν ψυχὴν ἐκτείναντα καὶ πρὸ τῶν ὀφθαλμῶν τὸν νοῦν

第 3 章　魂の糧を求める祈り　　　195

別のものであるかのような内容を提示している。

　オリゲネスは人間が理性の力を持っていることを述べる中で、次のように説明している。

　　人間の中にあるこの理性は、本性上善悪を識別する能力を有しており、それを判別したとき、承認したことを選ぶ能力を持っている。[96]

　　理性の判断によって、外部からはいった刺激を理性そのものが承認したことへと向けて用い、理性の意によって我々の自然の動きを善あるいはそれとは逆の方向へと導くのである。[97]

　　精神（animus）の承諾が得られ、精神（mens）の意が悪い示唆に同意する以前には、行動に移らない。[98]

　これらから言えるのは、ヌースとヘーゲモニコンはともに理性として考えられ、それほど厳密に区別されているわけではなく、しかし、理性のなかの識別ないし判断する能力がヌース、それに同意して行動に向ける能力がヘーゲモニコンと理解されていると考え得る。そして実際に、これらが魂の選択を左右するのである。

πρὸς τὸν θεὸν ἐντείναντα καὶ πρὸ τοῦ στῆναι διεγείραντα χαμόθεν τὸ ἡγεμονικὸν καὶ στήσαντα αὐτὸ πρὸς τὸν τῶν ὅλων κύριον,…（GCS 3, 396, 2-6.）

96）　PA III, 1, 3:Unde consequens est ut, quoniam natura rationis huius, quae est in homine, habet in se vim dinoscendi boni vel mali, idque cum discreverit, inest ei facultas etiam eligendi quod probaverit, … .（Görgemanns/Karpp, 197, 29-31.）

97）　PA III, 1, 3: ... quodcumque ipsa ratio probaverit, naturalibus motibus nostris nutu eius vel ad bona vel ad contraria gubernatis.（Görgemanns/Karpp, 198, 27-29.）

98）　PA III, 1, 4: ... , nihil prius geri quam animi accommodetur assensus et suggestioni pravae nutus mentis indulgeat; ...（Görgemanns/Karpp, 198, 34-199, 15.）

2. 魂の辿る全プロセス

2.1. 精神から魂へ——怠惰性によって

以上のような魂を持つ人間が生きるこの世を、オリゲネスは、その実体が「不滅であり、不死である」[99] 魂の訓練とその魂を助ける者たちのために造られたものであり[100]、ここで過ごす時が魂の教育期間の一過程であると捕らえている。[101]

---

99) PA IV, 4, 9: dubio et inmortalis (*Görgemanns/Karpp*, 362, 10.) 魂の不死性に関してはほかの箇所にも多く言及されている。Cf. PA III, 1, 17; III, 1, 23; IV, 4, 8.

100) Cf. PA III, 5, 4. ディックホフは、この物質的な世界が創造されたのも罪の結果であり、その世界のなかで、「罪」というのは狭小な道徳的内容でなく、神からの「分離」ないしは「切り離し」として理解されていることを指摘している。(P. Dyckhoff, *op. cit.,* p. 19.) 逆の視点で、『諸原理について』II巻9章2節をもとに、理性的存在者の堕落が、一なる調和のうちに祝福されていた状態から相違が生じた原因であるとも論じられている。しかしそれは善なる神によるのではなく、変わりやすい自由意志による。(PA II, 9, 6.) その自由意志の変わりやすさは、相違と同様、怠慢として悪の原因となる。この世の悪の現実のなかで相違の原因を理解することはできても、どうすることもできないため、キリストが愛によって怠慢を克服されたのであり、神の善性の像に従う道を示される。(M. Kuyama, Evil and Diversity in Origen's De Prinsipiis, in: *Origeniana Octava*, Leuven, 2003, pp. 490-491.) チャドウィックは、「人間が『苦しみの場』ともいうべきこの地に置かれているのは、造物主に復帰することを教育されるためである」(H. Chadwick, *Early Christian Thought and the Classical Tradition. Studies in Justin, Clement, and Origen,* Oxford: Clarendon Press, 1966, p. 89. Cf. CCels 7, 50.) と説明している。このような人間に対する神の態度として、オリゲネスは、「この方は人類を憐れみ、地上に下られた。この方は十字架の苦しみを忍び、我々の身体をご自分のものとされる決意をなさる以前に、我々の苦難を耐え忍ばれた。……愛の苦難である。……あなたは分からないのか。人間のことを配慮される時、父なる神が人間の苦難を苦しまれることを。……神の御子がわれわれの苦難を担われるように、神は我々の振る舞いを耐え忍ばれる。御父ご自身、苦しみ得ない方ではない。……父なる神は憐れに思われ、共に苦しまれ、愛の故に苦しまれ、ご自分の本性の偉大さとは両立し得ない状態にご自身を置き、我々のために人間の苦難をしのばれる」(ComEz 6, 6) と述べている。

101) Cf. A. Tripolitis, *The Doctrine of the Soul in the Thought of Plotinos and Origen*, New York, 1978, p. 143. なお、山田は、教父神学におけるパイデイアとグノーシス主義におけるそれとの違いを、霊のみならず身体や心を含めた人間の個性化と、脱身体的脱歴史的変化という霊のみの神化という側面に指摘し、これらが、神と人間とを本質的に異なる

第3章　魂の糧を求める祈り　　197

　では、この世でなされる魂の教育について、オリゲネスはどのように考えていたのか。ここではおもに『諸原理について』をもとに、彼の考えを辿る。
　オリゲネスによれば、魂ははじめ精神という理性的被造物として、すべて等しくかつ同様のものとして造られ[102]、個人の自由意志をとおして、統合された集合の一部としておのおの神を観想していた。[103]しかし、彼ら

ものと理解する教父の理解と、霊である人間を本質的に神と同一とみなすグノーシスの考え方によるものであると説明している。（山田望『キリストの模範　ペラギウス神学における神の義とパイデイア』、教文館、1997年、64-70頁。）

　102）　Cf. PA II, 9, 6 (*Görgemanns/Karpp*, 169, 25-28). J.ペリカンは、オリゲネスが提示している「霊魂の命は霊魂が肉体と結合したときに始まったのではなく」、先在していたという教説（CCels VII, 32）について、オリゲネスがそれを「異教の哲学者と共有していることを進んで認めた」と評しており、聖書と哲学との緊張関係は、復活に関する事柄に顕著に現れていることを指摘している。（J. Pelikan, *The Christian Tradition. A History of the Development of Doctrine. 1. The Emergence of the Catholic Tradition (100-600),* Chicago/London: The University of Chicago Press, 1971, pp. 47-49.）その一方で、G.ボストックはオリゲネスに魂の先在説を認めながらも、それがプラトンに基づくものではなく、ヘブライズム的な聖書の内容に起因するものであると述べている。このさい、旧約聖書に魂の先在説が含まれていることが指摘されている。（G. Bostock, The Sources of Origen's Doctrine of Pre-existence, in: *Origeniana Quarta*, Innsbruck, 1987, pp. 259-262.）R.M.バーヒマンはオリゲネスの魂に関する理解について、中期プラトン主義でもストア主義でもないことを説明し、たとえばオリゲネスにはプロティノスに見られるような「世界霊魂」といった考えは展開されず、とくに聖霊は形而上的機能の代わりに聖なる人々に神の知識をもたらす役割を持つものと理解されていることに言及している。（R.M. Berchmen, *From Philo to Origen. Middle Platonism in Tradition [Brown Judaic Studies 69]*, California: Scholars Press, 1984, pp. 113-164, esp. 128-129.）さらにH.チャドウィックは、アウグスティヌスと比較して聖書解釈の方法、魂について、意志と自由の関係、悪魔の救いなどを論じた結果、オリゲネスのほうがプラトン主義に対してよりいっそう防衛的で、彼の神学がそれを取り入れることのないよう留意していたことを指摘している。（H. Chadwick, Christian Platonismin in Origen and Augustine, in: *Origeniana Tertia*, Roma, 1985, p. 230.）オリゲネス自身は霊について、キリスト教のそれとストアのそれとは異なったものであることを述べている。（CCels VI, 71.）精神は先在していたというオリゲネスの前提は明らかにプラトン主義の考えであるが、以上のように、精神は単なるイデアとしての存在ではなく、人格および意志を持つものとして理解されていたと考えられる。

　103）　Cf. PA 1-2; ComJohn 1, 92.

に与えられた自由意志の能力を神の模倣によって進歩させるのではなく、怠惰（neglegentia）[104]によって後退させ[105]、背反と堕落[106]を生じさせ、観想から向きを変えた。[107]「精神が自らの状態と品位からはずれて魂と呼ばれ」[108]、ゆえに、ここでオリゲネスは「魂」という呼称について、それが「義人に固有な熱火から、神的火の参与から冷えきった」[109]状態に基づいて与えられたものであると推測し、この魂を、「弱い肉とはやる霊との中間に位置するもの」と理解している。[110]

---

104) 怠慢、不熱心、無関心を意味する。

105) Cf. PA II, 9, 6:……理性的な諸被造物は自由意志の能力を与えられていたので、その意志の自由が各々を、あるいは神を模倣することによって進歩させ、あるいは怠惰に酔って後退させたのである。（Verum quoniam rationabiles ipsae creaturae, sicut frequenter ostendimus et in loco suo nihilominus ostendemus, arbitrii liberi facultate donate sunt, libertas unumquemque voluntatis suae vel ad profectum per imitationem dei provocavit vel ad defectum per neglegentiam traxit. [*Görgemanns/Karpp*, 169, 28-32.]）

106) Cf. PA I, 4, 1:...autem istam deminutionem vel lapsum eorum, qui se neglegentius egerint,...（*Görgemanns/Karpp*, 63,10-11.）

107) オリゲネスはそれを「飽満（飽き飽きすること）」という語で説明する。

108) PA II, 8, 3: mens de statu ac dignitate sua declinans effecta vel nuncupata est anima.（*Görgemanns/Karpp*, 158, 23-24.）

109) PA II, 8, 3: ...ab eo quod refrixerit a fevore iustorum et divini ignis participatione（*Görgemanns/Karpp*, 158, 18-19）. この「冷たくなる」ということをめぐるオリゲネスの説明と同様の説明が、すでにプラトンやアリストテレスによって述べられていることが指摘される。それはまた、魂が我々を取り囲む冷たい空気から生じ、新生児が最初の呼吸をする瞬間に身体に入ると考えていたストア派によっても援用された。（A. Tripolitis, *op. cit.*, p. 95, n. 472.）そしてオリゲネスは"ψυχή"を"ψύχεσθαι"（冷える）というギリシャ語の動詞から派生的に理解し、熱を失った魂の状態に冷えた精神を表現していることが指摘される。（M.J. Edwards, *Origen Against Plato*, Ashgate Studies in Philosophy & Theology in Late Antiquity, Oxford: Ashgate 2002, p. 113; R. Williams, Origen on the Soul of Jesus, in: *Origeniana Tertia*, Roma, 1985, p. 131.）ロゴスを有する人間は純粋精神（ヌース）として父を観想していたが、ヌースはこの至福状態に飽きたために堕落し、冷えて魂となって肉体に宿るようになったという久松の説明に見られるように、「冷えた」と訳されるこの語は「飽き」とも訳され得る。（久松英二「初代キリスト教霊性史4　オリゲネスの神秘思想」『エイコーン』21号、1999年、67頁。）

110) Cf. PA II, 8, 4: medium ...esse anima inter carnem infirmam et spiritum promptum.（*Görgemanns/Karpp*, 162, 20-21.）

第 3 章　魂の糧を求める祈り　　199

　魂は、各々の堕落の重さに相応しい多様な身体を付与されてこの世に生を受け[111]、様々な霊の働きかけを受けるが[112]、この霊の力に機会を与えるものが怠慢（ignavia）[113] であり、オリゲネスはこれをめぐって人間のとるべき態度を示す。それはすなわち、われわれの心を悪魔から守り、魂の客間に来た神からの霊を歓迎して受け入れ、自らを委ねる、ということである。[114]

　このような理性的被造物の堕落に関するオリゲネスの思想に対して、H.コッホは、それが彼らの選択の完全な自由によって引き起こされると理解する立場を取るが[115]、A.トリポリティスは、理性的被造物の持つ怠惰性には堕落への必然性がすでに含まれているのであり、堕落は彼らの遺伝的な不安定性と無知により避け得ない結果であるため、もはやそれ以外を選べないとする人間の選択の不自由さを、オリゲネスの思想に指摘する。[116]

　111）　プラトンは、身体（ソーマ）を魂（プシューケー）の牢獄（墓場＝セーマ）であるとして明らかに二元論的にとらえるが、オリゲネスは身体を「悪」とはしない。善なる神の被造物だからである。神はすべての存在するものの原因である。存在するということは、存在するところの者に与ることであるから、あらゆる被造物は善なる存在なのである。パドルは、この身体を、感知したデータを魂に送るものであると述べ、劣ったものでありながらもオリゲネスはそれを善とみなし、これがロゴスによって養われるものであることを指摘している。（Cf. A.G. Paddle, *op. cit.*, p.199.）

　112）　PA III, 3, 4（*Görgemanns/Karpp*, 260, 15-17）. 肉の身体が与えられた理由について、S.ノルドガードはオリゲネスの考えとして二点を挙げている。第一に、人間は身体によって逆境と試みを受けるが、その堕ちた状態を克服することにおける霊的訓練のため、第二に、それが簡単に達成され得ないことを自覚するとともに、長期の放蕩によってその後に得る回復が堅固なものとなるためである。（S. Nordgaard, Body, sin, and society in Origen of Alexandria, in: *Studia Theologica 66*, 2012, p. 28.）なお、S.バグビィは、この身体の不合理な衝動と魂の低い要素が魂のより高い要素によって是認されたとき、神への逆心が生じると説明している。（S. Bagby, Volitional Sin in Origen's *Commentary on Romans*, in: *Harvard Theological Review 107*, 2014, p. 361.）

　113）　PA III, 3, 6（*Görgemanns/Karpp*, 262, 24-26）.「怠慢」（ignavia）は前出の「怠惰」（neglegentia）とは異なり、その語義から、前者は無精などの行動自体が対象であり、後者は不熱心や無関心など、その行動の起源となる心的状態を表す。

　114）　Cf. PA III, 3, 6.

　115）　H. Koch, *Pronoia und Paideusis*, Berlin: W. de Gruyter, 1932, pp. 117ff.

　116）　A. Tripolitis, *op. cit.*, p. 95. トリポリティスは、魂が自ら絶えず試みと罪に瀕し、生

たとえば、堕落が常に完全に避けられるものであるとしたら、そこに選択の自由はないことになる。また、堕落するしかないとしたら、やはりそこにも選択の自由はない。人間は、全員がつねに堕落しない者でも、あるいは常に堕落する者でもない。いずれかは人によって異なり、個人のプロセスにおいても全くどちらか一方だけで一生を終えることはない。つまり、全体の構造から見れば多様に選択されているのであり、選択の余地が残されていることになる。さらに、怠惰性を有しているからといって、必ずしもそれが常態化しているというわけでもない。

ゆえに、トリポリティスのこの主張は、しかし、怠惰か否かを選択する自由ではなく、怠惰性を有すること自体に対する選択の余地がないこと、換言すると、人間が怠惰を犯すことから完全に自由な存在ではないという部分否定に当たるのではないか。そうであれば、選択の自由を有するということと齟齬はないことになる。逆に、悪を選ぶ必然性のなさゆえに善しか選び得ないとき、それは悪からは自由であってもそこに意志の自由はないことになる。つまり、ヘーゲモニコンが自由意志を持つためには、そこに、悪を選ぶ可能性が含まれていなければならない。そのような可能性のもとでこそ、堕ちた魂は自らによって善を選ぶことを学び、その学びの結果、再び本来の自己、ヌースに近づくことができるものと考え得る。

2.2. 魂の学び——模倣によって

オリゲネスは、前頁で述べたような霊の働きかけが様々である原因を、与えられる身体の多様性の根拠がそうであったように、この世に誕生する以前、今生でなく前世に遡るものと考えている。[117] つまり、生涯のなかで自己に降りかかる個人的な誕生の状況や状態は、人間として存在する以前

来的な不安定性と堕落への傾向を持つがゆえに、可視的な試みに満ちたものと不可視的な永遠のものとの間で動揺するという理解をオリゲネスに指摘し、理性的被造物の魂への堕落の原因を、彼らの生前からの可変性、つまり悪に堕ちるという間違った選択をさせる彼らの怠惰性ないしは怠慢性として説明している。

117) Cf. PA III, 3, 5; PA III, 3, 6.

第3章　魂の糧を求める祈り　　201

の魂の状態に依拠するものなのである。[118)] 同時に、オリゲネスは、その相違は創造主の意思でも決定でもなく、各自の自由な決断にあるとも述べている。[119)] ゆえに、神は功績に応じて被造物を配慮するのが公平であると考え[120)]、摂理のなかに、各々をその行動や心（animus）の多様性に応じて配慮される。[121)]

　オリゲネスはこのように、それぞれの置かれた境遇を、偶然によるものとは考えず、被造物の魂の状態を配慮した神の摂理によるものであると考える。自らの罪を認識してそこから学ぶ機会を人間に与えるのは神自身であり、人間の進歩はそのようにしてなされる。[122)] 魂が学び、本来の状態に戻ることを期待され、神から教育を受けるのは、魂が救われる必要のあるものだからであると言うことができよう。魂は自らの状態に最もふさわしい状況のなかで、学びを進める。学ぶのはまた、魂が本来の状態に戻る能力を持っているからでもあり、それは改められ、矯正されることによる。[123)] そして魂の持つこの能力ゆえに、人間は本来の状態に戻る責任を負っている。[124)] すべての魂が神から教育を受けるということのなかには、すべての魂の完成を願う神の意志も看取される。[125)]

---

　118)　Cf. PA III, 1, 24.

　119)　Cf. PA II, 9, 6.

　120)　しかしこれは、「大きな功績を有する者の中のある者が、世の秩序をととのえるために他の者と苦しみ、劣った者に対する奉仕職を果たすように任命され、これによって創造主の忍耐に参与するというようなこともある。」（...cum tamen et aliqui ex his, qui melioribus meritis sunt, ad exornandum mundi statum 'conpati' reliquis et officium praebere inferioribus ordinentur, quo per hoc et ipsi participes existant patientiae creatoris,... ［PA II, 9, 7（*Görgemanns/Karpp*, 171, 15-18)］.）と述べられているように、功績の小ささが、この世での苦しみの大きさと単純に比例するということを意味するものではない。なお、神の「配慮」という観点については、次の章で述べる。

　121)　Cf. PA II, 9, 6; PA IV, 4, 9.

　122)　Cf. L.R. Holliday, Will Satan be Saved? Reconsidering Origen's Theory of Volition in *Peri Archon*, in: *VC 63 (1)*, 2009, p. 16.

　123)　Cf. PA II, 8, 3.

　124)　Cf. T. Mikoda, *op. cit.*, p. 461.

　125)　Cf. PA III, 1, 17: 人間への［神の］配慮はこの世の生涯だけで終結されるのではなく、以前の功績のいかんが常に将来の状態の原因となっており、このようにして神の摂

オリゲネスにはまた、自分の魂が神に似せて創造されているということ、堕落前の状態に回復する運命にあるということ、および別の身体で転生しないということを、「学ばねばならない」という考えを指摘することができる。学ぶことによって理解が得られ[126]、その知識が、神への似像性を有する本来の自分を認識させ、そこに回帰する助けとなるからである。[127]

そのような本来の自分に向け、可能な限り神に似たものとなることが人間にとっての最高善であるが、この神の似姿は、熱意をもって神を模倣することで獲得されるものと考えられている。[128] 彼によると、人間は神の似像性を有するゆえに、人間の努力と模倣とによってその徳が人間のうちにも存在し得るのであり[129]、たとえ精神が堕落した状態にあったとしても、精神に内在する、理解を回復するための種子のようなものによって、神の似姿を回復し得る。[130] 以上のことは、もちろん、人間単独の力ではなく、

理の不滅・永遠な公平の導きによって、不死成る魂が完成の極みにまで導かれる。(dum non intra huius saeculi vitam dispensatio humana concluditur, sed futuri status causam praestat semper anterior meritorum status, et sic inmortali et aeterno aequitatis moderamine divinae providentiae inmortalis anima ad summam perfectionis addusitur. [*Görgemanns/Karpp*, 228, 16-20.])

126) Cf. PA I, 1, 6.

127) Cf. R. Reukema, *op. cit.*, pp. 201l-202r.

128) Cf. PA III, 6, 1: scilicet ut ipse sibi eam propriae industriae studiis ex dei imitatione conscisceret,...(*Görgemanns/Karpp*, 280, 13-14.) ここで、「熱意」の必要性に言及されているが、これは「冷めた」魂となるまえの理性的被造物本来の状態と一致する。

129) Cf. PA IV, 4, 10: 事実、人間のうちに神の像の刻印が明らかに認知される。……精神の賢明さ、正義、節制、勇気、知恵、学知、その他もろもろの徳の総体に見られる。これらのすべては、実体として神のうちに存在するが、人間が努力し、神を模倣するなら、それらの徳は人間のうちに存し得るのである。(...per animi prudentiam, per iustitiam per moderationem, per virtutem, per sapientiam, per disciplinam, per omnem denique virtutum chorum, quae cum in deo insint per substantiam, in homine possunt esse per industriam et per imitationem dei,... [*Görgemanns/Karpp*, 363, 20-24.])

130) PA IV, 4, 9:...etiamsi per neglegentiam decidat mens ne pure et integre in se recipiat deum, semper tamen habeat in se velut semina quaedam reparandi ac revocandi melioris intellectus,... (*Görgemanns/Karpp*, 363, 7-9.)

神の配慮と助けのなかで生じることである。

2.3. 魂の行先

　この世で一定期間を過ごし、この世での生を終えた魂は、それまでの魂的身体（animale corpus）から、内在原理（insita ratio）[131] によって霊的身体（spiritale corpus）へと変化し、復活する。[132] オリゲネスは、それが聖書のなかで多様な形態を持つ身体として言及されていることを強調する。[133] そのさいの霊的身体の多様性は、やはり現世を過ごした魂のあり方によって異なる。[134]

　オリゲネスはさらに、「どのような者が刑罰を受けたり、安息及び至福に至ったりするのか知るため」[135] に、この復活と審判を関連づけて説明している。魂が悪行と多くの罪とを自らのうちに集積したとき、その集積が責め具となり「罰」となって燃え上がる。[136] 同時に、精神（mens）[137] もま

　131）　PA II, 10, 3 (*Görgemanns/Karpp*, 176, 5-6).「内在原理」という考えは、ストア派に由来することが指摘される。(*Görgemanns/Karpp*, p. 425, n. 9.)

　132）　Cf. PA II, 10, 1 (*Görgemanns/Karpp*, 174, 2-10). F.ボヴォンは、甦りが生じるのは自身の身体においてであるが、それは現在の肉の身体の再現ではなく、霊的本性としての自身が持つ霊的身体として認識されていることをオリゲネスに指摘している。(F. Bovon, The Soul's Comeback: Immortality and Resurrection in Early Christianity, in: *HThR 103*, 2010, pp. 391-392.) Cf. 1Cor. 15, 50.

　133）　Cf. PA II, 10, 1.

　134）　Cf, PA II, 10, 8: 現世に留まる間、その身体を用いて健全かつ清浄に生活した聖なる人々が、復活によって輝かしい栄光の身体を受けるように、現世において過誤の闇と無知の夜を好んだ不敬の輩は、復活の時から、暗い黒い身体をまとわされる。(... quod sicut sancti corpora sua, in quibus sancte et pure in huius vitae habitatione vixerunt, lucida et gloriosa ex resurrectione suscipient, ita et impii quique, qui in hac vita errorum tenebras et noctem ignorantiae dilexerunt, obscuris et atris post resurrectionem corporibus induantur,... [*Görgemanns /Karpp*, 182, 4-8.])

　135）　PA II, 10, 1: ut sciamus quid est illud quod vel ad supplicium vel ad requiem ac beatitudinem veniet. (*Görgemanns/Karpp*, 173, 6-7.)

　136）　Cf. PA II, 10, 4.

　137）　PA II, 10, 4:...mens ipsa vel conscientia. (*Görgemanns/Karpp*, 178, 3-4.) ここでは、精神は良心と同一視されている。

た、神の力によって自らの悪業を思い出し、卑劣な行為や不敬虔な行いと向き合わざるを得なくなる。そのさい、良心は自らの呵責によって痛み、自身を非難し、自身の罪の証人となる。[138] オリゲネスはこの痛みを、罪の有害な欲（affectus）から生じるものと理解している。身体が本来の状態から遠ざかると痛みを感じるように、魂も神による秩序や調和から遠ざかると、自ら担う不調和を罰及び呵責として耐え、自らの不秩序を苦罰として感じる。神は魂の健康を失った者には火による罰を加え、それによって、魂は強固となる。[139] ここにはまた、これらの魂の苦痛を通して魂の浄化が意図されているのであり、魂を精神（ヌース）という本来の状態に戻すためのものであるとするオリゲネスの考えが指摘される。[140]

　以上のような過程を、魂は幾つもの代を生きるあいだに経験するとオリ

138）　Cf. PA II, 10, 4.

139）　Cf. PA II, 10, 6.

140）　R. Reukema, *op. cit.*,4, pp. 201l-202r. Cf. PA II, 8, 3; CCels 6, 25. なお、F.W.ノリスは、『ケルソス駁論』においても、オリゲネスが地獄という考え方を無知の教えのための特別な意味を持つものとする叙述が見られることを指摘している。（F.W. Norris, Apokatastasis, in: J.A. McGuckin [ed.], *op. cit.*, pp. 59r-62l.）

ゲネスは考えている。[141] 今生はそのプロセスのひとつである。[142] 現世で自分を清める者とそうでない者にはそれぞれ、善のわざ、あるいは卑しい器としての来世が与えられる。[143] 回避は不可能であるから、現世を浄めの機会として用いなければならない。[144]

魂はこのように代々にわたって訓練を受けることを繰り返し、しかし最後には、神の愛が、その被造物のうちに神から堕ちる意向を克服し、普遍

---

141) Cf. Is. 66, 22; Ecclus. 1, 9-10. ただし、転生に関してキリスト教信仰と相容れない考え、すなわち、人間の魂が獣や鳥や魚のなかにあったこと、あるいはいつか非理性的な動物に生まれ変わるということなどについて、オリゲネスは明らかに拒絶する一方で、現在の世界の現在の時代においてではなく、次の世界の次の時代において、再び堕ちて別の身体を受け得ると考えていることを、R.リュケマは指摘する。(R. Reukema, Transmigration of Souls, in: McGuckin [trans.], *op. cit.*, pp. 205r.-207r.) また、来るべき世において全ての被造物が救われるわけではないということ、および、その世で完全性を受け取ることになる人が意志の自由に基づいて再び堕落し得ることも、オリゲネスの魂理解に指摘されている。(R. Roukema, Die Liebe Kommt Nie Zu Fall [1Cor. 13, 8] Als Argument Des Origenes Gegen Einen Neuen Abfall Der Seelen Von Gott, in: *Origeniana Septima*, Leuven, 1999, pp.15-23.) 確かにオリゲネスにはリュケマの指摘するような明確な論述も認められるが、曖昧な点もみられる。F.H.ケトラーは、魂の悪意や堕落の程度に応じていかなる動物の身体を取ることもあり得るとの考えをオリゲネスに指摘する。(F.H. Kettler, *Der ursprüngliche Sinn der Dogmatik des Origene*, Berlin: Verlag Alfred Töpelmann, 1966.) 小高も、オリゲネスの他の文書の内容を考慮すると、オリゲネスが、たとえばこのルフィヌスによって翻訳されている内容ほどには魂が他の動物に生まれ変わるという考えを否定していなかったと述べている。つまり、翻訳者による内容改変の可能性があるのであり、この箇所に関してはオリゲネスの既述した原典の内容とは一致しないものと推測されている。(オリゲネス著、小高毅訳『諸原理について』、小高による解説の注、376頁、八章 [e]。)

142) Cf. PA III, 5, 3:「神がこの見える世 (mundus) を造られた時はじめて、神は働き始められたのではなく、この世の崩壊の後に別の世が存在するのと同様に、この世の前にも別の世々が存在したと我々は信じている。」(*Görgemanns/Karpp*, 273,2-4); PA II, 1, 3:「この世の終末は、次の世の始原となるのである。」(*Görgemanns/Karpp*, 109, 7-8.)

143) Cf. PA II, 9, 8.

144) Cf. PA II, 10, 2:現世での生活の間に清められずに復活に到った人々(qui in hac vita non expurgati ad resurrectionem venient, id est peccatores,... [*Görgemanns/Karpp*, 175, 5-6.]) をオリゲネスは「即ち罪人」と呼んでいる。

的な万物復興（ἀποκατάστασις）にすべてを呼び戻す。[145] これら全ての魂が浄化され創造者と再結合するとき、可視的で物質的な宇宙は存在することをやめる。[146] オリゲネスには、このような最終的な救いと神への回帰の思想が指摘される。[147]

結

145) Cf. PA I, 3, 8; PA II, 3, 1-5; PE 27, 15; PE 29, 14; ComRom V, 10, 13-16; ComRom VIII, 13, 10; JeromeEpist 124, 3-14; JeromeRuf 2, 12. オリゲネス自身が、バーダイザンとともに、それぞれ決定論や宿命論、とくにヴァレンティノス主義者、宇宙論的決定論者のなかでに対してこのアポカタスタシスの教説を発展させたことが指摘される。(I.L.E. Ramelli, Origen, Bardaisan, and the Origin of Universal Salvation, in: *HThR 102 [2]*, 2009, pp. 135-168.) そしてこのアポカタスタシスに関して、オリゲネスは『諸原理について』III巻6章2-3節において、Iコリント15章21-28節を引用して論じており、ラメッリは、この聖書箇所がオリゲネスのアポカタスタシスに関する根拠であり、とくにその最後の「神がすべてにおいてすべてとなられる」という引用は、最終的な悪の消滅と関連しているため、オリゲネスにとって重要であることを指摘している。(I.L.E. Ramelli, Christian Soteriology and Christian Platonism: Origen, Gregory of Nyssa, and the Biblical and Philosophical basis of the Doctrine of Apokatastasis, in: *VC 61 [3]*, 2007, pp. 314-322.) 一方で、M.S.M.スコットは、救いに関するオリゲネスの論述のなかに整合性のなさを指摘し、それが語る相手に起因する者であることを指摘する。つまり、オリゲネスは理解が不十分な聴衆には、地獄における悪魔と罪人の破壊を強調して救いの神秘を守り、しかしより進歩した人には浄化の先の普遍的救いの秘儀を開示するのである。(M.S.M. Scott, Guarding the Mysteries of Salvation: The Pastoral Pedagogy of Origen's Universalism, in: *JECS 18 [3]*, 2010, pp. 347-368.)

146) オリゲネスにおいて、創造主である神は有形の存在とは捉えられておらず、天国に関してもまた、非空間的に考えられていることが指摘される。(A. Meredith, Origen and Gregory of Nyssa on the Lord's Prayer, in: *HeyJ 43*, 2002, pp. 344-356.) なお、創造主の像として創られたのは人間の内なる人であり、身体は外なる人として理解されるが、後者についてはそれが前者の役割を担うかぎりにおいて関心が向けられることが指摘される。(A.L. Jacobsen, Genesis 1-3 as Source for the Anthropology of Origen, in: *VC 62*, 2008, pp. 213-232.)

147) たとえばノリスは、オリゲネスが極めて明白に、全ての創造された知性、すなわち理性的存在は時の終わりに神のもとに回帰すると考えていると述べている。(F.W. Norris, *op. cit.*, pp. 59r-62l.)

第3章　魂の糧を求める祈り　　　207

　以上、主の祈りにおけるパンをめぐる祈りに関するオリゲネスの理解について考察し、その背景にあった魂の辿るプロセスを中心とする世界観を概観した。3章での要点をまとめてみたい。

　まず聖書解釈の点では、聖書は物質的に理解され得るようなものであっても徹底的に霊的な視点において捉えられていることが確認された。ゆえに、物質的なものは実体の陰影として理解されており、主の祈りのなかで乞い求められているパンもそのひとつであった。物質的なものは陰影であるから、実体に当たる霊的なものを乞い求めることにより、与えられないという状態も含め、結果として様々な陰影が与えられる。それが、あえて旧約聖書から、物質的な祈りの成就に言及されている意味として理解されていた。

　それでも、この世に生きるかぎり、身体をはじめ、陰影に相当するものも生きる手段として不可欠なのであり、それらは決して不必要なものではない。また、忌むべきものでもない。ただ、それは結果として付随するだけのものであるから、例えば、自らの影を動かそうとして影に働きかけても無駄であり、また無意味でもあるように、生きる目的とはならないのである。

　そのような理解を背景に、オリゲネスは現実的な状態に囚われることよりも、自らの魂の状態に関心を向けるべきことを重視していた。この魂は原始に、神の似像性を有する理性的被造物として創造されたが、与えられた自由を怠慢によって用い、神から離反することとなった。神はこの魂を教育するために、身体を伴う世界を創られた。この、神化に向けた教育の場で、魂は苦闘する。それは、自らに集積されている悪行と多くの罪が懲らしめによって浄化されねばならないからである。[148]

　しかし、ロゴスに信頼するとき、懲らしめを必要とせず、ロゴスによってのみ魂は神化する。そして神はこのロゴスを差し出している。このようなロゴスが主の祈りにおけるパンなのであり、それが神の存在性を人に与え人を神化するとオリゲネスは理解していた。人は自らを養うこの食物と

---

148)　Cf. PA II, 10, 4. Cf. R. Reukema, Souls, in: McGuckin（ed.）, *op. cit.*, pp. 2011-202r.

してのパンに欲求を感じる。このパンはまたキリストにとっては神の意思そのものであり、このパンを食べることはキリストにとっては神の意思を行うことである。それはキリストが神を信頼しているからである。

　人もまたロゴスに信頼し、導かれて神の意思に従うなら、学びの機会としての懲らしめや訓練も不要となり、このロゴスのみによって神化の途をたどる。この神化を目標に、魂は肉体を纏ってこの世に生を受けるのだとオリゲネスは考える。やがては滅びゆく可視の身体をもって、不可視の魂が充分な学びをするために、この生が与えられている。

　主の祈りでは、そのパンが「今日」の分を「毎日」、つまりいつの代も常に現在のうちに与えられることを乞い求める。オリゲネスにとって、陰影であるこの世の現実を生きるなかで人間が常に向かうべきところは、一代かぎりの生を物質的に生き抜くことではなく、物質としての身体が滅んでもなお生き続ける魂の神化のための糧を得ながら、真の自己へと還る道を歩むことなのである。

第4章　試みと愛──主の祈りの注解から

はじめに

　前の章では、魂の学びのプロセスであるこの世において苦闘しなければ
ならない人間にとって、最も必要なのが魂の糧であり、それを祈り求める
ことをオリゲネスが重視していることが明らかとなった。彼はそのよう
な人間を、「地上にあって霊に反して[1] 戦い[2]、その思いは神に敵対してお
り、神の律法に従うことの決してできない[3] 肉をまと」い、試みのなかに
置かれているものと理解している。[4]

　試みに関しては主の祈りのなかで祈られるが、オリゲネスもまた、『祈
りについて』29章と30章で、その祈りについて論じている。[5] この箇所は
同時に、『祈りについて』のなかで、善と悪に関して最もよく言及されて
いる箇所でもある。人間は、人間であるかぎり不完全であり、様々な制限
のなかで自らが問われ、苦悩や悲嘆を経験する。そして、生きるうえで理
解しがたい悪を能動的にまた受動的に経験することがある。しかし、善な

---

1)　Cf. Gal. 5, 17.

2)　Cf. Job 4, 1; 1Pet. 2, 11.

3)　Cf. Rom. 8, 7.

4)　Cf. PE 29, 1: 実に、地上にあって「霊に反し」て「戦い」、その「思い」は「神に敵
対しており、神の律法に従うこと」の決してできない肉をまとっているわたしたちは、
試みのうちにあるのです。（ἡ γάρ ἐσμεν ἐπὶ γῆς περικείμενοι τὴν στρατευομένην σάρκα "κατὰ
τοῦ πνεύματος," ἧς "τὸ φρόνημα" "ἔχθρα" ἐστὶν "εἰς θεὸν," μηδαμῶς δυναμένης ὑποτάσσεσθαι
"τῷ νόμῳ τοῦ θεοῦ," ἐν πειρασμῷ ἐσμεν. [GCS 3, 382, 1-4.])

オリゲネス自身にとっても、あらゆる苦難が彼の戦いであり試みであったことが指
摘される。（U.T. Holmes, *A History of Christian Spirituality: An Analytical Introduction*, New
York: Seabury, 1980, p. 26.）

5)　Cf. PE 29, 1-30, 3 (*GCS 3*, 381, 23-3, 395, 12). なお、この原文は、マタイによる福音
書のテキストと全く同じである。

る神の造られたこの世界において、悪が存在するというのはどのように考えればよいのか。実際に迫害の時代を生きたオリゲネスは、そのような現実を、善なる神との関連において、どのように理解していたのか。

　以上のような問に応えるために、本章では、主の祈りの注解部から「試み」に関するオリゲネスの考え方を探り、そこに神の意図がいかなるものとして認識されているのか、また善と悪がどのように理解されているのかを明らかにする。そして『殉教の勧め』における叙述から、現実的な苦難に関するオリゲネスの認識を描出する。さらに、殉教という事柄を考察するなかで浮上することになる愛の理解について、愛を負債として言及している主の祈り注解部をもとに、オリゲネスの理解を提示する。

第1節　「試み」と「悪」理解——主の祈り「わたしたちを試みに遭わせないで悪しき者からお救いください」解釈を手がかりに

　まず、「わたしたちを試みに陥らせず、悪しき者からお救いください」という祈りの注解部全体の内容を概観することから始めたい。

1.「わたしたちを試みに遭わせないで」解釈から——「試み」理解

1.1. 試みに陥る人間——『祈りについて』29章1-10節から

　オリゲネスはこの箇所を注解する最初に、地上での人間の全生涯は試みに満ちている[6]にもかかわらず、主の祈りのなかでなぜ「試みに陥らせず」[7]と祈るよう教えられているのか、という問を提起する。ここでは、人間の生涯が試みに満ちているという現実的な前提の根拠ないしは原因として、霊に反して戦い、神に敵対する思いを持ち、神の律法に従うことの

---

　6)　Cf. Job 7, 1（LXX）.

　7)　PE 29, 1: Καὶ μὴ εἰσενέγκῃς ἡμᾶς εἰς πειρασμὸν,...（GCS 3, 381, 23）. Cf. Matt. 6, 13; Luke 11, 4.

決してできない肉をまとっている、という人間の性質が挙げられる。[8]

　続いて29章2節から10節において、人間が試みから解放されていないということが、ヨブ記、詩編、パウロの具体的例によって再び確認される。[9] それにもかかわらず、試みに陥らないようにとの禱りが教えられているのはなぜなのか。この問に対して、ユディト、ダビデ、およびパウロの例が優れた人の禱りとして引用される。[10] しかしここではパウロの言葉に基づき、「試み」を、それが与えられる人間にとっては耐え得るものであるとして[11]、このあとの試みに関する叙述全体への前提が据えられる。さらに、使徒パウロでさえもその禱りが「聞き入れられなかった」[12] ことが示されることによって、使徒よりも劣る人が聞き入れられることを期待して祈りをささげ得るのかと、問題点が強調されていく。

　この後、オリゲネスは、試みを乞う詩編の言葉「主よ、わたしをためし、わたしを試み、わたしの心と思いとを練りきよめてください。」[13] を引用し、この祈りが、先の「試みに陥らせないで」という主の祈りと矛盾すると理解される危険性を孕んでいることを指摘するとともに、その危険性は、救い主のうちにある意図を十分に検討しない人が有するものであることを示唆する。[14] つまり、前述の言葉を理解するためには、神の意図を理解することが不可欠なのである。

　その後の論述は、『祈りについて』29章9節に到るまで、地上の生が試みに満ち、すべての時が試みの時であるということの具体的な説明となっている。

　人間に試みが与えられる例の最初として、貧者と富者が対照的に示され

---

8)　本章注4、参照。

9)　Cf. Job 7, 1（LXX）; Ps. 17, 30（LXX）; 1Cor. 10, 13.

10)　Judith 8, 26-27; Ps.33, 20; Acts 14, 22.

11)　Cf. 1Cor. 10, 13.

12)　2Cor. 11, 23-25; 1Cor. 4, 11-13.

13)　Ps. 26, 2.

14)　Cf. PE 29, 5.

る。貧しい人は「盗み神の名を汚さないよう」[15]用心すべきであり、貧困を貧しい態度で忍ぶことによって天での希望[16]を失墜する危険が伴う。他方、富者[17]は「虚偽に満ちたものとなり、高ぶって『誰がわたしを見ているか』と言う」[18]危険性を有していることが指摘される。これについて、パウロでさえも高ぶらないためにサタンの刺が必要であった[19]こと、逆に王ヒゼキヤは高ぶって堕落した[20]ことが例示されている。さらに、その中間に位置する人々もまたこのような危険性から逃れられないとの考えが提示され、「罪を犯すことから免れているというのではありません」[21]と記されている。このことから、富者にせよ貧者にせよ、その自らの状況の影響下でそれぞれの「罪を犯す」ということが、ここでのオリゲネスの基本的な理解であると言える。

　貧者と富者の対比に続いて次に示されるのは、健康な人と病気の人という、やはり互いに対照的な例である。[22]健康な人はその健康と潑剌さとのために試みから免れ得るわけではなく、また他方で病気の人は、時間が十分あり不適切な思案を簡単に是認しがちであるため、結局両者とも「神の神殿を壊し」[23]やすい。すべての人が「あらゆる面に見張りを立て、心を守らないなら」[24]多くのことにかき乱される。また、精悍に病気を忍耐することのできない多くの人は、身体以上に魂を病んでいるのだと指摘されている。ここでおそらくオリゲネスは「魂を病む」ということに関心を向けているため、魂の不健全さから生じる状態に言及しているものと考えら

---

15)　Prov. 30, 9.
16)　Cf. Col. 1, 9.
17)　Cf. Luke 16, 19-31.
18)　Cf. Prov. 30, 9.
19)　Cf. 2Cor. 12, 7.
20)　Cf. 2Chron. 32, 25-26.
21)　PE 29, 6: …τοῦ κατὰ τὴν σύμμετρον κτῆσιν ἁμαρτάνειν πάντως εἰσὶν ἀπηλλαγμένοι. (*GCS* 3, 384, 18-19.)
22)　Cf. PE 29, 7.
23)　1Cor. 3, 17.
24)　Prov. 4, 23.

第4章　試みと愛　　213

れる。その状態とはすなわち、叙述されているように、キリストの名を担うことを恥じ、侮辱を避けるという態度を指すのであり、それによって多くの人が永遠の恥辱に陥っているということである。オリゲネスはこのような状態に警告を発する。

続いて、高慢の罪を犯す危険性について言及されている。[25] 人から尊ばれ、つまり「多くの人々の間での誉れが善であるかのように高ぶる人々」[26] は、すでに人から報いを受けたものとして、神からの報いは望めない。[27]

そして、『祈りについて』29章9節において、オリゲネスは再び、29章の初めに引用していた聖書箇所から、同じく、地上の生が試みに満ちており[28]、すべての時が試みの時であるということについて断言し、以下のように、祈ることを勧めている。

　　ですから「試み」から救われるように祈りましょう。[しかし、それは]試みられないようにではなく、――わけても「地上に」ある者らにとってそれは不可能なことですから――、試みを受け負かされることのないように、とです。[29]

つまり、人間は、前述の例にあるように、様々な試みを受けることから逃れることはできないが、しかしだからこそ試みに陥溺することのないよう、そこから救われることを乞うことが必要であるとオリゲネスは説く。

この試みは聖書の研究者にも及ぶのであり、オリゲネスはそれが誤った聖書解釈につながっていることについても触れ、警告する。

---

25)　Cf. PE 29, 8.

26)　PE 29, 8: ὡς ἐπ' ἀγαθῷ τῇ παρὰ τοῖς πολλοῖς δόξῃ; (GCS 3, 385, 6-7.)

27)　Cf. Matt. 6, 2.

28)　Cf. Job 7, 1.

29)　PE 29, 9: διόπερ εὐχώμεθα ῥυσθῆναι πειρατηρίου, οὐκ ἐν τῷ μὴ πειράζεσθαι (τοῦτο γὰρ ἀμήχανον, μάλιστα τοῖς "ἐπὶ γῆς") ἀλλὰ ἐν τῷ μὴ ἡττᾶσθαι πειραζομένους. (GCS 3, 385, 16-18.)

1.2. 試みを与える神——『祈りについて』29章11-16節から

現実に言い及んだ後、オリゲネスはまた、「ですから」と下記のように続ける。

> ですから、わたしたちは、試みを受けることがないように祈るべきではなく——それは不可能ですから——、それによって捕えられ、負かされてしまう人々に起こるように、試みによって取り囲まれることのないように祈らねばなりません。[30]

これは、人間にとって試みが不可避であるという点、そしてまた試みから救われるように、試みに負けない、或は試みに取り囲まれないように祈ることが必要であるというこの二点において、明らかに前述の29章9節の叙述と殆ど共通した内容となっている。この内容はこの箇所に留まらず、この後しばらく論旨の中心を占める。[31] 複数にわたって言及されていることから、この箇所にはオリゲネスの強調点が存在すると考えられる。

1.2.1. 試みにおける善と悪

オリゲネスは、以上の促しに伴い、その根本に対する問、つまり、試みに陥ることが悪い（κακός）ことであるなら、なぜ神は、善であるのに人が試みに陥るという悪を赦されるのか、という問を提示する。[32]

このような問について、たとえば当時、マルキオン主義者たちは神を善悪に二分することですでに答えを出していた。しかし、オリゲネスはそれ

---

30) PE 29, 11: χρὴ τοίνυν εὔχεσθαι οὐχ ἵνα μὴ πειρασθῶμεν (τοῦτο γὰρ ἀδύνατον) ἀλλ' ἵνα μὴ ὑπὸ τοῦ πειρασμοῦ περιβληθῶμεν, ὅπερ πάσχουσιν οἱ ἐνεχόμενοι αὐτῷ καὶ νενικημένοι. (*GCS 3*, 386, 12-14.)

31) 29章12-13節は「神性を分断する人々」、すなわちマルキオン主義者たちの誤謬を指摘するための論述である。

32) Cf. PE 29, 11.

第 4 章　試みと愛　　　215

を批判する。[33] オリゲネスは神に関して善という性質を強調しているが[34]、マルキオン主義者たちのように旧約あるいは新約どちらか一方の神というのではなく、双方に示されている同一の神に対して善であるとの認識を提示しているのであり、その点に関して、マルキオン主義者の神理解を誤謬として指摘する必要があった。ゆえに、オリゲネスは、善なる神が試みに負けるように人を試みに連れ込むわけではないということを、反語を繰り返すことによって強調している。[35]

　このさい、オリゲネスは魂を次のように説明している。

　　いつも決断の自由を有しており[36]、諸々の善の極みにまで達するほどに上昇することでより優れた［状態］にあるか、あるいは逆に、不注意から、あれやこれやの悪の氾濫に下ってしまうのも、その原因は自分のうちにあるのです。[37]

---

33)　マルキオン主義者らに関して、オリゲネスはたとえばこのように表現している：「わたしたちの主の善なる父は律法の神とは別であるとみなしている、彼ら」（PE 29,12: ... νομίζοντας εἶναι τὸν ἀγαθὸν πατέρα τοῦ κυρίου ἡμῶν παρὰ τὸν τοῦ νόμου θεόν, εἰ ὁ ἀγαθὸς θεός... [GCS 3, 387, 7-8.]）

34)　オリゲネスは『諸原理について』II巻5章のなかで義と善について述べており、神に善と義の性質を帰していることが明らかである。たとえば、「以上これらすべてのことから、律法の神と福音書の神が同じ一なる、にして善なる神であること、そしてこの神が、義をもって善を行われ、善をもって罰せられることが証明された。というのも、義なしの善も、善なしの義も、神の本性の品位を表し得ないからである。」（PA II, 5, 3: …constat unum eundemque esse iustum et bonum legis et evangeliorum deum, et bene facere cum iustitia et cum bonitate punire, quia nec bonum sine iusto nec iustum sine bono dignitatem divinae potest indicare naturae. [Görgemanns/Karpp, 136, 20-24.]）を挙げることができる。

35)　Cf. PE 29, 12. また、『諸原理について』では、誘惑について以下のように述べられている：神は我々が誘惑されるのを許されるが、［その誘惑が］我々の能力を超えるのを許されない。我々は、我々の力に応じて誘惑されるのである。（PA III, 2, 3:… permittit nos quidem deus temptari, non tamen 'supra id quod possumus': pro viribus enim nostris temptamur. [Görgemanns/Karpp, 249, 26-27.]）Cf. Rom. 1, 24; 1, 26-28.

36)　Cf. Job 2, 10.

37)　PE 29, 13: ψυχὴν, …, ἀεὶ ἔχουσαν τὸ αὐτεξούσιον καὶ παρὰ τὴν ἰδίαν αἰτίαν ἤτοι ἐν τοῖς κρείττοσι κατ' ἐπανάβασιν ἕως τῆς ἀκρότητος τῶν ἀγαθῶν γινομένην ἢ καταβαίνουσαν διαφόρως ἐξ ἀπροσεξίας ἐπὶ τὴν τοσήνδε ἢ τοσήνδε τῆς κακίας χύσιν. (GCS 3, 387, 26-388, 3.)

つまり、悪の原因は、試み自体でなく、その試みに反応する自らの魂の性質にある。

オリゲネスによれば、神はある程度まで悪が増大するまま容認され、状態が悪化して人間が自分で立ち直ることが不可能となり、そこに自分の無力さを感じるまで放置される。そしてそれは、人間が自分の過失に気付き、悪を憎み、神の力によって癒されたときに魂の健康をいっそう享受するという目的のためであると説明されている。すなわち、必要なのは、自らの実存において自らの悪を味わい、自らの無力さを経験することによって自らの魂の在り方を探ることである。魂に身体を与えたのも、それを生きるあいだに様々な情念や痛みを経験し、自分の弱さを知り、善へ向けて歩みを反転させるためであった。[38] それが人に対する神の教育の場であり[39]、そこにこそ真の意味での決断の「自由」を語る場が与えられる。それは、換言すると、いかなる条件にも制限されない、自己自身として決断する可能性の獲得である。神はこのようにして、人間に永遠の命を得させようと望まれる。[40] オリゲネスは、この神の最終的な目的が達成されることにおいて神の善性が示されていると考えている。試みが与えられるこの世の人生は、天国に向かうために人間を浄化する手段にほかならないからである。[41]

---

38) 本稿3章2節において論じた。

39) 宮本久雄『教父と愛智——ロゴス（言）をめぐって』（改訂増補版）、新世社、1990年、133頁、参照。

40) Cf. PE 29, 13. また、そのために神が与えようとされるのは、人間が「自らの欠けを正しく知」ることである。（木ノ脇悦郎「『自由意志論』の動機——オリゲネス、アウグスティヌスとエラスムス」『神学研究』38号、1991年、214頁。）つまり、神の「教育的配慮」と言うことができる。（多井一雄「Origenesにおけるτὸ αὐτεξούσιονに関する一考察」『哲学』63集、1975年、47頁、参照。）

41) キリスト者はまず聖霊の働きによって浄化され、キリストの知恵を受取る準備をすると理解されている。そして最終的には父なる神に与る。（K.J. Torjesen, Hermeneutics and Soteriology in Origen's *Peri Archôn*, in: *Studia Patristica 21*, Leuven, 1989, p. 338.）P.ウィディコムは、浄化に関して三段階の理解をオリゲネスに指摘する。それは第一に浄化であり、第二に知、そして第三には神の知に完全に満たされ救われることによって完全に到る、という過程である。道徳的な浄化は御子と聖霊の参与によって完成される

第4章　試みと愛　　　217

　彼はまた、異邦人とイスラエル人が欲により、与えられているマナ以
外に、以前味わった肉や魚、野菜などを求めて泣いた出エジプトの出来事
を、聖書から例として引用する。[42] 聖書によると、モーセはその現状を見
て彼らを統率するのは自分にとってもはや過剰な重荷であると判断し、そ
のことを神に訴える。神はそれに応えて、重荷を分かち合う長老をモー
セに与えると約束するとともに、鼻から出るようになるほど過剰に肉を与
え、やがて民は肉に飽き果てるであろうことを予告する。聖書には、民に
うずらの肉が与えられ、しかしそれを食べつくす前に主は民に向かって怒
りを発し、激しい疫病で民を撃ったことが記されている。オリゲネスは
ここに示されている過剰に与えた神の行為に注目し、その過剰を、欲を残
すような方法で与えることを望まれなかったゆえのものであったと説明
する。[43] つまり、欲を満たすためでなく、欲に駆られることをなくすため
に、神は過剰に与えたということである。

　オリゲネスは、人間には一度飽きたとしてもまた再び同じ欲に駆られる
可能性が潜んでいることを指摘しながら、しかしたとえ繰り返し飽きるこ
となく悪を選ぼうとも、やがてはそれによって軽んじた「天の糧と美への
道」[44] を求めるようになることを試みの効用として述べる。

　このほかにも、神からの試みとして幾つかの例が挙げられている。不朽
の神を偶像に格下げし、迷いにおかれた人々[45]、頑なさが与えられたある
エジプト王[46] などの例である。このように神が人を「わなに」[47] 引き入れ

が、神の知へ向けての道徳的かつ霊的な進化は、継続的でダイナミックな過程である。
神の子とされたとき、人間はもはや罪を犯しえないと言うことを望み、神の子として
道徳的な清浄を維持したいと願う。（P. Widdicombe, *The Fatherhood of God from Origen to
Athanasius*, Oxford: Clarendon Press, 2000, p. 101.）

42)　Cf. Num. 11, 4.
43)　Cf. PE 29, 14.
44)　PE 29, 14: παλινδρομεῖν ἐπὶ τὰ καλὰ καὶ τὴν οὐράνιον τροφὴν（*GCS 3*, 389, 24.）
45)　Cf. Rom. 1, 23.
46)　Cf. Exod. 7, 3; 7, 22; 8, 19; 9, 12; 9, 35; 10, 1; 10, 27; 11, 10.
47)　PE 29, 16: "εἰς τὴν παγίδα"（*GCS 3*, 391,12; 15.）Cf. Ps. 66, 11.

ることには理由があるのであるが[48]、それも御父のゆるしなしには起こらない。[49] そして最終的な選択にさいしても、神は人間に対して善の強制を望まず、人間が自発的であることを望む。オリゲネスは主の祈りの試みに関する注解部において、「善が強制的なものとして、ある人にもたらされることを神は望まれず、自発的な［ものであることを望まれる］からです。」[50] と述べている。神は善であるがゆえに、人間が永遠の命を得るに到ることを望まれる。善なる神は、人間を永遠の命へ導こうと配慮されるのである。松丸は、この配慮をオイコノミア[51] という観点から考察し、神について「神に背き、罪を犯して死んだ者に悲嘆の涙を流し、彼をいまでも生きているかのように探し求める神」[52] と表現し、そこに愛ある者の姿

---

48) わなに引き入れる理由として、オリゲネスはここで、与えられている能力、たとえば鳥であれば飛ぶことのできる能力を、持ちながらも有効に用いない例を挙げている。

49) Cf. Matt. 10, 29.

50) PE 29, 15: οὐ γὰρ βούλεται ὁ θεός τινι τὸ ἀγαθὸν ὡς κατὰ ἀνάγκην γενέσθαι ἀλλὰ ἑκουσίως,...（GCS 3, 390, 24-391, 1.）このような考えは、オリゲネスの他の文書においても非常に明確に現れている。たとえば、「実に物事は力づくでなされるものではなく、魂は必然的にどちらかの側に傾かされるのでもありません。……むしろ全面的に各人の決断の自由が遵守され、その結果、［魂は］自分の欲した方に自ら傾いて行くのです。」（ComRom I, 18.）を挙げることができる。ゲッセルは、この自由ゆえに、人間には「責任」が課されていることを述べてはいるが、その機序に関しては言及していない。（W. Gessel, *Die Theologie des Gebetes nach ›De Oratione‹ von Origenes*, München/ Paderborn/ Wien: Verlag Ferdinand Schöningh, 1975, pp. 160ff.）また、同様の考えは『エレミヤ書講話』においてもみられ、他の教父に関しても以下の文書において見られる：アレクサンドリアのクレメンス『ストロマタ』VII巻42章4節、エイレナイオス『異端反論』IV巻59章およびV巻1章1節、『ディオグネトスへの手紙』7章3-5節。（小高毅訳『オリゲネス 祈りについて・殉教の勧め』創文社、1985年、243頁、注110。）なお、これらに関して、久山の示唆が適切であり興味深い。（久山道彦「オリゲネス『原理論』に於ける悪の問題序論」『基督教学研究』10号、1988年、127-143頁。）

51) H.S.ベンジャミンは、神の摂理と人間の自ら決定する自由を論じるなかで、神のオイコノミアというテーマについて言及するに到っており、そこでオリゲネスが「オイコノミア」という語を、聖書や摂理、とくに救いの計画という摂理に関連させ、オイコノミアが救いの方法、つまり、人間を回心させ改善させる「計画通りの方法」と理解されていることを指摘している。（H.S. Benjamins, Eingeordnete Freiheit. Freiheit&Vorsehung bei Origenes, in: *VC Supplements 28*, New York/ Köln: Leiden, E.J. Brill, 1994, p. 212.）

52) 松丸太「オリゲネスにおける神の痛みのオイコノミア」『日本の神学』33号、1994

を見出している。D.G.ボストックは、オリゲネスが、その人にとって必要な現実を神が与える摂理の働きそのものを不可欠な神の癒しのわざと理解していると述べている。そして、その人の必要と霊的な許容量にしたがって、神の知恵が与えられるのである。[53]

　神がこのように善であることを人間が知るなら、与えられるすべての事柄が配慮に満ちた摂理のなかに置かれていることを認識し、それを享受する手がかりとなろう。オリゲネスは、人間がとくに試みのなかで祈るとき、神が配慮に満ちた善なる方であることを思い出すことの大切さ、ないしは必然性を強調している。[54] 善とは、自己を存在させた根拠であり、それなしに、自己もまた存在しないところのものである。[55]

1.2.1. 善理解

　ここで、オリゲネスが何に対して善と述べているのかを、「善」という用語そのものに焦点を当てて考察したい。語法的側面から見ると、「善い」あるいは「善」という内容は、広く "ἀγαθὸς"、"καλός" という形容詞ないしはその名詞形などによって表現されている。そのなかで、『祈りについて』において最も頻繁に用いられているのは "ἀγαθὸς" であり、ついで "καλός" となっている。また、形容詞としての言葉はこの二種類のみであ

年、84頁。

　53）　D.G. Bostock, Medical theory and theology in Origen, in: *Origeniana Tertia,* Roma, 1985, pp. 193-194.

　54）　「善」（ἀγαθὸς）という語、あるいはその変化した形は、『祈りについて』のなかで実に30回用いられており、殆どの章において用いられていないかあるいは1回、また四つの章において2回、用いられている。しかし、試みについて述べられている29章には10回用いられ、この語がここに集中していることは明白である。

　55）　ネメシェギがオリゲネスに指摘する、存在と善とは同義語であるという考えと一致する。神は「与える根源であり……すべての存在が生ずる」。（P.ネメシェギ『父と子と聖霊──三位一体論』（増訂版）、南窓社、1993年、116頁。）また、ローは、オリゲネスの意図する「存在」とは単にそこに「在ること」ではなく、理性的被造物に対してのみ可能な方法で、神のいのちに参与することであるとして、この認識を重要なものとみている。（J.N. Rowe, *Origen's Doctrine of Subordination. A Study in Origen's Christology,* Berne/Frankfurt am Main/ New York/ Paris: Peter Lang Publishers, 1987, pp. 4-5.）

る。

　教父たちが理解した "ἀγαθὸς" の多様な意味のなかで、オリゲネスが用いたのは哲学的概念であるところの善ないしは最高善、それ自身に満ちている神の善性、また、マルキオンら異端者たちの提唱する旧約の義なる神に対するキリストの父としての「よい」神、という内容の表現にさいしてであったことが指摘される。[56]『祈りについて』におけるこの語の用法に関する特徴としては、それが述語的位置において7回用いられ、そのすべてが聖書からの引用と、それ以外には神に関することを論じるときのみに限定されているということである。また、この語は名詞的用法で用いられることが最も多く、15回を数えている。そしてそのうちの9回が中性複数形を取っており、文脈および語法から考えると、これに関しては「善」という思惟的概念ではなく、「善なるもの」という具体的事柄を示すものとして理解される。他方、中性単数形で表現されている六箇所は「善」という概念をさすものとして理解されるもののほか、人称化されて「善人」という意味において1回だけ用いられており、それは聖書からの引用によるものである。

　以上のことから、『祈りについて』のなかで "ἀγαθὸς" は、聖書からの引用以外には、父なる神に対してのみ、つまり、神の性質として、あるいは神から与えられているものとして、用いられていると言える。

　ここでさらに、この用語の時代背景を辿ってみたい。G.キッテルによると、この語源はプラトンに由来し、古代ギリシャから新約時代までのあいだに、物や人間の重大性あるいは卓越を表現するものとして使用された。そのなかで、ギリシャ哲学においては霊的道徳的に重要な場合、あるいは救いの重大さを含む意味においても用いられた一方で、新約聖書においては、たとえばルカ12章18節などに見られるように、この語は単に物質的なものとして「もっと大きいもの」を意味することが指摘されている。[57]

56）　G.W.H. Lampe, ἀγαθὸς, in: *A Patristic Greek Lexicon,* Oxford: Oxford University Press, 1961, pp. 4r.-5l.

57）　G. Kittel（author）, G.W. Bromiley（trans.）, ἀγαθὸς, in: *Theological Dictionary of the New Testament* I, Grand Rapids: Wm. B. Eerdmans Publishing, 1978⁹, pp. 10-17.

第4章　試みと愛　　221

　以上のような傾向のなかで、オリゲネスが "ἀγαθὸς" を神にのみ用いて
いることは、彼に特徴的なことであると言える。さらにこれは、オリゲネ
スが『諸原理について』においても『祈りについて』においても引用して
いる「神ひとりのほかに、善いかたはいない」[58] というマルコ10章18節の
語を反映していることが明らかである。

　それでは、この "ἀγαθὸς" は、「善」として別に用いられている用語
"καλός" といかに区別されているのか。ランペによると、"καλός" は美し
いこと、よい（good, fair）ことを表現する語であり、被造物に関して、中
性名詞として霊的美しさないしはよさに関して使用される。そして、ギリ
シャの世界ではとくにこの語は "καλός καὶ ἀγαθὸς" という組み合わせにお
ける語法においてしばしば使用され、重要な役割を果たしていた。[59]

　オリゲネスもこれに従っていると考え得るが、彼の場合、最高善を表
現する "ἀγαθὸς" は神にのみ用い、思いや行動やあり方のよさ、つまり倫
理面を含んだ善を表現する "καλός" は被造物すなわち人間に対して限定
的に用いており、さらにそこから生じる行為そのものないしは贈与物とし
て生じるものについても、神からのものは "ἀγαθὸς"、人間からのものは
"καλός" として、その「よさ」が表現されている。このような区別は、
聖書や他の教父文書におけるよりも厳密になされている。

　そして、オリゲネスは多くの箇所において「善なるもの」を "τα ἀγαθά"
という用語で表現している。『祈りについて』において、オリゲネスは神
の善性に言及するよりも、しばしば、善なる神から実際に与えられている
諸々の善（なるもの）を提示している。それがこの "τα ἀγαθά" である。

　58）　PE 15, 4: "τί με λέγεις ἀγαθόν; οὐδεὶς ἀγαθὸς εἰ μὴ εἷς ὁ θεός, ... " (GCS 3, 335, 16-17.) こ
こにおいても神に帰せられる「善い」は"ἀγαθὸς"である。Cf. Mark 10, 18. この聖書の引
用箇所に関しては、本章1章3節においても言及している。
　なお、ネメシェギは、オリゲネスの「善」理解とその根拠、またオリゲネスの聖書解
釈法にも、彼の「神の善」理解が必要であることを指摘している。（P.ネメシェギ「聖
書解釈の歴史──オリゲネスの聖書解釈法」『日本の神学』5号、1966年、115-125頁。）
　59）　このさい、この語の組み合わせが5世紀以降にみられるものと述べられているが、
オリゲネスにおいてはすでに認められる。

"ἀγαθὸς" は禱りをささげる相手と同様、父なる神および神からの善なるものにのみ適用されるべきものと認識されているのである。[60]

オリゲネスはさらに『諸原理について』のなかの多くの箇所で、義とともに善を父なる神の性質とし、それに言及している。

　　これは、善なる神であり、万物の慈悲深い父であり、同時にまたεὐεργετικὴ δύναμιςとδημιουργική　即ち善をなす力、また創造し、配慮する力である。……それ故、この「善をなす力」が、善をなさなかった瞬間があったとは考えられない。[61]

また、善なる神を否定する者らに反論するなかで、オリゲネスは自らの善理解を、「異端者」への反論としてつぎのように提示している。

　　さて、善とは、恵みを与えられるに値しない人、恵みを得るにふさわしくない人をも含めて、すべての人に恵みを必然的に与える性向であると、異端者どもは考えている。しかし、私の見るところでは、彼らはこの定義を正しく用いてはいない。つまり、誰かに苦しみや悲しみを加えることが、人を恵むことにならないと彼らは考えている。更に、義とは各々にその功罪に応じて報いる性向であると、彼らは考えている。しかし、ここでも彼らは自分たちの定義の意味を正しく解釈していない。というのは、彼らは、悪人には悪を、善人には善を報いることが義であると考えているからである。即ち、彼らの見解に従え

―――――――――――――――

60)　Cf. PE 15, 4 (*GCS 3*, 333, 26-334, 16). ネメシェギもまた、ἀγαθὸς が御父にのみ使用されていることを指摘し、その根拠を、オリゲネスが神を最高の存在であるゆえに最も善なる存在でもあると考えたであろうことに帰している。(P.ネメシェギ「愛の交わりである三位一体」『カトリック神学』8号、1965年、120頁。)

61)　Cf. PA I, 4, 3: Hic est bonus deus et benignus omnium pater, simul et εὐεργετικὴ δύναμις et δημιουργική, id est bene faciendi virtus et creandi ac providendi. ...Et ideo nullum prorsus momentum sentiri potest, quo non virtus illa benefica bene fecerit. (*Görgemanns/Karpp*, 65, 11-66, 18.)

ば、義なる者とは悪人に対して好意を抱かず、悪人に対しては憎悪を抱くのである。[62]

　ここからは、少くとも以下のことが言える。すなわち、善が「恵みを与えられるに値しない人、恵みを得るにふさわしくない人をも含めて、すべての人に恵みを必然的に与える性向」であるとしたら、神は善をもって苦しみや悲しみさえも恵みとして与えるということである。さらに神の義は悪人に悪をもって報いるものではなく、悪人に憎悪も抱かずむしろ好意さえ抱く性質であり、罰さえも、絶えず注いでいる善をもって与える性質であると理解されている。

　有賀は、オリゲネスが正義をいかにとらえていたのかについて論じるなかで、応報的賞罰がその目的ではなく、それが神自身の善性によって制約されるものであると理解されていたことを明らかにしている。[63] 正義は善性を前提として存在するということである。この神は義をもって善を行

---

　62)　PA II, 5, 1: Aestimant igitur bonitatem affectum talem quendam esse, quo bene fieri omnibus debeat, etiamsi indignus sit is, cui beneficium datur, nec bene consequi mereatur; sed, ut mihi videtur, non recte tali usi sunt definitione, putantes non fieri bene huic, cui austerum vel triste aliquid inferatur. Iustitiam vero putarunt affectum esse talem, qui unicuique prout meretur retribuat. Sed et in hoc rursum definitionis suae sensum non recte interpretantur. Putant enim quia quod iustum est malis mala faciat, bonis bona, id est, ut secundum sensum ipsorum iustus malis non videatur bene velle, sed velut odio quodam ferri adversum eos; (*Görgemanns/Karpp*, 132, 21-133, 5.) なお、「善人」および「悪人」について、オリゲネスはルカ福音書6章45節を引用しながら、前者を徳（義・節制・賢慮・敬虔・善）と理解されるすべてのものが内在している人、後者を悪徳（不正・不浄・不敬・人を悪に変えてしまうもの）を持つ人と表現している。(Cf. PA II, 5, 4.)

　出村は、オリゲネスが、人間の善を行動や習性といったかたちを取ると考えていたと述べている。この人間の善に対して神の善はその統一性として存在する。神の善は人間の善と違うものでありながらも、オリゲネスは両者の分離を望まず、神の善が人間のうちに見出されると考えていることを指摘している。(Cf. PA IV, 4, 10.) このさい、神の善を人間の善に仲介するのがイエス・キリストと考えられており、プロティノスが知性と考えたのと異なっていることが論じられている。(K. Demura, Ethical Virtues in Origen and Plotinus, in: *Origeniana Quinta*, Leuven, 1992, pp. 296-300.)

　63)　有賀鐵太郎『有賀鐵太郎著作集1　オリゲネス研究』、創文社、1981年、51-52頁。

い、善をもって罰するということが確認される。というのも、義なしの善も、善なしの義も、神の本性の品位をあらわし得ないからである。[64]

　オリゲネスは『諸原理について』において自由意志を論じるなかで、人間が悪徳に走ることのないよう神が人間を矯正しようとして「愛する者を懲らしめ、懲戒し、受け入れるすべての子らをむち打たれる」ことに触れていた。[65] つまり、義をもって働きかけるその根底には、神の愛が認識されているのである。

　神に関するオリゲネスの善理解には、その多くの思考方法をギリシャ哲学、とくに中期プラトン主義から得ていることがしばしば指摘されるが[66]、P.ネメシェギは、ギリシャ哲学の最も至高な目標であった「義」や「善」とともに「愛」を重視していることがオリゲネスの特徴であると述べている。[67] オリゲネスの父なる神は唯一至高の善なる神のみならず、子を慈しむ愛の神なのであり、ゆえにオリゲネスにとって、神において、その性質たる善と義と愛とは乖離され得ないものであったと言える。

1.3. 試みの効用──『祈りについて』29章17-19節から

　オリゲネスは試みの効用（χρεία）についても述べている。彼によると、試みは、それを受けた人間に自分自身がいかなるものであるのかを知らせ、その心に隠されているものを知覚させる働きを持つ。試みによって自分の悪を自覚し、その結果、見えなかった諸々の善もまた自覚され、その善は善であるがゆえに貴く、感謝に値する。[68]

---

　64)　Cf. PA II, 5, 3. なお、義と善に関しては、それらがストア哲学によって定義されたものであることが指摘される。（E. Osborn, Causality in Plato and Origen, in: *Origeniana Quarta,* Leuven, 1987, p. 365.）

　65)　Cf. PA III, 1, 12; Heb. 12, 6.

　66)　E.g. J. Daniélou, *Origène,* Paris: La table Ronde, 1948, p. 85; 108 に詳しい。

　67)　オリゲネスが強い影響を受けた中期プラトン主義の考えにおいては、神は唯一であり万物の父であるという理解と、同時にそこから、神の超越性と善性が引き出されたことが指摘される。（P.ネメシェギ「オリゲネスにおけるプラトン主義」上智大学中世思想研究所編『キリスト教的プラトン主義』、創文社、1985年、7-17頁。）

　68)　Cf. PE 29, 17.

第 4 章　試みと愛　　　　225

　オリゲネスはここで幾つかの箇所を聖書から引用している。まず、エバおよびカインに関する出来事を取り上げ、彼らの持つ否定的側面に言及する。そして、試みによって生じたように見える悪い行いは、その行いそのものを為したときに心の中に邪悪（τό πονηρόν）が生じたのではなく、すでに心の中にあった邪悪が具現化されただけのものであると説明している。[69] 一見望ましくない出来事からも、それが生起しなければ不明のままであった事実が、試みによって暴露されたのであり、例えば、ノアの飲酒のさいの失態によって家族の潜在的な性質が明らかになったものである。ヨセフの場合も誘惑されたからこそそれに勝利し得る精神性が顕示されることとなった。つまり、試みは、人間がそれを受けることによって、善であっても悪であっても潜在的な性質を知るという結果をもたらす。これらが試みの効用と言われている。

　オリゲネスはここで、自らや読者を含む人間の置かれている状況に視野を移す。そして人間が「試みの好機のあいだに」[70] 置かれており、試みに対して準備していなければならないことを訴える。

　　　[神は]「ご自分を愛する人々」、彼らが[自らの決定によって]いかなるものとなるであろうか、ご自分の誤ることのない予知に基づいて、予見しておられる人々と「共に、善となるようすべてのことを働かれる」のです。[71]

　つまり、人間が試みを受けたとき、その試みの目的は善にほかならない。試みは、人間に知ることを与え、人間は知覚し、可能な限り尽力する責務を担う。だからこそ、そのプロセスにおいて無自覚に試みに陥ることのないよう、祈ることが必要なのである。

---

69)　E.g. Job 40, 3（LXX）; Deut. 8, 3; Deut. 8, 15; Deut. 8, 2.

70)　PE 29, 19: ἐν τοῖς μεταξὺ καιροῖς τῆς τῶν πειρασμῶν...（GCS 3, 392, 26.）

71)　PE 29, 19: ...ὁ θεὸς, ὁ "τοῖς ἀγαπῶσιν" αὐτὸν "πάντα" συνεργῶν "εἰς ἀγαθὸν, τοῖς κατὰ" τὴν ἀψευδῆ πρόγνωσιν αὐτοῦ, ὅ τι ποτὲ ἔσονται παρ' αὐτοὺς, προεωραμένοις.（GCS 3, 393, 2-4.）Cf. Rom. 8, 28.

2.「悪しき者からお救いください」解釈から──「悪」理解

2.1. 悪理解──用語の解釈より

オリゲネスは、「わたしたちを試みに遭わせないで」に続いて「わたしたちを悪しき者からお救いください」[72]という箇所を注解している。ここで使用されている「悪」という用語の示す意味が単純ではないことを示したうえで、注解された内容理解を提示したい。

オリゲネスは「悪」という言葉もまた、原語に忠実に聖書から引用しているが、「悪」を意味する "πονηρός" は、『祈りについて』全体をとおしても属格および与格でしか用いられておらず、これを男性名詞と理解すべきなのかあるいは中性名詞と理解すべきなのか、判断するのは容易ではない。この判断の困難さはすでにH.クルゼルによっても指摘されている。彼は詳細にその語を検討し、これを男性名詞ととらえ「悪意ある攻撃」という意味において理解すべきであるが、ギリシャ教父の場合には悪魔という意味に解釈したと考えるのが妥当であると述べている。[73] また、小高は、その根拠は述べていないものの、これに「悪しき者」との邦訳を充て

---

72) PE 30, 1: ῥῦσαι ἡμᾶς ἀπὸ τοῦ πονηροῦ. (*GCS 3*, 393, 6-7.) 小高は、オリゲネスがこの言葉を中性形ではなく男性形で用いていることを指摘している。(オリゲネス著、小高毅訳『オリゲネス 祈りについて・殉教の勧め』、創文社 1985年、243頁、訳注112、参照。) また、有賀は、一般に言われる「悪」は真の意味の悪ではなく、むしろ神が魂を癒し訓練するための手段に過ぎないと理解している。(有賀鐵太郎、前掲書、249頁、参照。)

悪を意味するギリシャ語として、オリゲネスのテキストには "πονηρός" あるいは "κακός" が用いられている。"πονηρός"の多くは人称的に用いられ、たとえばこれは、『諸原理について』における、ギリシャ語表記の残っているテキストに関しても同様である。一方、"κακός"に関しては、人称的には用いられず、その殆どが悪そのものを指す意味において用いられ、それ以外のものは行いや心の形容語として用いられている。さらには、善および美ともに "καλός"との対比で言及される場合にも "κακός" が用いられている。ただし、『諸原理について』においてはこの限りではなく、ギリシャ語テキストのある範囲においては、"πονηρός"が善との対比において用いられている箇所も認められる。

73) H.クルゼル著、熊谷賢二訳「主の祈りとキリストの受難」『カトリック神学』13号、1968年、35-37頁。

第4章 試みと愛　　　227

て人格的存在として理解し、オリゲネスが同様に男性形でこれを用いていることを指摘している。さらに、ランペはこの語の意味を、同様に「悪しき者」とみなし、主の祈りを扱った文書のなかで、この語が男性、中性、またその両方の意味で使用されていることを指摘している。[74] なお、キッテルは、新約聖書の該当箇所に関して、この語が男性と理解されたり中性と理解されたり、歴史のなかでいずれにも解釈されてきたと説明している。[75] たとえば、後代翻訳されたウルガータ聖書において、それは "a malo" となっており、中性で、すなわち「悪から」と理解されていることがわかる。U.ルツはこのことに関して、アウグスティヌス以後のラテン教父および大抵のカトリック教徒やルター派が中性で解釈していること、ルターはこれを男性とも理解し得ると述べていること、また、大抵のギリシャ教父たちはこれを男性と理解していることを指摘している。[76]

　"πονηρός" に関して以上のような見解が確認されるが、上記の見解に加え、『祈りについて』30章のこの文脈における意味を考察すると、オリゲネスはヨブの例に関して、「悪しきもの」を「悪魔」（ὁ διάβολον）に置き換え、戦う相手として表現していることから、"πονηρός" は悪い状況や物質ではなく、悪への方向性をもつ人格的存在を意味するものとして理解されていると考えるのが適切であろうと推測される。

　オリゲネスは、同様の意味を持つ聖句としてもう一箇所、「義しい者の

---

　74)　そのなかで、「悪しき者」と理解されているものとして、オリゲネス『祈りについて』30章1節以外に、キュリロス『教理問答書』23章18節、ニュッサのグレゴリオス『主の祈り』5、『使徒教憲』補遺8, 10, 19、ペトルス・ラオディケーヌス『主の祈りに関する詳細な説明』が挙げられている。一方、「悪より」と中性に理解されているものとしては、ヨハネス・クリュソストモス『マタイによる福音講話』7章14節、同『主の祈り注解』（悪魔と人間の双方から生じる悪を含む）。そして、三つ目の立場として、男性にも中性も理解されるものとして、マクシムス・コンフェッサー『主の祈りに関する詳細な説明』が挙げられている。（G.W.H. Lampe, πονηρός, in: *op. cit.*, pp. 1120r-1121l.）

　75)　G. Kittel（author）, G.W. Bromiley（trans.）, πονηρός, in: *Theological Dictionary of the New Testament* VI, Grand Rapids: Wm. B. Eerdmans Publishing, pp. 546-562.

　76)　U.ルツ著、小河陽訳『EKK新約聖書註解 マタイによる福音書I/1』、教文館、1990年（L. Ulrich, *Evangelisch-Katholischer Kommentar zum Neuen Testament I/1: Das Evangelium nach Matthäus,* Benziger/ Neukirchener Verlag, 1984）、498頁、および812頁、注106。

艱難は多い。しかしそれらのすべてから彼らを救われる。」[77] を引用し、この言葉に当てはまる代表的人物としてパウロを挙げている。[78] ここでは、「悪しき者」に相当するのは艱難であり、また、「艱難にさらされる」とは意に反してふりかかる危険な状況にあることを示すことが、文脈から理解され得る。[79] そこでは、「艱難から」救われるというのは、艱難が臨まないのではなく、むしろ艱難にさらされていても神の助けによって、人間が行き詰まることのない、つまり、その状況に負けてそれに身を委ねる決意をしないことを意味すると認識されている。[80] これは、試みに関する理解とほぼ同じである。そのようなときも、状況に身を委ねることがないなら、神は人間を艱難から救われる。艱難にさらされたときにも、自らの決意をどこに据えるか、危険な状態に身を委ねるのかあるいは神に助けを求めるのか、人間にはその選択が残されている。

　オリゲネスはこのように「艱難から」救われることに関する考察ののち、「悪しき者から」救われる、ということへの考察を展開している。そのさいにはヨブの例を引用し、彼が救われたのは困難な状況のなかで彼が「罪を犯さなかっただけでなく、義しい者であることを明らかにしたため」[81] であると説明している。ここでオリゲネスは、ヨブが救いを与えられた根拠として、その行いを通して示されたヨブ自身の「義」に着目している。つまり、試みのすえに証明されたのはこの義であったため、ヨブに

---

77)　Ps. 34, 19.

78)　Cf. PE 30, 1: まさにパウロが言っています、『あらゆる面で艱難にさらされている』（2Cor. 4, 8）と。（εἴ γε καὶ ὁ Παῦλός φησι τό· "ἐν παντὶ θλιβόμενοι"... [*GCS 3*, 393, 16.]）

79)　Cf. PE 30, 1. Cf. 2Cor. 4, 8.

80)　Cf. PE 30, 1: ヘブライ人の間にみられる習慣によれば、「艱難にさらされる」ということは、意に反してふりかかる危険な状況を意味し、「行き詰まる」ということは、艱難に負け、それに身を委ねるという決意の伴うことを［意味する］からです。（... τοῦ μὲν θλίβεσθαι κατά τι πάτριον παρ' Ἑβραίοις οὕτω σημαινομένου ἐπὶ τοῦ ἀπροαιρέτως συμβαίνοντος περιστατικοῦ, τοῦ δὲ στενοχωρεῖσθαι ἐπὶ τοῦ προαιρετικοῦ, ὑπὸ τῆς θλίψεως νενικημένου καὶ ἐνδεδωκότος αὐτῇ. [*GCS 3*, 393, 18-21.]）

81)　PE 30, 2: ... ἀλλὰ ‹τῷ› "ἐν πᾶσι τοῖς συμβεβηκόσι" μηδὲν ἁμαρτεῖν αὐτὸν ἐνώπιον "τοῦ κυρίου" ἀλλὰ ἀναφανῆναι δίκαιον· (*GCS 3*, 394, 3-4.) Cf. Job 1, 22.

第4章　試みと愛　　　229

とって試みとしての艱難はもはや必要なくなったということである。

　その後、これらすべてに関する短い結びの部分で、オリゲネスは読者に呼びかけ、試みに陥ることのないように、また、そのためには神の言葉を聞き、神に助けを求めることを奨励する。人間は、意に反する艱難のなかで、悪に身を委ねる決意をする以外に、神の言葉を聞き、神に助けを求めることもまた選択し得るのであり、危険な状況のなかでも人間は「救って[82]くださる神のロゴスの現存と協働によって」悟性、快活さ、ならびに喜悦を得ることが可能である。[83] オリゲネスは、確固たる認識のもとに以上のような態度を選ぶよう奨励する。そして、最後に以下の言葉で結んでいる。

　　……試みにさらされたとき、死に渡されないように、また「悪しき者の火矢」によって攻撃されたとき、それらによって火を焚きつけられることのないように、[神に]助けを求めましょう。信仰の盾で、悪しき者によって彼らに投ぜられた火矢を悉く消す人々は、火を焚きつけられることはありません。[84] [そのような人々は] 悪しき者の [火]が力をふるうことを許さず、かえって霊的なものであるよう鍛えた者の魂に真理の観照によって刻み込まれた、神によって鼓舞され、救いをもたらす思考の洪水によって、いともやすやすとそれを無効にしてしまう「永遠の生命へと湧きあがる水」[85] の川を、自らのうちに有し

---

82)　オリゲネスは「救う」という言葉について、聖書の引用にしたがって"ρύομαι"を使っていたが、この箇所のみ、"σώζω"が用いられている。つまり、ここでは状況からの救出でなく、根本的ないのちの回復が表現されていると考えられる。

83)　Cf. PE 30, 1: わたしたちを励まし、救ってくださる神の言理の現存と共働によって、危険な状況の時に、神から臨む、わたしたちの悟性の快活さと喜悦が「くつろぎ」と呼ばれているのです。(συνεργίᾳ γὰρ καὶ παρουσίᾳ τοῦ παραμυθουμένου καὶ σῴζοντος ἡμᾶς λόγου θεοῦ τὸ τῆς διανοίας ἡμῶν ἱλαρὸν καὶ εὔθυμον ἐν τῷ καιρῷ τῶν περιστατικῶν ἀπὸ θεοῦ γινόμενον πλατυσμὸς ὠνόμασται. [GCS 3, 393, 23-26.])

84)　Cf. Eph. 6, 16.

85)　John 4, 14; 7, 38.

ているからです。[86]

2.2. 悪理解——オリゲネスの一般的思想より

オリゲネスによれば、人間は意志や感情を有し、状況を判断し、そこに
おける善悪を判別し、その結果の行動を選択することのできる理性の力を
有しながらも[87]、人間が単独でその力を発揮し得るのではなく、そこには
神の側の共働を懇願する祈りが必要である。このことは先に確認されたと
おりである。では、悪そのものについてはどのようなものと考えられてい
たのか。以下では、試みないしは救いとの関連において、悪に関する彼の
認識を『諸原理について』から考察する。

まず、悪[88]は、人格的存在にかぎらず、予期せずに振りかかる外部環境
をも意味するものとして理解されている。このなかで、人間にはいかなる
外部環境にあっても自分の内部において内部から生じるものと戦い[89]、打
ち勝つことが期待されている。

悪の由来に関しては、たとえば、2世紀のキリスト教護教家であったア
テナゴラス、殉教者ユスティノスなどが、世界を形相と質料の二元論に

---

86) PE 30, 3: παρακαλῶμεν πειραζόμενοι μὴ θανατοῦσθαι καὶ βαλλόμενοι ὑπὸ τῶν "τοῦ
πονηροῦ" πεπυρωμένων βελῶν μὴ ἀνάπτεσθαι ὑπ' αὐτῶν. ἀνάπτονται δὲ ὑπ' αὐτῶν πάντες, ὧν
κατά τινα τῶν δώδεκα "αἱ καρδίαι" "ὡς κλίβανος" ἐγενήθησαν· οὐκ ἀνάπτονται δὲ οἱ τῷ θυρεῷ
"τῆς πίστεως" πάντα σβεννύντες τὰ ἐπιπεμπόμενα αὐτοῖς "πεπυρωμένα" ὑπὸ "τοῦ πονηροῦ"
"βέλη"· ἐπὰν ἔχωσιν ἐν ἑαυτοῖς ποταμοὺς "ὕδατος ἁλλομένου εἰς ζωὴν αἰώνιον," τοὺς μὴ ἐῶντας
ἰσχῦσαι τὸ "τοῦ πονηροῦ" ἀλλὰ εὐχερῶς αὐτὸ λύοντας τῷ κατακλυσμῷ τῶν ἐνθέων καὶ σωτηρίων
λογισμῶν, ἐντυπουμένων ἀπὸ τῶν τῆς ἀληθείας θεωρημάτων τῇ τοῦ ἀσκοῦντος εἶναι πνευματικοῦ
ψυχῇ. (GCS 3, 395, 2-12.)

87) Cf. PA III, 1, 2-3.

88) 『諸原理について』のテキストは、オリゲネスによるギリシャ語とルフィヌスによ
るラテン語訳が混在している。ギリシャ語の残存する箇所を参照すると、"malus"ない
し"malum"は、"κακός"ではなく"πονηρός"と互換的である。

89) 悪との戦いに関するペレスの論述は、この戦いの意味を適切に表現している：「よ
い人間になろうとして戦っている人は、繰り返し罪を犯し罪から立ち直るということが
ありうるが、その間の罪は、罪でありながらも、戦い続ける人の一時的な敗北に過ぎ
ないのであって、抵抗なしに犯された罪とはずいぶん違う。」（F.ペレス「罪悪の存在理
由」『カトリック研究』39号、1981年、135頁。）

よって理解するプラトンの宇宙形成説[90]に近い考え方を展開している。すなわち、神自身は絶対的な善である。しかし、神が宇宙を生成するさい宇宙の素材である質料の中に悪があったのであり、すなわち悪をつくったのは神ではない、と理解される。この考えに基づくと、神による宇宙の創造以前に宇宙の素材である質料が先在したことになり、神をすべてのものの創造者とするキリスト教の理解に矛盾する。

オリゲネスやテルトゥリアヌスなど多くの教父はこれに反対し、神は質料も含めてすべての創造主であると主張する。たとえば、善との対比のなかで、オリゲネスは悪について次のように述べている。

　　善から遠ざかることこそ、悪に陥ることにほかならない。なぜなら、確かに、悪とは善の欠如だからである。したがって、善から転落した程度に応じ、それに比例して悪になる。[91]

　　悪は元（はじめ）から存在したのではありませんし、永遠まで存在することもありません。[92]

ネメシェギは、オリゲネスの時代の人々にとって、悪は非常に現実的に、自分に降り掛かるものとして経験され、それの解決の多くはしばしば善と悪が対等に競い合うという二元論に見出されていたことを指摘している。[93]

　90）　プラトン哲学において形相はもののかたちにみられる理念であり、霊的要因を示す。質料はその素材であり、物質的要因を示す。神は無形の質料に形相を与え宇宙を形成した。形相は善美なるものである一方、質料はこれに反して悪への傾向を持つと考える。これは、新プラトン主義やグノーシス主義やストア哲学の中に見られる。

　91）　PA II, 9, 2: Recedere autem a bono non aliud est quam effici in malo. Certum namque est malum esse bono carere. Ex quo accidit, ut in quanta mensura quis devolveretur a bono, in tantam mensuram malitiae deveniret.（*Görgemanns/Karpp*, 165, 28-166, 3.）

　92）　ComJohn II, 13: οὔτε γὰρ ἦν ἀπ' ἀρχῆς οὔτε εἰς τὸν αἰῶνα ἔσται.（*SC 120/ TLG* 2042.005.）

　93）　P.ネメシェギ「序言」オリゲネス著、小高毅訳『諸原理について』、創文社、1985年、iii頁。

そのなかで、オリゲネスはこの世に悪が存在することへの問いを、善悪二元論的な世界観ではなく[94]、前述のような善の欠如としての悪、という論理によって克服しようとし[95]、旧約および新約の神を「同じ一なる、義にして善なる神」であると断言していた。[96] 彼は、悪それ自体は本来存在しないものであり、非存在であると認識している。[97] 換言すると、本質上悪である存在は何一つないのであり、存在するものはすべて善であり、善が人間の本来あるべき性質である、という理解である。また、この悪の性質とは、神から離反する傾向を指す。[98] 善なる神からの離反は、悪への志向性であるとともに、それ自体、悪であり、人間にとって本来的ではない。

逆に、先の解釈のなかで言及されていた「火矢」を消すのは、ほかでもなく自らのなかに湧き出る「水」によるものと理解されていた。自己の外側からの火矢を消すのは自己の内側に備わっている水であり、その水は本来的な自己の一部であり、また、火矢から本来的な自己を回復させるものでもある。この意味においても、善が本来的なものとして考えられていることが理解される。[99]

以上の理解は、善であるという神の性質から生じている。神の善は、悪に対して、否定や敵対といった悪をもって返すのではなく、悪の存在をゆるし、善をなす力を絶えず働かせ続け、祈りにおいて人間に関わるもので

---

94) しかし他方で、創造者と被造者、可視と不可視、知的と肉的といったオリゲネスの見方を例に、オクレイリーは、プラトン主義やグノーシス主義からではなく、旧約聖書に基づくものであるとしながらも、オリゲネスに二元論を指摘する。とくに、宇宙論、悪魔論、人間論についてである。ただゲルフはそれを否定的にはとらえておらず、不完全性を第一原理に帰さずに二元論を受け入れていることを評価している。(P. O'Cleirigh, The Dualism of Origen, in: *Origeniana Quinta*, Leuven, 1989, pp. 346-348.)

95) 梶原直美「オリゲネスにおける『悪』理解」宮谷宣史編『悪の意味　キリスト教の視点から』、新教出版社、2004年。

96) Cf. PA II, 5, 3.

97) すでに指摘した、オリゲネスにとって存在と善性とが同意語であるとみなすネメシェギの指摘を、ここにも認識することができる。(P.ネメシェギ『父と子と聖霊――三位一体論』[増訂版]、南窓社、1993年、203-5頁。)

98) Cf. PA III, 9, 2; III, 1, 18.

99) 本章2節参照。

第 4 章　試みと愛　　　233

あった。

　しかし、現実を生きるなかで、悪を善の欠如として捉えることによっ
て、それぞれの実存における問いに応えることは可能なのか。先のネメ
シェギの指摘にもあったように、当時の社会のなかで人々は多くの悪を
見、体験していたのである。オリゲネスはそれをいかにとらえていたのか。
　次の節では、『殉教の勧め』を手がかりに、オリゲネスの殉教理解か
ら、悪と理解されるような状況の意味と、そこでの人間の具体的な在り方
に関する彼の理解について考察する。

第2節　殉教理解──『殉教の勧め』を手がかりに

1. 殉教への態度とその目的

　オリゲネスは、『祈りについて』の少しあとの時期に『殉教の勧め』を
著している。[100] 彼自身、ローマ帝国内で生じたキリスト教徒迫害を、自ら
の生涯のなかで数回、身近に経験した。[101] 彼はその一度目に自らの父親を
殉教によって失い[102]、また最後には自らも拷問を受けるところとなった。
迫害は、身体的、精神的、社会的な暴力であり、通常は到底受け入れられ
ることのない行為であるが、教父の時代、自らが置かれた避け得ない状況
のなかで殉教に意味を見出そうとする努力がなされ、殉教を積極的に理解

---

　100)　小高毅によれば、『殉教の勧め』の執筆時期は235年と推測されている。オリゲネ
ス著、小高毅訳、前掲書、12頁。

　101)　一度目は202年、17歳になる前、セプティミウス・セウェルス帝によるキリス
ト教とユダヤ教への改宗を禁止する勅令の発布後である。（HE VI, 1, 1.）次は18歳のと
き、アレクサンドリア知事アキュラのもとで迫害が生じ、このときオリゲネスは獄中の
友人を見舞い、励ましている。（HE VI, 3, 3.）さらに235年、マクシミヌス・トラクス
帝による迫害（HE VI, 28, 1.）、249年、64歳のとき、デキウス帝による迫害に遭い、拷
問を受けた（HE VI, 39, 1-5.）。

　102)　このさい、オリゲネス自身も父とともに殉教することを望んだが、母親が彼の衣
服を隠すことによって外出を妨げたために殉教に至らなかったことが、エウセビオスに
よって報告されている。（HE VI, 2, 5-6.）

234　　　　　　　　　　　　　　　本　論

する者もいた。[103)

　迫害は、すべてが同じ目的でなされていたものでもなかった。ネロを除き、当初の迫害は民衆によるものであり、キリスト教徒らは冤罪等によって訴えられたが、2世紀には行政上、政府への従順が求められ、これを拒否すると死刑に処されるようになった。3世紀後半に激しい迫害を行ったデキウス帝のときでさえ、迫害はキリスト教徒を殺害する目的ではなく棄教を迫るものであり、そのために棄教者が増えたこと、また、拷問を受けても殉教には至らないものが出てくることになったことが指摘される。[104)

　このような状況のなか、オリゲネスがカイサリアでキリスト教信仰教育や聖書講話に携わっていたときに迫害が生じ、彼を敬愛するアンブロシオスとプロトクテトスが捕えられた。そのためオリゲネスは、『殉教の勧め』（εἰς μαρτύριον προτρεπτικός）を執筆した。[105) その執筆の理由を、「迫害のとき、尋常でない困難が二人を見舞ったからである」[106) とエウセビオスは報告している。

　この書の冒頭には「患難の上に患難を迎え入れよ、希望の上に希望を迎え入れよ」[107) というイザヤ書が引用され、アンブロシオスとプロトクテトスへの呼びかけをもって叙述が開始されている。ここには、殉教への意志を鼓舞するような論述が見られる。ただ、オリゲネス自身にはすでに迫害

---

　103)　たとえば、教父では、テルトゥリアヌスは迫害を神から来るものであるとし、そこからの逃避を不可と判断する。（Cf. Tertullianus, De Fuga in Persecutione [PL 2, 104.]）ほかにも、エウセビオスは『教会史』のなかで、勇敢に迫害を引き受ける熱心なキリスト教徒の姿を多数報告している。

　104)　荒井献、出村みや子、出村彰『総説　キリスト教史1　原始・古代・中世篇』、日本キリスト教団出版局、2007年、109-141頁。

　105)　有賀はこの書が危急のもので十分に構文を練らないまま口述されたものと述べている。（有賀鐵太郎、前掲書、126頁。）なお、オリゲネスはこの著作の本文中で、「身体を殺しても、魂を殺すことのできない者どもを恐れることはない。むしろ、魂も身体も地獄で滅ぼすことのできるおかたを恐れなさい」（Matt. 10, 28）という聖書の言葉のなかに、殉教への勧め（εἰς μαρτύριον προτρεπόμενα）が含まれていると理解している。（ExhMart 34.）

　106)　HE VI, 28, 1.

　107)　Is 28, 9-11（LXX）.

を避ける行動もみられており、殉教に対しては、父親とともにそれに身を投じようとした少年の頃とは異なる意味づけがなされていることが十分考えられる。[108]

　殉教はキリスト教徒にとって、様々に理解されるものであった。殉教したアンティオキアのイグナティウスは、殉教にイエスの受難の模倣者という動機を帰していた。[109] テルトゥリアヌスにとって、殉教は神から敢えて与えられる賜物であるから、殉教することが義務であった。また、殉教者キュプリアヌスにとっても殉教は神の計画の実現であって、信仰に関する試験として理解された。彼らの保守的な熱心さに対し、アレクサンドリアにおいては、迫害地から去ったクレメンスにも見られるように、殉教に対する現実的で冷静な理解が指摘される。[110]

　オリゲネスの殉教理解について、J.A.マクガキンは『殉教の勧め』をもとに、これが臨時に書かれたものであり、実際には殉教を勧めるよりもむしろそこから退かせる意図が見られると述べている。[111] F.W.ヴァイトマンもまた、オリゲネスが、マタイ10章23節のイエスの言葉を根拠に、迫害の必要性よりもそこからの逃避を勧めていると説明している。[112]

　しかし、ヴァイトマンが指摘するマタイ10章23節をオリゲネスが引用するのは、連行されたさいの弁明について思い煩うことのないように、また、すべては神の摂理のなかで生じている、ということを提示するためで

---

　108)　HE VI, 3, 6. 有賀はオリゲネスにこの姿勢を指摘し、評価する。（有賀鐵太郎、前掲書、138-147頁、参照。）

　109)　Epistle of Ignatius to the Romans 6, 3: わたしが神の受難を模倣するのを許してください。（ἐπιτρέψατέ μοι μιμητὴν εἶναι τοῦ πάθους τοῦ θεοῦ μου.）

　110)　たとえば、佐藤吉昭「古代キリスト教世界における殉教と棄教」秦剛平、H.W.アトリッジ共編『エウセビオス研究3　キリスト教とローマ帝国』、リトン、1992年、181-214頁；J.ダニエルー著、上智大学中世思想研究所編訳『キリスト教史1　初代教会』、講談社、1990年、244-415頁。有賀鐵太郎、前掲書、138-150頁。

　111)　J.A. McGuckin, Martyr Devotion in the Alexandrian School: Origen to Athanasius, in: D. Wood（ed.）, *Martyrs and Martyrologies*, in: *Studies in Church History 30*, Oxford, 1993, pp. 35-46.

　112)　F.W. Weidmann, Martyrdom, in: J.A. McGuckin（ed.）, *The Westminster Handbooks to Origen*, Louisville: Westminster John Knox Press, 2004, pp. 1471-1491.

あったと考えられる。なぜなら、オリゲネスはこの内容を示すためにマタイ、ルカ、マルコの三福音書を引用しているが、逃避についての勧めがマタイにのみ記載されており、ルカ、マルコには記載されていないという事実にまったく触れていないため、彼の関心はここにないと考えられるからである。ほかの箇所からも、この著書に殉教から退かせる意図を読み取ることは困難である。

　ではオリゲネスは殉教を積極的に受け止めていたのか。そのようにオリゲネスを理解するのは、M.リッツィである。彼は、オリゲネスの殉教理解に、キリスト教の贖罪への貢献あるいは贖罪の再現ないしは代理という意味を否定する。そして、殉教は禁欲的なものとしてではなく、流血を伴う実際的なもののみに限定される傾向があったこと、またその殉教の意味が現世的なものからの純化を目指すことに見出されていたと述べている。[113] ほかにも、L.ヴィアネスは、オリゲネスにとっての殉教を、禁欲ないしは苦行と同様の性質のものと理解している。彼は、キリスト教徒の倫理的努力を示すのが禁欲主義であり、それは殉教において最高に達し、完全なものとなると理解する。[114]

　しかし、禁欲主義が必ずしも倫理的と言えるとは限らないであろう。禁欲主義のなかには、身体への苦痛を偏重するのみで、倫理的とは言い難いものもあるからである。はたして、オリゲネスが殉教に対して積極的で、その目的が純化にある、との理解は適切なのか。

2. 先に見る希望としての報いと栄光

　『殉教の勧め』において、オリゲネスは、まず1章の序文で、ローマ8章18節に基づき、患難と栄光について述べている。そののち、しばらく患難と希望に関する叙述を繰り返し、聖書の言葉に基づいて、「患難の上なる患難」を受け入れるなら「希望の上なる希望」を享受することになると説

　113）　M. Rizzi, Origen on Martyrdom: Theology and Social Practices, in: *Origeniana Nona*, Leuven, 2009, pp. 469-476.

　114）　L. Vianès, Man Cut in Two: Exegesis, Asceticism, Martyrdom in Origen, in: *Origeniana Nona*, Leuven, 2009, pp. 477-491.

く。[115]

　オリゲネスがこの希望の根拠として殉教の先に見ていたのは、殉教者が受ける「栄光」である。続く2章での「永遠の栄光の重さをわたしたちにもたらす」[116] という叙述はⅡコリント4章18節からの引用であることが指摘されるが、「永遠の栄光」という言葉は実際の聖書の言葉とは異なっており、オリゲネス自身の考えであることが推測される。彼にとって、殉教のあとに受ける栄光は決して一時的なものではないのである。彼は35章でも、現在の苦しみと将来の栄光とを対照的に述べるこのパウロの言葉に再び触れ[117]、栄光も含め、殉教によって与えられるものについて、報い[118] として言及している。オリゲネスは以下のように、殉教によって天に豊かな報いが備えられることを強調する。[119]

　　魂よりも優れたものとして［魂］を再びいただくために、わたしたちの魂を救おうと望むのなら、殉教によって［魂］を失いましょう。[120]

　　……神に対するキリスト教における殉教者（証し人）になりたい

---

115)　Is. 28, 9-11（LXX）.

116)　ExhMart 2: βάρος αἰωνίου δόξης κατεργάζεται ἡμῖν.（GCS 2, 43, 8-9.）

117)　これは、信仰告白について、人前での一時的な困難さと、それに対する神の前での報いの対比を通して、それを促す意図をもって述べられている。

118)　有賀は、オリゲネスの殉教論をクレメンスのそれと比較する中で、オリゲネスに、殉教への動機を純粋な神への愛ではなく報いを望む態度が見られることに触れているが、この理由については、報いを望む態度を排斥する理由がオリゲネスにはとくになかったからではないかとの憶測を提示するに留まっている。（有賀鐵太郎、前掲書、142頁。）

119)　Cf. Matt. 5, 10-12; Luke 6, 23.

120)　ExhMart 12: εἰ θέλομεν ἡμῶν σῶσαι τὴν ψυχὴν, ἵνα αὐτὴν ἀπολάβωμεν κρείττονα ψυχῆς, καὶ μαρτυρίῳ ἀπολέσωμεν αὐτήν.（GCS 2, 12, 23-25.）有賀はここで、オリゲネスが魂よりも優れたものというのを「霊」（プネウマ）ないしは「精神」（ヌース）と述べていると理解している。（有賀鐵太郎、前掲書、130頁。）
　しかし、オリゲネスは堕落する前の魂を「精神」と理解していたのであり（PA II, 8, 3）、有賀の指摘する『祈りについて』9章2節で、魂は「霊的なもの」となる（ψυχὴ πνευματικὴ γίνεται）のであって、「霊」になるとは言われていない。

と思います。それは、「幾倍」あるいはマルコの言うように、「百倍」
［の報い］を受けるためです。[121]

また、次のようにも述べている。

　　聖なる人というのは高邁な精神を抱いており、神から自分にもたら
　された親切な行為に報いたいと願うものですから、主から得たすべて
　のことのため、主に何をなし得るか探し求めます。そして、それを実
　行する心づもりの人から神に差し出し得るもので、［神の］親切な行為
　に、いってみれば、匹敵し得るものは、殉教による最期のほかに何も
　ないことを見い出します。[122]

　つまり、殉教は、すでに神から与えられていることに対して自らが報い
る行為としても説かれている。[123] 49章ではパウロの言葉を引用し、以下の
ように述べている。

　　……荒天に対して微動だにせず、……悪い者をも、「言理のゆえに
　起こる苦難と迫害」をも、この代の思い煩いや富の誘惑や生の楽しみ
　をも意に介さず、むしろこれらすべてを軽んずる者として、知恵の、
　思い煩いのない霊を得て、決して欺瞞の伴うことのない富を熱心に追
　及し、言うなれば、「悦楽の園」の楽しみを目指して進みましょう。
　労苦の一つ一つに、「わたしたちの一時的で軽い苦難は、想像を絶す

　121）　ExhMart 14: …γενέσθαι μάρτυς ἐν Χριστῷ τῷ θεῷ, ἵνα "πολλαπλασίονα" λάβω ἤ, ὡς ὁ
Μάρκος φησὶν, "ἑκατονταπλασίονα·" (GCS 2, 14, 18-21.)
　122）　ExhMart 28: φιλότιμός τις ὁ ἅγιος ὢν καὶ ἀμείψασθαι θέλων τὰς φθασάσας εἰς αὐτὸν εὐερ-
γεσίας ἀπὸ θεοῦ ζητεῖ, τί ἂν ποιήσαι τῷ κυρίῳ περὶ πάντων ὧν ἀπ'αὐτοῦ εἴληφε· καὶ οὐδὲν ἄλλο
εὑρίσκει οἱονεὶ ἰσόρροπον ταῖς εὐεργεσίαις δυνάμενον ἀπὸ ἀνθρώπου εὐπροαιρέτου ἀποδοθῆναι
θεῷ, ὡς τὴν ἐν μαρτυρίῳ τελευτήν. (GCS 2, 24, 8-13.)
　123）　D.A.ダシルヴァは、このことが重視されていると見なしている。(D.A. deSilva,
An Example of How to Die Nobly For Religion: The Influence of 4 Maccabees on Origen's Exhor-
tatio ad Martyrium, in: Journal of Early Christian Studies 17 [3], 2009, p. 354.)

第4章　試みと愛　　　239

る、永遠の重みのある栄光をわたしたちにもたらすのです。わたした
ちは『見えるもの』にではなく、『見えないもの』にこそ目を注いで
います」という言葉を熟考しつつ。[124]

　ここでは、富の追及、楽しみを目指すこと、そして栄光という報いが論
じられるのであるが、それらは単なる目標としてではなく、対比的に提示
されている。つまり、すでにこの代において心を囚える思い煩いや誘惑、
楽しみがあり、人間はそれを経験しているが、ここから真の喜びとなるも
のへと方向転換することが意図されていると言える。そこで得られるの
は、人として生きている不完全な魂にとっての楽しみ、すなわち空しい利
益を追求する姿勢ではなく、殉教という試練を潜り抜けて浄化された魂に
とっての楽しみ、すなわち救われた魂にとっての楽しみなのであり、その
楽しみは現世的で自我を満たそうとする楽しみとは異なる。
　オリゲネスはほかの箇所においても、神への愛を喚起して殉教を勧める
よりは、むしろ殉教の先にあるものを提示することによって人々に希望を
与え、恐れと立ち向かう勇気を与えようとしており、理想的であるよりも
現実的な教導を与えていると言える。

3. 恐れに対する内的戦い

　オリゲネスはこの世の現実に多くの苦難があり、それと苦闘している人
が多く存在することについてふれ、しかし自分たちのことを「この［世の］
生にあるが、［この世の］生の外の道を［精神によって］把握しているわた

　124）　ExhMart 49: …στῶμεν ἄσειστοι πρὸς τὸν χειμῶνα καὶ … μηδὲ τοῦ πονηροῦ φροντίζωμεν
μήτε "θλίψεως ἢ διωγμοῦ" τῶν "διὰ τὸν λόγον" γινομένων μήτε τῆς τοῦ αἰῶνος τούτου μερίμνης
ἢ τῆς ἀπάτης τοῦ πλούτου ἢ "τῶν τοῦ βίου ἡδονῶν," ἀλλὰ πάντων τούτων καταφρονοῦντες
τὸ ἀμέριμνον τῆς σοφίας πνεῦμα ἀναλάβωμεν καὶ ἐπὶ τὸν μηδαμῶς ἔχοντα ἀπάτην πλοῦτον
σπεύδωμεν καὶ ἐπὶ τὰς, ἵν' οὕτως ὀνομάσω, ἡδονὰς "τοῦ παραδείσου τῆς τρυφῆς" ἐπειγώμεθα,
καθ' ἕκαστον τῶν ἐπιπόνων λογιζόμενοι ὅτι "τὸ παραυτίκα ἐλαφρὸν τῆς θλίψεως ἡμῶν καθ'
ὑπερβολὴν εἰς ὑπερβολὴν αἰώνιον βάρος δόξης κατεργάζεται ἡμῖν, σκοπούντων ἡμῶν οὐ τὰ
βλεπόμενα ἀλλὰ τὰ μὴ βλεπόμενα." (GCS 2, 46, 8-18.)

したち」[125] と述べている。そして、IIコリント4章17-18節の言葉から、見えない、非物質的で永遠のものに目を注ぐことを勧める。[126] 患難に遭遇するときも、目の前の現実ではなく、神がそなえてくださっているものに目を注ぐなら、それが実現されるからである。[127]

　人間は直面する困苦に目を留め、それによって生じる恐怖にしばしば囚われる。オリゲネスは現実を無視するのではなく直視し、ただヘーゲモニコンをそこから逸らせ、まだ見えないが将来与えられるものを注視することによって希望の上に希望を、患難の上に患難を迎え入れることができるものと述べている。そのようにして魂に聖霊への場所を明け渡すことが肝要なのである。[128] そして、理不尽と思えるような現実でさえも神の摂理のもとにあることを確信しており[129]、そこに試練の意味を提示する。[130]

　オリゲネスには、この著作全体にわたって、殉教の危機にある親しい二人がその状況から免れるようにと祈ったり、状況そのものを変えようとし

---

　125)　ExhMart 20: Μνημονεύωμεν ὅτι ἐν τῷ βίῳ τούτῳ τυγχάνοντες καὶ νοοῦντες τὰς ἔξω τοῦ βίου ὁδούς. (GCS 2, 18, 26-19, 1.)

　126)　Cf. ExhMart 44: 実に、地上のものでなく、物体的なものでもなく、ある種の目に見えない、非物体的な、『もっとすばらしい所有物』を持っていると確信しているのです。『見えるもの』は一時的なもので、先の［目に見えない、非物体的な］ものは『永遠のもの』［である］と知っているので、わたしたちは『見えるもの』には目を注がないのです。」(πειθόμεθα γὰρ "κρείττονα" ἔχειν "ὕπαρξιν" οὐ γηΐνην ἀλλ' οὐδὲ σωματικὴν ἀλλά τινα ἀόρατον καὶ ἀσώματον. σκοποῦμεν γὰρ οὐ "τὰ βλεπόμενα", ὁρῶντες ταῦτα μὲν "πρόσκαιρα" ἐκεῖνα δὲ "αἰώνια". [GCS 2, 41, 13-16.]) Cf. 2Cor. 4.17-18.

　127)　Cf. ExhMart 20.

　128)　Cf. ExhMart 39: わたしたちの父の霊に、殉教（証し）への熱意をもって、場を与えてください。」(Τόπον διὰ τῆς εἰς τὸ μαρτύριον προθυμίας δότε τῷ τοῦ πατρὸς ὑμῶν πνεύματι... [GCS 2, 36, 11-12.])

　129)　Cf. ExhMart 34: 主はわたしたちに、だれも［神の］摂理なしには、殉教の戦いに臨むことはないと教えておられます。(... ἡμᾶς ὁ κύριος, ὡς οὐκ ἄνευ προνοίας ἔρχεταί τις ἐπὶ τὸν τοῦ μαρτυρίου ἀγῶνα. [GCS 2, 30, 16-18.])

　130)　Cf. ExhMart 6: わたしどもにとって、現在の試みは神に対するアガペーを吟味するものであり、試験であると認識せねばなりません。(δοκίμιον οὖν καὶ ἐξεταστήριον τῆς πρὸς τὸ θεῖον ἀγάπης νομιστέον ἡμῖν γεγονέναι τὸν ἑστηκότα πειρασμόν. [GCS 2, 8, 1-2.]) Cf. Deut. 13, 3-4.

第4章　試みと愛　　　　241

たりする叙述は見られない。それよりも、その状況に対して、自らをどのように整えるのかということに焦点を当て、説いている。このさい、テルトゥリアヌスのように、迫害そのものをその人のために神が生起させたという考えは見られないが、その状況の背後に神の存在を意識し、自らの内にある可能性、つまり、先にある報いを獲得する契機ととらえている。この一時的な艱難を突破するならその死の先にあるものを享受することができるのであり、いまだ見ないその現実を見据えるところに希望が与えられる。オリゲネスはこの艱難と希望の関連性に繰り返し言及し、強調する。

　しかし、通常、不可知な先のことを見据えることは困難であり、そうであるがゆえに眼前の艱難にのみ焦点が当てられ、そのときここに恐怖が生じる。オリゲネスは神の摂理を確認したあとで「恐れるな」（μὴ φοβεῖσθε.）という言葉を記す。肉の思いによって、人間にはこの恐れが掻き立てられる。[131] そして、迫害や殉教によって人間の身体のいのちは殺せても、魂を殺すことはできないことに触れ、「『魂も身体も地獄で滅ぼすことのできるかたを』恐れねばなりません。」[132] と注意を喚起する。

　オリゲネスは、この恐れが生じるような現実の状況を「戦い」と呼び、そこに立たされている者たちを「闘士」と呼ぶ。これは、現実との戦いを意味するのではなく、自らの内的な戦い、自らの恐れとの戦いであると考えられる。そして、その戦いを支えるものが神のロゴスであり、神の知恵である。オリゲネスは、そのようにして殉教が成し遂げられることを願っている。[133] このように記されているのは、戦いがなされているという現実

---

　131)　Cf. ExhMart 21: もし、いつの日か、「肉の思い」（Rom. 8, 6）によって、死をもってわたしたちを威嚇する判事らへの恐れがわたしたちにかきたてられるなら、その時には、『箴言』からの［次の言葉をわたしたち］自身に言い［きかせ］ましょう。「子よ、主を敬え、そうすればお前は強くなるだろう。［主］のほかに他の何者らも恐れるな。」（ἐὰν δέ ποτε ἀπὸ τοῦ φρονήματος "τῆς σαρκὸς" ὑποβάλληται ἡμῖν φόβος τῶν ἀπειλούν των ἡμῖν θάνατον δικαστῶν, τότε εἴπωμεν αὐτοῖς τὸ ἀπὸ τῶν Παροιμιῶν· "υἱὲ, τίμα τὸν κύριον, καὶ ἰσχύσεις· πλὴν δὲ αὐτοῦ μὴ φοβοῦ ἄλλον." [GCS 2, 19, 17-21.]）

　132)　ExhMart 34: φοβητέον τοίνυν "τὸν δυνάμενον καὶ ψυχὴν καὶ σῶμα ἀπολέσαι ἐν γεέννῃ." (GCS 2, 31, 24-25.)

　133)　Cf. ExhMart 51: 実に、あなたたちにとって目下の課題は、……どんな方法で

と、そのなかで成し遂げられるべき課題があるという事実であり、そこに、殉教が含意されている。

4. 証しによる奉仕として

では、殉教そのものはどのように考えられていたのか。

先にも述べたように、殉教をキリストの受難の再現とみなす熱狂的な考えがすでにあったが、オリゲネスは「ただおひとりのみ、かつて失われたわたしたちの魂の代価を支払うことができます。ご自分の『尊い血』をもって、わたしたちを買い［戻して］くださったかたです。」[134]と述べており、ここに、キリストによって流された血と殉教の血とを同じものとみなす理解は見られない。

また、詩116編13節をもとに、「『救いの杯』とは……通常、殉教のことを言います。」[135]、また、「『杯』とは殉教のことです。……イエスが飲む、その杯を飲む者は、王の王と共に座し、共に治め、裁くであろうことを、わたしたちは学びます。」[136]、あるいは「『詩編』での『救いの杯』が殉教者らの死であることは明らかです。」[137]と述べられている。これらの叙述は、救いをもたらす死として、キリストの受難が重なるような印象を与える。しかし、「救い主の［死］が世に浄めをもたらしたように、殉教（証し）による死も多くの［人々の］浄化のために奉仕するものとなるのでは

あってもそれが実際に成し遂げられるということだからです。……あらゆる人間の本性を遙かに越える神のロゴスと神の知恵を通して、それが為し遂げられますように。」（πρόκειται γὰρ ὑμῖν ... τὸ ὅπως ποτὲ ἀνυσθῆναι. καὶ εἴθε γε ἀνυσθείη διὰ ... ὑπερεχόντων πᾶσαν ἀνθρωπίνην φύσιν λόγων καὶ σοφίας θεοῦ. [GCS 2, 47, 12-16.]）

134) ExhMart 12: εἷς μόνος δεδύνηται δοῦναι ἀντάλλαγμα τῆς ἀπολλυμένης πρότερον ψυχῆς ἡμῶν, ὁ ὠνησάμενος ἡμᾶς τῷ ἑαυτοῦ "τιμίῳ αἵματι". （GCS 2, 13, 4-5.）

135) ExhMart 28: "ποτήριον δὲ σωτηρίου" ἔθος ὀνομάζεσθαι τὸ μαρτύριον,.... （GCS 2, 24, 18-19.）

136) ExhMart 28: ποτήριον λέγων τὸ μαρτύριον. ... μανθάνομεν ὅτι συγκαθίσει καὶ συμβασιλεύσει καὶ συνδικάσει τῷ βασιλεῖ τῶν βασιλευόντων ὁ πιὼν τὸ ποτήριον ἐκεῖνο, ὅπερ ἔπιεν ὁ Ἰησοῦς. （GCS 2, 24, 22-27.）

137) ExhMart 29: σαφῶς δὲ ἐν Ψαλμοῖς τὸ τοῦ "σωτηρίου" "ποτήριον" ὁ τῶν μαρτύρων ἐστὶ θάνατος. （GCS 2, 26, 13-14.）

ないでしょうか。」[138] という言葉からは、これがキリストの受難の再現で
はなく、それに奉仕するものであるという彼の考えが浮上する。オリゲネ
スは「あなたたちのために長老職や奉仕職が嘲笑されることのないよう、
『どんな点でも、少しのつまずきを与えないようにし、かえってどんな場
合にも、自分を神に奉仕する者として進んで差し出』」すように勧めてい
る。[139] また、苦悩や困窮を引き受け、忍耐することを促し、それに対して
神の報いがあると述べる。[140]

　殉教は証し[141] として人々への奉仕となるのであり[142]、それはとくに戦う

---

138)　ExhMart 30: καὶ ἐπίστησον εἰ τὸ κατὰ τὸ μαρτύριον βάπτισμα, ὥσπερ τὸ τοῦ σωτῆρος
καθάρσιον γέγονε τῷ κόσμῳ. καὶ αὐτὸ ἐπὶ πολλῶν θεραπείᾳ καθαιρομένων γίνεται.（GCS 2, 26,
28-27, 1.）有賀、小高ともに、殉教者の死がキリストの死と同じ意味を持つものではな
いと述べており、そのことは明らかである。それはたとえば、殉教者の死が浄化ではな
く浄化のための「奉仕」であり、罪の赦しを与えるのではなく罪の赦しを祈る人々への
奉仕だからである。（オリゲネス著、小高毅訳、前掲書、訳注16、参照。有賀鐵太郎、
前掲書、154頁、注38、参照。）

139)　Cf. ExhMart 42: "μηδεμίαν ἐν μηδενὶ" δῶτε "προσκοπήν, ἵνα μὴ μωμηθῇ" ὑπὸ ὑμῶν τὸ
πρεσβυτέριον ἢ "ἡ διακονία, ἀλλὰ ἐν παντὶ ἑαυτοὺς" συστήσασθε "ὡς θεοῦ διάκονοι, ἐν ὑπομονῇ
πολλῇ" λέγοντες·（GCS 2, 40, 1-4.）Cf. 2Cor 6, 3-4.

140)　Cf. ExhMart 42: もし、必要であるなら、「鞭打ち、監禁、暴動、労苦、不眠、飢
餓にも」自分を差し出してください。（ἐὰν δέον ᾖ, συστήσωμεν ἑαυτοὺς καὶ "ἐν πληγαῖς καὶ
ἐν φυλακαῖς καὶ ἐν ἀκαταστασίαις καὶ ἐν κόποις καὶ ἐν ἀγρυπνίαις καὶ ἐν νηστείαις."［GCS 2, 40,
8-10.]）

141)　元来、「殉教」（μαρτύριον）というギリシャ語そのものに、「証し」という意味が
含まれている。ランペによると、この語は証し、殉教、あるいは教会をも意味すること
が指摘されるが、なかでも最も用いられるのが殉教という意味においてである。オリゲ
ネスにはヨハネ福音注解において証しとしての用法が数回、エレミヤ書講話において教
会（殉教者の神殿）としての使用法が1回見られるが、それ以外には殉教としての意味に
限定されている。（G.W.H. Lampe, μαρτύριον, in: op. cit., pp. 829l-830r.）

142)　Cf. ExhMart 41:「イエスはわたしたちのために魂を捨ててくださいました」（1
John 3, 16)、ですからわたしたちも［魂］を捨てましょう。わたしがこう言いますのは、
［イエス］のためではなく、［わたしたち］自身のためですし、わたしたちの殉教（証し）
によって教化されるであろう人々のためでのあると、わたしは思っています。（"ὑπὲρ
ἡμῶν ἔθηκεν" Ἰησοῦς "τὴν ψυχήν", καὶ ἡμεῖς οὖν θῶμεν αὐτήν, οὐκ ἐρῶ ὑπὲρ αὐτοῦ ἀλλ᾽ ὑπὲρ
ἑαυτῶν, οἶμαι δ᾽ ὅτι κἂν ὑπὲρ τῶν ἐν τῷ μαρτυρίῳ ἡμῶν οἰκοδομηθησομένων.［GCS 2, 38, 26-39,
1.]）

姿[143]、また生活そのものをも証しする。[144] エウセビオスによると、実際、オリゲネスの言葉と生き方の一致により、多くの人が彼を介してキリスト教の教えに近づく者が多かったことが報告されている。[145]

また、オリゲネスは、マタイ5章4節を、悲しみに応じて慰めが与えられるという意味に理解し、苦しみと慰めを共有する同志に言及するパウロを引用しながら[146]、苦しみと、苦しみにおける行為を共有することを勧める。[147] 殉教者たちはまさに苦しみを共有する者らであり、それもまた人への奉仕ということができるであろう。

オリゲネスには以上のような殉教理解が見られるが、興味深いのは、殉教を妨げるものとして、「愛着」という事柄を提示していることである。それに関して、次の項で考察する。

5. 殉教理解における「フィレオー」と「アガパオー」

まず、オリゲネスが殉教者の模範としてⅡマカバイ7章1-42節から引用し

143）　Cf. ExhMart 18: 多くの観客が、戦うあなたたち、殉教に召喚されたあなたたちを［見ようと］詰めかけています。……あなたたちが［このような戦いを］戦うであろうとき、パウロに劣らず、あなたたちも「わたしたちは、世界に、天使たちにも人々にも見世物となった」と言うことでしょう。……すべての人々がキリスト教のために戦いを戦うわたしたち［の声］に耳を傾けるでしょう。(Μέγα θέατρον συγκροτεῖται ἐφ᾽ ὑμῖν ἀγωνιζομένοις καὶ ἐπὶ τὸ μαρτύριον καλουμένοις· ... καὶ οὐκ ἔλαττόν γε τοῦ Παύλου ἐρεῖτε, ὅταν ἀγωνίζησθε· "θέατρον ἐγενήθημεν τῷ κόσμῳ καὶ ἀγγέλοις καὶ ἀνθρώποις." ... οἵ τε ἀπὸ τῆς τοῦ θεοῦ μερίδος καὶ οἱ ἀπὸ τῶν λοιπῶν, ἀκούσονται ἡμῶν ἀγωνιζομένων τὸν περὶ χριστιανισμοῦ ἀγῶνα. [GCS 2, 16, 25-17, 6.]); ExhMart 21: 公然たる殉教のみならず、隠秘たる［殉教］をも完全に手にするよう戦いましょう。(Μὴ τὸ ἐν φανερῷ δὲ μόνον μαρτύριον ἀλλὰ καὶ τὸ ἐν κρυπτῷ τελείως ἀναλαβεῖν ἀγωνισώμεθα, ἵνα καὶ αὐτοὶ ἀποστολικῶς ἀναφθεγξώμεθα τό· [GCS 2, 19, 9-11.]); ExhMart 15: 拷問にかけられ、艱難に耐えた人々は、このような［艱難］に遭遇しなかった人々よりもずっと輝かしい徳を殉教によって示すものです。(ὥσπερ οἱ βασάνους καὶ πόνους ὑπομείναντες τῶν μὴ ἐν τούτοις ἐξητασμένων λαμπροτέραν ἐπεδείξαντο τὴν ἐν τῷ μαρτυρίῳ ἀρετὴν, ... [GCS 2, 15, 6-8.])

144）　Cf. 2Cor. 1, 12.

145）　Cf. HE VI, 3, 6-7.

146）　Cf. 2Cor. 1, 7.

147）　Cf. ExhMart 42.

第4章　試みと愛　　　245

た、七人の兄弟とその母親の記事について触れておきたい。非常に残忍な
方法で激しい苦しみを伴う拷問を受けたこの七人について、オリゲネスは
「彼らが、［それらに］耐え抜くためには、神の目が［彼らが］耐え忍んで
いることどもに注がれているという確信で充分でした」[148]と述べている。
この考えは、彼らの「神である主が見守っておられる。諸々の真理によっ
てわたしたちを力づけてくださる。」[149]という言葉に基づいている。

　オリゲネスは、具体的な拷問の様子と、彼らがそれらに耐え、信仰を
守り抜いたことについて叙述したのち、息子たちの殉教に耐えた母親に
ついて、神への彼女の思いがこの世の最も大切なものであり、それはこ
の場合、子に対する母親の愛情を上回ることを称賛している。[150]オリゲネ
スはこれについて、「あらゆる愛（φίλτρον）よりも遙かに優れて力ある、
神への愛（τὸ πρὸς θεὸν φίλτρον）と敬神の念が苛酷極まりない艱難と凶暴
極まりない拷問に直面して、どれほどの力を有しているものか見ることが
できる。……このような神への愛（τὸ πρὸς θεὸν φίλτρον）に人間的な弱さ
（ἀσθένεια）が共存することはありません。」[151]と述べている。ここで用い
られている "φίλτρον" という語は、オリゲネスによってそれほど使用さ

---

148)　ExhMart 23: ἤρκει γὰρ αὐτοῖς εἰς ὑπομονὴν ἡ πειθὼ τοῦ παρεῖναι τοῖς ὑπομένουσι τὸν τοῦ
θεοῦ ὀφθαλμόν·（GCS 2, 21, 18-20.）

149)　Macc. 7, 6.

150)　Cf. ExhMart 27: それから［人々は］神に対する望みのゆえに、子供らの死と艱難
に潔く耐えた、この優れた［兄弟ら］の母を見ることができました。敬神の露と敬虔の
息吹は、……彼女の肺腑の中で、過酷な禍に直面するとき、多くの［母親の］うちに
火をかきたてる母としての［情愛］が勝ち誇るのを許しませんでした。（Ἦν δὲ τότε τὴν
μητέρα τῶν τοσούτων ἰδεῖν "εὐψύχως" φέρουσαν "διὰ τὰς ἐπὶ τὸν θεὸν ἐλπίδας" τοὺς πόνους καὶ
τοὺς θανάτους τῶν υἱῶν· δρόσοι γὰρ εὐσεβείας καὶ πνεῦμα ὁσιότητος οὐκ εἴων ἀνάπτεσθαι ἐν
τοῖς σπλάγχνοις αὐτῆς τὸ μητρικὸν καὶ ἐν πολλαῖς ἀναφλεγόμενον ὡς ἐπὶ βαρυτάτοις κακοῖς πῦρ.
［GCS 2, 23, 20-24.］）

151)　ExhMart 27: Ἦν δὲ τότε τὴν μητέρα τῶν τοσούτων ἰδεῖν "εὐψύχως" φέρουσαν "διὰ
τὰς ἐπὶ τὸν θεὸν ἐλπίδας" τοὺς πόνους καὶ τοὺς θανάτους τῶν υἱῶν· δρόσοι γὰρ εὐσεβείας καὶ
πνεῦμα ὁσιότητος οὐκ εἴων ἀνάπτεσθαι ἐν τοῖς σπλάγχνοις αὐτῆς τὸ μητρικὸν καὶ ἐν πολλαῖς
ἀναφλεγόμενον ὡς ἐπὶ βαρυτάτοις κακοῖς πῦρ.（GCS 2, 23, 20-24.）

れている言葉ではないが[152]、彼はこの語とその派生語が意味する「愛」に
関してはあまり肯定的に見ていない。たとえば、下記では、それが人の心
を奪うものであるから、そこから身をひくべきものだとする考えが提示さ
れている。[153]

　　……子どもたち、あるいは子どもらの母（即ち妻）あるいは生涯
　において最愛の者らと思っている人々の中のだれかに対する愛情
　（φιλοστοργία）[154]、財産あるいは生きること自体への［愛着］に心を奪
　われたままだらだらと過ごさず、以上のすべてから身をひき、［わた
　したちの］すべてが神のものとなり、［神］との、［神］のもとでの生
　命［に与かるものとなり］、その結果、［神］のひとり子並びに彼に与
　かっている者らに与かるものとなるなら、その時こそ、告白の量りを
　満たしたと言うことができるでしょう。[155]

　また、これはいのちへの愛着、家族への愛着、肉への愛着、生への愛
着という意味で、「枷」とさえ言われている。[156] そして、生に愛着する

　　152）　ランペはこの語の意味について、「人間の愛」、「愛情」、「欲望」、「人への神の愛」
　を挙げている。最も凡例の多いのは「人間の愛」である。（G.W.H. Lampe., φίλτρον, in:
　op. cit., p. 1485l.）
　　153）　ほかにも、「多くの財産と子供たちへの愛情（φιλοστοργία）を踏み越えて」
　（ExhMart 15）、「わたしよりも息子や娘を愛する（φιλέω）者はわたしにふさわしくな
　い。（ὁ φιλῶν υἱὸν ἢ θυγατέρα ὑπὲρ ἐμὲ οὐκ ἔστι μου ἄξιος）と述べられている。（ExhMart
　18.）
　　154）　ランペによると、「（家族的な）愛情」、「人への神の愛」、「御父への（息子として
　の）キリストの愛」を意味する。（G.W.H. Lampe, φιλοστοργία, in: op. cit., pp. 1483r-1484l.）
　　155）　ExhMart 11: εἰ μὴ περιελκοίμεθα περισπώμενοι καὶ ὑπὸ τῆς περὶ τὰ τέκνα ἢ τὴν τούτων
　μητέρα ἢ τινα τῶν νομιζομένων εἶναι ἐν τῷ βίῳ φιλτάτων φιλοστοργίας πρὸς τὴν κτῆσιν ἢ πρὸς
　τὸ ζῆν τοῦτο, ἀλλ' ὅλα ταῦτα ἀποστραφέντες ὅλοι γενοίμεθα τοῦ θεοῦ καὶ τῆς μετ' αὐτοῦ καὶ παρ'
　αὐτῷ ζωῆς ὡς κοινωνήσοντες τῷ μονογενεῖ αὐτοῦ καὶ τοῖς μετόχοις αὐτοῦ, τότ' ἂν εἴποιμεν ὅτι
　ἐπληρώσαμεν τὸ μέτρον τῆς ὁμολογίας· （GCS 2, 11, 12-18.）
　　156）　Cf. ExhMart 15: 肉への愛着、生への愛着に加えて、この世の諸々の枷を断ち切
　り、神に対する大きなアガペーを用い、「生きており、活動していて、どんな両刃の
　剣よりも鋭い神のロゴス」を、真実、取り持つ人々は、それらの諸々の枷を断った

第 4 章　試みと愛　　247

（φιλοζωέω）こと、艱難に対する弱気、および、もっともらしい主張に
よって神を否認することのないよう警告がなされる。[157)]オリゲネスはこの
書を随分書き進めたあとも生への愛着の強さについて触れ、そこに人間
の本質を理解している。[158)]だからこそ、それを断ち切るよう意図し、先に
ある至福への希望のもと、キリストと繋がって歩む必要を伝えようとす
る。[159)]

　なお、オリゲネスは下記のように「魂を憎む」ことを聖書から勧め、魂
のみならず愛する家族たちをも憎むよう勧めている。ここでの「憎む」と
は、先の内容から鑑みると、愛着を断ち切ることと理解することができる。

　　　ですから、イエスが教えてくれた、美しく有益な憎しみをもって憎
　　むことを納得した者として、あなたたちは永遠の生命のために魂を憎
　　んでください。魂を保って永遠の生命に至るために、わたしたちは
　　[魂]を憎むべきであるかのように、妻と子供たち、兄弟姉妹を有する
　　者として、あなたは彼らを [救けるために彼らを] 憎まねばなりませ
　　ん。それは憎むというそのことで神の友となり、彼らに善をなすため
　　何んら憚ることない信頼を得た者として、彼らに益をもたらすことが
　　できるのです。[160)]

───────────
者、鷲のように自らのために翼を備えた者として、彼ら自身の主人の家に立ち返るこ
とができるでしょう。（οὕτως οἱ πρὸς τῷ φιλοσωματεῖν καὶ φιλοζωεῖν καὶ τοὺς τοσούτους
κοσμικοὺς δεσμοὺς διακόψαντες καὶ διαρρήξαντες μεγάλῃ τῇ πρὸς τὸν θεὸν ἀγάπῃ χρησάμενοι
καὶ ἀληθῶς ἀνειληφότες τὸν ζῶντα τοῦ θεοῦ λόγον καὶ ἐνεργῆ καὶ τομώτερον "ὑπὲρ πᾶσαν
μάχαι ραν δίστομον" δεδύνηνται τοὺς τοσούτους διακόψαντες δεσμοὺς καὶ κατασκευάσαντες
ἑαυτοῖς πτέρυγας ὥσπερ ἀετὸς ἐπιστρέψαι "εἰς τὸν οἶκον τοῦ προεστηκότος" ἑαυτῶν. [GCS 2, 15,
8-14.]）

　157)　Cf. ExhMart 40.
　158)　Cf. ExhMart 47: それでも尚、言理に与かっている魂の存在性は何かしら神との
親近性を有しているとの確信を抱いている人でも、生に愛着するものです。(Ἔτι δὲ καὶ
φιλοζωεῖ ἄνθρωπος πεῖσμα λαβὼν περὶ οὐσίας λογικῆς ψυχῆς ὡς ἐχούσης τι συγγενὲς θεῷ. [GCS
2, 42, 29-30.]）
　159)　Cf. ibid.
　160)　ExhMart 37: οὐκοῦν τὴν ψυχὴν διὰ τὴν αἰώνιον ζωὴν μισήσατε πειθόμενοι ὅτι καλὸν

248　　本　論

　「だから、世はあなたたちを憎むのだ」、「あなたたちがこの世から
のものではないから」、「あなたたちがこの世からのものであったな
ら、世は［あなたたちを］自分の身内として愛した（φιλέω）ことであ
ろう。」161)

　後者の叙述には、自分たちがこの世本来の存在ではないこと、それゆ
えこの世から身内とされないことを述べると同時に、もしこの世のもので
あったとしても、そこにあるのは "ἀγάπάω" ではなく "φιλέω" であると
いうことが示されている。そして、オリゲネスはIヨハネ2章15-17節を引
用し、この世を愛さ（ἀγάπάω）ないようにと述べる。162)
　オリゲネスはこの文書を宛てているアンブロシウスの、父親としての立
場に対して目線を向け、彼が殉教したなら後に残されるであろう子どもた
ちのことについても触れている。163) そのさいの子どもたちについて、彼は
「神への愛（ἀγάπη）のために残された殉教者たちの子ども」と述べ、子ど
もらにとっては自分の父親が殉教者アンブロシオスであるとの自覚が役に
立つのだと述べる。そしてそのときに、「大いなる知識をもって彼らを愛

καὶ ὠφέλιμον μῖσος διδάσκει μισεῖν ὁ Ἰησοῦς. ὥσπερ δὲ ὑπὲρ τοῦ φυλαχθῆναι εἰς ζωὴν αἰώνιον
τὴν ψυχὴν μισητέον ἡμῖν ἔσται αὐτήν, οὕτως 'γυναῖκα καὶ τέκνα καὶ ἀδελφοὺς καὶ ἀδελφὰς'
μίσησον ὁ ἔχων ταῦτα, ἵν' ὠφελήσῃς τοὺς μισουμένους δι' αὐτοῦ τοῦ μεμισηκέναι παρρησίαν
ἀναλαμβάνων πρὸς τὸ εὐεργετεῖν αὐτοὺς φίλος γενόμενος θεῷ. [GCS 2, 35, 19-25.])
　161)　ExhMart 39: "διὰ τοῦτο ὁ κόσμος ὑμᾶς μισεῖ", "ὅτι οὐκ ἐστὲ ἐκ τοῦ κόσμου τούτου·" "εἰ
γὰρ ἦτε ἐκ τοῦ κόσμου τούτου, ὁ κόσμος ἂν τὸ ἴδιον ἐφίλει". [GCS 2, 36, 14-16.]) Cf. John 15,
19. ほかにも、「わたしたちが不信仰から信仰に移ったことで、『死から生命に移った』
のであれば、世がわたしたちを憎むとしても驚いてはなりません。」(ExhMart 41: Εἰ
μεταβεβήκαμεν 'ἐκ τοῦ θανάτου εἰς τὴν ζωὴν' διὰ τοῦ μεταβεβηκέναι ἀπὸ ἀπιστίας εἰς πίστιν, μὴ
θαυμάζωμεν, εἰ μισεῖ ἡμᾶς ὁ κόσμος. [GCS 2, 35, 21-23.]) と言われている。
　162)　ExhMart 39: ……あなたたちは過ぎ去って行くものを愛してはなりません。……
御子と御父と聖霊とともに一つになるに値する者となってください。(μὴ οὖν ἀγαπᾶτε τὰ
παραγόμενα, ... ἄξιοι γίνεσθε τοῦ ἓν γενέσθαι ἅμα υἱῷ καὶ πατρὶ καὶ ἁγίῳ πνεύματι... [GCS 2,
37, 2-4.])
　163)　Cf. ExhMart 38.

し（ἀγαπάω）、大いなる明察をもって彼らのために祈ることができる」[164]
と励ますと同時に、以下の言葉を付加している。

　　　わたしよりも息子や娘を愛する（φιλέω）人はわたしにふさわしくな
　　　い。[165]

　オリゲネスは自ら、殉教によって親子の別離を子どもの立場において経
験したのであったが、ここでは父としてのアンブロシウスに対して、親子
間に交わす愛情の強さを前提にしながらも、それによって殉教が妨げられ
ることを何より避けようとする。愛情や愛着は心を喜ばせるものであるが
ゆえに、この物質的な世界に心をつなぎとめずにはおかないが、それらを
踏み越えねばならないのである。[166]
　これらのことから、オリゲネスの殉教理解について考察すると、彼に
は、リッツィの述べるような、キリストの贖いの再現という殉教理解は見
られないと判断し得る。ただし、贖いへの貢献という点について、奉仕と
いう側面でとらえることは可能である。また、単に禁欲的なものではな
く、二人の信仰者を前に、実際に迫りくる流血の殉教を想定していたこと
も確かであろう。その意味では、禁欲主義ということを強調するヴィアネ
スの殉教理解は、オリゲネスの視点と一致するものではないように思われ
る。オリゲネスは禁欲を目的にしていたとは言えないからである。
　本稿がこの著作に確認したのは、殉教に関して積極的にとらえる姿勢で
ある。しかしそれは、現実に迫害が行われるなか、殉教が避けられない危
急のものとして認識されていたという状況ゆえである。この前提は極めて
重要である。オリゲネスは、殉教そのものを美化する熱狂者ではなかっ
た。殉教は理不尽ではあるが、避け得ない状況は神の摂理のうちにあると
考えられていた。そのなかで、彼は殉教を証しとしてキリストの受難に奉

---

164)　ExhMart 38: τότε γὰρ καὶ ἐπιστημονικώτερον αὐτὰ ἀγαπήσεις καὶ συνετώτερον περὶ
αὐτῶν εὔξῃ, ἐὰν μάθῃς ὅτι τέκνα σου ἐστὶ καὶ οὐ σπέρμα μόνον.（*GCS 2*, 36, 5-7.）

165)　Matt. 10, 37.

166)　Cf. ExhMart 15.

仕するものと理解し、殉教の先に与えられる報いについて言及し、人々に
希望を与えようとしていた。

　オリゲネスは、人々が殉教を為し得ない理由を、ひとつは恐れに見て
いた。それは、苦痛、艱難への現実的な恐れである。それを乗り越えるた
めに、彼は死の向こう側にある正当な報いを希望として提示していた。実
際、オリゲネスにとって死の先にある世界こそが魂にとって本来の場所で
あり、この世は一時的な陰影に過ぎない。ゆえに彼自身は殉教によって与
えられる報いを高く評価し、恐れは陰影であって必要なものではないと認
識していたと考えられる。

　もうひとつの理由は、この世における大切なものへの愛着である。人間
はこの世で人生を過ごすあいだに、大切であると愛着を感じる人、もの、
事柄と出会う。それは家族であったり、居場所であったり、何らかの働き
であったりする。多くは、それが生きる理由と深く結びつくほどに重要な
ものであると自覚される。しかし、オリゲネスはこれらについて述べるさ
い "φιλία" を用い、"ἀγάπη" と区別し、対比させていた。"φιλία" を悪と
は考えていないが、見えない真実を生き、本来の魂にとっての益を考える
なら、愛着はその妨げとなるのであり、彼はその自覚を促していた。人間
の目の前で恐れが塞ぎ、後ろから愛着が繋ぎ止める。そうすると殉教に踏
み出すことができない。

　オリゲネスは、愛着を断ち切ることを勧めるが、そこにおいて近親者、
ないしはその人が近親者であることの価値そのものが否定されているわけ
ではない。彼はマタイ5章43節などから、「神聖なる言葉によれば、諸徳能
の中で主要な一つの［徳能］は身近な者に対する愛（ἀγάπη）です」[167] と説
明し、愛の重要性を論じているのである。[168] 殉教から身を守ることを勧め
る叙述がオリゲネスに見られないことも、彼が殉教そのものを勧めていた
のではないが、殉教を回避し得ない事情のなか、人々に対して、この生涯

---

　167)　PE 11, 2: μία δὲ κυριωτάτη τῶν ἀρετῶν κατὰ τὸν θεῖον λόγον ἐστὶν ἡ πρὸς τὸν πλησίον
ἀγάπη·（GCS 3, 322, 13-14.）

　168)　有賀はオリゲネスに関して、「彼の『祈り』は同時に愛の行いであった」と述べ
ている。（有賀鐵太郎、前掲書、107頁。）

においてそれを受け止め、魂に最大限の益をもたらすために彼ら自身を苦しめる恐れや愛着から解放されることを願う気持ちがあったと考えるのが自然であろう。それは、殉教を余儀なくされた相手に対するオリゲネスの配慮であり、愛情の表れとも言えるのではないか。ここには、殉教という状況の前に弱った人の心を支えようとするオリゲネスの意図が看取されるからである。

　なお、ここで示されている「アガペー」は、主の祈りの「わたしたちの諸々の負い目をおゆるしください」を注解するなかで、ローマ13章7節および8節に引用により、愛することを「負い目」と位置付けるとともに、われわれには「愛を保つべき負い目がある」[169]という叙述において認められる。ここでは、愛することは「負い目」として、また「義務」として、言及されている。しかも、『祈りについて』のなかでは、アガペーはこの負い目としてしか論じられていない。そこで、本稿ではつぎに、愛するという善が負い目として、また義務的な事柄として論じられていることについて考察する。

第3節　「負い目」としての愛理解——主の祈り「わたしたちに負い目のある者をゆるしましたようにわたしたちの諸々の負い目をおゆるしください」解釈を手がかりに

1. 主の祈り解釈における「フィレオー」と「アガパオー」

　愛することへの人間の行為選択について、C.オズボーンは、オリゲネスの愛理解がキリスト教的でなく新プラトン主義あるいはプロティノスの立場に接近しているとの評価に反論し、「フィランスロピア」（φιλανθρωπία）という用語に注目することによって、オリゲネスがこの用語をギリシャ哲学の伝統において理解したのではなくキリストの受肉と啓示を表現したと

169）　PE 28, 3: σῴζειν πρὸς αὐτὸν καὶ ἀγάπην. (*GCS 3*, 376, 23.)

主張し、それがキリスト教教理に基づくものであったと結論づけた。[170) 彼女のこの研究は、「愛」という事柄に関して、オリゲネスがギリシャ哲学の歴史の枠内に留まることによってでなく、キリスト教に基づいて理解していたということを明示した点で評価される。ただし、愛に関する人間の主体的選択の可能性に関して示唆を与える内容にはなっていない。

R.リュケマは、「愛は決して滅びない」[171) に関するオリゲネスの解釈をとおして、人間の魂の、神からの離反について考察している。そのなかで、神に対する人間の愛が、神からの離反への傾向に勝るとの見解をオリゲネスの考えとして提示し、それを、人間に対する神の愛が最終的に被造物の自由意志を勝ち得る根拠として認識している。[172)

しかし、神の愛を選択することがこのように構造的に決定されており、それが神の愛を選ぶ根拠になるのだとしたら、選択は自由意志によるものではないことになり、「自ら」愛を選ぶという事柄そのものが不可能となるのではないか。

ここで、この用語について、『祈りについて』の主の祈り注解部の文脈から考察したい。

オリゲネスは聖なる者の祈りの態度について説明する箇所で、愛に関して、以下のようにフィレオーとアガパオーという用語を使用している。

彼は禱ることを好む（φιλέω）だけではなく、愛し（ἀγαπάω）、諸会堂でなく諸教会で、「町かど」でではなく、「狭く、真直ぐな道」の真直ぐな場で、人々に見られようとしてではなく、「主なる神のみ前に」現れるように［禱るからです］。[173)

---

170) C. Osborne, Neoplatonism and the Love of God in Origen, in: *Origeniana Quinta*, Leuven, 1992, pp. 270-283.

171) 1Cor. 13, 8.

172) R. Reukema, Souls, in: J.A. McGuckin（ed.）, *The Westminster Handbook to Origen*, Louisville/ London: Westminster John Knox Press, 2004, pp. 2011-202r.

173) PE 20, 1: οὐ φιλεῖ γὰρ "προσεύχεσθαι" ἀλλὰ ἀγαπᾷ, καὶ οὐκ "ἐν συναγωγαῖς" ἀλλ' ἐν ἐκκλησίαις, καὶ οὐκ "ἐν γωνίαις πλατειῶν" ἀλλ' ἐν τῇ εὐθύτητι τῆς στενῆς καὶ τεθλιμμένης ὁδοῦ,

第4章　試みと愛　　253

　小高は、ここで、フィレオーとアガパオーという用語の使い分けが意図的になされていることを指摘し、前者は自然的な傾向で自己的な感情を、後者は神に専心し狭き道を通って神を求める者の心情を示すものと理解している。[174]文脈から、フィレオーは、小高の指摘どおり、換言すれば、欲求を表現するものとして用いられていると言える。[175]そしてそれは、人のみを主体として、神、人、および好ましくないものも含めた何らかの行為に対して向けられている。他方、アガパオーは神から人へ、人から神あるいは人または事柄へ、という関係において使用されているが、この語もまた人を主体とするとき、フィレオー同様、適切でないものに対しても使用されている。[176]この場合、先の小高の指摘は当て嵌まらない。

　ここから言えることは、『祈りについて』においてはアガパオーとフィレオーに関して、その名詞形も含み、いずれも主体が人間である場合には快楽に対しても同様に用いられており、必ずしも常に対象が区別されているわけではないということである。また、フィランスロピアに関しては、その字義どおりに、人間に対して向けられる愛として区別されるが、とくに愛に適切な方向性を与えるものとして理解されているわけではない。[177]

ἀλλὰ καὶ οὐχ ἵνα φανῇ "τοῖς ἀνθρώποις" ἀλλ᾽ ἵν᾽ ὀφθῇ "ἐνώπιον κυρίου τοῦ θεοῦ." (*GCS 3*, 344, 2-6.)

174)　オリゲネス著、小高毅訳、前掲書、注62。なお、小高はフィレオーとアガパオーそれぞれに、「好む」と「愛する」という日本語を充てている。

175)　Cf. G.W.H. Lampe, φιλέω, in: *op. cit.*, p. 1478l.

176)　アガペーは望ましくない対象としての快楽を愛することも、アガペーによって表現されている。Cf. PE 19, 3:……快楽を求めて生を送る人は皆、広々とした[道]を愛し、……（πᾶς γὰρ ὁ κατὰ τὴν ἡδονὴν βιούς, τὸ εὐρύχωρον ἀγαπήσας [*GCS 3*, 343, 9-10]）. なお、この前の箇所に、IIテモテの「神よりも快楽を愛し」（φιλήδονοι μᾶλλον ἢ φιλόθεοι）が引用されているが、その句においてアガペーが使用されているわけではない。ゆえに、オリゲネスはここで「愛する」という語に対して、聖書に拠らず、「アガペー」を選択していると考えられる。

177)　そもそも当時のギリシャ世界において、これらアガペーとエロースおよびフィリアは、それほど厳密な区別のうちに認識されていたのではなかったこともまた指摘される。（G.W.H. Lampe, φιλανθρωπία, ἀγαπάω, in: *op. cit.*, pp. 7l.-8r.; 1478l.）ただ、「エロース」に関しては、その語の使用が皆無であるため、名詞形の「アガペー」および「フィリア」の使用回数と比較して考えると、オリゲネスが「エロース」を意図的に使用しな

しかし、アガパオーとフィレオーには意図的な言い換えがなされており、前者は後者よりも深遠な意味においてとらえられている。すなわち、オリゲネスが『祈りについて』の主の祈り注解部で読者に語るさいには、先に述べた愛することに関連する内容を論じるなかでアガパオーないしはアガペーのみが用いられており、聖書の語句の引用を伴っているのである。以下では、そこに理解されていた内容について考察する。

2.「わたしたちの諸々の負い目を[178] おゆるしください」解釈

2.1.「負い目」（ὀφείλημα）の意味

『祈りについて』28章冒頭では、「わたしたちの諸々の負い目をおゆるしください」[179] という一節に言及され、その説明にはローマ13章7節と8節が引用されている。「互いに愛し合うことのほかに、誰に対してもどんな負い目があってはなりません。」[180] という8節における「負い目」は、7節における「義務」[181] と同語である。[182] 内容的には、8節の「負い目」は7節と同様に法的義務を意味するが、パウロは愛を、この法的義務を超えるところに理解していることが、聖書学の立場から指摘される。[183] 法的義務としての負い目は消却可能なものとして、しかし愛の負い目は償いきれない無限の負債として、理解されているのである。

上記の箇所に言及するさい、オリゲネスは『ローマの信徒への手紙注

かったと考えるほうが自然であろう。

178) ルカ福音書では「罪を」（τὰς ἁμαρτίας）となっている。

179) PE 28, 1: καὶ ἄφες ἡμῖν τὰ ὀφειλήματα ἡμῶν,...（GCS 3, 375, 20.）これはマタイ6章12節の語句と一致する。

180) PE 28, 1: "μηδενὶ μηδὲν ὀφείλετε εἰ μὴ τὸ ἀλλήλους ἀγαπᾶν."（GCS 3, 375, 26.）Cf. Rom. 13, 8.

181) Rom. 13, 7:すべての人々に対して自分の義務を果たしなさい。（ἀπόδοτε πᾶσιν τὰς ὀφειλάς,...）

182) 7節では国家や役人に対して負っている負債を払うべきことを教え、8節では人間が互いに負っているすべての負い目へと議論が展開されている。

183) 山内真「ローマ人への手紙第13章8-10節」日本基督教団出版局編『説教者のための聖書講解　釈義から説教へ』、日本基督教団出版局、1987年、277-282頁。

第4章　試みと愛　　255

解』において罪を負い目とみなして強調し、以下のように述べている。

　ですから、罪の負い目がことごとく解かれ、私どもにはいかなる罪
の負い目も残っていないように、しかし愛の負い目は私どもからなく
なることの決してないように、パウロは願っているのです。実に、こ
の［愛の負い目］を毎日支払い、［愛の］負債を常に負いつづけること
は、私どもにとって有益なことです。[184]

　ここにおいて、人間は負い目を負う者であり、その負い目を律法の遂行
によって返済するか、あるいは「健全なロゴスを軽んじること」によって
負い目のあるまま留まるか、いずれかであると理解されている。[185] また、
愛の負債を負い続けることが有益であると述べられている。

　しかしそれとは逆に、負債を完全に返却し得る人について言及されてい
る箇所もある。[186] 完済した者も負債を負っていたときがあるのであり、そ
の負債についての赦免が必要である。そしてその赦免は、満期になったと
きにすべて返済しており全く負い目のない人こそが、正当に手に入れる
ものと理解されている。満期のときとは、その後の叙述から、「キリスト
の裁きの座の前に」立つときのことを指すものと理解することができる。
つまり、終末を目指して歩むなかで、人間は負債の返済に努めるべきであ

---

　184)　ComRom IX, 30: Vult ergo Paulus peccati quidem omne debitum solvi, nec remanere
omnino apud nos debitum peccati, permanere tamen et nunquam cessare a nobis debitum
charitatis: hoc enim et quotidie solvere, et semper debere expedit nobis.（*PG 4*, 1231, 4-9.）

　185)　『祈りについて』28章において、オリゲネスはたびたびそのことに言及している。

　186)　Cf. PE 28, 5: 人はその生涯の間に、返済することもできますし、拒むこともでき
るのです。……ある時からそのようになるように熱心に努め、その結果、満期になっ
たときに返済していないものは何一つ負い目としてない人が、このような赦免を、正
当に手に入れることができるのです。（καὶ δυνατόν γε ἐν τῷ βίῳ ἀποδιδόναι, δυνατὸν δὲ
καὶ ἀποστερεῖν. ... καὶ ὁ ἀποδιδοὺς μέντοι γε πάντα, ὥστε μηδὲν ὀφείλειν, χρόνῳ ποτὲ τοῦτο
κατορθοῖ, δεόμενος ἀφέσεως περὶ τῶν προτέρων ὀφειλῶν· ἧστινος ἀφέσεως εὐλόγως δύναται
τυχεῖν ὁ φιλοτιμησάμενος ἀπό τινος χρόνου τοιοῦτος γενέσθαι, ὥστε μηδὲν ὀφείλειν τῶν
ἐπιβαλλόντων ὡς οὐκ ἀποδιδομένων. [*GCS 3*, 377, 39-378, 1; 378, 6-8.]）

り、最後には完済できたとしてもそれまで負うていた負債に関しては赦免
される必要があるのであり、その赦免される資格はまた、完済することに
よって得られるということである。

　オリゲネスはこの注解部で、自己の負い目がゆるされることに焦点を置
いて述べてはいない。むしろ、マタイ25章26節の悪いしもべのたとえ話を
引用し、負債を負う身として同じく負債ある他者に対して寛大であるべき
ことを説く。人間はゆるす権能（ἐξουσία）を持ち、その行使は、赦す権能
を持つ神への奉仕となるために[187]、「神による罪のゆるしは人々を通して
人々に与えられる」[188]と考えられている。愛するという人間の義務は、た
とえば寛大さの実践によって果たすことができ、それが返済に繋がる。

2.2.「負い目」を持つ人間のあり方

　続いて『祈りについて』28章2節では、「人々を愛される、知恵の霊か
ら、人々に果たすべくわたしたちに帰される、ある事どもをわたしたちが
なおざりにするなら、借りは更に大きなものとなるでしょう。」[189]と、人
間が負い目を持っていることを前提に、人間に神の側から帰される事柄を
自覚することの重要性が説かれる。「ある事ども」とは、他者に与えるこ
とを目的ないしは前提に、神の側から人間に与えられている内容を指すの
であり、もし与えられているそれを用途にふさわしく用いないなら、負い

---

　187)　Cf. PE 28, 8 (GCS 3, 380, 5). ガヴィンによれば、負い目のゆるしを乞う主の祈り
の嘆願には、以下の二つの意味が指摘されている。ひとつには、来る最後の日への救済
史的視座から慈悲を求めることであり、ふたつめには、人間のゆるしを神のゆるしの完
全な投影とみなし、神がするように、聖霊によって人間もゆるすことのできる可能性
を求め、実践することである。(J. Gavin S.J., Becoming an Exemplar for God: Three Early
Interpretations of Forgiveness in the Lord's Prayer, in: Logos 16 (3), 2013, pp. 126-146.)　前者
は神のみが与えることのできるものであり、後者は人間の選択に掛かるものであるとい
う点が、そのいずれも重視するオリゲネスの思想と符合し、興味深い。

　188)　PE 28, 9: ...δι' ἀνθρώπων ἄφεσιν ὑπὸ θεοῦ γινομένην ἀνθρώποις ἁμαρτημάτων. (GCS 3,
380, 23-24.)

　189)　PE 28, 2: οὕτως δὲ, εἰ καὶ ἀνθρώποις ἀπὸ τοῦ φιλανθρώπου τῆς σοφίας πνεύματος
ἐπιβαλλόντων τινῶν ἀφ' ἡμῶν ἐλλείποιμεν, πλείων γίνεται ἡ ὀφειλή. (GCS 3, 376, 13-16.)

第4章　試みと愛　　257

目は増大する。ここに、神の側から与えられているものに対する責任とい
うオリゲネスの認識が見られる。そして、神の造られたものという根拠と
ともに、以下のように述べられている。

　　以上のすべてに加えて、[わたしたちは] 何よりも神の造られたも
　の、[神の]形造られたものでありますから、このおかたに対してある
　種の心構えを持ち、「心を尽くし、力を尽くし、思いを尽くし」ての
　愛（アガペー）を [保つ] べき負い目があるのです。[190]

　ここでは、人間が神の作品であるということが、人間を「愛を保つべ
き」主体と考える根拠となっている。
　なお、上記の引用箇所で「神の造られたもの」と述べられている語の典
拠であるエフェソ書の内容において、2章9節までは、人間は行いによるの
でなく恵みにより、信仰により救われたことを言おうとするものである
が、2章10節[191]において突然、人間が「善い業」という目的のために[192]造
られたものであることが述べられる。
　R.P.マーティンによると、聖書学の立場において、2章10節は、行いな
しに神の恵みのみが強調されることによって弱体化した倫理的な意識の変
革をねらい、実際の行動もまた重要なものであることを認識させるための
論述であることが指摘される。そして、同2章10節の「わざ」は2章9節の
「行い」とは異なるものとして、救いの根拠たる行為ではなく、キリスト
者の新たな生の必然的帰結ないしは結果であると理解されている。[193]

　190）　PE 28, 3: καὶ ἐπὶ τούτοις πᾶσι τὸ ὑπὲρ πάντα "ποίημα" καὶ πλάσμα ὄντες τοῦ θεοῦ
ὀφείλομέν τινα διάθεσιν σῴζειν πρὸς αὐτὸν καὶ ἀγάπην τὴν "ἐξ ὅλης καρδίας" "καὶ ἐξ ὅλης
ἰσχύος" "καὶ ἐξ ὅλης διανοίας"·（GCS 3, 376, 22-4.）
　191）　オリゲネスによるエフェソ書注解は断片的に存在するのみで、2章6節のあと2章
12節に飛び、この間の箇所には言及されていないために、その具体的内容を検証するこ
とはできない。
　192）　ここでは、"ἐπὶ ἔργοις ἀγαθοῖς"と、与格において使用されている。
　193）　R.P.マーティン著、太田修司訳『現代聖書注解　エフェソの信徒への手紙、コロ
サイの信徒への手紙、フィレモンへの手紙』、日本基督教団出版局、1995年、60-63頁。

しかし実際にはいずれにも "ἔργον" という語が用いられ、この同じ語をオリゲネスがいかなる立場でとらえたのかをこの叙述からのみ推測することは困難である。ただ少くとも、オリゲネスは自己を含む人間を、先にも述べたように、神によって存在を与えられ形成された者として認識していたことは確かであり、ここに、神に発し神から与えられている愛に対して愛をもって応える、人間の本来的在り方への確認と決断を見ることができよう。

　神の作品というオリゲネスの人間理解は、ローマ9章20節に関する注解部においても展開されている。ここにおいて、オリゲネスは聖書から神を陶工、人間を粘土に譬えて神の人間に対する「権限」（potestas）について言及し、その権限を侵す人間を、神の意図に反する主体として否定的にとらえている。[194] そしてさらに、IIテモテ2章20節と21節を引用し、神はその権限によって、人間を貴いことと卑しいことのいずれかに用いられる器にすると述べている。[195] ここで人間に対して向けられている「用いる」という言葉は、存在の用途ないしは意味を指し示すものであり、何にどのように用いられながら生きるのかという、つまりは人間の具体的な生き方に言及する語であるとも言える。

　前述のゆるす「権能」（ἐξουσία）およびここでの「権限」（potestas）は、能力、権力、権威といった同様じ内容を意味する語と理解し得るものと考えられるが、前の箇所では、人間には、神が有するように他者を赦す主体としての力を有することが述べられ、後者では、創造に関して権威を持

---

194)　Cf. ComRom VII, 17. (*PG 4*, 1147, 18-1149, 30.) たとえば、オリゲネスはこれを「強情な僕」、「無精な僕」、あるいは「傲慢」といった言葉で形容している。オリゲネス著、小高毅訳『オリゲネス　ローマの信徒への手紙注解』、創文社、1990年、492-496頁。

195)　その区別は「清め」られているかどうかにあり、旧約聖書の例から、自分を清めた者は貴いことに、そうでないものは卑しいことに用いられたと説明している。また、もう少し具体的には、「彼の魂が自分を清めた」ことに根拠付けられている。これは、「魂の清さと純粋さ」とも換言されており、純粋さは「家に住んでいた」（Gen. 25, 27）ヤコブに見出されている。オリゲネスはパウロの言葉から、「清さ」以外に、罪の汚れを拭い去る「悔い改め」が必要であり、悪意が増長し、精神が「頑な」になることによってそれは軽んじられると説明している。

つのは神のみであり、人間は神の被造物であるという認識が提示されていた。[196] つまり、創造に関する神の「権限」は決して人間の手中には掌握され得ず、人間自身に存在、用途ないしは意味を与えている根源的な主体は神であるというオリゲネスの理解を指摘することができる。先の内容と併せると、神の被造物である人間は、創造者である神と、神の被造物である他者に対して、愛することに関する意味と根拠とを常に有しているのであり、なかでも他者とのあいだには赦免をとおしてその実践の機会が与えられているものと考えられていることがわかる。

　注解が進むにつれて、オリゲネスの視点は「負債」や「罪」を離れ、「ゆるし」という事柄に向けられる。[197] 人間が人間に対してなされた罪をゆるすことは各々が所有する権能であるが[198]、神に対してなされた罪をゆるす権能は神しか持ち得ない。[199] オリゲネスによれば、他者の祈りによってもゆるされ得ない「『死に到る』罪」（τῆς "πρὸς θάνατον" ἁμαρτίας）[200] は

196）　なお、これに遡って、「だれも神の御心に逆らうことはできないのは確かです。しかし、その御心が義しく真っすぐなものであることを、私どもは知る必要があります。」（ComRom VII, 16: Voluntati quidem Dei certum est quod nullus obsistat; sed voluntatem ejus justam rectamque esse scire nos convenit. [*PG 4*, 1147, 12-14.]）と述べられている。これは、神がご自身のために人に対して権能を行使されるという考えに反駁するなかで、「各人の意図と意思とを知っておられるだけでなく、前もって知っておられる」神が、個々の人間に対してふさわしいものを与えられるとの理解を述べるものである。

197）　オリゲネスは、ルカが「皆」と述べていることに関して、それが一般に、皆が許され得るものであると誤った解釈のもとに理解されていることを指摘する。つまりオリゲネスには、許され得ない人々の存在が意識されている。

198）　オリゲネスによれば、人間は、他者が負っている自分自身への負債をゆるす権能を有している。他者が自分に対して罪を犯し、それが「繰り返しな」されるとしても、「ゆるさねばな」らない。「遺恨を抱かずに彼らに接し、友愛のこもった態度をと」ること、および「寛大」であることが求められている。ゆるすこともまた愛することの一面であると言えよう。

199）　Cf. PE 28, 8-10（*GCS 3*, 379, 25-381, 31）. なお、実際に、自らへの負債を負う他者を「皆」ゆるす義務があるのか否かという内容に関しては曖昧さを残したままであり、このことから、それが少くともここにおけるオリゲネスの主張の中心ではなかったことが考えられる。

200）　PE 28, 10（*GCS 3*, 381, 16）. Cf. 1John 5, 16.

260 本　論

神に対する罪であり、そのような罪が発生するのは、神に対して負い目を持ちながらそれを返済しないときである。神に対する負い目というのは「心を尽くし、力を尽くし、思いを尽くして」[201] 神を愛することにある。[202] そのことは、オリゲネスが偉大な善の理拠の簡潔な要約であるとして位置付けている[203]、ローマ13章10節の注解内容とも符合する。

　　律法の掟の一つ一つに愛を添えてご覧なさい。そうすれば、すべての［掟］を全うするのがいかに容易なものか分かるでしょう。……ですから、この身近な人を愛しているなら、私どもはすべての律法と掟全体とをこの方への愛の内に全うするのです。……つまり、心を尽くし、思いの限りを尽くしてキリストを愛する者が、キリストの喜ばれないことを何かするというようなことは、決してあり得ないのです。[204]

　身近な者への愛について語るこの後者の内容は、『祈りについて』11章2節においても触れられ[205]、さらには、29章8節の記事とも関連性を持ち[206]、

201）　Mark 12, 30.

202）　つまり、そのように神を愛さない場合、誰にも執り成し得ない死に到る罪が発生する。たとえば、「これらのことを正しく行わなければ、主に対して罪ある者として、わたしたちは神に負い目のあるものとして留まるのです。このような［場合］、だれがわたしたちのために祈ってくれるでしょう。」（PE 28, 3: ἅτινα ἐὰν μὴ κατορθώσωμεν, ὀφείλεται μένομεν θεοῦ, ἁμαρτάνοντες εἰς κύριον. καὶ τίς ἐπὶ τούτοις εὔξεται περὶ ἡμῶν;... [GCS 3, 376, 25-376, 26.]）

203）　Cf. ComRom IX, 31.

204）　ComRom IX, 31: Pone enim per singular mandata legis dilectionem, et vide quam facile cuncta compentur.（PG 4, 1231, 24-26）; Nunc ergo proximum si diligamus, omnem legem et universa mandata in ipsius amore complemus.（PG 4, 1232, 2-4.）; nec fieri ullo pacto potest, ut qui ex toto corde, et ex totis visceribus suis diligit Christum, faciat aliquid quod non placeat Christo.（PG 4, 1232, 5-7.）

205）　Cf. PE 11, 2: 諸徳能の中で主要な一つの［徳能］は身近な者に対する愛（アガペー）です。（μία δὲ κυριωτάτη τῶν ἀρετῶν κατὰ τὸν θεῖον λόγον ἐστὶν ἡ πρὸς τὸν πλησίον ἀγάπη· [GCS 3, 322, 13-14.]）

206）　Cf. PE 29, 8: 人々の間で最も優れた愛（τὸ δὲ κάλλιστον τῶν ἐν ἀνθρώποις, τὴν

第 4 章　試みと愛　　　261

また、すでに述べた28章3節とも関連付けられている。

オリゲネスにおいて、人間の人間に対する在り方と、神に対する在り方とは区別されている。「互いに愛し合うことのほかに、だれに対してもどんな負い目があってはありません」[207]という言葉において勧められている愛の態度は、人間相互間における互いの態度であり、「心を尽くし、力を尽くし、思いを尽くし」てささげよと勧められている愛の態度は、神への人間の態度である。[208]神と人とが構成する人格関係においてまず神への愛が問われ、それに従って人への愛が左右される。つまり、思いを尽くして神ないしはキリストを愛することは身近な人を愛することへと繋がるが、神ないしはキリストを愛さないなら他者をも愛し得ず、また自分をめぐる他者の祈りも効力を持たず、死に到る深刻な罪を犯すこととなると理解されているのである。

オリゲネスはしばしば、神の怒りや報復について述べることによって、人間の実際の生き方が善いものであるように促し、警告さえ発している。しかし、彼の目的は脅迫的に善い行動に駆り立てることではない。たとえば、彼は『ローマの信徒への手紙注解』のなかでIテモテ1章9節から10節を引用し、以下のように述べている。

　　実に、このような者らは、律法を恐れています。ところが、善を行う者、つまり律法への恐れによってでなく、善への愛によって善いことを行う者は、もはや文字の律法の下にではなく、霊の律法の下に生きているのです。[209]

ἀγάπην,... [*GCS 3*, 385, 13-14.]）

207)　PE 28,1: μηδενὶ μηδὲν ὀφείλετε εἰ μὴ τὸ ἀλλήλους ἀγαπᾶν.（*GCS 3*, 375, 26.）Cf. Rom 13, 7-8.

208)　両者において愛を表すには、いずれも聖書にしたがって、アガペーという語が用いられている。

209)　ComRom IX, 28: Ipsi enim sunt qui timent legem. Qui autem facit bonum, hoc est qui non metu legis, sed amore boni facit quod bonum est, iste jam non sub lege litterae, sed sub lege spiritus vivit.（*PG 4*, 1229, 2-6.）

ここには、行為先行の態度ではなく、何に基づいて行為に到るのかの重要性が示されている。それはすなわち、自らを裁く権威への恐れではなく、善への愛によってである。そして、善を行う者とは、結果として生じる善行によって量られているのではなく、「善への愛によって善いことを行う者」とされている。善に関するこの論理に従うと、愛する者とは、強制されてでも、恐れからでも、単に義務としてでもなく、「愛への愛によって愛を実践する者」と換言することができる。

結

　以上、「わたしたちを試みに陥らせず、わたしたちを悪しき者からお救いください」、「わたしたちの諸々の負い目をおゆるしください」という、主の祈りの二箇所に関するオリゲネスの論述を、彼の実践的な著作『殉教の勧め』の内容と併せて考察した。

　ここから、まず、すべての試みが「善なる神」のもとに、配慮をもって引き起こされているとのオリゲネスの理解が明らかとなった。「善」は試みによってそこに導かれるべきひとつの目的であり、かつまた根拠であり、さらには試みを与える神の特徴的な性質である。オリゲネスにおいて、神は善をなす力、創造する力であり、またその善は義と愛の関連において認識されていた。善をなす力は、その善性ゆえに絶えず善をなし、悪をなさない。試みはそのような神から与えられるのである。

　オリゲネスにとって、神は徹底的に善なる存在であると同時に、人間存在もまたその本性においては善であるが、人間は常に善の欠乏を伴うゆえに、悪から逃れられない存在として理解されていた。現実的のなかで、人間は「悪い」と形容され得る状況にもしばしば直面し、それによって行き詰まり、進退窮まるような状態に陥ることがある。オリゲネスは、人間とはそもそもそういうものであるという前提に立っている。ただし彼に見られるのは、そのような悪い性質に甘んじる楽観的な人間理解や諦念ではなかった。

　オリゲネスは、人間が神によって決して善にも悪にも固定されているの

ではないことを強調する。自らのうちに善と悪の性質を秘めながら、意志によって何を選択していくのかは全て人間に委ねられている。そのなかであえて神を選ぶところにこそ神が人間に自由を与えた本来の意味があり、そのようにして選ばれる善こそ神の本性たる善である。

ゆえにオリゲネスは、現実のなかで人格的に働きかけてくる悪と対峙しながら善なる神を志向する選択を勧奨する。ここに祈りが必要である。オリゲネスは多くの箇所で「祈りましょう」と、祈る行為の選択を奨励する。祈り、とりわけ禱りは決断への葛藤を孤独に戦う行為ではない。聖霊とキリストが教え、導き、働く場であり、御父に呼びかけることが許されている場であった。そこには、人間に関わろうとする神の意思があるのであり、ゆえにそこに向けて祈り、神を愛し、隣人を愛することを本来的な姿と考えるオリゲネスの人間理解がある。

この善なる神の摂理のうちに、現実は置かれている。オリゲネスはかつては父を、そして弟子を迫害や殉教によって奪われ、この執筆のときにも大事な友であり弟子でありまた後援者でもあったアンブロシウスがその危機に瀕していた。オリゲネスはこの世に生きるなかで殉教を理想化してそれを目指すのではなく、このような状況にあることを前提として、神の用意された次の代での報いを希望に据え、恐れや愛着に囚われないで歩むことを勧めていた。これは、その恐怖と愛着を抱え迫りくる殉教の危機にあって激しい葛藤を抱える者らへの励ましであり、ここにオリゲネス自身の愛と配慮を見ることができる。

このような愛を主の祈りのなかの「負い目」として理解するオリゲネスは、それが人間にとって有益な負債を意味し、そこに返済への姿勢が生起させられることを期待する。それは、神を愛することによって果たされ、他者をゆるすことによって実践され得る。オリゲネスと彼の著作の読者は、前述のようにキリスト者への迫害を現実とするなかに生きていた。しかしそのなかで、ゆるすことが説かれる。「悪人の上にも善人の上にも太陽を上らせ、また義しい者の上にも義しくない者の上にも雨を降らせてく

くださる。」[210] とは、オリゲネスが善なる神に対して用いる表現のひとつである。彼は聖書から、ゆるすことがこの善なる神の意志であること、そして他者も自分も神の目には同じ負債を抱える者であることを根拠に、ゆるすことを勧める。例外は認めない。自らに対して悪をなした人に対してもゆるし、むしろ腐敗しているその人の癒しを祈るようにとの勧めが、明確に述べられている。[211] ゆるすことにおいて他者との負債の量の比較はまったく問題にされず、読者自身の問題として、ゆるすという選択を迫る。この根底にあるのは愛であり、愛することを自ら求め、それを望む愛である。

　では、オリゲネスがこのように理解し、信頼した善なる神は、人間の祈りに対してどのように応えるのか。最終章ではこれについて論じる。

---

210)　PE 22, 4 : ... "τὸν ἥλιον" "ἐπὶ πονηροὺς καὶ ἀγαθοὺς καὶ" βρέχοντος "ἐπὶ δικαίους καὶ ἀδίκους, ...". (*GCS 3*, 348, 21-22.) Cf. Matt. 5, 45.

211)　Cf. PE 28, 6.

第5章　祈りへの応答

265

第5章　祈りへの応答——祈りにおける恩恵[1] 理解

はじめに

　これまでに、四章を通してオリゲネスの祈禱観について考察してきた。そのなかで、オリゲネスが霊的なものを乞い求めることを勧め[2]、人間が本来的な祈りをささげるなら、神はその人にもっとも適切なものを恵んでくださる（χαρίζομαι）[3] という彼の基本的な理解が確認された。それが、現実に人間の眼に悪と映ることにも人に対する善なる神の意図があって人間はそのなかで神に信頼し、魂を養い、愛することを祈り求めながら歩むという生き方の根底にあり、勧奨として提示されていた。

　では、そのときに神から恵みとして与えられるものについて、オリゲネスはどのように理解していたのか。本章では、祈りへの応答としての神の恵みについて考察する。

第1節　祈りにおける恩恵

1. オリゲネスの恩恵理解

　まず、恩恵そのものに関するオリゲネスの理解について概観する。

　オリゲネスの恩恵理解に関する従来の研究には、恩恵が現実のなかに何らかの影響を及ぼし得るためには「神人共働」が必要である、との考えを

　1）　本稿では、「恩恵」ないしは「恵み」という用語に関して、これが単独で使用されるばあいには「恵み」、他の語とともに熟語を作る場合には「恩恵」と表記した。

　2）　本稿3章結において言及した。Cf. PE 16, 2:「地上のこと」をも「小さなこと」をも恵まれるのが本意ではない神に（ἀπὸ τοῦ μηδὲν ἐπίγειον μηδὲ μικρὸν χαρίζεσθαι ἐπισταμένου θεοῦ. [GCS 3, 336, 23.]）

　3）　Cf. PE 17, 1.

オリゲネスに指摘するものがある。たとえば、有賀はオリゲネスの恩恵理解についてふれ、恵みを「救いをもたらすもの」として位置づけており、救いが神の恵みと人間の努力との協力によって到達され得るものであるとする神人共働の思想を指摘している。ここでは、神の恵みに委ねる人間の態度は拒絶され、人間の側の「努力」の必要性が強調されている。[4] 同時に、人間が神に対して恭しく祈ることのできること自体が恵みであるという考えが指摘されている。[5] 有賀による理解では、オリゲネスに、恵みそのものに対してよりも、すでにそれを受けたものとしての人間の主体的なあり方を追求する姿勢が強調されていると言える。

それに対してB.ドゥルウェリーは、恵みを受ける人間よりも恩恵を与える神の側に視点の重心を据えている。そのなかで、恩恵は「神の力」（divine power）と理解されている。ドゥルウェリーによれば、その力が、受肉したイエス・キリストの存在によって聖書に示されている永遠のいのちへの救いを、聖霊を通して与えるのである。[6] そしてこの神の力であるところの恩恵を付与する行為は、完全に神の自由に帰せられている。

J.C.スミスもまた、オリゲネスの恩恵理解に関して、人を変え、成熟した状態に戻すものとの認識を提示している。ここにおいても恩恵はドゥルウェリーと同様に「力」（power, energy）として理解されている。[7] スミスによると、その力とは人間の性質を変え、動かすものであり、人間が変容を遂げるための触媒として働くものである。そして、キリストこそが恩恵の付与に必要な触媒そのものであり、父なる神が創造された恵みの手段であると同時に、キリストは恩恵付与の主体である。このように、スミスはキリストが恵み自体でありながら恵みの付与者でもあると位置づけている。[8] この恵みの付与の如何は人間の心の状態に依拠し、すなわちそれは

---

4)　有賀鐵太郎『有賀鐵太郎著作集1　オリゲネス研究』、創文社、1981年、302頁。

5)　同上、53頁。

6)　B. Drewery, *Origen and Doctrine of Grace,* London: Epworth Press, 1960, p. 48.

7)　J.C. Smith, *The Ancient Wisdom of Origen*, Lewisburg/ London/ Cranbury/ NJ: Bucknell University Press, 1992, pp. 159-167.

8)　さらに、恵みだけでなく、御子は恵みも含む善そのものである御父を啓示する存在

受けるにふさわしい人にのみ生じるのであり、聖霊も、受け取るにふさわ
しい人に限定されることが指摘されている。[9]

　H.クルゼルは、人間に内在する霊として、また神の像への人間の参与と
して、恵みが人間に直接的に関わっているとするオリゲネスの理解につい
て言及している。これは、『オリゲネス』のなかの「恵みの象徴」という
項目でオリゲネスの恩恵理解について述べるさいに、恩恵がさまざまな象
徴のなかに表現されていることを説明したものであり、恩恵を大きくこの
二つの形で捉えている。[10]

　またJ.S.オレリーは、オリゲネスの恵みについて論じるなかで人間の弱
さに言及し、人間自身でなく神によって得られる勝利が助力という神の恩
恵からくるものであることを論じると同時に、オリゲネスがしばしば人間
自身の努力を強調するために、神への全面的な依存という彼の考えの側面
を十分には表出していないことも指摘している。[11]

　助力ないしは援助という恩恵理解は、W.D.ハウシルトにも見られる。[12]
そこにおいて、恩恵は完全性への途上にある人間のための神の援助であ
り、聖霊による賜物という形をとって供与されると理解されている。

　これらに共通して見られるのは、恩恵が神人共働のもとで神から与えら
れるという理解である。ここには、ドゥルウェリーのように、その付与が
神の自由な選択によるという考えと、逆にスミスの示すように、その付与
が人間の状態に依拠するとする考えが提示されている。ただ、これらは全
く異なる事柄ではなく、むしろ同じことに関する別の側面からの視点によ

との理解がなされるため、たとえば小高は「啓示者であると同時に救済者である」と、
救済という側面でこれに該当する理解を提示している。小高毅『オリゲネス――「ヨハ
ネによる福音注解」研究』、創文社、1984年、149-150頁。

　9)　これに関しては本稿三章で議論し、聖霊の供与がある人々に限定されるという見解
について、異なる理解を提示した。

　10)　H. Crouzel（author）, A.S. Worrall（trans.）, *ORIGEN*, Edinburgh: T.&T.Clark, 1989
（*Origène*, Paris: Pierre Zech Editeur, 1985.）, pp. 126-130.

　11)　J.S. O'Leary, Grace, in: J.A. McGuckin（ed.）, *Westminster Handbook to Origen*, London:
Westminster John Knox Press, 2004, pp. 114r.-117r.

　12)　W.-D. Hauschild, Gnade IV, in: *TRE 13*, Berlin/ New York, 1984, pp. 476-495.

る叙述、つまり、受けるにふさわしい状態である人間に神が自発的に与える、という可能性を含むものであると言えよう。ほかには、恩恵そのものに対して、援助や触媒といったものも含め、人間に変化を起こさせる力という理解が見られ、恩恵そのものとしてのキリスト理解も看取された。

恩恵に関するこれらの見解を踏まえ、つぎに、『祈りについて』序文にみられる恩恵理解に接近する。

2.『祈りについて』における恩恵理解

2.1.『祈りについて』全体における恩恵に関する記述から

まず、『祈りについて』全体のなかで、名詞形のみならず動詞形も含み、「恵み」という語が使用されている箇所を確認し、序文において言及されているその語の特異性について簡単に触れておきたい。その該当箇所は以下のとおりであり、オリゲネスの叙述とともに、該当する文脈の内容を丸括弧内に示した。

a) 無制限に人々に神から注がれる神の恵みによって……[13]（序文）

b) わたしたちに対する計り知れない恵みの奉仕者イエス・キリストとその共働者なる聖霊をとおして、それらは［把握］しうるものとなります。……[14]（序文）

c) 「神のこのうえなくすばらしい恵み」によって、この不可能なことが可能になるのです。[15]（序文）

d) しかし、神はこのことすらキリストを通して恵んでくださるのです。[16]（序文）

e) ……神からの霊を受けました。それは、神から恵みとしていただいた

---

13) PE 1: ἀμετρήτῳ ἐκχεομένη ἀπὸ θεοῦ εἰς ἀνθρώπους χάριτι θεοῦ... (GCS 3, 297, 3-4.)

14) PE 1: ... διὰ τοῦ τῆς ἀνυπερβλήτου εἰς ἡμᾶς χάριτος ὑπηρέτου Ἰησοῦ Χριστοῦ καὶ τοῦ συνεργοῦ πνεύματος ... δυνατὰ γίνεται. (GCS 3, 297, 5-6.)

15) PE 1: ἀλλ' ὅμως τοῦτο τὸ ἀδύνατον τῇ ὑπερβαλλούσῃ χάριτι τοῦ θεοῦ δυνατὸν γίνεται· (GCS 3, 297, 16-18.) Cf. I Cor. 9,14.

16) PE 1: ἀλλὰ καὶ τοῦτο ὁ θεὸς διὰ Χριστοῦ χαρίζεται... (GCS 3, 298, 1-2.)

第 5 章　祈りへの応答　　　269

　　ものをわたしたちが知るためです。[17]（序文）

　f）人間にとって不可能なことが神の恵みによって可能となるということ
　　について……[18]（序文）

　g）「わたしが今日あるのは神の恵みによることです」[19]（祈禱無用論者へ
　　の反論）

　h）その禱りにおいて神に感謝する聖なる人々は、キリスト・イエスを通
　　して、[神]に対して恵みを認め告白するのです。[20]（父にのみ、キリ
　　ストを通して祈らねばならない）

　i）「地上のこと」をも「小さなこと」をも恵まれるのが本意ではない神
　　に、……[21]（霊的恵みと物質的恵み）

　j）……物体と陰影の二つを恵もうとしたのではなく、物体を与えたので

　17）　PE 1: ... "οὐ τὸ πνεῦμα τοῦ κόσμου ἐλάβομεν ἀλλὰ τὸ πνεῦμα τὸ ἐκ τοῦ θεοῦ, ἵνα εἰδῶμεν
τὰ ὑπὸ τοῦ θεοῦ χαρισθέντα ἡμῖν, ..." (GCS 3, 298, 13-15.) Cf. 1Cor. 2, 12-13.

　18）　PE 2, 1: περὶ τῶν ἀδυνάτων ἀνθρώποις δυνατῶν χάριτι θεοῦ γινομένων εἴρηται. (GCS 3,
298, 22-23.)

　19）　PE 6, 5: "χάριτι δὲ θεοῦ εἰμι ὅ εἰμι" (GCS 3, 315, 23.) Cf. 1Cor. 15, 10. これは、祈禱
無用論への反論が記されている箇所に位置する。オリゲネスは「人間の行動に関して
わたしたちは自由を有していないと人に承認させることはできません。」(PE 6, 2: οὕτως
ἀδύνατον διατεθεῖσθαί τινα περὶ τῶν ἀνθρωπίνων, ὡς μηδαμῶς τοῦ ἐφ' ἡμῖν σῳζομένου. [GCS
3, 312, 20-22.]）と、人間の自由意志を肯定する。その自由は神に知られており、神の先
見からこそ、ひとりひとりの自由は、世の設立に必要な万物の統治に適するものとされ
る。(Cf. PE 6, 3-4 [GCS 3, 313, 1-314, 25].）神がユダを予知し、キリストもそうであった
と述べる脈絡の中で、オリゲネスはパウロに言及し、パウロが最初キリスト者を迫害す
ることは神の予知のうちにあり、神がその行為を彼の「するままにさせ」たのは、後に
「より優れたことに向きを変えたとき」、パウロが誇らず、思い上がることのないためで
あるとの理由を述べる、そのさい、聖書からの引用によって以上のように説明されてい
る。つまり、ここで言われている恵みとは、かつての悪行の事実ののち、彼に示される
神の「親切な行為」に気づいたときに、それなくして今の自分がないというところのも
のである。

　20）　PE 15, 2: εὐχαριστοῦντες οὖν οἱ ἅγιοι ἐν ταῖς προσευχαῖς ἑαυτῶν τῷ θεῷ διὰ Χριστοῦ
Ἰησοῦ χάριτας ὁμολογοῦσιν αὐτῷ. (GCS 3, 334, 17-18.)

　21）　PE 16, 2: ἀπὸ τοῦ μηδὲν ἐπίγειον μηδὲ μικρὸν χαρίζεσθαι ἐπισταμένου θεοῦ. (GCS 3, 336,
23.)

あって、……22)（霊的恵みと物質的恵み）

k）霊の賜物23)（霊的恵みと物質的恵み）

l）優れた賜物を恵まれるかたの計画であるとしても、……24)（霊的恵みと物質的恵み）

m）……「神によって与えられた恵みに応じて」、祈りについての問題を充分に論じましたので、……25)（主の祈り注解：導入）

n）友情と好意を顧みて野菜でもてなすことは、敵意をもってかいば槽から［引きつれてきた］子牛［でもてなす］よりもまさっている26)（主の祈り注解：真のパン）

o）「わたしたちへの慈しみによって、その限りなく豊かな恵みを、来るべき代々にお示しになるためです。」27)（主の祈り注解：今日）

p）同上：エフェソ2,7の引用の繰り返し（主の祈り注解：今日）

q）更に、パウロも……試みられないことではなく、［わたしたちの］力以上の試みにさらされないよう、神は恵みを与えてくださる、と言っています。28)（主の祈り注解：試み）

以上の内容が提示されているが、これらすべてに共通する点がある。そ

22）PE 16, 2: οὐ γὰρ προθέμενος δύο τινὰ χαρίσασθαι, σῶμα καὶ σκιὰν, δέδωκε τὸ σῶμα,... (*GCS 3*, 337, 2-3.)

23）PE 16, 2: πνευματικῶν χαρισμάτων... (*GCS 3*, 337, 8-9.) Cf. 1Cor. 12, 1; 12, 4.

24）PE 17, 1: εἰ, τῆς προθέσεως τοῦ δωρουμένου τὰ προηγούμενα χαριζομένης... (*GCS 3*, 338, 13.)

25）PE 18, 1: κατὰ τὴν δεδομένην χάριν, ὡς κεχωρήκαμεν, ὑπὸ θεοῦ διὰ τοῦ Χριστοῦ αὐτοῦ (ἀλλ' εἴθε καὶ ἐν ἁγίῳ πνεύματι, ὅπερ εἰ οὕτως ἔχει, κρινεῖτε ἐντυγχάνοντες τῇ γραφῇ) ἡμῖν εἰρημένοις, ἐξετάσαντες τὸ περὶ εὐχῆς πρόβλημα, ... (*GCS 3*, 340, 3-6.) Cf. 1Cor. 3, 10.

26）PE 27, 6: "κρείσσων ξενισμὸς λαχάνων πρὸς φιλίαν καὶ χάριν ἢ μόσχος ἀπὸ φάτνης μετὰ ἔχθρας." (*GCS 3*, 366, 21-23.) Cf. Prov. 15, 17.

27）PE 27, 15: ἵνα ἐνδείξηται ἐν τοῖς αἰῶσι τοῖς ἐπερχομένοις τὸ ὑπερβάλλον πλοῦτος τῆς χάριτος αὐτοῦ ἐν χρηστότητι ἐφ' ἡμᾶς. (*GCS 3*, 374, 7-9.) 引用のエフェソ2章7節によると、恵みを与える主体は神である。

28）PE 29, 2: ἀλλὰ καὶ ὁ Παῦλος ... οὐχὶ τὸ μὴ πειράζεσθαι ἀλλὰ τὸ μὴ παρὰ δύναμιν πειράζεσθαί φησι χαρίζεσθαι τὸν θεόν, λέγων· (*GCS 3*, 382, 9-10.)

第5章　祈りへの応答　　271

れは恵みが御父にのみ帰せられているということであり、本稿はこれに注目したい。

　また恵みに言及されている17回のうち、6回分が短い序文のなかで論じられていることから、恵みへの言及がこの序文の内容に比較的集中していることがわかる。序文は二章から成っているが、オリゲネスは『祈りについて』1章のすべてを神の恵みの説明に充てている。さらに、この序文は、オリゲネスが『祈りについて』執筆にあたって、それが完遂されるよう実際に祈り求める態度のもとで恵みについて述べている箇所である。以上のことから、ここに示されている内容は、祈りにおけるオリゲネスの恩恵理解を考察するために有意義な対象となり得るものと考えられる。

　以下では、序文における論述を中心に、オリゲネスの恩恵理解について考察する。

2.2.『祈りについて』序文における恩恵に関する記述から

序文としての1章の冒頭では、次のように述べられている。

　　（それが）最も偉大で、人間をいとも遙かに凌駕しているがゆえに、わたしたちのもろい本性を越えており、ロゴスに与かっているが死すべき［人］類には把握しえないことがらがありますが、わたしたちに対する計り知れない恵みの奉仕者イエス・キリストとその共働者なる［聖］霊を通して、神のみ旨のままに、ふんだんに、そして無制限に人々に神から注がれる神の恵みによって、それらは［把握］しうるものとなります。[29]

ここに述べられているのは、人間に把握（καταλαμβάνω）できないこと

29）　PE 1: "Τὰ διὰ τὸ εἶναι μέγιστα καὶ ὑπὲρ ἄνθρωπον τυγχάνειν εἰς ὑπερβολήν τε ὑπεράνω τῆς ἐπικήρου φύσεως ἡμῶν ἀδύνατα τῷ λογικῷ καὶ θνητῷ γένει καταλαβεῖν ἐν πολλῇ δὲ καὶ ἀμετρήτῳ ἐκχεομένῃ ἀπὸ θεοῦ εἰς ἀνθρώπους χάριτι θεοῦ διὰ τοῦ τῆς ἀνυπερβλήτου εἰς ἡμᾶς χάριτος ὑπηρέτου Ἰησοῦ Χριστοῦ καὶ τοῦ συνεργοῦ πνεύματος βουλήσει θεοῦ δυνατὰ γίνεται."（GCS 3, 297, 1-6.）

があるが、キリストと聖霊を通して、神の恵みによって[30]、それらは把握できるようになる、ということである。人間はある事柄に関して「把握できない」という制限のなかに置かれている存在であるために、自らその制限を超えることはできない。[31] しかし、神の側から、キリストと聖霊を通して、恵みによって、この制限は打破され得るという理解である。

これに続いて、「創造の知恵（σοφία）」[32] を所持することは人間にとって不可能であることと同時に、「神からわたしたちにとっての知恵、義、聖め、あがないとされた」[33] イエス・キリストによって、その不可能なことが可能になったと述べられている。

このような、不可能（ἀδύνατος）が可能（δυνατός）になる（γίνομαι）という論理展開は、このあとも繰り返され、結局1章は5回にわたるこの主張の反復によってのみ構成されている。[34] このことから、不可能から可能への変化という事柄にオリゲネスの強調点があるものと考えられる。ここにおいて、父なる神が恵みを与える主体とされているのに対し、キリストは「恵みの奉仕者」、聖霊は「その共働者」と表現されており、恵みの付与者としては言及されていない。これは、序文のみならず『祈りについて』全体に該当する。[35] ゆえに、ここにおいて三位の立場が明確な区別のもとに言及されているということが明らかである。また、恵みの一つとして「知る」という状態を可能にするためには、恵みの付与者である神と、そこに

---

30) オレリーは、オリゲネスにとって祈りがその根底において恵みに徹底的に依存する意識であり、全ての知は神の恵みによって支えられ、神に関する知は自己啓示をする神の先導に依っていると理解されていると述べている。（J.S. O'Leary, Knowledge of God: How prayer Overcomes Platonism [Contra Celsum VI-VII], in: *Origeniana Nona*, Leuven, 2009, pp. 447-468, esp. 453.）

31) Cf. CCels VII, 42.

32) Ps. 104, 24: φύσει ὑπάρχον σοφίας κτῆσις.

33) 1Cor. 1, 30.

34) あとの3点には、「『諸々の天にあるもの』を探り出す（ἐξετάζω）」こと、「主の精神ヌースを知覚」する（γινώσκω）こと、「神のことを知る（εἶδον）」ことが挙げられている。

35) 『祈りについて』文中では20箇所で言及されているが、そのすべてにおいて、恵みをキリスト教や聖霊に帰する記述は皆無である。

第 5 章　祈りへの応答　　　273

キリストと聖霊の関与が不可欠とされていることが看取された。

　また、「（可能に）なる」とは明らかにひとつの変化[36] を表している。この変化は、潜在的可能性を含む、現時点という一定の枠組みにおける事実としての「不可能」からの可能態としての変化ではない。オリゲネスは聖書を引用し、「名状し難い言葉」（ἄρρητα ῥήματα）[37] が天のものであり、人間には知り得ないものであると考えている。それは人間にとっての根本的かつ本質的な不可能性を示しており、たとえば人の心のなかを他者が知り得ないように、神の心のなかを人間は知り得ないといったことを指す。この叙述によれば、しかしそれさえも神はキリストと聖霊を通して恵んでくださり、それによって神のことを知ることが可能になるとの理解が明白である。[38]

　なお、この序文全体のなかでは、「知る」ということを表現するために幾つかの用語が用いられている。その多くが、"εἶδον"、"οἶδα"、"ὁράω" といった同族の用語であるが、"καταλαμβάνω" は2回、達成が困難な事柄をその対象とするさいに用いられている。[39] このことについて、続く2章の冒頭を参照したい。オリゲネスはここで以下のように述べたあと、その前提のうえに、祈りに関する具体的な論述を展開している。

　　……祈りについて論ずることがわたしたちの目下の課題であるはずなのに、この序文で、人間にとって不可能なことが神の恵みによって可能となるということについて述べるのはどうしてであろうと、

　36）　スミスはオリゲネスに、知（knowledge）が変化の媒体であるという理解を指摘する。（J.C. Smith, *op. cit.*）

　37）　Cf. 2Cor. 12, 4.

　38）　Cf. PA IV, 1, 2. たとえば、神を知ることに関してオレリーは、神に関する知が知的（intellectual）な奮闘による排他的な到達点ではなく、内的沈思において与えられる賜物であると述べている。（O'Leary, *op. cit.*, p. 461.）

　39）　文書全体では以下の9回使用されている。PE1（3）; 2, 1（21）; 2, 4（10）; 13, 4（29）; 17, 2（18）; 23, 3（8）; 24, 2（18）; 27, 2（6）; 27, 16（6）. なお、この語が新約聖書のなかで用いられるさいも、極めて捕らえにくい事柄が対象となっている場合が多い。たとえば、ヨハネ1章5節、フィリピ3章12節などが挙げられる。

いぶかしく思われることでしょう。それといいますのも、わたした
ちの弱さを考えれば、祈りについて詳細に、そして神にふさわしく
（θεοπρεπής）[40] すべてを論じ、［祈り］とは何か、どのようにして祈る
べきか、祈りにあたっては神に何を語るべきか、どのような時が祈り
に最もふさわしい時であるのか、といったことを明らかにするのは不
可能なことの一つであるとわたしには思われるのです。[41]

　ここでは、祈りについて論じることの困難さ、しかしそれが神の恵みに
よってのみ可能となるという1章の内容に遡って言及される。これは、前
章で繰り返されている内容がこの著述の目的と乖離しているという点で読
者を当惑させる可能性があるため、その理由を述べようと意図されている
ことが明らかである。[42] そのなかで、オリゲネス自身がこれを奇異な態度
と認識している。そのようにしてまでも敢えて1章の内容を述べているこ
とから、それを述べるべき大きな必然性があったことは疑い得ない。ここ
から、1章と2章で成り立っているこの序文において、オリゲネスが不可能
から可能への変化、そしてそれが神の恵みによるものであるという事柄
に、強い意図をもって焦点を定めているということが確認される。

　40）　この語が、使徒教父からクリュソストモスにいたるまでの教父によっても、キリ
ストの救いの御業、殉教者、道徳的な態度、神にふさわしいような考え方、品位ある神
についての性質を言い表すために、積極的に用いられていることを、ゲッセルは指摘し
ている。（W. Gessel, *op. cit.*, pp. 28-29.）ランペはこれに関して多くの出典を提示してお
り、この語が頻繁に使用されていたことがわかる。（Cf. G.W.H. Lampe, θεοπρεπής, in: *A
patristic Greek Lexicon*, Oxford 1987[8], pp. 631r-632l.）

　41）　PE 2,1: ...ὑμᾶς ἀπορεῖν τί δή ποτε, περὶ εὐχῆς προκειμένου ἡμῖν τοῦ λόγου, ταῦτα ἐν προ-
οιμίοις περὶ τῶν ἀδυνάτων ἀνθρώποις δυνατῶν χάριτι θεοῦ γινομένων εἴρηται. ἐν τῶν ἀδυ-
νάτων ὅσον ἐπὶ τῇ ἀσθενείᾳ ἡμῶν πείθομαι τυγχάνειν τρανῶσαι τὸν περὶ τῆς εὐχῆς ἀκριβῶς καὶ
θεοπρεπῶς πάντα λόγον καὶ τὸν περὶ τοῦ, τίνα τρόπον εὔχεσθαι δεῖ, καὶ τίνα ἐπὶ τῆς εὐχῆς λέγειν
πρὸς θεόν, καὶ ποῖοι καιροὶ ποίων καιρῶν πρὸς τὴν εὐχὴν εἰσιν ἐπιτηδειότεροι .... （*GCS 3*, 298,
20-299, 3.）

　42）　ただし、現存するテキストにその理由を見つけることはできず、文脈上、このあ
とに続く欠落部分が理由を述べている箇所である可能性が高い。

第 5 章　祈りへの応答　　275

　では、恵みによって生じるその不可能から可能への変化とは、具体的にはどのようにして与えられるものなのか。次の節では、祈りへの応答として神の側から付与される内容について考察する。

3. 正しい認識をめぐる恩恵

3.1. 正しい認識の重要性——ローマ10章1-3節の解釈から

　オリゲネスは『祈りについて』冒頭で、人間について、「ロゴスに与っているが死すべき［人類］」[43]と述べていた。別の著作では「……キリストに与っている者らは、真理であるかたとしてのキリストにも与っているのです。そしてそのため、彼らのうちに真理があるのです。」[44]とも述べている。つまり、オリゲネスは人間を、真理に与っているが真理の力を出し得ない状態に陥っているものと理解している。[45]

　真理に関する知をめぐって、P.コックスは、オリゲネスにとって聖書の言葉の意味を開示する釈義が最も重要な事項であったが、それは聖書の言葉そのものが神秘であるからだと理解している。[46]『諸原理について』では、聖書には、人間の言葉によって意味をまったく説明し得ない事柄があるのであり、それらは「純粋な知性的把握によって捉えられる」ものであると述べられている。[47] D.& L.コーン・シャボクは、オリゲネスが言葉を用いない黙想をとおして神を知り、自分もまた神から知られると考えながらも、しかし没我的な祈りは無益であり、解釈によって神の神秘を開示することのできる聖書の学びこそが重要であるとの理解を、オリゲネスに指

---

43)　PE 1: τῷ λογικῷ καὶ θνητῷ γένει（GCS 3, 297, 2-3.）

44)　ComJohn XX, 28: οἱ γὰρ μετέχοντες αὐτοῦ μετέχουσιν αὐτοῦ καὶ καθ᾽ ὅ ἐστιν ἀλήθεια, καὶ διὰ τοῦτο ἀλήθειά ἐστιν ἐν αὐτοῖς.（SC 290/ TLG 2042.005.）

45)　死すべき存在はその精神の洞察力が鈍くされていると考えられている。PA II, 3, 3. なお、人が悪いもの、汚れたものになるのは、あまり正しくない「考え」と「言行」によるとも理解されている。（Cf. ComRom X, 3.）

46)　P. Cox, Origen and the Bestial Imagination, in: *Origeniana Tertia*, Roma, 1985, pp. 66.

47)　PA IV, 3, 15. なお、新約聖書について、それが、霊の教える言葉によって神からの賜物を語ると述べていたパウロが受けた恵みによってのみ開示されるものであることを主張している。

摘している。[48]

　オリゲネスには、聖書に関する無知以外に、人間には無知によってこの世の現実に神の摂理が働いていないかのように認識されるとの考えも見られる。それは、神の摂理が人間的知恵をもってして把握されるのではなく[49]、神の摂理の計画が隠されその度合いが人によって異なるからであり、なかでも魂に関する計画がとくに隠されているものと理解されている。[50] 秘義の啓示は神の知恵と知識を受け入れる少数者に与えられ、選ばれた人たちには真理さえ開示されている。それは、その人たちにとって益となる場合である。[51] 開示の対象となる人々とは、聖書の隠された意味を敬虔に探求し、同時に神の啓示を待つ人であると理解されている。[52] また、「予言者と使徒たちは、……全き貞節と節度及び目覚めた［心］で熱心に励む人々にのみ、それを示す」[53] とも述べられており、これらの人々は神の霊の意味の探求に努め、知識の霊に与って神の意図に参与し得るよう励んでいる者とみなされている。[54]

48）　D.&L. Sherbok, *Jewish & Christian Mysticism: An Introduction*, New York: The Continuum Publishing Company, 1994, pp. 90-91.

49）　Cf. ComRom IX, 2: 雄弁でも、構文にも熱心ではない人々が、単純素朴で拙い言葉で、多くの不信仰な人々を信仰へと立ち返らせ、高慢な人々をへりくだらせ、罪人に回心へと向かう痛みを刻み込んでいるのです。いうまでもなく、これが、ここで使徒［パウロ］が述べているように、彼らに与えられた恵みによって語っているしるしなのです。（saepe autem viros non magnae eloquentia, nec sompositioni sermonis studentes, verbis simplicibus et incompositis multos infidelium ad fidem convertere, superbos inclinare ad humilitatem, peccantibus stimulum conversionis infigere. Et hoc utiquesignum est, sicut in praesenti Apostolos dicit, per gratiam loqui quae est eis.［PG 14, 128, 40-46.］）

50）　Cf. PA IV, 1, 7.

51）　Cf. ComRom X, 43; X, 6. Cf. Rom. 16, 25-27.

52）　Cf. PA IV, 2, 2.

53）　PA IV, 2, 7: … prophet et apostolos, … describebant … qui se huiuscemodi studiis cum omni castimonia et sobrietate ac vigiliis dedidisset,...（*Görgemanns/Karpp*, 318, 23-319, 17.）

54）　水垣は、ケルソス反駁論におけるオリゲネスの探求的態度について、そこにおける理解が、単なる客観的理解でなく、理解への努力として対象の内へ主体的に向かおうとするものであると述べている。（水垣渉『宗教的探究の問題──古代キリスト教思想序説』、創文社、1984年、278頁。）

第 5 章　祈りへの応答　　　277

　しかし、そのように励まずあるいは拒む者に対しては、秘義は意図的に
覆い隠されたままである。[55] また、秘義である神的知恵は他者に啓示する
ことが許されていない。この沈黙を説明するなかで、「人が口にするのを
許されない、言い表しえない言葉を耳にした」[56] と述べたパウロの言葉に
ついて、オリゲネスはそれが秘義の秘義たる理由であると理解している。
　オリゲネスは正しい認識を重視するが、大半の人々は十分には知り得な
い弱さを持つ人間である。たとえば、彼は、ローマ10章1-3節を注解する
なかで、イスラエルの民が熱心さを持ちつつも、その熱心さが正しい認識
に基づくものではないことについて触れ、彼らが神の義ではなく自らの義
に従っているに過ぎないことを指摘する。正しい認識がないなら、たとえ
熱心さ、神への畏れ、愛、信仰、貞潔、思いやり、禁欲などを持っていた
としても、それを空しくしたり、それから遠ざかることも起こり得るので
ある。神への熱心さを失わないためには正しい認識が必要である。ゆえに
オリゲネスはここで、正しい認識の働きが付与される必要があることを主
張する。[57] この主張からは、正しい認識が人間の理性で獲得されるもので
はなく神から与えられるものであるというオリゲネスの理解を確認するこ
とができる。この世の知恵ではなく、神から与えられる神の知恵に教えら
れなければ、人間の魂は完全な知識に至り得ないのである。[58]

55）　Cf. PA IV, 2, 8. 同様のことが、前述のローマ16章25-27節に関する注解の部分にお
いても述べられていた。

56）　2Cor. 12, 4.

57）　Cf. ComRom VIII, 1.

58）　G.R.ボウイズ・ストンズは、オリゲネスがIコリント2章6-7節を基に、「この世の
知恵（ソフィア）」、「この世の支配者たち（それぞれ）の知恵」、「神の知恵」という三種
類に知恵を分類していることを指摘する。（Cf. PA III, 3, 1-3.）さらに、このオリゲネス
の区別の元型が、アレクサンドリアのクレメンスの「この世の知恵」、「この世を越える
知恵」という知恵の区別に加え、クレメンスにとっては哲学的研究の最終点であったキ
リスト教の「グノーシス」という分類に見られることも指摘している。また、両者の重
要な相違としては、ギリシャ的な「この世を超える知恵」はギリシャがヘブライに由来
するものを取り入れたとクレメンスが理解していたものを含み、「この世の支配者たち
の知恵」はオリゲネスにとって神学的洞察の点ではいっそう独立したものとして理解さ
れていたことが挙げられている。さらに、異教徒の伝統のなかにある後者の根拠と「こ

3.2. 正しい認識の付与

では、なぜそのように必要な正しい知識ないしは認識は、人間から隠されているのか。[59]

オレリーは、オリゲネスにとって神を知り得ることないしは神の内在がその人の状況に準拠したものではなく、神の超越性に基づくものと理解されていたことを指摘する。[60] これに対してスミスは、絶えず部分的である知に関して、人の理解は様々な側面と内容を持ち、それはその人の準備と神の恵みに依拠していると述べている。[61]

オリゲネスは、ローマ10章12-13節の注解部で、「[キリスト] の内に知恵と知識の宝が隠されている」[62] が、「[キリスト] はこの豊かな富をすべての人に恵まれると [パウロは] 言わず、その名を呼び求めるすべての人に [恵まれると言っているのです]」[63] と述べている。ここで言及されている「呼び求める」という行為は、信仰を持つこととして理解されている。信仰なしに、神に呼びかけることはできないからである。[64]

オリゲネスは、この箇所が全員にではなく呼び求める人にだけ与えられることを示していることに注目しながら、しかし呼び求める人全員に与えられるのでもないことを指摘する。[65] オリゲネス自身が、すでに別の議論

の世」の哲学の根拠は同じであり、オリゲネスによれば「この世の知恵」の根拠とみなされていることが言及されている。(G.R. Boys-Stones, *Post-Hellenistic Philosophy. A Study of its Development from the Stoics to Origen,* New York: Oxford University Press, 2001, pp. 195-202, esp. 107, n. 36.)

59) F.レーデガンクは、クルゼルの指摘にもあるように、オリゲネスの神学の起始点が、宗教的知の対象を神秘に置くところにあると考える。(F. Ledegang, *Mysterium Ecclesiae. Images of the Church and Its Members in Origen,* Leuven: Leuven University Press, 2001, pp. 3-4.)

60) J. O'Leary, *op. cit.*, p. 462.

61) J.C. Smith, *op. cit.*, pp. 231-249.

62) Col. 2, 3.

63) ComRom VIII, 3: Quas tamen divitias non dixit largiri eum omnibus hominibus, sed omnibus quicunque invocaverint nomen ejus. (*PG 14*, 1164, 29-31.)

64) Cf. ComRom VIII, 5.

65) Cf. ComRom VIII, 3: ……たとえ [主の] 名を呼び求めるに値する業を欠いていて

で述べた内容について振り返りながら述べているが、ここでは、信じるがゆえに救いを得ると考えられているのではない。偽りのない信仰を持つのであれば、貪欲や不義などが自分の主ではなく、復活のキリストこそが主となっているはずである。つまり、古い自分を捨て新しい生命に歩んでいないなら、そこに信仰は見出されないのである。[66]

　さらに、ローマ12章6-8節の注解部で、オリゲネスは恵みが何を基準に与えられるのかということについて説明する。ここでは、不信仰であれば与えられないといったように信仰を向けている神との関係が問われ、与えられるか否かの決定要素が人間自身の側にも存在することが述べられている。ある恵みは単に人間側の信仰だけによるのでもなく、神の基準だけによるのでもなく、人間の信仰の度合いに応じてその恵みがその人にとって益となるように神から与えられるが、逆にそれによって魂の怠慢や生活の怠惰に至るようであるならその恵みは与えられない。[67] もしも隠されているキリストの内にある知恵、知識、憐れみが時期尚早に与えられたなら、人は怠惰を好むものであるため、怠慢に陥る危険性が生じるからである。[68]

　さらにオリゲネスは、このような恵みの重要性について、もし人間が知恵、教え、役務などの面で、労苦と勤勉とによって完全性を有したとして

も、何らかの形で主の名を呼び求める人はすべて救われ得るのではありません。

　66）　Cf. ComRom VIII, 2.

　67）　Cf. ComRom IX, 3. オリゲネスは、人は信仰を持つが、その信仰の理拠、信じていることの知識や理解までもが、神から与えられるものであることに触れている。また、イエスの言葉を受け入れるのは人間の力ではないとも述べられている。これも恵み同様、信仰に応じて、また、神の采配によって与えられる。人間的な努力によってある程度高い知識を得ることができたとしても、霊の恵みによって生けるキリストの体に連ならないかぎり、真のいのちは得られない。なお、オクレイリーは信仰と道徳的行いのうえに、照明の恵みは祈りの答えとして与えられるが、祈りと恵みは少くともこの世の現実を生きるなかで、推測や熟考される問いに関わるものとされている。（P. O'Cleirigh, Knowledge of This World in Origen, in: *Origeniana Quarta*, Innsbruck, 1987, pp. 349-351.）

　68）　Cf. ComRom IX, 1. また、F.レーデガンクは人間がその神秘を知り得ないが、道徳的禁欲的に自己から解放されるよう努めるなら、自己は啓示を受けられる肥沃な土壌となると述べている。（F. Ledegang, *op. cit.*, pp. 3-4.）

も、神から与えられた恵みがないなら、それらに価値は認められないとも述べている。[69] 人間の努力のみによって、神の知恵を得ることはできないのである。

以上のように、たとえば知といった恵みについて、神はそれを与えることを望まれるが、そこに信仰の度合いも関わると理解されていたことが明らかとなった。[70]

これについては、ローマ11章1-6節注解部のパウロの言葉に対するオリゲネスの論述がさらに示唆を与える。オリゲネスはそこで、恵みに選びを伴わないものと選びを伴うものとがあると述べており[71]、信仰によって救われる者を「恵み」によって救われる者、より完全な魂をもつ者を「恵みの選び」によって救われる者と区別している。[72] つまり、一般的に信仰によって救われる人は恵みによって救われるのであり、「有徳な業と心の清浄さによって装う者」、「より完全な魂を持っている者」は「恵みの選び」を通してキリストによって救われる、と区別して述べられているのである。重要なことは、後者はその行為ではなく、行為をもたらす魂の状態が注目されているということである。

さらに、オリゲネスはパウロの言葉について、「このような業によって義とされるのであれば、それは無償で義とされるのではありません」とも説明している。[73]

これらのことから、恵みの付与は人間の行為そのものには関連付けられていないことがわかる。ただし、与えられた神の恵みを無駄にしないようにとの喩告は与えられている。[74]

---

69) Cf. ComRom IX, 3

70) ここでの恵みの付与者は明確ではない。

71) Cf. ComRom VIII, 7.

72) Cf. ComRom VIII, 7:「恵みの選びによって」救われる者とは、より完全な魂をもっている者であることを示しているものと、わたしには思われます。(qui autem per electionem gratiae salvantur, perfestioris animae mihi videntur ostendi. [*PG 14*, 1177, 39-41.])

73) ComRom VIII, 7: Si enim per haec quis justificatur, non gratis justificatur. (*PG 14*, 1178, 37-38.)

74) Cf. ComRom VIII, 7; 1Pet.4,10.

第 5 章　祈りへの応答　　281

では、知ることを祈り求めることに対して、恵みはどのように与えられるのか。次の節ではこのことについて考察する。

第2節　祈りへの応答

1. 恵みをめぐる三位

1.1. 聖霊の執り成し

オリゲネスは、序文1章で不可能が可能になる理由について述べるさい、パウロの言葉を引用していた。[75]

　　わたしたちは、この世の霊ではなく、神からの霊を受けました。それは、神から恵みとしていただいたものをわたしたちが知るためです。この恵みについて語るのに、わたしたちは人間の知恵が教える言葉によらず、神の霊が教える言葉によって語るのです。[76]

---

75)　オリゲネスは『祈りについて』2章1節において、「私たちはどう祈るべきか知りませんが……」と記したあと、"θεοπρεπής" に代わって初めて "καθὸ δεῖ" という言葉を用いている。その後、同2章3節まで頻繁に "θεοπρεπής" ではなく "καθὸ δεῖ" のみを用い、そのさい必ず引用符を付している。これは聖書からの、とくにパウロからの引用であることを意識し、読者にも同じ認識を促すためであろうことが考えられる。オリゲネスは神にふさわしい祈りを論じるにあたって、神にふさわしい方法で探求しているのであり、それは彼の場合、聖書を手がかりにすることにほかならない。彼は、新約聖書には「主の思いという内的な意味が隠され」ており、その意味が「『我々はキリストの思いを持っている。それは神から賜った恵みを悟るためである。この賜物について語るにも、我々は人間の知恵の言葉を用いないで、霊の教える言葉を用いる』と言っていた人［パウロ］が受けた、あの恵みによってのみ開示される」（PA IV, 2, 3）と述べている。またオリゲネスは、ローマ16章17-19節を注解するなかで、聖書からのみ、自分が選ぶべきものを、表面からではなく本質から、知ることができると理解している。ゆえに、「聖書の研究を怠っている人々が、なんと大きな危機に瀕していることでしょう。ただ聖書からのみ、この種の吟味のための識別は学ばれるはずのもの」（ComRom X, 35.）なのである。

76)　PE 1: ἡμεῖς δέ,᾽φησίν,᾽οὐ τὸ πνεῦμα τοῦ κόσμου ἐλάβομεν ἀλλὰ τὸ πνεῦμα τὸ ἐκ τοῦ θεοῦ, ἵνα εἰδῶμεν τὰ ὑπὸ τοῦ θεοῦ χαρισθέντα ἡμῖν, ἃ καὶ λαλοῦμεν οὐκ ἐν διδακτοῖς ἀνθρωπίνης σοφίας λόγοις ἀλλ᾽ ἐν διδακτοῖς τοῦ πνεύματος. (GCS 3, 298, 13-17.) Cf. Col. 2, 12-13.

本　論

　ここで人間が所有し得ない知として言及されているのは、創造の知恵（σοφία）[77]、神のはかりごとおよび主の精神に関する知覚（γνῶσις）、主が何を望んでいるかの推測（ἐνθύμησις）、諸々の天にあるものを探り出すこと（ἐξιχνιάζων）、神ご自身のことおよび神から恵みとしていただいたものを知ること（εἰδών）である。[78]

　オリゲネスは、パウロの言葉に従って、人間は恵みとして神から与えられたものを知るために神からの霊を受けるのだと説明している。[79] この世の霊ではなく神の霊、この世の知恵ではなく神の霊の教える言葉こそが、神から与えられているものを知り、語るために必要である。[80] このように、人間が「知る」ために神が人間に霊を与えるということは、そこに神の主体的な意志があるということを意味する。ゆえに、前述の「神の恵みによって可能となる」という叙述には、この可能への変化が神の主体的

---

77)　Cf. Ps. 104, 24.

78)　Cf. PE 1 (*GCS 3*, 297, 1-298, 17).

79)　PE 1. Cf. 1Cor. 2, 12-13. 久山は、『諸原理について』IV巻1章から3章および『ヨハネ福音注解』序における、聖書釈義に関するオリゲネスの根本理解について論じる中で、聖霊と探求について言及している。先の箇所では、聖書の深意に関する聖霊の尽きない探求が、聖書の文字を与え、聖霊自身によって照明を受けた探求者としてそれを読む聖霊に基づくことが述べられ、後者では、同様のことがロゴスなるキリストに基づき、テキストと強力な内的関連として表現されていることが指摘されている。テキストの側の「聖書全体を作る」という活動と、読み手の側の「イエスになる」という主体的な参与は、究極的には、聖書における聖霊とみなされる、イエス・キリスト、神的ロゴスの根源的な力（power）に基づく。この根源的力は、聖書解釈における聖霊の働きをとおして理解され、オリゲネスの普遍的な聖書解釈の土台は「探求する聖霊」であり、それは、聖書を書き、統一し、テキストと読み手の間の仲介者として働く。この原理のなかで、旧約にせよ新約にせよ、すべての聖書注解が尽きない探求という特徴を持っている。オリゲネスは聖書と教会の使徒の伝統に基づいている。オリゲネスの釈義の原理である「探求する聖霊」は、聖書の読者としてのわれわれにとっても、またいつまでも、その価値を失わない。（M. Kuyama, The Searching Spirit. The Hermeneutical principle in the Preface of Origen's Commentary on the Gospel of John, in: *Origeniana Sexta*, Leuven, 1995, pp. 433-439.）

80)　有賀もまた、いかに祈るべきか何を祈るべきかを知ることが「人間の能力によって悟られるものではなく、ただ御霊の示しに依るものである」との理解を、オリゲネスに指摘している。有賀鐵太郎、前掲書、46頁。

第 5 章　祈りへの応答　　283

　な意志によるものであるとのオリゲネスの理解を見ることができる。つま
り、神の意志によって恵みの付与が選択されたなら、神からの霊を受け、
ふさわしい変化への可能性が与えられるということである。
　つづく2章において、オリゲネスはパウロの言葉に基づいて、ふさわし
く禱りをささげること、ふさわしい内容を禱りとしてささげること、とい
う祈りの方法と祈りの内容の両側面に注目するとともにその重要性を強調
し、それを読者に提示することを試みている。[81] そのさい、聖霊の執り成
しについて述べ始める。

　　　「聖霊ご自身が、言葉に表せないうめきを通して［わたしたちのた
　　めに、神に］執り成してくださるのです。……」……幕屋におけるう
　　めきを知り尽くしている［聖霊］は、人間に対する大きな愛と同情の
　　ゆえに、わたしたちのうめきを自分らのものとし、「言葉に表せない
　　うめきをもって神に、執り成してくださいます。」［聖霊は］……通常
　　のうめきをもって神に執り成しをするのではなく、「人間に語ること
　　は許されない、名状し難い言葉」という「言葉に表せない」［うめき］
　　をもって［神に執り成してくださるのです。][82]

　この執り成しは、通常のうめきではなく、『祈りについて』1章でも言及
されていたように「人間に語ることは許されない、名状し難い言葉」[83] と
いう、言葉をなさないあるうめきもってなされる。[84] つまり、聖霊が、こ

---

　81)　Cf. PE 2, 1. Cf. Rom. 8, 26-27.
　82)　PE 2, 3: "αὐτὸ τὸ πνεῦμα στεναγμοῖς ἀλαλήτοις ὑπερεντυγχάνει τῷ θεῷ·…" … "πνεῦμα," ἐπιστάμενον ἐπιμελῶς τοὺς ἐν τῷ σκήνει … , "στεναγμοῖς ἀλαλήτοις ὑπερεντυγχάνει τῷ θεῷ," τοὺς ἡμετέρους διὰ τὴν πολλὴν φιλανθρωπίαν καὶ συμπάθειαν ἀναδεχόμενον στεναγμούς·… , οὐ τοῖς τυχοῦσι "στεναγμοῖς" χρώμενον "ὑπερεντυγχάνει τῷ θεῷ" ἀλλά τισιν "ἀλαλήτοις," ἐχομένοις τῶν ἀρρήτων λόγων, ὧν οὐκ ἔστιν ἀνθρώπῳ λαλεῖν.（GCS 3, 301, 8-19.）
　83)　2Cor. 12, 4.
　84)　これについて、神に関する忘我的な直観であろうという理解もみられる。（L. Perrone, Prayer in Origen's *Contra Celsum*: The Knowledge of God and the Truth of Christianity, in: *VC 55*, Leiden, 2001, pp. 1-19.）

の世の言葉ではなく神の霊が教える言葉によって、人間自身が自覚していない不足を補ってくれるよう、神に執り成すのである。その説明のあと、序文の最後で、オリゲネスは以下のように自ら聖霊を得る祈りを述べている。

祈りについて考察するということは、そのために御父が照らしてくださり、初子である言理そのかたが教え導いてくださり、［聖］霊が力を発揮してくださることがぜひとも必要であるというほど、大変なことですので、これほど大変な問題をそれにふさわしく認識し、語るために、あふれんばかりに豊かで、霊的な理解がわたしどもに与えられ、諸「福音」に書き記された諸々の祈りを解明することができますよう、この祈りについての論述に着手する前に、一人の人間として、［聖］霊を［得るよう］祈りたいと思います──といいますのも、わたし自身の力で禱りについて会得することができるとは主張できないからです──。85)

ここに引用されているローマ8章26-27節について、オリゲネスは『ローマの信徒への手紙注解』のなかで説明し86)、どう祈るべきか、何を神に願い求めるべきか、私どもは知らないのだと述べる。87) 彼はここで、IIコ

---

85)　PE 2, 6: ἐπεὶ τοίνυν τηλικοῦτόν ἐστι τὸ περὶ τῆς εὐχῆς διαλαβεῖν, ὡς δεῖσθαι τοῦ καὶ εἰς τοῦτο φωτίζοντος πατρὸς καὶ αὐτοῦ τοῦ πρωτοτόκου λόγου διδάσκοντος τοῦ τε πνεύματος ἐνεργοῦντος εἰς τὸ νοεῖν καὶ λέγειν ἀξίως τοῦ τηλικούτου προβλήματος, εὐξάμενος ὡς ἄνθρωπος (οὐ γάρ που ἐμαυτῷ δίδωμι χωρεῖν τὴν προσευχὴν) τοῦ πνεύματος πρὸ τοῦ λόγου τυχεῖν τῆς εὐχῆς ἀξιῶ, ἵνα λόγος πληρέστατος καὶ πνευματικὸς ἡμῖν δωρηθῇ, καὶ αἱ ἐν τοῖς εὐαγγελίοις ἀναγεγραμμέναι σαφηνισθῶσιν εὐχαί. ἀρκτέον οὖν ἤδη τοῦ περὶ τῆς εὐχῆς λόγου. (GCS 3, 303, 17-304, 2.)

86)　Cf. ComRom VII, 6.

87)　『祈りについて』2章1節における内容とほぼ等しい。人間は祈るべきことを知らないため、真に必要なものを願い求めるのではなく、むしろ救いに反することを欲する。そのように、オリゲネスは、人間が往々にして願い求めるものは「役に立たないもの」であり、役に立つものを願い求めることができていないことを指摘する。なお、「役に立つ」とは、この世の生のみならず、今生を越えて生きる魂に益となることを指す。

リント12章9節をもとに、パウロ自身でさえ祈る内容や祈り方を知らなかったことに言及している。このように、どう祈るべきかを知らない人間のために、霊自らが言葉に表せないうめきをもって執り成してくださる。オリゲネスは、神の本性には人間の苦闘に対する同情のような感情が内在し、霊自らが人間の弱さを助けてくださるものと理解している。つまり、人間の弱さ（ἡ ἀσθένεια）[88]をこそ、霊は助けてくれるのである。そして「うめき」という用語のなかに「何かしら偉大なこと」[89]を示そうとするパウロの意図を推測している。うめきは、言葉に表せないような苦しみや悩みも含めて聖霊が介するため、確実に神のもとへと運ばれる。祈るさいもまた、祈り方のわからない人間の様子を見た聖霊は、人間の霊に先立って祈りを先唱する。こうして聖霊がうめきをもたらし、それによって人間の霊はうめくことを学ぶ。[90]

オリゲネスの祈りの焦点は、幾代をも生きる魂の益に向けられている。（梶原直美「魂についてのオリゲネスの教説に関する一考察」『神学研究』57号、2010年、55-65頁、参照。）

88）　この、しばしば言及される「弱さ」とは、オリゲネスによれば肉の弱さに起因するものであり、この肉は霊に反することを欲するものである。（Cf. Gal. 5, 17.）肉はその情欲を鼓舞することによって霊の潔白を妨げ、祈りの純粋さを曇らせる。が、神の霊は、肉に逆らって霊に従おうとする人間の奮闘に対して手を指し伸ばし、人間の霊の弱さを支えると理解されている。ある。オリゲネスはこれを「教師自身が初心者の生徒と似たような者になる」と、未熟な生徒のレベルにまで自らの身を低めて教える教師の姿にたとえている。それが、「全く知らない」生徒を教える方法なのである。Cf. ComRom VII, 6.

89）　Cf. ComRom VII, 6: パウロは「うめき」という言葉で、どのようなものかよく分かりませんが、何かしら偉大なことを示そうとしているのです。（Magnum nescio quid Paulus in gemitibus sentit: [PG 14, 1118D-1119A.]）

オリゲネスは、肉的な地上のものに対して神的な天上のものを「偉大なもの」と述べる傾向がある。（梶原直美「『主の祈り』のパンを求める祈りに関するオリゲスの理解について」『神学研究』58号、2011年、57-68頁。）

90）　「学ぶ」を意味する語には、「教える」（διδάσκω）の受動形が使われている。ここにも、人間が主体的に学ぶに先立ち、神が主体的に教えるものである、という理解がなされている。

1.2. キリストの執り成し

ここで、祈るときのこの執り成しについて、キリストと聖霊に関するオリゲネスの理解の違いに触れておきたい。

オリゲネスは、通常はキリストが執り成してくださることにも触れながら、祈りにさいしては霊が執り成すと考えている。御子キリストは受肉し、苦しみを受け、死と復活によって世に生命を与えた。それは不信心な者たちのため[91]である。しかし聖霊は「肉としてでなく神として」、「聖なる者たちのため」に執り成す。[92] 御子と聖霊は、このように受肉の如何により区別されており、その区別が執り成しの方法にも充当されている。つまり、受肉して存在するわけではない聖霊は、肉としての言葉[93]ではなく、「言葉に表せない」うめきをもって、聖なる者たちのために執り成すものである。ゆえにこのうめきは、肉である言葉として理解することはできない。神の霊が神に語る内容を、肉なる言葉において表すことはできないのである。

オリゲネスはまた、うめきについて「このうめきの秘義（mysterium）[94]」と述べている。そして、Iコリント14章14節のパウロの言葉を、聖霊の尽力を不毛のものとしないように自分たちに勧告されているものと理解している。ここから、オリゲネスがうめきに「秘義」を指摘したのは、そこに、認識され得ない聖霊の力が理解されていたからであると考えられる。そしてそれは、つぎの15節の言葉の解釈へと続く。これらの箇所について、オリゲネスは「[パウロ]自身が覆いに包まれた形で述べている、神にかかわるこの事柄」[95]と述べてそれが秘義であることを示し、「霊の［人］

91）　Cf. Rom. 5, 6.

92）　Cf. ComRom VII, 6.

93）　ヨハネ福音書冒頭で現れる「言葉」という語について、『ヨハネ福音注解』のなかでは神的な性質のものとして述べられている。ここでの内容は、理解し得る言葉と理解し得ない言葉という対比において、受肉した言葉、受肉しなかった言葉として表現されていると考えられる。

94）　ComRom VII, 6 (*PG 14*, 1120, 7).

95）　ComRom VII, 6: … quamdam rerum quae divinitus geruntur, quasque ipse obtectius profert, edidimus. (*PG 14*, 1120, 18-20.)

第5章　祈りへの応答　　287

は一切を熟慮するようにしてください。そして、ここで述べられたことよりも崇高なことを究めることができたなら、それを自分の内に秘めておきなさい」96) と述べており、知ることへの積極的な促しと、箴言11章13節に基づき、秘めることへの励行を与えている。

　オリゲネスはさらに、「人の心を見抜く方は……聖なる者たちのために執り成してくださるからです。」97) というパウロの言葉について、祈りの言葉よりも祈りをささげる人の「心と精神が評価される」ことを意味しているものと理解している。98) 一切に関する知を有するのは聖霊のみだからである。99)

　一方、キリストは自身が知恵であり、人間に知覚し得ない主の精神さえ、神はこのキリストを通して恵まれる。これは、主人が友にするように、キリストが人間に知らせるものと理解されている。100) 人間は、キリストが神から聞いたことを知らされ、主人が何をしているか知ら（οἶδα）ないしもべから、知ら（γνωρίζω）された友となる。つまり、ここでのキリストの働きは、人間に知る（γινώσκω）ことを可能にするものである。これは、知恵なるキリストが言葉をもってなす。

1.3. 神の恵み

　聖霊とキリストは以上のように介在するが、恵みの付与が、父なる神にのみ帰される傾向は、本稿1章で論じた禱りにも見られた。そこには、地

---

96)　ComRom VII, 6: Qui autem spiritalis est examinet omnia, et si quid his altius investigare potuerit habeat apud se:（PG 14, 1120, 20-22.）Cf. 1Cor. 2, 15; Prov. 11, 13.

97)　Rom. 8, 27.

98)　Cf. ComRom VIII, 13.

99)　Cf. PE 1:「人間のことを、［人間］のうちにある人間の霊のほかに、人々のうちで」だれ一人として「知って」いないのと「同じ様に、神のことも、神の霊のほかだれも知っていない」のです。（ὡς οὐδεὶς "οἶδεν ἀνθρώπων τὰ τοῦ ἀνθρώπου εἰ μὴ τὸ πνεῦμα τοῦ ἀνθρώπου τὸ ἐν αὐτῷ, οὕτω καὶ τὰ τοῦ θεοῦ οὐδεὶς" οἶδεν "εἰ μὴ τὸ νεῦμα τοῦ θεοῦ." [GCS 3, 8-11.]）Cf. 1Cor. 2, 11.

100)　本文欠落部分に相当する内容であり、この理解はケッチャウによる補綴に基づく。Cf. John 15, 15.

上のことでなく天上のことを求めること、および御父にのみ禱りを向けることに集約されている禱りこそを、際立った祈りの模範として提示しようとするオリゲネスの意図が明らかであった。そのなかで、次のように述べられている。

　　　そこで、その禱りにおいて神に感謝する聖なる人々は、キリスト・イエスを通して[101]、[神]に対して恵みを認め告白するのです。[102]

　この叙述は、恵みが父なる神からであることを認識し、御子をとおして神に感謝をささげる聖なる人々の禱りについて述べているものである。『祈りについて』のなかで、恵みは三位のうちの父なる神にのみ帰されているが、このことは他の著作においては該当せず、御父以外に対しても恵みを認める記述が見られる。また、彼が自らの論述のためにその根拠として好んで参照するパウロ文書には、「イエス・キリストの恵み」[103]と述べられている箇所がある。

　オリゲネスはローマ1章8節を注解するなかで、彼自身の叙述に、かなりの厳密さを自覚していると述べている。[104]その自覚のもとに展開されてい

---

101)　その理由は、人間の「弱さに同情できる」こと、罪を除いてはすべて人間と「同じ試みに遭った」ことで、大祭司、弁護者だからである。また、キリストは兄弟であるから、一緒に父に祈ることがふさわしいとの説明も見られる。Cf. PE 15, 4.

102)　PE 15, 2: εὐχαριστοῦντες οὖν οἱ ἅγιοι ἐν ταῖς προσευχαῖς ἑαυτῶν τῷ θεῷ διὰ Χριστοῦ Ἰησοῦ χάριτας ὁμολογοῦσιν αὐτῷ.（GCS 3, 334, 17-18.）

103)　Cf. Rom. 1, 7: πᾶσιν τοῖς οὖσιν ἐν Ῥώμῃ ἀγαπητοῖς θεοῦ, κλητοῖς ἁγίοις, χάρις ὑμῖν καὶ εἰρήνη ἀπὸ θεοῦ πατρὸς ἡμῶν καὶ κυρίου Ἰησοῦ Χριστοῦ.

104)　オリゲネスは、Iテモテ1章2節およびIIテモテ1章2節と、テトス1章4節の、恵みと憐れみと平和を祈る言葉のなかで、前者は「主キリスト・イエス」そして後者が「救い主キリスト・イエス」となっていることを取り上げて「このような点に注目することはささいなことにこだわりすぎているように思われるかもしれませんが、聖書には無駄なものは何一つとしてないと信じている者は、これらの相違と異同は意味のないことではないと考えることでしょう」（Et quamvis curiosior videatur hujuscemodi observatio, tamen qui nihil otiosum credit esse in Scripturis divinis, etiam horum differentias et diversitates non iuanes putabit.［PG 14, 854A.］）と述べている。Cf. ComoJoh I 1, 8.

るのは、恩恵に関して、それが神からなのか、キリストからなのか、ある
いはその出拠に関してパウロにみられる傾向についての論述である。ただ
し、それに対するオリゲネスの結論は提示されていない。それにもかかわ
らずここから明確に言えることは、恵みという事柄をめぐって、その由来
が神であるのかキリストであるのかが厳密に区別されているということで
ある。[105]

　さらに、同X巻38節における、「わたしたちの主イエス・キリストの恵
みが、あなたがたと共にあるように」[106]というパウロの言葉の注解部分で
は、父なる神の恵みと、御子キリストの恵みが一つの同じ恵みである、と
いうことが明確に述べられている。このように、オリゲネスはパウロが
「キリストの恵み」と表現していることについても周知し、そのまま容認
している。

　なお、彼の他の著作のなかで、恵みは御父だけにでなく、御子キリス
ト、聖霊をはじめ、多様な存在に帰されている。『諸原理について』にお
いてもギリシャ語の残存する箇所で、恩恵はすべて神の、あるいは神か
らのものとなっている。ただし、ラテン語訳でそれに相当する "gratia"
は、必ずしもカリスと一致してはおらず、"gratia" と訳されていながら、
ギリシャではこの語に対応していない箇所があるため、ラテン語訳のもの
では厳密に調べることはできない。『ケルソス駁論』においては「神の恩
恵」という言葉は10回にも満たない。またそれ以外に、キリストの恩恵、
ロゴスの恩恵など、恩恵は多様な存在に帰されている。また、注解書など
にも「イエス・キリストの恩恵」というように、恩恵を御父に限定しない

---

　105)　オリゲネスは、聖書から、恵みを神に帰す叙述とキリストに帰す叙述のあること
を指摘し、「このような点に注目することはささいなことにこだわりすぎているように
思われるかもしれませんが、聖書には無駄なものは何一つとしてないと信じている者
は、これらの相違と異同は意味のないことではないと考えることでしょう。」(RomCom
I, 8: Et quamvis curiosior videatur hujuscemodi observatio, tamen qui nihil otiosum credit esse in
Scripturis divinis, etiam horum differentias et diversitates non inanes putabit. [*PG 14*, 854, 12-
16.]) と、意図的に留意していることを示している。

　106)　Cf. Rom. 16, 20: Ἡ χάρις τοῦ κυρίου ἡμῶν Ἰησοῦ μεθ' ὑμῶν.

表現が見られる。

これはまた、『殉教の勧め』では、恩恵は御父のみに帰されている。この書はその名の通り、信仰者に対するオリゲネスの直接的で実践的なメッセージであり、その傾向は、『祈りについて』にも共通している。つまり、少くともこの二冊は、恩恵を御父にのみ帰する、という点で、他の著作とは異なっている。

以上のことから、「キリストの恵み」や「聖霊の恵み」という表現について、神学的に不適切であるというオリゲネスの絶対的な判断が存在したわけではなかったことが確認される。にも拘らず、『祈りについて』のなかでは恵みが御父にのみ帰されているという事実にも、オリゲネスの明確な意図のあることが考えられる。では、その意図とは何なのか。

2. 神の力

人間は、自由意志を有するにもかかわらず、現実的にはさまざまなものに囚われる不自由さを有する。オリゲネスは、意志する主体、行為する主体は人間にほかならないが、しかしまたそこには同時に神の助けが不可欠であることを認識している。

　　……我々の自由意志にかかっていることが、神の助けなしに成し遂げられると考えてはならないし、神のみ手の果たすことが、我々の行動、努力、意図を伴わないで成し遂げられるとも考えてはならない。[107]

　　……善業をなすにあたって、人間側の意図はそれ自体として、善を完遂するには不充分である――神からの助けによって完全へと導かれるので――ように、悪の場合にも、我々の自然の働きから我々が罪の

---

107) PA III, 1, 24: οὔτε τὸ ἐφ' ἡμῖν χωρὶς τῆς ἐπιστήμης τοῦ θεοῦ, οὔτε ἡ ἐπιστήμη τοῦ θεοῦ προκόπτειν ἡμᾶς ἀναγκάζει... (*Görgemanns/Karpp*, 243, 10-11.); ... ut neque ea, quae in nostro arbitrio sunt, putemus sine adiutorio dei effici posse, neque ea, quae in dei manu sunt, putemus absque nostris actibus et studiis et proposito consummari; (*Görgemanns/Karpp*, 243, 23-25.)

第 5 章　祈りへの応答　　　　　　　　291

　出発点となるもの、いわば罪の種のようなものを受けているのは、正
しい倫理に従って主張すべき明白なことである。[108]

　我々の良き意思、敏捷な意図、我々のうちに存在しうるあらゆる精
励が神の援助に助けられ、強められないなら、救いを得るのは人間の
意思だけでは不充分であり、天の［報い］を得、「イエス・キリスト
において上に召して下さる神の栄冠」を得るには、死ぬべき人間の努
力だけでは不充分である。……我々の完成も、我々が無為で怠惰にふ
けっていても実現されるわけではないが、その仕上げは我々にではな
く、その実現にあたって最も大きな働きをなされた神に帰すべきであ
る。[109]

　一般的なオリゲネスの恩恵理解は、本章1節でも述べたように、神との
共働における人間の努力が強調されることがある。本稿4章までにおいて
も、オリゲネスの叙述には努力の必要性を主張する内容がたびたび確認で
きた。しかし、助けとしての恩恵を与えられたなら、むしろこの努力とい
う事柄さえも変質するのではないか。努力が、ある状態への自らに対する

---

　108)　PA III, 2, 2: Evidens igitur ratio est quia, sicut in bonis rebus humanum propositum solum
per se ipsum inperfectum est ad consummationem boni（adiutorio namque divino ad perfecta
quaeque perducitur）: ita etiam in contrariis initia quidem et velut quaedam semina peccatorum ab
his rebus, quae in usu naturaliter habentur, accipimus;（*Görgemanns/Karpp*, 247, 29-33.）

　109)　PA III, 1, 19: οὕτως ἐπεὶ οὐκ ἀρκεῖ τὸ ἀνθρώπινον θέλειν πρὸς τὸ τυχεῖν τοῦ τέλους, οὐδὲ
τὸ τῶν οἰονεὶ ἀθλητῶν τρέχειν πρὸς τὸ καταλαβεῖν ‘τὸ βραβεῖον τῆς ἄνω κλήσεως τοῦ θεοῦ ἐν
Χριστῷ Ἰησοῦ’（θεοῦ γὰρ συμπαρισταμένου ταῦτα ἀνύεται）, ... οὕτω καὶ ἡ ἡμετέρα τελείωσις
οὐχὶ μηδὲν ἡμῶν πραξάντων γίνεται, οὐ μὴν ἀφ’ ἡμῶν ἀπαρτίζεται, ἀλλὰ θεὸς τὸ πολὺ ταύτης
ἐνεργεῖ.（*Görgemanns/Karpp*, 232, 1-12.）; quoniam non sufficit ad perficiendam salutem sola
voluntas humana, nec idoneus est mortalis cursus ad consequenda caelestia et ad capiendam
‘palmam supernae vocationis dei in Christo Iesu’, nisi haec ipsa bona voluntas nostra promtumque
propositum et quaecumque illa in nobis potest esse industria, divino vel iuvetur vel muniatur
auxilio. ... ita etiam nostra perfectio non quidem nobis cessantibus et otiosis efficitur, nec tamen
consummatio eius nobis, sed deo, cuius in ea plurimum est operis, adscribetur.（*Görgemanns/
Karpp*, 232, 17-32.）

主我的な強制であるのに対して、助力は、そのさいの摩擦や抵抗を退勢させ、同意を伴う積極的な依拠へと変化させるものであると考えられるからである。

水垣は、「神的な事柄を理解することについての祈りもきわめて必要である」[110]とのオリゲネスの言葉を考察するなかで、「『理解する』という人間の能動的行為それ自体が、祈りによってその主我的・能動的在り方から清められ、『与えられる』というひたすらな受動性へと転換される。」と述べており、このことは祈りにおける人間の変化を考察するうえで非常に示唆深い。[111]オレリーもまた、努力を強調しすぎる側面をオリゲネスに指摘してはいるが[112]、神への肯定的な依存という考え方を示唆している点についてはオレリーを評価したい。ハウシルトも援助としての恩恵を提示していた。[113]

しかし、援助というものが、それを与えられる人にすでに備わっている力ないしはそれによる結果を増幅させるものと考えられているだけであれば、十分とは言えないのではないか。なぜなら、オリゲネスによれば、人間にとって不可能なことは、恵みがない限りいかなる努力によっても不可能だからである。[114]「不可能」という事柄は「困難」とは異なり、通常は努力によっても可能にはなり得ないことを指す。つまり可能性としては無なのであり、無は増幅されても無に留まる。しかし、そのような性質に対して変化をもたらすのが恵みである。これによって人間にもたらされるのは量的な変化ではなく、不可能から可能へという質的な変化である。[115]こ

---

110) Ep. ad Greg. 4.

111) 水垣渉「教父の学問的態度としての信仰的探求──オリゲネスの伝統における」『東北学院大学キリスト教研究所紀要』8号、1990年、9-10頁。

112) J.S. O'Leary, Grace, in: J.A. McGuckin (ed.), *Westminster Handbook to Origen*, London: Westminster John Knox Press, 2004, pp. 116.

113) W.-D. Hauschild, GnadeIV, in: *TRE 13*, Berlin/ New York, 1984, pp. 476-495.

114) Cf. PE 1: とはいえ、「神のこの上なくすばらしい恩恵」によって、この不可能なことが可能になるのです。」（ἀλλ' ὅμως τοῦτο τὸ ἀδύνατον τῇ ὑπερβαλλούσῃ χάριτι τοῦ θεοῦ δυνατὸν γίνεται· [GCS 3, 297, 16-18.]）

115) Cf. PE Praef. なお、G.C.バートルドは、『祈りについて』におけるオリゲネスの記

第5章　祈りへの応答　　293

れは援助でありながら、その枠には収まらない。[116] 可能に変化する、とい
うあり得ない変化を付与する決定権を、オリゲネスは神に帰している。[117]

　彼は一方で、神の恩恵に与る人間側に、弱さをめぐって警告する。それ
は、善い行いをなすにあたって人間の意図はそれ自体として善を完遂する
には不充分であり[118]、神からの試みのなかでそれに打ち勝てると考えるべ
きでないという言葉に表れている。[119] 彼によれば、神は人間が耐えること
ができる能力を授けてくださるが、神が与えてくださったその能力を懸命
に働かせるか無気力にしか働かせないかはその人自身にかかっている。[120]
つまり、誘惑にあったとき、神が与えるのは人間が「耐える」ということ
ではなく、人間が「耐えられる」という「能力」[121] なのである。自由意志

述をもとに、人間に不可能なことを可能にする恵みをもたらすものを、聖霊として理解
している。（G.C. Berthold, Origen and the Holy Spirit, in: *Origeniana Quinta*, Leuven, 1992, n.
26.）しかし、彼が引用している箇所が実際には聖霊の働きとして述べられているもので
はないために、この見解は非常に興味深いものであるが、適切とは言えない。

116)　オレリーも恵みを援助と理解するが、そのなかで、恵みを「能力を与える」こと
としてとらえていることは評価したい。（J.S. O'Leary, Grace, in: *op. cit.*, pp. 114r.-117r.）

117)　水垣は、聖書理解が不可能である例をもとに、探求の限界に到ったときに人間の
知恵の代わりに聖霊の解釈が取って代わるものと説明し、その限界は、探求を無意味に
するのではなく、かえって探求に積極的な意味をもたらすと述べている。（水垣渉「聖
霊と探求——オーリゲネース『諸原理について』第四巻における聖書解釈学の基礎づ
け」秦剛平、H.W.アリッジ共編『エウセビオス研究3　キリスト教とローマ帝国』、リ
トン、1992年、116-120頁。）

118)　Cf. PA III, 2, 2: 善業をなすにあたって、人間側の意図はそれ自体として、善を
完遂するには不十分である——神からの助けによって完全へと導かれるので——よう
に、……。（Evidens igitur ratio est quia, sicut in bonis rebus humanum propositum solum per se
ipsum inperfectum est ad consummationem boni [adiutorio namque divino ad perfecta quaeque
perducitur]: [*Görgemanns/Karpp*, 247, 29-31.]）

119)　Cf. PA III, 2, 3: 神の公正な判断によって、各自その力に応じて試みられると言っ
たからといって、誘惑される者が必ずしも誘惑に打ち勝つと考えるべきではない。
（Nec tamen quoniam diximus iusto dei iudicio unumquemque pro virtutis suae quantitate temptari,
idcirco putandum est quia omni genere debeat vincere qui temptatur; [*Görgemanns/Karpp*, 249,
20-22.]）

120)　Cf. PA III, 2, 3.

121)　なお、ここで言われている人間の能力とは、ひとつには善悪の識別、適切な行動
の承認、およびそれの選択を可能とする理性に基づく。チャドウィックは、神だけが

の能力に言及する箇所において、オリゲネスは以下のようにも述べている。

　　悪霊が我々を悪へと駆り立て始める時に、邪悪なそそのかしを我々
　から遠ざけ、卑劣な勧誘に抵抗し、何一つ罪を犯さないことが、我々
　には可能（ossibilis）なのである。逆に、神の力（divina virtus）が我々
　を善へと駆り立てる時に、それに従わないことも可能（possibilis）で
　ある。両者の場合、自由に決断する能力（arbitrium）を我々は堅持し
　ているのである。[122]

　ここでオリゲネスが伝えようとしたのは、人間にすでに与えられている
能力とそれゆえに担っている責任である。この不完全な理性的存在である
人間は皆、父なる神からの力によって、完全性に向かって進み得る可能
性を与えられる一方で、神の力の働きかけを阻止することも可能なので
ある。このような意味においては、すでに触れたドゥルウェリーとスミス
の「力」という恩恵理解、とくにスミスの、人間の性質を変え、動かすも
のという指摘は評価されるべきであろう。これは、能力を与えることであ
り、神の恩恵によるものである。
　「神の力」について松丸は、単なる可能態ではなく、被造物を創造し、
摂理を与え、支配するという救いの営み（oἰκονομία）のうちで「万物を支
配する力、善い働きをなし創造し摂理する力、その善性に従って永遠に働
く力、またそれらによって神ご自身が相応しく認識されるところの力」[123]

他に由来せず、一者であり、多様性を超越し、自己充足的であるため、人間は特別の
恩寵に助けられなければ、自らの知力で神をとらえることができないと、オリゲネス
の考えを説明し、そこにこそ「祈る」ことの意義を見出していると指摘している。(H.
Chadwick, *Early Christian Thought and the Classical Tradition. Studies in Justin, Clement, and
Origen*, Oxford: Clarendon Press, 1966, p. 82.)

　122)　PA III, 2, 4: Possibile autem nobis est, cum maligna virtus provocare nos coeperit ad
malum, abicere a nobis pravas suggestiones et resistere persuasionibus pessimis et nihil prorsus
culpabiliter gerere; et rursum possibile est ut, cum nos divina virtus ad meliora provocaverit, non
sequamur, liberi arbitrii potestate nobis in utroque servata. (*Görgemanns/Karpp*, 251, 15-19.)

　123)　松丸太「オリゲネスにおける神のエネルゲイア」『基督教学研究』13号、1992

という「エネルゲイア」としてオリゲネスが理解し、その力において世界に内在して人間に語りかける人格神として神を理解していたことを指摘している。[124] また、I.ラメッリは、オリゲネスがフィロン、プロティノス、ニュッサのグレゴリオス同様、人間にとって認識不能な神の本性や本質を、神が及ぼす影響のなかに示されるものと理解していたことを指摘するが、この場合、神の力はデュナミスとして、エネルゲイアである神の活動によって表出されると考えられている。[125] つまり、神は、神の力デュナミスの活動（エネルゲイア）による影響のなかに示されるという認識が提示されている。

　以上の考察から、神の力は神が主体としてそれを人間に与えるか否かを判断するところのものであり、それの付与によって現実に変化という影響を与え得る[126]、人間が持ち得ない創造的な力として認識されていると言えるのではないか。オリゲネスは、不可能を可能にし、変化という創造を与える[127] 神の力の供与を、恵みとして理解していたと考えられる。そしてこの恵みは、父なる神にのみ帰されていた。

年、117頁。Cf. PA I, 4, 3.

　124)　松丸も有賀も、デュナミスとこのエネルゲイアとをとくに区別してはいない。（松丸太「オリゲネスにおける神のエネルゲイア」『基督教学研究』13号、1992年、117-119頁：有賀鐵太郎『有賀鐵太郎著作集4　キリスト教思想における存在論の問題』、創文社、1969年、145頁。）

　125)　I. Ramelli, The Divine as Inaccessible Object of Knowledge in Ancient Platonism: A Common Philosophical Pattern across Religious Traditions, in: *Journal of the History of ideas 75 (2)*, 2014, pp. 167-188.

　126)　ボストックは物質的側面の変化についても言及し、物質の多様性は身体的性質が道徳的霊的メリットにしたがって変容可能であることを意味するものであると指摘している。（G. Bostock, Origen's Doctrine of Creation, in: *Expository Times 118 (5)*, 2007, pp. 222-227.）

　127)　オリゲネスにとって創造とは永遠の秩序の、時空における表現であり、この世界も霊の世界も人間の魂に収束しているものである。創造自体は栄光における魂の変容の鋳型として計画されているものであることが指摘されている。（G. Bostock, Origen's Philosophy of Creation, in: *Origeniana Quinta*, Leuven, 1989, pp. 256; 265-266.）

3. 神の行為選択

すでに確認したように、禱りが、生まれた者ではなく生んだ者、すなわち創造者である神[128]に向けられねばならないと理解されていたことに照らすと[129]、恵みもまたなぜ御父にのみ向けられているかを理解することができる。すなわち、大いなるものを乞い求める禱りを御父にささげるなかで、祈りの相手である御父はその禱りを受け取る者であり、さらに、創造主としてその人に変化という恵みの付与を選択する存在であると考えられるのである。

オリゲネスは「我々は辛苦、努力、精励を尽くさねばならないが、我々の辛苦の実りである救いは神から期待せねばならない。」[130]と述べている。つまり、人間は生きるなかで辛苦、精励、努力を体験し、それによって魂が学ぶ責任を持つが、人間に救いを与える行為は神の選択によるのであり、神が憐れみ、それらを助け、それらを強めないなら、人間自らの意思だけでは救いを得るには不十分であるということである。オリゲネスはこの変質をもたらす恵みの付与について、パウロを引用し、その理由について、知ることを神自身が人間に対して望んでいるという点を挙げていた。[131]そして、人間が所有し得ない知として言及されているのは、創造の

---

128) Cf. PA II, 4, 1. ほか多数の箇所において、神は「創造者」として表現されている。たとえば、アレクサンドリアの神学に、グノーシス主義が指摘される『ポイマンドレース』の影響が指摘され、とくにフィロンに関してそれが論証されている。それは、星辰界を叡智ある生物として人間の理想に据えるとともに、星辰界の秩序に神の啓示を認識する点である。このさい、フィロンが選ぶのは「神々」ではなく、「神」である。これらは、『ケルソス駁論』Ⅷ巻38節を根拠に、オリゲネスにも指摘されている。（柴田有『グノーシスと古代宇宙論』、勁草書房、1982年、196-208頁。）

129) プロセウケーを神にのみ向けられるべきものとするこの強い主張に関しては本稿第1章第3節「2.御父にささげられる禱り」の項で論じた。

130) PA III, 1, 19: Ita etiam in nostrae vitae cursu a nobis quidem dependendus est labor et studium atque industria adhibenda, laboris vero nostri fructus a deo speranda est salus. (*Görgemanns/Karpp*, 233, 22-25.)

131) Cf. PE 1: わたしたちは、この世の霊ではなく、神からの霊を受けました。それは、神から恵みとしていただいたものをわたしたちが知るためです。("ἡμεῖς δὲ," φησὶν,

知恵、諸々の天にあるもの、主の精神（ヌース）であった。

『祈りについて』執筆にあたり、オリゲネスが祈りについて理解と解明にいたることができるよう実際に祈っていることから[132]、彼はこの著述を支えた「知」を、求める時点では当然持ち得ていないが、神が与えることを意図される「大いなるもの」であると認識していたものと考えられる。そして、この、与えられた「知」そのもの以上に、「知を与えた」という神の行為選択[133]を「神の恵み」と理解し、それを神の完全な自由意志のもとに認識している。つまり、神が主体的にご自分の意志を人間のために働かせ、行為選択をするということ自体が、恵みなのである。

4. 祈りと「カタランバノー」

なお、この書の序文のなかでは、何らかの教えを得る、学ぶ、あるいは知らされるということは、すべて "διδάσκω" によって表現されていた。そこに、人間は学ぶ以前に教えられているのであり、人間がそのように学び得る前提にある主体は神である、というオリゲネスの理解を読み取ることができる。ただし、それが与えられるのは人間の準備が整ってからであるから、そのためにも人間には知ることへの主体的な態度が必要である。

この人間は、しかし、自らの不完全な知ゆえに、真理ではないものによってさえ論理的に説得されてしまう危険性を持つ。ゆえに、そのような人間に祈りの必要性を伝えようとするオリゲネスには、知ることがすべて人間の理性や論理性によるのでなく、それらをもってしても知り得ない事柄があり、しかしその事柄を知り得ないという不可能を、知ることのできる可能に変えるのは神しかいない、ということを伝える必要があったであろう。そのために彼は、今直面している祈りという事柄が人間の知の限界を超える領域であることを、「不可能である」という叙述を繰り返すこと

"οὐ τὸ πνεῦμα τοῦ κόσμου ἐλάβομεν ἀλλὰ τὸ πνεῦμα τὸ ἐκ τοῦ θεοῦ, ἵνα εἰδῶμεν τὰ ὑπὸ τοῦ θεοῦ χαρισθέντα ἡμῖν,..." [*GCS 3*, 298, 13-15.]）Cf. 1Cor. 2, 12.

132) Cf. PE 2, 6.

133) 「与える」という概念は「与えないことを与える」という内容も含むため、ここではそのように付与される内容の有無には関わらない「行為選択」との語を使用した。

で強調する。それは、人間が聖霊のうめきや秘義を理解できない、という
事実で入念に例証されていた。言葉は理性の表現であり、「言葉に表せな
いうめき」は理性では量れない思いである。聖霊は人間のうめきを自らの
ものとし、このうめきをもって神に執り成しをする。自身が自覚できない
うめきにさえ聖霊は気づき、それを神に届ける。

　オリゲネスは執り成し（ὑπερεντυγχάνει）という語を「ありあまるばか
りのとりなし」と言い換え、「ありあまるばかりの」という意味を読み
込み強調していることが指摘される。[134] これは、「大きな愛と同情のゆえ
に」[135] という根拠によるものである。オリゲネスは、神にふさわしく祈る
ために足りないものがあることを自覚している人に、「どこからそれが補
われるのか」を示そうとして、聖霊について述べている。祈りに関しても
人間には欠けがあるが、聖霊がそれを補い、理性を超えた方法で人の思い
を神へとつなげる。

　不完全な人間にキリストを知恵として世に与え、人間自身に与えた知性
を介して接点を持つことを意図される神の目的は、オリゲネスによると、
人間がキリストをとおして教えられ、神的な事柄を享受し、救いへと到ら
せられることである。ゆえに、理路整然とした論理性や納得に導く説得力
だけが事柄理解のために最も重要なわけではないが、知的な探究もまた神
を求める手段として不可欠なのである。

　オリゲネスがこのように祈りについて著述したのは、読む人がその必要
性を理解し、祈る行為を実践するためであった。イエス・キリストが知恵
として、また聖霊がうめきを通して神にとりなすことによって、秘義さえ
も把握（καταλαμβάνω）され得る。

　序文の最初で使用されていたこの「カタランバノー」は、序文の最後
で、「ノエイン」（νοεῖν）と「ロゴス・プレーレスタトス・カイ・プネウ
マティコス」（λόγος πληρέστατος καὶ πνευματικὸς）に意味的に重なる。つ

　134）　オリゲネス著、小高毅訳、『祈りについて』、創文社、1985年、注5、参照。Cf.
PE 2, 3.

　135）　PE 2, 3: διὰ τὴν πολλὴν φιλανθρωπίαν καὶ συμπάθειαν（*GCS 3*, 301, 14-15.）

まり、本来的に把握不可能なことを把握することとは、オリゲネスにとっ
て、対象に関する認識を得、「霊的で豊かな」理解を得ることなのである。
　これらを得ることを目標に、祈りつつ執筆した結果を評価しているこの
オリゲネスの著作の最後、結びの34章を参照したい。ここで彼が引用して
いる聖書箇所はフィリピ3章13節であり、それに先行する3章12節も含め、
ここには「カタランバノー」の語が繰り返し使われている。[136] 結びに到る
までのあいだ、「前のものを得ようと努力し、後ろのことを忘れ」て執筆
に打ち込んでいたオリゲネスの姿がこれと調和する。
　これらのことに鑑みると、この著作全体がカタランバノーへの姿勢とい
う枠組みのなかで著されていると言える。ここにおいてカタランバノー
は「知る」ことへの姿勢であり、それはキリストの知恵と聖霊のとりなし
によって、不可能を可能へと変化させるものであった。オリゲネスにとっ
て、神の恵みのもと、人間の現在の不完全性ないしは限界を止揚するのが
カタランバノーすることであり、カタランバノーすることを求める祈りだ
とも言えよう。

　　　結

　以上、この章においては、祈りを恵みとの関連において考察してきた。
　オリゲネスの現実を見る視点は、やはり陰影ではなく徹底的に実体に据
えられていた。それがこの世における人間本来の歩みであり、神はその実
体に相当するものを求めることを人間に望む。
　そしてオリゲネスは、神のことを知り得ないという現実に直面するなか
で、神を知るという「不可能なこと」を祈り求めた。これは、神の恵みに
よって知ることが可能とされることを確信していたからであると言える。
　実際に、人間にとって「知り得ない」ことは存在する。たとえばそれ

---

136)　Cf. Phil. 3, 12-13: Οὐχ ὅτι ἤδη ἔλαβον ἢ ἤδη τετελείωμαι, διώκω δὲ εἰ καὶ καταλάβω, ἐφ'
ᾧ καὶ κατελήμφθην ὑπὸ Χριστοῦ [Ἰησοῦ]. ἀδελφοί, ἐγὼ ἐμαυτὸν οὐ λογίζομαι κατειληφέναι· ἓν
δέ, τὰ μὲν ὀπίσω ἐπιλανθανόμενος τοῖς δὲ ἔμπροσθεν ἐπεκτεινόμενος,…

は、能力を超えた領域のことである。人間は、限界の範囲内において、可能性を自力で増やす自由を有している。しかし、それを超えるところでは、つまり、可能性の自由が与えられていない領域においては、それを打破するのは神しかいない。神は人間を超えた力を通してそれを与えようとするのであり、その力とは、受肉した御子キリストと、受肉というかたちをとらなかった形ない聖霊の力である。

　一方で、人間にとっては霊的な事柄について「知る」という行為を選ぶことがつねに求められており、知ることはしもべと主人との関係を友同士の関係に変えると述べられていた。[137] 神ご自身が知を与えることを望み、自ら望んで人間に知らせるのである。それは、「現世にあって真理と知識の下絵を有している人々には、将来完全な像の美しさが加えられるに違いないことが確認される」[138] からである。そして、このような行為選択そのものが恩恵なのであった。ゆえに、オリゲネスは神の行為選択、つまり恩恵付与の選択権を神に全面的に委ね、恵み自体を乞い求めることはしない。

　人間が祈るという行為は神と関わることを選ぶ意志の表明であり、それに対する恩恵の付与は神からの応答である。ここに得られる結果は、祈り求めた内容の具体的な実現以上に、神との関係に信頼や愛を選ぶということにある。神はそれに応答する。オリゲネスはこの著述全体をとおして祈りをささげ、そのなかで、神が知を与えるという祈りの結果がこの著作自体に表れていると言える。

　137）　Cf. PE 1: 主人であることを望んでおられる主ではなく、かつて主人として接していた者らにとって友となろうとしておられる主の意思を知らせるときには、キリストの言葉を聞く者は主の精神を知るのです。（τὸ θέλημα τοῦ κυρίου ἑαυτῶν οὐκέτι, ὅτε διδάσκει. αὐτοὺς τὸ θέλημα τοῦ κυρίου εἶναι θέλοντος ἀλλὰ εἰς φίλον μεταβάλλοντος τούτοις,... ［GCS 3, 298, 6-8.］) Cf. John 15, 15.

　138）　PA II, 11, 4: constat 'habentibus' iam deformationem quandam in hac vita veritatis et scientiae addendam esse etiam pulchritudinem perfectae imaginis in futuro. (Görgemanns/Karpp, 187, 31-33.)

結　論

これまで五章にわたってオリゲネスの祈禱をめぐって考察してきた。ここで、明らかになったことを確認しながら、『祈りについて』において展開されていたオリゲネスの祈禱観の一側面を提示したい。

　まず、本稿1章では、祈りを意味する「エウケー」（祈り）と「プロセウケー」（禱り）という用語をもとに、その指し示す内容について考察した。当時は何れも祈禱を意味する語として使用されていたが、オリゲネスは著述に当たり、「エウケー」によって祈り一般を表し、「プロセウケー」という語にはオリゲネス自身の祈禱観を投影して用いていたことが確認された。後者は、Iテモテ2章1節を典拠に、「より大いなることをより気高く求める者によってささげられる祈り」として理解され、ここにオリゲネスの主張の主眼が置かれていた。

　この祈りの書が著された契機は、祈禱不要論者への論駁を要請されたことにあったが、不要論者たちの関心は、祈りが現実にいかに影響し得るのかということに向けられていた。すなわち、神の予定と神の予知が決定的であるなら祈りが無効である、と考える論理である。オリゲネスは彼らの主張と対峙するなかで、禱りは聞き入れられ、また効用があることを述べていた。ただしそれは、彼らの願う物質的豊かさではなく、霊的な恩恵が与えられるということであった。オリゲネスは、自らを神の眼前に置き、自身に目を注いで神に語るとき、その想起が精神に最も大きな恩沢をもたらすと述べていた。神の前で自らの卑小さと神の偉大さに触れるなかで、人間はより気高く、より大いなるものを求める者へと変化する。これこそがオリゲネスにとって、乞い求めるに値するものとして認識されていた。

　なお、そのときの禱り方をめぐって、御子と御父への対し方が明確に定められていた。禱りは、御子キリストをとおして、父なる神にささげられるものである、とする態度である。そしてそのあいだに関わるのが聖霊である。

　ロゴスである御子キリストは完全な神の像として人間に神を示し、神の方向へと働きかける。そのとき、聖霊は、人間に霊的知を与え、愛をもって人間に先立ち、神に執り成す存在として理解されていた。聖霊は、祈り

以外では人間の段階に応じて参与し得るが、父よとの呼びかけとともにさ
さげる祷りにおいてはすべての人に付与され、それによって人間は、絶対
的に隔てられている神に向けて祷ることが可能になる。御子キリストもま
た人間に知を供与する。キリストを通して、父なる神が与えることを望ん
だ知を受け取ることによって、人はふさわしく霊的に祈ることを学ぶ。ロ
ゴスとしてのキリスト、パラクレトスとしての聖霊それぞれの仲介によっ
て、ふさわしい祷りを父なる神へとささげ得るのである。第2章では以上
のようなオリゲネスの理解を論じた。

　第3章では、主の祈りのなかのパンを求める祈りに関するオリゲネスの
注解から、パンの内容について考察した。オリゲネスの場合、このパンと
は明らかに霊的な事柄を指すのであり、それは神の言、ロゴスであり、キ
リスト自身と考えられていた。魂はそれによって養われながら、この世で
の学びを重ねていく。ゆえに、この魂の糧が日々乞い求められねばならな
い。魂はこの世における数十年のみならず、物質としての身体が滅んだの
ちもなお生き続けるのであり、その歩みのなかで学びを重ね、自らの浄化
を目指す必要がある。本来の状態から怠惰によって堕落した魂は、このよ
うにしてふたたび本来の自己の回復を目指すプロセスに置かれている。

　その魂は人間としてこの世に生きるかぎり実際に物質の身体を持ち、身
体による制限のなか、様々な現実を体験する。与えられた身体と心とを
もって、人間は快や喜びを経験すると同時に、痛みや苦しみをも体験す
る。ひどく理不尽な現実に直面したとき、それを解決しようとしながら
も、できないという事実もまた存在する。第4章ではこのような現実をめ
ぐり、それがいかに理解され、どのような祈りがささげられていたのかを
考察した。

　父の殉教を経験し自らも危険の及ぶなか、愛する者たちに殉教を勧める
ような言葉を述べたのは、オリゲネスが殉教に対して熱狂的であったので
はなく、困難な現実のなかで危機が迫る愛する仲間たちに真実の世界を告
げ、励ますことを目的としていたためであった。

　では、このような悪の存在をいかに理解すればよいのか。オリゲネスは
主の祈りで祈られている「試み」をめぐって、神が常に善であること、そ

して善と悪は本来的には二項対立的な存在ではなく、すべては善のもとにありながらもそこからの逸脱の程度によって悪が生起するものと理解する。また、この悪の存在するなかでこそ人間が自発的に善を選ぶということが成立する。オリゲネスは、神はそのように選択肢を与えることによって人間に自由を与えていると考える。そして神への祈り、とりわけ御父への禱りは、本来の自己への回帰、つまり善の欠けを満たし、それによって善を選ぶ応答を形成する場として理解されていた。ゆえに、オリゲネスは、危険に瀕しても聖書の教えを講じることを辞さず、祈りつつむしろその状況のなかに、積極的に善なる神の意志を探し求めた。

　主の祈りの「負い目」を説明するなかでは愛することを説くが、それは明確に、敵をも含むものと理解されていた。ここには、愛すべき人々を殉教へと強要した人たちも除外されてはおらず、悪人の存在さえ容認する神の善性が提示される。他方、オリゲネスは迫害下で引き裂かれる相手への極めて自然な愛着が、しかし魂にとっては有益とはかぎらないことを説く。仮にオリゲネスが人間のいのちをこの世の生のみに限定して認識していたなら、このようには考えなかったかもしれない。しかし、この世が一時的なもので、さらに続く生のための訓練の場であるなら、身体が滅ぶ「死」が真の終わりではない。むしろ、この世に生きる機会を最大限に生かし、この生を歩むなかで人間が自身の魂の怠惰性をどこまで克服し、神の作品としての本来の自己へ向けてどの程度進むことができたかが問われるのであり、その尺度においてこの世でどのように死を迎えるかという課題が重要性を持つことが理解されるであろう。

　しかし、それでも苦しみがなくなるわけではない。人間は個々それぞれの現実のなかで経験される苦悩や葛藤において、ひとりの存在として自らの行為の選択が迫られる。それでも、だからこそ、この孤独のなかに神の意図によって人間には神への祈りが開かれている。言語化されないうめきさえ、聖霊がそれを神へと届けるのである。

　神の作品、被造物たる人間は、愛である神を愛するという可能性を有するがゆえにそこに責任を持ち、愛することに負債を負う存在である。この負債は人間に対する神の無限の愛と人間の不完全性に依るものであるた

め、常に生じ続ける。他者に対しても同様である。このことをオリゲネスは重視し、強制的な義務や責任としてではなく自らが自発的に愛することを願い、愛することをいわば愛することによって選択していくことの本来性を説く。

　しかしその一方で、不完全であるがゆえに人間に内包されている愛せない弱さもまた認識されている。オリゲネスは、人間の限界を認識しつつ、その超克の可能性を自らのうちにではなく神に見出し、聖霊の助けを祈り求める。敵に対しても、憎むことでなく愛することを選ぶことが勧められており、そのときに人間が神の子とされると理解されていた。オリゲネスは、その相手に対して、愛に反した「敵」という認識ではなく、自らの存在の本質である愛という認識を選ぶ態度を勧める。

　愛することを「負い目」として認識するとき、ゆるすことの内的必然性が生じる。そこに問われるのは自らの心の態度である。人間が他者と関わるとき、同時に神と対峙しているのであり、そこに神からの選択肢が提示される。負い目を持ち続けることは、この神の存在と、選択の主体が自身であることへの自覚につながる。ゆるされた存在として他者をゆるすときに愛の負債が返済されるのであり、それが神を愛することにも繋がる。

　オリゲネスは、不完全な人間に選択を任せながらも人間に愛することを迫る神を提示する。そして彼は、その神が不可能を可能にする恵みを人間に賜る存在であると確信していた。ゆえに、実際に祈り求める。

　以上の4章を経て、最終章では恩恵という視点から、オリゲネスの祈禱観を考察した。オリゲネスが『祈りについて』のなかでとくに求めたのは、「霊的で豊かな知」であり、人間に知り得ない事柄に関する「知」であった。それを祈り求めながら、論述がなされていた。

　オリゲネスは、可能に変化することのできない不可能が可能になるよう父なる神に祈り求めており、この変化に対する応答は神のみの持つ選択肢として認識されていた。神は応答するか否かを、自ら決断する。オリゲネスによれば、御父が人間に与える恩恵とは、自身の意志によって何らかの応答を人に「与える」ことである。つまり、被造物である人間一個人に対して働きかけを決断し、それを選ぶことである。ここに、神は人間と自ら

関わろうとする存在であることが看取される。御子キリストや聖霊もまた、神の意志によって人間のもとに遣わされた存在であった。それらによって、神と断絶するしかない人間に、関わる可能性が与えられたのである。無から有を創る創造主である父なる神が自らの選択によって人間に可能性を与えることは、ひとつの創造のわざである。それはたとえば人間の無知に知を与える行為として、彼の祈る姿に見い出された。

　以上のようなオリゲネスの祈禱観が彼の世界観に支えられたものであったことは明白である。その世界観は、実体としての不可視な世界と、その陰影としての現実世界という二重構造によって構成されていた。また、経時的にも、この世と来る代、そして最終的なアポカタスタシスにむけての歩みが認識されていた。

　オリゲネスは、万物が回復するという救済史的な視点のなかで、すべての目的は魂の軌道修正であり、むしろそのためにこの世が存在すると考える。オリゲネスにとってこの世に生きる目的は、たとえば満ち足りた快適な生活をすることそのものではなく、魂が十分に学び、浄化され、神の似姿性に基づく本来の自己を回復しようとすることにあった。それは善であり愛であることを意味する。

　そのために彼が『祈りについて』のなかで熱心に勧めていたのが、天上のものを乞い求める禱りであった。現実的なもの、すなわち陰影は天上のものに付随して（与えられないということも含めて）与えられるが、それは、「脆く、はかない陰影」として、また「取るに足らぬ事」[1]として認識されていた。他方で、この世で生起するすべてのことが、本来のいのちにとっての重要な目的を持つプロセスとして認識されていた。ゆえに、この世の生は実体の単なる陰影として無意味なのではない。この世でそれぞれが与えられた状況をいかに生きるかが問われ、だからこそこの生涯は魂そのものにとって重要不可欠な歩みとなる。

　そして、そのような世において、弱い人間が本来の生を目指して歩む

1）　PE 17, 1.

ためには、動揺する魂を常に神につなぎとめ、禱りをささげることが必要である。その禱りの受け手である父なる神は、怠惰によって神から離れていった魂を見捨てず、学びを経て回復するよう導く。それが最高善であり、人間と関わるために自らキリストと聖霊を送ってくださった方である。この神に対して人間は自由な態度を取り得る。ここに、人間は善や愛を学ぶことができる。強制や恐れによらず、愛を選ぶ学びである。

なお、『祈りについて』のなかでは、「神」を表すさいに「御父」との表現が顕著に見られた。オリゲネスにとって神は、自分を養い、生き方を教え、実際にそれを示してくれた父レオニデスに、結果的に重ねられても不思議ではない。結果的にというのは、彼の論述の根拠は聖書に置かれており、これを逸脱しようとする意図は見いだせないため、御父理解も、彼自身の内的必然性によって恣意的に形成されたものではなく、聖書を典拠とするものであると言えるからである。

禱りは、オリゲネスにとって、御父との愛ある人格的な関係ゆえに、そこに自らの基盤を置けるほどの信頼のもとにささげられた祈りであると言える。信頼とは見えないもの、確認できないものに対する心の態度であるが[2]、この世に生きながら見えない天上の世界を歩もうとしたオリゲネスにとって、天上の事柄を求める禱りこそが、実は最も現実的な祈りとして認識され、この世の生を支えるものとしてささげられていたのではないか。

---

2) Cf. Heb. 11,1.

参考文献表　　309

参考文献表

1.『祈りについて』原典と翻訳
1.1. 原典

Koetschau, Paul（ed.）, περὶ εὐχῆς. Origenes Werke II, in: *GCS 3*, Leipzig: Hinrichs, 1899, pp. 297-403.

Migne, Jacques-Paul（ed.）, περὶ εὐχῆς. Ὠριγένους τὰ εὑρισκόμενα πάντα, Vol. 1, in : *PG 11*, repr. Delarue, Paris, 1857, cols. 415-562.

1.2. 翻訳

Greer, Rowan Allen（trans.）, An Exhortation to Martyrdom, Prayer, First Principles, in: Richard J. Payne（ed.）, *The Classics of Western Spirituality. A Library of the Great Spiritual Masters IV*, New York/ Ramsey/ Toronto: Paulist Press, 1979.

Jay, Eric George（trans.）, *Origen's treatise on Prayer : Translation and Notes with an Account of the Practice and Doctrine of Prayer from New Testament Times to Origen*, London: S.P.C.K., 1954.

Koetschau, Paul（trans.）, Des Origenes ausgewählte Schriften. Aus dem griechischen übersetzt I. Des Origenes Schriften vom Gebet und Ermähnung zum Marthrium, in: *BKV²48*, München, 1926.

O'Meara, John J.（trans.）, Origen: Prayer, Exhortation to Martyrdom, in: *ACW 19*, Westminster/ London, 1954.

Oulton, John Ernst Leonard and Henry Chadwick（eds.）, On Prayer. Alexandrian Christianity, in: *LCC 2*, Westminster: The Newman Press; London: Longmans, 1954.

小高毅訳『キリスト教古典叢書12　オリゲネス　祈りについて・殉教の勧め』、創文社、1985年。

2.『祈りについて』以外の著作の原典および翻訳
2.1. 原典
〈GCSより〉

Koetschau, Paul（ed.）, Origenes Werke I: Die Schrift vom Martyrium, Contra Celsum

I-IV, in: *GCS 2*, Leipzig: Hinrichs, 1899.

Koetschau, Paul (ed.), Origenes Werke II: Contra Celsum V-VIII, De Oratione, in: *GCS 3*, Leipzig: Hinrichs, 1899.

Klostermann, Erich (ed.), Origenes Werke III: Homiliae in Ieremiam, Fragmenta in Lamentationes, *in: GCS 6*, Leipzig: Hinrichs, 1901.

Schwartz, Eduard (ed.), Eusebius von Csarea. Kirchengeschichte, in: *GCS 9/1-2*, Leipzig : Hinrichs, 1903-1908.

Schwartz, Eduard (ed.), Eusebius Werke II/1. Historia ecclesiastica, in: *GCS 9/1*, Leipzig: Hinrichs, 1903.

Schwartz, Eduard (ed.), Eusebius Werke II/2. Historia ecclesiastica, in: *GCS 9/2*, Leipzig : Hinrichs, 1908.

Schwartz, Eduard (ed.), Eusebius Werke II/3. Historia ecclesiastica, in: *GCS 9/3*, Leipzig : Hinrichs, 1909.

Klostermann, Erich (ed.), Origenes Werke IV: Commentarius in Johannem, in: *GCS 10*, Leipzig: Hinrichs, 1903.

Baehrens, Wilhelm Adolf (ed.), Origenes Werke VIII: Homiliae in Canticum Canticorum, Commantarium in Canticum Canticorum, et. al., in: *GCS 33*, Leipzig: Hinrichs, 1925.

Klostermann, Erich (ed.), Origenes Werke XI: Commentarius in Matthaeum 2, in: *GCS 38*, Leipzig: Hinrichs, 1933.

Klostermann, Erich (ed.), Origenes Werke X: Commentarius in Matthaeum 1, in: *GCS 40*, Leipzig: Hinrichs, 1935.

Klostermann, Erich (ed.), Origenes Werke XII: Commentarius in Matthaeum 3-1, in: *GCS 41/1*, Leipzig: Hinrichs, 1935.

Klostermann, Erich (ed.), Origenes Werke XII: Commentarius in Matthaeum 3-2, in: *GCS 41/2*, Leipzig: Hinrichs, 1935.

〈SC より〉

Rousseau, Dom Olivier (ed.), Origène Homélies sur le Cantique des Cantiques, in: *SC 37*, Paris: Éditions du Cerf, 1966.

Blanc, Cécile (ed.), Origène. Commentaire sur saint Jean, in: *SC 120, 157, 222, 290, 385*, Paris: Éditions du Cerf, 1976-1977.

Borret, Marcel (ed.), Origène. Contre Celse, in: *SC 132, 136, 147, 150*, Paris: Éditions du

Cerf, 1967-1969.

Scherer, Jean（ed.）, Entretien d'Origène avec Héraclide, in: *SC 67*, Paris: Éditions du Cerf, 1960.

〈PLより〉

Migne, Jacques-Paul（ed.）, Tertulianus, De Oratione, in: *PL 1*, Paris: In via dicta d'Amboise, près la Barrièr d'Enfer, ou Petit-Montrouge, 1845, cols. 1143-1196B.

Migne, Jacques-Paul（ed.）, Cyprianus Carthaginensis, De Oratione Dominica, in: *PL 4*, Paris: In via dicta d'Amboise, près la Barrièr d'Enfer, ou Petit-Montrouge, 1844, 519-544A.

〈PGより〉

Migne, Jacques-Paul（ed.）, Origenes 4, Commentaria in Evangelium Joannis; Commentaria in Epistolam B. Pauli ad Romanos, et. al., in : *PG 14*, Paris, 1862.

〈その他〉

Görgemanns, Herwig, Heinrich Karpp（ed.）, *Origenes, Vier Bücher von den Prinzipien, Texte zur Forschung*, Darmschtadt: Wissenschaftliche Buchgesellschaft, 1976. （なお、本書からの引用にさいしては、"Görgemanns/Karpp"との略記を用い、頁数については、本書が提示している GCSの該当ページ数を表示した。）

Evans, Ernest（ed.）, *Tertullian's Tract on the Prayer, The Latin Text with critical notes, an English translation, an introduction, and explanatory observations*, London: S.P.C.K., 1953.

Koetschau, Paul（ed.）, Des Gregorios Thaumaturgos Dankrede an Origenes, als Anhang der Brief des Origenes an Gregorios Thaumaturgos, in: *SQS 9*, Freiburg/ Leipzig: Akademische Verlagsbuchhandlung von J.C.B. Mohr, 1894.

＊上記以外にも、適宜、Online *TLG (Thesaurus Linguae Graecae)*, University of California, Irvin, 2014.）を参照、使用した。

312

2.2. 翻訳

Alistair, Stewart-Sykes（trans.）, *Tertullian Cyprian & Origen. On the Lord's Prayer*, New York: St. Vladimir's Seminary Press, 2004.

Evans, Ernst（trans.）, *Tertullian's Tract on The Prayer*（Q. Septimii Florentis Tertulliani De Oratione Liber.）: *The Latin text with critical notes, an English translation, an introduction, and explanatory observations*, London, 1953.

Chadwick, Henry（trans.）, *Origen. Contra Celsum*, London: Cambridge University Press, 2003.

小高毅訳『キリスト教古典叢書10　オリゲネス　雅歌注解・講話』、創文社、1982年。

─────『キリスト教古典叢書11　オリゲネス　ヨハネによる福音注解』、創文社、1984年。

─────『キリスト教古典叢書13　オリゲネス　ヘラクレイデスとの対話』、創文社、1986年。

─────『キリスト教古典叢書14　オリゲネス　ローマの信徒への手紙注解』、創文社、1990年。

出村みや子訳『キリスト教教父著作集8　オリゲネス3　ケルソス駁論I』、教文館、1987年。

─────『キリスト教教父著作集9　オリゲネス4　ケルソス駁論II』、教文館、1997年。

小高毅訳「オリゲネス　創世記講話／出エジプト記講話／民数記講話」上智大学中世思想研究所編『中世思想原典集成1　初期ギリシャ教父』、平凡社、1999年、495-630頁。

秦剛平訳『エウセビオス　教会史1』、山本書店、1986年。

─────『エウセビオス　教会史2』、山本書店、1987年。

─────『エウセビオス　教会史3』、山本書店、1988年。

─────『エウセビオス「教会史」（下）』（講談社学術文庫）、講談社、2010年。

有賀鐵太郎訳「聖グレゴリオス・サウマツルゴスがオリゲネスに献げた辞──パレスチナのカイサリアにてオリゲネスの許における幾年かの修業ののち故国に立ち去るに当たって」有賀鐵太郎『有賀鐵太郎著作集1　オリゲネス研究』、創文社、1981年、443-488頁。

秋山学訳「アレクサンドリアのクレメンス　ストロマテイス」上智大学中世思想研究所編『中世思想原典集成1　初期ギリシャ教父』、平凡社、1999

年、283-419頁。

吉田聖訳「キュプリアヌス　主の祈りについて」上智大学中世思想研究所編
　　　『中世思想原典集成4　初期ラテン教父』、平凡社、1999年、137-177頁。

小林稔訳『キリスト教教父著作集 3/II　エイレナイオス4　異端反駁IV』、教文
　　　館、2000年。

中畑正志訳『西洋古典叢書G019　アリストテレス　魂について』、京都大学学術
　　　出版会、2001年。

3. 文献
3.1. 欧文献（アルファベット順）

Altaner, Berthold and Alfred Stuiber, *Patrologie. Leben, Schriften und Lehre der Kirchenväter,* 6th ed. Freiburg/ Basel/ Wien: Herder, 1966.

Alviar, Joselite José, *KLESIS: The Theology of the Christian Vocation according to Origen,* Great Britain: Four Courts Press, 1993.

Armstrong, Arthur Hilary, *An Introduction to Ancient Philosophy*, London: Methuen & Co., 1947.

Bagby, Stephen, Volitional Sin in Origen's *Commentary on Romans*, in: *HThR 107*, 2014, pp. 340-362.

Balthasar, Fischer, Zum Problem einer christlichen Interpretation der Psalmen, in: *ThRv 67*, 1971, pp. 5-12.

Bauer, Walter, Griechisch-Deutsches Wörterbuch zu den Schriften der Neuen Testaments und der übrigen uechristlichen Literatur, Berlin, 1952[4]. (Translated by William F. Arndt and F. Wilbur Gingrich, *A Greek-English Lexicon of the New Testament and Other Early Christian Literature,* Chicago: The University Of Chicago Press, 1957.)

Benjamins, Hendrik Simon, Eingeordnete Freiheit. Freiheit und Vorsehung bei Origenes, in: *VC, Supplements 28,* Leiden/ New York/ Köln: E.J. Brill, 1994.

Berchmen, Robert M., *From Philo to Origen. Middle Platonism in Tradition, Brown Judaic Studies 69*, California: Scholars Press, 1984.

Berthold, George Charles, Origen and the Holy Spirit, in: *Origeniana Quinta*, Leuven, 1992, pp. 444-448.

Beyschlag, Karlmann, *Grundriß der Dogmengeschichte, Bd.I. Gott und Welt*, Darmschtadt: Wissenschaftliche Buchgesellschaft, 1988. （掛川富康訳『キリ

スト教教義史概説〈下〉ヘレニズム的ユダヤ教からニカイア公会議ま
で』、教文館、1997年。)

Bienert, Wolfgang Artur, Zum Logosbegrif des Origenes, in: *Origeniana Quinta*, Leuven, 1992, pp. 418-423.

Bostock, David Gerald, Quality and Corporeity in Origen, in: *Origeniana Secunda,* Roma, 1980, pp. 323-337.

─────Medical Theory and Theology in Origen, in: *Origeniana Tertia,* Roma, 1985, pp. 191-199.

─────The Sources of Origen's Doctrine of Pre-existence, in: *Origeniana Quarta*, Innsbruck, 1987, pp. 259-264.

─────Origen's Philosophy of Creation, in: *Origeniana Quinta*, Leuven, 1992, pp. 253-269.

─────Origen's Doctrine of Creation, in: *Expository Times 118 (5)*, 2007, pp. 222-227.

Bouyer, Lous, *Histoire de la spiritualité chrétienne*, vol.1, Paris. (大森正樹他訳『キリスト教神秘思想史1 教父と東方の霊性』、平凡社、1996年。)

Boys-Stones, George Robin, *Post-Hellenistic Philosophy. A Study of its Development from the Stoics to Origen,* New York: Oxford University Press, 2001.

Bovon, François, The Soul's Comeback: Immortality and Resurrection in Early Christianity, in: *HThR 103*, 2010, pp. 387-406.

Campenhausen, Hans Freiherr von, *Griechische Kirchenväter, Urban-Bücher 14,* Stuttgart: Verlag Kohlhammer, 1955.

Chadwick, Henry, *Early Christian Thought and the Classical Tradition. Studies in Justin, Clement, and Origen,* Oxford: Clarendon Press, 1966.

─────Christian Platonism in Origen and Augustine, in: *Origeniana Tertia*, Roma, 1985, pp. 217-230.

Coakley, Sarah, Prayer, Politics and the Trinity: Vying Models of Authority in Third-Fourth-Century Debates on Prayer and 'Orthodoxy', in: *Scottish Journal of Theology 66 (4)*, 2013, pp. 379-399.

Cohn-Sherbok, Dan & Lavinia, *Jewish & Christian Mysticism: An Introduction*, New York: The Continuum Publishing Company, 1994.

Cooper, Adam Glyn, Christ as Teacher of Theology: Praying the Our Father with Origen and Maximus, in: *Origeniana Octava*, Leuven, 2003, pp. 1053-1060.

Cox, Patricia, Origen and the Bestial Imagination, in: *Origeniana Tertia*, Roma, 1985, pp.

65-69.

Cross, Frank Leslie, *The Early Christian Fathers Studies in Theology,* U. K.: Gerald Duckworth, 1960.（竹田真他訳『教父学概説』、聖公会出版事業部、1969 年。）

Crouzel, Henri, *Bibliographie Critique d'Origène. Instrumenta Patristica VIII*, in Abbatia Sancti Petri: Steenbrugis; Hagae Comitis: Martinus Nijhoff, 1971.

————*Bibliographie Critique d'Origène, Supplément I. Instrumenta Patristica VIII A,* in Abbatia Sancti Petri: Steenbrugis; Hagae Comitis: Martinus Nijhoff, 1982.

————*Bibliographie Critique d'Origène, Supplément II. Instrumenta Patristica VIII B,* in Abbatia Sancti Petri: Steenbrugis; Turnhout: Brépols, 1996.

————*Origène*, Paris: Pierre Zech Editeur, 1985.（Translated by A.S. Worrall, *Origen,* Edinburgh: T.&T. Clark, 1989.）

Cullmann, Oscar, *Das Gebet im Neuen Testament: zugleich Versuch einer vom Neuen Testament aus zu erteilenden Antwort auf heutige Fragen,* Tübingen: Mohr Siebeck, 1997, pp. 69-71.

Daniélou, Jean, *Origène,* Paris: La table Ronde, 1948.

————*Dieu et Nous*, Paris: Bernard Grasset, 1956.（Translated by W. Roberts, *GOD and the Ways of Knowing.* Cleveland: The World Publishing Company, 1957.）

Decock, Paul Bernard., Origen of Alexandria: The study of the Scriptures as transformation of the readers into images of the God of love, in: *HThS 67*, 2011, pp. 1-8.

Demura, Kazuhiko, Ethical Virtues in Origen and Plotinus, in: *Origeniana Quinta*, Leuven, pp. 296-300.

DeSilva, David Arthur, An Example of How to Die Nobly for Religion: The Influence of 4 Maccabees on Origen's Exhortatio ad Martyrium, in: *JECS 17 (3)*, 2009, pp. 337-356.

Drewery, Benjamin, *Origen and Doctrine of Grace,* London: Epworth Press, 1960.

Dupuis, Jacques, *'L'esprit de l'homme'. Étude sur l'anthropologie religieuse d'Origène*, Museum Lessianum section théologique 62, Bruges/ Paris: Desclée de Brouwer, 1967.

Dyckhoff, Peter, *Das Kosmische Gebet. Einübung nach Origenes,* München: Kösel-Verlag, 1994.

Edwards, Mark Julian, *Origen Against Plato, Ashgate Studies in Philosophy & Theology in Late Antiquity,* Oxford: Ashgate, 2002.

Faye, Eugène de (author), Fred Rothwell (trans.), *Origen and His Work,* New York: Columbia University Press, 1929.

Ferguson, Everett, Prayer, in: E. Ferguson (ed.), *Encyclopedia of Early Christianity,* New York: Garland Publishing, 1990, 1997[2], pp. 937l-940r.

Fischer, Balthasar, Zum Problem einer christlichen Interpretation der Psalmen, in: *ThRv 67,* 1971, pp. 5-12.

Gavin John S.J., Becoming an Exemplar for God: Three Early Interpretations of Forgiveness in the Lord's Prayer, in: *Logos 16 (3),* 2013, pp.126-146.

Gessel, Wilhelm, *Die Theologie des Gebetes nach ›De Oratione‹ von Origenes,* München/ Paderborn/ Wien: Verlag Ferdinand Schöningh, 1975.

————Der Origenische Gebetslogos und die Theologie der Mystik des Gebetes, in: *Münchener theologische Studien 28,* 1977, pp. 397-407.

————Kennt Der Origeneische Gebetslogos Eine Theologie Der Mystik Des Gebetes ? in: *Origeniana Secunda,* Roma, 1980, pp. 119-127.

Goltz, Eduard Freiherr von der, *Das Gebet in der ältesten Christenheit. Eine geschichtliche Untersuchung,* Leipzig: Hinrichs, 1901.

Goodspeed, Edgar Johnson (author), Robert McQueen Grant (ed.), *A History of Early Christian Literatur,* Chicago: The University of Chicago Press, 1966.

Graumann, Thomas, Reading *De Oratione*: Aspects of Religious Practice in the Condemnation of Origen, in: *Origeniana Nona,* Leuven, 2009, pp. 159-177.

Greeven, Heinrich, εὔὐχομαι, εὐχή, προσεύχομαι, προσευχή, δέομαι, δέησις, προσδέομαι, in: Gerhard Kittel (ed.), Theologisches Wörterbuch zum Neuen Testament Bd.2, Stuttgart: W. Kohlhammar Verlag, 1935. (Translated by Geoffrey William Bromiley, *Theological Dictionary of the New Testament* II, Michigan/ Grand Rapids: Eerdmans, 1978, pp. 775-784; 807-808.)

Hanson, Richard Patrick Crosland, *Allegory & Event. A Study of the Sources and Significance of Origen's Interpretation of Scripture,* Westminster: John Nox Press, 1959, 2002.

Harnack, Adolf von, *Lehrbuch der Dogmengeschichte l. Die Entstehung des Kirchlichen Dogmas,* Darmstadt: Wissenschaftiche Buchgesellschaft, 1964.

Hauschild, Wolf-Dieter, *Gottes Geist und der Mensch. Studien zur frühchristlichen Pneumatologie,* München: Chr. Kaiser Verlag, 1972.

─────Gnade IV, in: *TRE 13*, Berlin/ New York 1984, pp. 476-495.

Heick, Otto William., *A History of Christian Thought*, Philadelphia: Fortress Press, 1965.

Heither, Theresia, Das Gebet bei Origenes, in: *Erbe und Auftrag 73 (5)*, Beuron: Beuroner Kunst-verlag 1997, pp. 337-348.

─────Das Vaterunser. Das Gebet bei Origenes, in: *Erbe und Auftrag 73 (6)*, Beuron: Beuroner Kunstverlag 1997, pp. 439-450.

Heron, Alasdair, *The Holy Spirit,* Philadelphia: Marshall Morgan & Scott, 1983.（関川泰寛訳『聖霊──旧約聖書から現代神学まで』、ヨルダン社、1991年。)

Hillis, Gregory K., The Holy Spirit and Prayer in Origen's On Prayer, in: *Cistercian Studies Quarterly 49 (1)*, 2014, pp. 3-26.

Holliday, Lisa Rene, Will Satan be Saved? Reconsidering Origen's Theory of Volition in *Peri Archon*, in: *VC 63 (1)*, 2009, pp. 1-23.

Holmes, Urban Tigner, *A History of Christian Spirituality: An Analtical Introduction*, New York: Seabury, 1980.

Jackson, B. Darrell, Sources of Origen's Doctrine of Freedom, in: *Church History 35*, 1966, pp. 13-23.

Jacobsen, Anders Lund, Genesis 1-3 as Source for the Anthropology of Origen, in: *VC 62*, 2008, pp. 213-232.

Jaeger, Werner Wilhelm, *Early Christianity and Greek Paideia*, Massachusetts: Harvard University Press, 1961.

Junod, Eric, L'impossible et le possible: Étude de la déeclaration préliminaire du *De Oratione*, in : *Origeniana Secunda*, Roma, 1980, pp. 81-93.

Kelly, John Norman David, *Early Christian Doctrines,* 5th ed.（rev.), New York: Harper Collins Publishers, 1978.

Kettler, Franz Heinrich, *Der ursprüngliche Sinn der Dogmatik des Origenes*, Berlin: Verlag Alfred Töpelmann, 1966.

Kittel, Gerhard and Gerhard Friedrich（ed.), *Theologisches Wörterbuch zum Neuen Testament,* Stuttgart: W. Kohlhammer Verlag, 1933-1942.（Geoffrey W. Bromiley［trans.], *Theological Dictionary of the New Testament I-X*, Grand Rapids: Wm. B. Eerdmans Publishing, 1964-1976.)

Koch, Hal, Kennt Origenes Gebetstufen?, in: *ThQ 87*, 1905, pp. 592-596.

─────*Pronoia und Paideusis*, Berlin: W. de Gruyter, 1932.

Konstantinovsky, Julia, Prayer, in: John Anthony McGuckin（ed.), *The Westminster*

Handbook to Origen, Louisville/ London: Westminster John Knox Press 2004, pp. 175l.-176r.

Küng, Hans, *Große Christliche Denker*, München: R. Piper Verlag, 1994. (Translated by John Bowden, *Great Christian Thinkers: Paul, Origen, Augustine, Aquinas, Luther, Schleiermacher, Barth*, New York: Continuum International, 1995.)

Kuyama, Michihiko, The Serching Spirit. The Hermeneutical Principle in the Preface of Origen's Commentary on the Gospel of John, in: *Origeniana Sexta*, Leuven, 1995, pp. 433-439.

————Evil and Diversity in Origen's *De Prinsipiis*, in: *Origeniana Octava*, Leuven, 2003, pp. 489-501.

Lampe, Geoffrey William Hugo, *A Patristic Greek Lexicon*, Oxford: Oxford University Press, 1961.

Ledegang, Freddy, Mysterium Ecclesiae. Images of the Church and Its Members in Origen, in: *BETL 156*, Leuven: Leuven University Press, 2001.

Lefeber, Pieter Sietze Adrianus, The Same View on Prayer in Origen's Sermons and his Treatise On Prayer, in: *Origeniana Septima*, Leuven, 1999, pp. 33-38.

Lieske, P. Aloisius S.J., *Die Theologie der Logosmystik bei Origenes*, Münster: Aschendorffsche Verlagsbuchhandlung, 1938.

Lohse, Bernhard, *Epocken der Dogmengeschichte*, Stuttgart: Kreuz Verklag, 1963.

Louth, Andrew, *The Origins of Christian Mystical Tradition*, Oxford: Oxford University Press, 1981. (水落健治訳『キリスト教神秘思想の源流——プラトンからディオニシオスまで』、教文館、1988年。)

Luz, Ulrich, *Evangelisch-Katholischer Kommentar zum Neuen Testament I/1: Das Evangelium nach Matthäus*, Benziger/ Neukirchener Verlag, 1984. (小河陽訳『EKK新約聖書註解 マタイによる福音書I/1』、教文館、1990年。)

Lyman, J. Rebecca, Origen as Ascetic Theologian: Orthodoxy and Authority in the Fourth-Century Church, in: *Origeniana Septima*, Leuven, 1999, pp.187-194.

Martin, Ralph Philip, *Ephesians, Colossians, and Philemon Interpretation— A Bible Commentary for Teaching and Preaching*, Westminster: John Knox Press, 1991. (太田修司訳『現代聖書注解 エフェソの信徒への手紙、コロサイの信徒への手紙、フィレモンへの手紙』、日本基督教団出版局、1995年。)

McGuckin, John Anthony, Martyr Devotion in the Alexandrian School: Origen to Athanasius, in: Diana Wood (ed.), *Martyrs and Martyrologies, Studies in*

Church History 30, Oxford, 1993, pp. 35-46.

McIntosh, Mark, The Maler's Meaning: Divine Ideas and Salvation, in: *Modern Theology 28 (3),* 2012, pp. 365-384.

Meredith, Anthony, Origen and Gregory of Nyssa on the Lord's Prayer, in: *HeyJ 43*, 2002, pp. 344-356.

Meyendorff, John, *Le Christ dans la theologie byzantine,* Paris: Editions du Se., 1969.（小高毅訳『東方キリスト教思想におけるキリスト』、教文館、1995年。）

Mikoda, Toshio, Hgemonikon in the Soul, in: *Origeniana Sexta*, Leuven, 1995, pp. 459-463.

Nautin, Pierre, *Origène. Sa vie et son œuvre,* Paris: Beauchesne, 1977.

Noel, Virgina L., Nourishment in Origen's On Prayer, in: *Origeniana Quinta*, Leuven, 1992, pp. 481-487.

Nordgaard, Stefan, Body, sin, and society in Origen of Alexandria, in: *Studia Theologica 66*, 2012, pp. 20-40.

Norris, Frederick W., Apokatastasis, in: John Anthony McGuckin（ed.）, *The Westminster Handbook to Origen*, London: Westminster John Knox Press, 2004, pp. 59r.-62l.

O'Cleirigh, Padraig, Knowledge of This World in Origen, in: *Origeniana Quarta*, Innsbruck, 1987, pp. 349-351.

―――――The Dualism of Origen, in: *Origeniana Quinta*, Leuven, 1992, pp. 346-350.

O'Leary, Joseph S., Grace, in: John Anthony McGuckin（ed.）, *Westminster Handbook to Origen*, London: Westminster John Knox Press, 2004, pp. 114r.-117r.

―――――Knowledge of God: How prayer Overcomes Platonism（Contra Celsum VI-VII）, in: *Origeniana Nona*, Leuven, 2009, pp. 447-468.

Osborne, Catherine, Neoplatonism and the Love of God in Origen, in: *Origeniana Quinta*, Leuven, 1992, pp. 270-283.

Osborn, Eric, The Intermediate World in Origen's *On Prayer*, in: *Origeniana Secunda*, Roma, 1980, pp. 95-103.

―――――Causality in Plato and Origen, in: *Origeniana Quarta*, Innsbruck, 1987, pp. 362-369.

―――――Origen: The Twentieth Century Quarrel and Its Recovery, *in: Origeniana Quinta,* Leuven, 1992, pp. 26-39.

Paddle, Alan G., The Logos as Food of Life in the Alexandrian Tradition, in: *Origeniana*

Octava, Leuven, 2003, pp.195-200.

Pelikan, Jaroslav, *The Christian Tradition. A History of the Development of Doctrine. 1. The Emergence of the Catholic Tradition (100-600),* Chicago/ London: The University of Chicago Press, 1971.

Perrone, Lorrenzo, The Knowledge of God and the Truth of Christianity, in: *VC 55*, Leiden, 2001, pp. 1-19.

Pohlenz, Max, *Die Stoa. Geschichle einer geistigen Bewegung I*, Göttingen: Vandenhoeck und Ruprecht, 1948.

Quasten, Johannes, *Patrology 2 The Ante-Nicene Literature after Irenaeus,* Texas: Ave Maria Press, 1994.

Ramelli, Ilaria L.E., Christian Soteriology and Christian Platonism: Origen, Gregory of Nyssa, and the Biblical and Philosophical Basis of the Doctrine of Apokatastasis, in: *VC 61 (3)*, 2007, pp. 313-356.

───────Origen, Bardaisan, and the Origin of Universal Salvation, in: *HThR 102 (2)*, 2009, pp. 135-168.

───────The Divine as Inaccessible Object of Knowledge in Ancient Platonism: A Common Philosophical Pattern across Religious Traditions, in: *Journal of the History of Ideas 75 (2)*, 2014, pp. 167-188.

Redepenning, Ernst Rudolf, *Origenes. Eine Darstellung seines Lebens und seiner Lehre 2*, repr. Aalen: Scientia Verlag, 1966.

Reukema, Riemer, Die Liebe Kommt Nie Zu Fall（I Kor 13, 8）Als Argument Des Origenes Gegen Einen Neuen Abfall Der Seelen Von Gott, in: *Origeniana Septima*, Leuven, 1999, pp. 15-21.

───────Souls, in: John Anthony McGuckin（ed.）, *The Westminster Handbook to Origen*, Louisville/ London: Westminster John Knox Press, 2004, pp. 201l.-202r.

───────Transmigration of Souls, in: John Anthony McGuckin（ed.）, *The Westminster Handbook to Origen*, Louisville/ London 2004, pp. 205r.-207r.

Rizzi, Marco, Origen on Martyrdom: Theology and Social Practices, in: *Origeniana Nona*, Leuven, 2009, pp. 469-476.

Rogier, Louis J., Roger Aubert and M. David Knowles（eds.）, *Nouvelle Histoire de l'Église/ The Christian Centuries/ Geschichte der Kirche/ Geschiedenes van de Kerk*, 5 vols.,s.l., 1963-1978.（ジャン・ダニエルー著、上智大学中世思想

研究所編訳『キリスト教史1　初代教会』、講談社、1990年。）

Rowe, John Nigel, *Origen's Doctrine of Subordination. A Study in Origen's Christology,* Berne/ Frankfurt am Mein/ New York/ Paris: Peter Lang Publishers, 1987.

Scott, Mark S.M., Guarding the Mysteries of Salvation: The Pastoral Pedagogy of Origen's Universalism, in: *JECS 18 (3)*, 2010, pp. 347-368.

Seeberg, Reinhold, *Lehrbuch der Dogmengeschicht 2. Die Anfänge des Dogmas im nachapostlischen und altkatholischen Zeitalte,* Graz: Akademische Druck-u, 1953[4].

Severus, Emmanuel von, Gebet I, in: *RAC 8*, 1972, col. 1236.

Sheerin, Daniel, The Role of Prayer in Origen's Homilies, in: Charles Kannengiesser and William L. Petersen（eds.）, *Origen of Alexandria. His World and His Legacy*, Indiana: University of Notre Dame Press, 1988, pp. 200-214.

Cohn-Sherbok , Dan & Lavinia, *Jewish & Christian Mysticism: An Introduction*, New York: The Continuum Publishing Company, 1994, pp. 90-91.

Simpson, Robert L., *The Interpretation of Prayer in the Early Church*. The Library of History and Doctrine, Philadelphia: The Westminster Press, 1965.

Smith, John Clark, *The Ancient Wisdom of Origen*, Lewisburg/ London/ Cranbury, NJ: Bucknell University Press, 1992.

Stuckwisch, D. Richard, Principles of Christian Prayer from the Third Century: A Brief Look at Origen, Tertullian and Cyprian with Some Comments on Their Meaning for Today, in: *Worship 71 (1)*, 1997, pp. 4-5.

Torjesen, Karen Jo, Pedagogical Soteriology from Clement to Origen, in: *Origeniana Quarta*, Innsbruck, 1987, pp. 370-378.

─────Hermeneutics and Soteriology in Origen's *Peri Archôn,* in: *Studia Patristica 21*, Leuven 1989, pp. 333-348.

Tripolitis, Antonia, *The Doctrine of the Soul in the Thought of Plotinus and Origen,* New York: Libra Publishers, 1978.

Trigg, Joseph Wilson, *Origen. The Bible and Philosophy in the Third-century Church*, Atlanta: John Nox Press, 1983.

Vianès, Laurence, Man Cut in Two: Exegesis, Asceticism, Martyrdom in Origen, in: *Origeniana Nona*, Leuven, 2009, pp. 477-491.

Vogel, Cornelia Johanna de, *Greek Philosophy. A collection of texts with notes and explanation 3*, The Hellenistic-Roman Period, Leiden: Brill, 1959.

Völker, Walther, *Das Vollkommenheitideal des Origenes. Eine Untersuchung zur Geschichte der Frömmigkeit und zu den Anfängen christlicher Mystik*, Tübingen: Verlag von J.C.B. Mohr, 1931.

Weidmann, Frederick W., Martyrdom, in: John Anthony McGuckin (ed.), *The Westminster Handbook to Origen*, Louisville: Westminster John Knox Press, 2004, pp. 147l-149l.

Westcott, Brooke Foss, Origen, in: William Smith and Henry Wace (eds.), *A Dictionary of Christian Biography, Literature, Sects and Doctrines, Vol.4, Part 1(A-P)*, London: Adamant Media Corporation, 1880, repr. 2005, pp. 96r.-142r.

Widdicombe, Peter, *The Fatherhood of God from Origen to Athanasius*, Oxford: Clarendon Press, 2000.

Wiles, Maurice Frank, *The making of Christian doctrine: A study in the principles of early doctrinal development*, Cambridge U. P., 1967.（三小田敏雄訳『キリスト教教理の形成』、日本基督教団出版局、1983年。）

Williams, Rowan, Origen on the Soul of Jesus, in: *Origeniana Tertia*, Roma, 1985, pp. 131-137.

————Origenes, in: *TRE 25*, Berlin/ New York: Walter de Gryter 1995, pp. 397-420.

Young, Frances, Subordinationism, in: Alan Richardson and John Bowden (eds.), *A New Dictionary of Christian Theology*, SCM Press, 1983, pp. 553-554.（「従属主義」古屋安雄監修、佐柳文男訳『キリスト教神学事典』、教文館、1995年、305r-306l頁。）

3.2. 邦文献（アルファベット順）

荒井献『荒井献著作集6　グノーシス主義』、岩波書店、2001年。

荒井献、出村みや子、出村彰『総説キリスト教史1　原始・古代・中世篇』、日本キリスト教団出版局、2007年。

有賀鐵太郎『有賀鐵太郎著作集1　オリゲネス研究』（初版：長崎書店、1943年）、創文社、1981年。

————『有賀鐵太郎著作集4　キリスト教思想における存在論の問題』、創文社、1969年。

アンリ・クルゼル著、熊谷賢二訳「主の祈りとキリストの受難」『カトリック神学』13号、1968年、35-37頁。（和訳としてのみ刊行）

出村みや子『聖書解釈者オリゲネスとアレクサンドリア文献学──復活論争を

中心として』、和泉書館、2011年。

土井健司『愛と意志と生成の神——オリゲネスにおける「生成の論理」と「存在の論理」』、教文館、2005年。

廣川洋一『ギリシャ人の教育』、岩波書店、1991年。

久松英二「初代キリスト教霊性史4　オリゲネスの神秘思想」、『エイコーン』21号、1999年、61-73頁。

梶原直美「オリゲネスにおける『悪』理解」宮谷宣史編『悪の意味　キリスト教の視点から』、新教出版社、2004年。

———「魂についてのオリゲネスの教説に関する一考察」『神学研究』57号、2010年、55-65頁。

———「『主の祈り』のパンを求める祈りに関するオリゲスの理解について」『神学研究』58号、2011年、57-68頁。

川島貞雄他編『新共同訳新約聖書注解II』、日本基督教団出版局、1991年。

木ノ脇悦郎「『自由意志論』の動機——オリゲネス、アウグスティヌスとエラスムス」『神学研究』38号、1991年、197-229頁。

久山道彦「オリゲネス『原理論』に於ける悪の問題序論」『基督教学研究』10号、1988年、127-143頁。

ハンス・ユルゲン・マルクス「教理史におけるキリスト論の意味」『日本の神学』123号、1984年、218-231頁。

秦剛平、ハロルド・W.アトリッジ共編『エウセビオス研究3　キリスト教とローマ帝国』、リトン、1992年、91-123頁。

松丸太「オリゲネスにおける神のエネルゲイア」『基督教学研究』13号、1992年、114-123頁。

———「オリゲネスにおける神の痛みのオイコノミア」『日本の神学』33号、1994年、71-91頁。

水垣渉『宗教的探究の問題——古代キリスト教思想序説』、創文社、1984年。

———「教父の学問的態度としての信仰的探求——オリゲネスの伝統における」『東北学院大学キリスト教研究所紀要』8号、1990年、1-27頁。

———「聖霊と探求——オーリゲネース『諸原理について』第四巻における聖書解釈学の基礎づけ」、秦剛平、H.W.アリッジ共編『エウセビオス研究3　キリスト教とローマ帝国』、リトン、1992年、91-123頁。

宮本久雄『教父と愛智——ロゴス（言）をめぐって』（改訂増補版）、新世社、1990年。

武藤一雄「有賀鐵太郎著作編刊行の辞」『有賀鐵太郎著作集1 オリゲネス研究』、
　　　　創文社、1981年、3頁。

ペトロ・ネメシェギ「愛の交わりである三位一体」『カトリック神学』8号、1965
　　　　年、368-382頁。

─────「聖書解釈の歴史──オリゲネスの聖書解釈法」『日本の神学』5号、
　　　　1966年、115-125頁。

─────「キリスト教とギリシア文化の出会い」『カトリック研究』15号、1969
　　　　年、91-118頁。

─────「オリゲネスの神学における御父と御子の関係」『カトリック研究』36
　　　　号、1979年。

─────「オリゲネスにおけるプラトン主義」上智大学中世思想研究所編『キリ
　　　　スト教的プラトン主義』、創文社、1985年、3-32頁。

─────「オリゲネスの神学思想をめぐって」『ヨーロッパ・キリスト教史1
　　　　先史・古代』、中央出版社、1971年、421-457頁。(『カトリック神学』
　　　　6、1967、79-113頁、の再録。)

─────『父と子と聖霊──三位一体論』(増訂版)、南窓社、1993年。

小高毅『オリゲネス──「ヨハネによる福音注解」研究』、創文社、1984年。

─────「『あなたがたの真中にあなたがたの知らない方がおられる』(ヨハ
　　　　1・26)──オリゲネスにおける『人間の神との不可分な関係』」『カト
　　　　リック研究』58号、1990年、129-152頁。

─────「オリゲネスのパウロ解釈──ローマ書における『予定』と『選び』を
　　　　中心にして」『カトリック研究』59号、1991年、57-84頁。

─────『人と思想113　オリゲネス』、清水書院、1992年。

フランシスコ・ペレス「罪悪の存在理由」『カトリック研究』39号、1981年、
　　　　115-140頁。

クラウス・リーゼンフーバー著、酒井一郎訳「古代キリスト教の教育思想　概
　　　　説」、上智大学中世思想研究所編『古代キリスト教の教育思想』、東洋
　　　　館出版社、1984年、17-18頁。

佐藤吉昭「古代キリスト教世界における殉教と棄教」秦剛平、H.W.アトリッジ
　　　　共編『エウセビオス研究3　キリスト教とローマ帝国』、リトン、1992
　　　　年、181-214頁。

柴田有『グノーシスと古代宇宙論』、勁草書房、1982年。

多井一雄「Origenesにおけるτὸ αὐτεξούσισιονに関する一考察」『哲学』63集、

1975年、39-53頁。

田中美知太郎『ソフィスト』、講談社、1976年。

山田望『キリストの模範　ペラギウス神学における神の義とパイデイア』、教文
　　館、1997年。

山内真「ローマ人への手紙第13章8-10節」日本基督教団出版局編『説教者のた
　　めの聖書講解　釈義から説教へ』、日本基督教団出版局、1987年、277-
　　282頁。

あとがき

　本書は、2015年9月16日、聖学院大学大学院アメリカ・ヨーロッパ文化学研究科より博士（学術）を授与された学位論文「オリゲネスの祈禱観に関する研究──『祈りについて』（‘Περί ευχής’）を中心に」に若干の修正を加え、上梓したものである。ここには、オリゲネスの祈禱理解や彼の祈禱の実践そのものに関する分析および考察を経た筆者の理解を叙述したが、書名に関しては、出版にさいして明快さを優先し、『オリゲネスの祈禱論──『祈りについて』を中心に』と改めた。

　学位論文としての審査には、とくに古代キリスト教思想について専門に講じてこられ、ご定年後さらに聖学院大学大学院で教鞭を取っておられた京都大学名誉教授片柳榮一先生が主査をお引き受けくださった。審査にさいして、片柳先生より少からぬお時間を割いてご指導いただけたことは何より幸甚であった。古典語に関する精緻なご指導や内容に関する至要なご示唆をいただくたびに先生の深いご学知に触れ、学究の困難さとともに喜びをも享受する時となった。心より感謝申し上げたい。また、筆者がこのような機会を得るに到ったのは、窪寺俊之先生が当時ご自身の奉職なさっていた聖学院大学大学院への博士論文の提出を、筆者に強くお勧めくださったことによる。その後たび重なる審査にむけての大学との細やかな調整をも、ただご厚意によってお引き受けくださった。この場をお借りして深く感謝申し上げる。そして、学位審査の副査を担ってくださったのは、窪寺先生と、当時の学長であった清水正之先生、および現在は青山学院大学教授の藤原淳賀先生であり、また学外からは大東文化大学文学部教授の武藤慎一先生が加わってくださった。各分野で研究と教育にご功績を残してこられた以上の五名の先生方が拙稿をご精読のうえ審査に当たってくださり、それによって筆者は枢要で貴重ご助言、ご指導をいただくことができた。おひとりおひとりの先生に対して、あらためて心からの感謝を申し述べたい。

なお、論文中の欧文名の読み方等に関し、筆者の他分野における恩師である京都大学教授カール・ベッカー先生より貴重なご示唆を賜り、論文に反映させることができた。そのご厚情に感謝申し上げる。

　本研究は、筆者が関西学院大学大学院神学研究科在学中から継続的に行ってきた研究テーマに基づくものである。学部在学中より厳しく、また温かく、学問研究について貴重なご指導を賜った故宮谷宣史教授とその多大な学恩に、この場を借りて心より感謝の意を表したい。同窓生との出会いも含め、歴史神学をご専門とされていた先生の研究室での学びによって、拙い筆者の研究生活は、基盤と教導を与えられることとなった。このゼミの先輩でもある関西学院大学神学部教授土井健司先生ならびに元福岡女学院大学学長の木ノ脇悦郎先生には、数年前に草稿をご覧いただき、ご助言をいただいた。それらを参考にしながら、半分ほどは別の新しい原稿を加え、当時のものとはずいぶん異なるかたちで学位論文にまとめることとなった。ほかにも、完成を心待ちにしてくださっていた親しい先輩や学友たち、ここに書ききれない多くの方々、そして、理解をもって励まし支えてくれた夫岡本宣雄に、心からの謝意を示したい。

　筆者がこの研究テーマに取り組むこととなった契機は、ほとんど偶然的なことであったと言えるかもしれない。神学部に編入したさいに目指していた内容とは異なる分野のゼミに進むこととなったために、期限が間近に迫る研究テーマの選択に苦渋した。その結果、その困難さを量ることもせず、オリゲネスの祈禱の研究に取り組むこととなった。しばらくはその難解な内容とオリゲネスの高潔な人柄ゆえに、近づきがたい距離を感じていた。しかし、時間の経過とともに、少しずつその姿の片鱗に触れるような感覚が生じた。それは、ひとりの人としてのオリゲネス、つまり、現実のなかで苦悩、葛藤、迷いに直面しつつ、そこに神への率直な信頼と他者への愛によって歩む人の姿が、とくに彼の祈りのなかに、鮮やかに感じられたような体験であった。この彼の生涯の歩みに体現されていたのが、プロセウケーという語で示そうとしている祈りであったように思われる。オリ

ゲネスは、聖書研究者、牧会者、教育者として、そのすべてに厳格さを持ちつつも、そこにはまた開かれた寛容さも窺えた。それは彼の持つ世界観にも起因していようが、何より生ける神との人格的関わり、信頼関係が揺るぎないものであったことは言うまでもない。だからこそ、祈りはつねにそこに向けてささげられていたのである。

筆者の決して十分とはいえない成果を、このたび、多くの先生方、先輩方、同僚たちの支えのもと、このようにひとつのかたちに残すことがゆるされた。今後もおそらく四苦八苦、嘆息とともに、遅々とした歩みで研究に取り組み、けれども多くのことをオリゲネスから学ぶことになろう。偶然のように思えたこの研究テーマとの出会いも、筆者にとって最善のものであったのかもしれないと、いまあらためて強く思う。このすべてに働く大きな力に感謝と畏敬を禁じ得ない。

なお、本書は、「関西学院大学研究叢書」として関西学院大学による出版助成の交付を受け、刊行の運びとなった。末筆ながら、このような機会を与えてくださった同大学に、また、申請を快くご承認くださった関西学院大学教育学部教授会の皆さまに、深く感謝申し上げる。最後に、本書の出版を勧めてくださり教文館をご紹介くださった関西学院大学人間福祉学部教授の嶺重淑先生、そして出版の申し出をご快諾くださりその最初から最後までお世話くださった教文館出版部の髙木誠一氏に、心より深く感謝申し上げたい。

2017年 早春　西宮聖和キャンパスにて

梶 原 直 美

《著者紹介》

梶原直美（かじはら・なおみ）

兵庫県生まれ。関西学院大学大学院神学研究科博士
課程後期課程単位取得退学、京都大学大学院人間・
環境学研究科修士課程修了。修士（神学）、修士（人
間・環境学）、博士（学術：聖学院大学大学院）。
現在、関西学院大学教育学部准教授。

著書 宮谷宣史編『悪の意味──キリスト教の視点
から』、新教出版社、2004年。（共著、「オリゲネス
における悪」を執筆。）

関西学院大学研究叢書　第187編

オリゲネスの祈禱論──『祈りについて』を中心に

2017年2月25日　初版発行

著　者　梶原直美
発行者　渡部　満
発行所　株式会社　教文館
〒104-0061 東京都中央区銀座 4-5-1　電話 03(3561)5549 FAX 03(5250)5107
URL　http://www.kyobunkwan.co.jp/publishing/
印刷所　モリモト印刷株式会社

配給元　日キ販　〒162-0814　東京都新宿区新小川町 9-1
電話 03(3260)5670　FAX 03(3260)5637

ISBN978-4-7642-7409-9　　　　　　　　　　　　Printed in Japan

©2017　Naomi Kajihara　　　　　　　　落丁・乱丁本はお取り替えいたします。

教文館の本

土井健司

愛と意志と生成の神

オリゲネスにおける
「生成の論理」と「存在の論理」

A5判 182頁 3,300円

キリスト教の本質である「神の愛」の諸相を、古代キリスト教最大の思想家・最初の聖書学者の著作を通して、従来とは異なった斬新な視点からとらえ直した意欲作。神が望む自然と人間のあるべき関係を明らかにした考察も収録。

R. L. ウィルケン　土井健司訳

古代キリスト教思想の精神

A5判 356頁 4,100円

なぜ教会の形成期にキリスト教的思考は人々を強く惹きつけたのか？　オリゲネス、アウグスティヌス、証聖者マクシモスら数々の思想家の考えを紹介し、古代キリスト教思想のエッセンスを説く。キリスト教信仰の源泉への道案内!

E. J. グッドスピード　R. M. グラント補訂
石田 学訳

古代キリスト教文学入門

使徒後時代からニカイア公会議まで

B6判 360頁 3,700円

新約聖書と共に、古代キリスト教徒が残した手紙、黙示書、福音書、行伝、賛歌などを解説。使徒教父、ユスティノス、エイレネイオス、オリゲネスなどからエウセビオスまでの教父文学を明快、大胆、正確に描く古典的名著。

C. スティッド　関川泰寛／田中従子訳

古代キリスト教と哲学

A5判 324頁 3,800円

古代末期までのギリシア哲学がキリスト教思想・教理に及ぼした変革的な影響を第一人者が平易な言葉で体系的に解説。キリスト教が古代世界の一大勢力へと発展する過程において「哲学」が果たした役割を明らかにした名著!

H. クラフト　水垣 渉・泉 治典監修

キリスト教教父事典

A5判 550頁 8,500円

キリスト教の形成に決定的な影響を与えた思想家たちの生涯と著作。異端や論争、教会会議の決定等、キリスト教の基礎を知るための不可欠の事典。他の辞典類に見られない興味深いエピソードや関連項目を掲載。

C. マルクシース　土井健司訳

天を仰ぎ、地を歩む

ローマ帝国におけるキリスト教世界の構造

四六判 330頁 3,000円

古代ローマ帝政下のキリスト教徒たちの生活実態を、古代教父たちの膨大な著作や碑文などの詳細で客観的な分析をとおしていきいきと描写し、その実像に迫る。新進の文献学者・教会史家による労作。

R. A. クライン／C. ボルケ／M. ヴェンテ編
佐々木勝彦／佐々木 悠／濱崎雅孝訳

キリスト教神学の主要著作

オリゲネスからモルトマンまで

A5判 444頁 4,000円

2000年の神学史がこの1冊でわかる!　古代から現代までの18人の著名な神学者の古典的名著を厳選し、著者の評伝や執筆事情、そして本の魅力と核心を伝える。神学的思索の面白さと読書の喜びを伝えるブックガイドの決定版。

上記価格は本体価格（税抜）です。